道路交通控制

蒋贤才　金尧　主编

哈爾濱工業大學出版社

内 容 简 介

本书系统介绍了道路交通控制的基本理论和方法。在编写过程中，充分吸收了近年来交通控制领域兴起的新技术，并与工程实践相结合，注重理论与方法在我国道路交通环境中应用的可行性和可操作性。本书主要介绍了道路交通控制基础、定时信号控制、感应信号控制、自适应信号控制、不良天气及路面环境信号控制、非传统交叉口交通控制、公交优先信号控制、交通信号协调控制、网联交通控制和高速干道交通控制等内容。

本书可作为交通工程专业、交通设备与控制工程专业的本科教材，以及交通运输工程硕士研究生的教学用书，也可供从事交通工程、道路工程科研及管理的工程技术人员学习参考。

图书在版编目(CIP)数据

道路交通控制/蒋贤才，金尧主编．—哈尔滨：哈尔滨工业大学出版社，2025.6.—ISBN 978-7-5767-1526-2

Ⅰ.U491.5

中国国家版本馆 CIP 数据核字第 2024WR0373 号

策划编辑　李艳文　范业婷
责任编辑　那兰兰
出版发行　哈尔滨工业大学出版社
社　　址　哈尔滨市南岗区复华四道街 10 号　邮编 150006
传　　真　0451-86414749
网　　址　http://hitpress.hit.edu.cn
印　　刷　哈尔滨市颉升高印刷有限公司
开　　本　787 mm×1 092 mm　1/16　印张 19　字数 460 千字
版　　次　2025 年 6 月第 1 版　2025 年 6 月第 1 次印刷
书　　号　ISBN 978-7-5767-1526-2
定　　价　58.00 元

前　　言

目前，我国各大中城市已建成覆盖范围广、控制方式灵活的道路交通控制系统，对保障城市道路交通秩序、提升路网通行效率发挥了巨大作用。面对疏解交通拥堵的迫切需求，一些新的道路交通控制技术和方法应运而生，亟待梳理和提炼，以完善道路交通控制的理论体系，强化应对交通拥堵的能力；并跟踪国内外道路交通控制研究前沿，为我国交通工程领域创新人才培养和科技推广提供技术支持。

本书除对本科教材中涉及的定时信号控制、感应信号控制、交通信号协调控制、高速干道交通控制等内容进行了更新和完善外，还增补了近年来应用广泛、成效显著的自适应信号控制、不良天气及路面环境信号控制、公交优先信号控制、非传统交叉口交通控制等内容，并就道路交通控制研究前沿——网联交通控制进行了梳理，系统阐述其控制思想。

本书共 11 章，其中第 1、3、5、6、10 章由东北林业大学蒋贤才编写，第 2、11 章由黑龙江省交通运输信息和科学研究中心金尧编写，第 4、9 章由山东交发工程设计咨询有限公司墨建亮编写，第 7 章由东北林业大学张建华编写，第 8 章由东北林业大学宋成举编写。伞景奇、郭子豪等人参与了本书书稿图表的编辑。

本书参阅了大量的文献资料，由于条件有限，未能与原著者一一取得联系，引用和理解不当之处，敬请见谅！

限于作者的学识和水平，本书疏漏及不妥之处在所难免，恳请读者批评指正，以便再版时进行修订。

蒋贤才 于东北林业大学

2024 年 12 月

目　　录

第1章　绪　　论

1.1　道路交通控制的定义、目的、作用与发展历程

1.1.1　道路交通控制的定义、目的和作用

道路交通控制，也称交通信号控制或城市交通控制，指依靠交通警察或采用交通信号设施，随交通变化特性来指挥车辆和行人的通行，狭义上指交通信号灯控制。它通过计算机管理的交通信号设施对交通流进行限制、调节、诱导和分流，以达到降低交通总量、疏导交通、保障交通安全与畅通的目的。

交通信号指在道路上用以传达具有法定意义、指挥交通流向（行、止、左、右）的手势、声响、灯光等。目前使用最为普遍、效果最好的是灯光交通信号，常见的有交通信号灯、可变限速标志、可变情报板等。

交通信号灯包括机动车信号灯、非机动车信号灯和行人过街信号灯。机动车与非机动车信号灯通常有3种颜色，即红、绿、黄，红色表示不可通行，绿色表示可以通行，黄色表示越过停车线的车辆可以继续通行，其他不可通行。行人过街信号灯通常有两种颜色，即红、绿，红色表示不可通行，绿色表示可以通行。

道路交通自动控制指不依靠交通警察指挥，主要采用交通信号设施或其他自动化设备，随交通流变化特性来指挥车辆和行人的通行。

交通信号控制系统指利用道路交叉口设立的交通信号对冲突交通流从时间上进行优化分配的装置。

道路交通控制的目的是在确定的交通法规约束下，采用合适的方法确保公共和私人运输方式具有最佳的交通运行条件。其作用体现在：将相互冲突的交通流予以分离，减少交通事故，保障交通安全；缓解交通拥挤，提高交通效率；提高公共运输系统的吸引力和效率；降低污染程度，保护交通环境；节省能源消耗。

1.1.2　道路交通控制发展历程

1.道路交通控制设备及系统

道路交通控制设备始于交通信号灯。交通信号灯的诞生可追溯至19世纪中叶，当时包括英国在内的部分欧洲国家已经普及马车，但却并没有指导行人与马车通行的信号指示设备，因此无论是在山间小路还是市中心的繁华大道上，马车轧人的事故经常出现，这不仅对行人的安全造成了危害，更会经常造成交通混乱、拥堵的现象，马车时代交通混乱现象如图1.1所示。

图 1.1　马车时代交通混乱现象

当时在英国中部的约克城，女性的着装曾被严格规定，红、绿两种颜色分别代表女性的不同身份。着红装的女人表示已经结婚，而着绿装的女人则必须是未婚者。1866 年，英国铁路信号灯工程师 J. P. Knight 从女性红、绿两色的着装上受到启发，提出了红、绿两种颜色交通信号灯的想法，并很快付诸实施，交通信号灯颜色的由来如图 1.2 所示。

图 1.2　交通信号灯颜色的由来

1868 年 12 月 10 日，历史上第一盏交通信号灯出现在英国威斯敏斯特议会大楼前。这盏交通信号灯高约 7 m，顶端悬挂着红、绿两色可旋转的煤气提灯，第一盏交通信号灯如图 1.3 所示。为了将红、绿两色的提灯方式进行切换，在这盏灯下站有一位手持长杆的警察，通过用皮带拉拽提灯的方式进行颜色的转换。后来还在这盏信号灯的中间加装了灯罩，前面有红、绿两块玻璃交替遮挡，白天不点亮煤气灯，仅以红、绿灯罩的切换引导人们前进或停止，夜晚则将煤气灯点燃，照亮红、绿两色灯罩。

图 1.3　第一盏交通信号灯

除此之外，这位警察还需要根据当时的路况来决定变更信号灯的时机，并用吹哨子的方法来提醒行人及车辆信号灯即将变化。起初，英国政府并不相信这一方法能够奏效，他们认为无论是行人还是车辆，都不会因为这个看上去有点像装饰品的信号灯就停下前进的脚步。然而，信号灯所起到的作用却令他们大为吃惊，许多人会遵照信号灯的指示自觉地停止或通过，马车轧人的事故数量也明显下降。

然而好景不长，诞生仅仅 23 d 的第一盏交通信号灯突然爆炸损毁了，并炸死了当时负责颜色切换的警察，第一盏交通信号灯落下帷幕，如图 1.4 所示。鉴于这种情况，英国政府立即终止了这种信号灯的使用，但这个仅有 23 d 生命的信号灯却点燃了整个欧洲乃至整个世界开发交通信号灯的激情，不久之后，各式各样的交通信号灯便如雨后春笋般出现了。

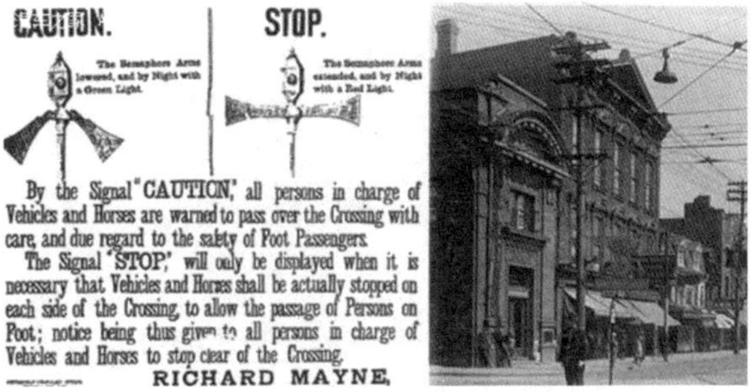

图 1.4　第一盏交通信号灯落下帷幕

在"后煤气信号灯"时代，有些欧洲国家开始在道路上设置可翻转的标识，这些标识大多高 2 m 左右，并写着"GO"与"STOP"的字样，由执勤的警察负责定时翻转，行人及车辆则按照标识上文字的含义前进或停止，"后煤气信号灯"时代的交通信号如图 1.5 所示。

图 1.5　"后煤气信号灯"时代的交通信号

然而这种"土办法"在实际使用过程中暴露出了许多不足，首先，执勤的警察如果不能准确判断路况，很有可能会"越管越乱"；其次，这种简单的标牌指示并不能在夜间使用，极大地限制了应用范围。与此同时，随着第一辆内燃机汽车的诞生，马车也逐渐被速度更快、操作更加简便的汽车所取代，此时使用规范、有效的交通信号灯便成为人们迫切需要解决的问题。

鉴于这种情况，不少国家摒弃了这种依靠标牌指示的“土办法”，开始琢磨开发电动交通信号灯。1912 年，美国盐湖城警察莱斯特·怀尔(Lester Wire)发明了第一盏电动交通信号灯，该信号灯依然采用红、绿两种颜色，但这次选择颜色的依据并不是女子着装的差别，而是充分考虑了不同颜色光线的特质，以及人们对不同颜色的接收及反应情况，第一盏电动交通信号灯如图 1.6 所示。由于红色光的波长很长，穿透空气的能力很强，因此比其他颜色的信号更容易引起人们注意，而绿色与红色属于互补色，相互之间反差明显，便于行人及驾驶员识别。

图 1.6　第一盏电动交通信号灯

1914 年 8 月 5 日，美国交通信号灯公司在莱斯特·怀尔发明的交通信号灯基础上进行了改进，并在顶部安装了一个蜂鸣器，带有蜂鸣器的交通信号灯如图 1.7 所示。该公司将它放置在了俄亥俄州克利夫兰市欧几里得大道东 105 街的路口，交通信号灯由电力供电，警察则需要在信号灯周围设置的岗亭内控制信号灯的切换，必要时还可根据路口实际交通状况控制信号灯转换时间的长短，在切换信号灯前，蜂鸣器会先行报警，提醒人们信号灯颜色即将变化，可见这种“留有准备时间”的意识早在第一批电动信号灯出现的时候便已经产生了。

图 1.7　带有蜂鸣器的交通信号灯

很快，美国许多地区都开始了交通信号灯的升级，1917 年，美国盐湖城街道上首次出现了相互关联的交通信号系统，首个干线协调交通信号控制系统如图 1.8 所示。美国将 6 个路口的交通信号灯互相连接，由警察统一控制灯色的转换。

1920 年，美国密歇根州底特律市的一名警官威廉·波茨(William Potts)在当时交通信号灯的基础上再次进行了改进，研制出了一种四面三灯的多功能交通信号灯。这种信

图 1.8 首个干线协调交通信号控制系统

号灯共分为 4 面，每面均竖立排列 3 盏灯，当时它的排列形式与功能已经与我们现在所熟知的信号灯大同小异，红灯与绿灯表示停止与通过，黄灯则表示“谨慎”，三色交通信号灯如图 1.9 所示。

图 1.9 三色交通信号灯

1922 年 3 月，美国得克萨斯州休斯敦市也建成了相互连通的交通信号灯系统，涵盖 12 个交叉口，由交通控制台中的同步系统所控制，这个系统因使用自动电子计时器而与众不同。

与此同时，交通信号灯在英国同样经历了快速发展，1927 年，一盏“自动控制”的连通型红绿灯在英格兰伍尔弗汉普顿街进行了实验。这次英国人试图通过某些手段实现电动交通信号灯完全自动化运行，从而解决信号灯一直需要人工控制的“老大难”问题。但期间出现了许多问题，最终可自动控制的信号灯并未大规模投入使用，仅仅是在英国某些街区进行了短暂的实验性试用。

1928 年，协调定时控制系统诞生，并很快在美国的城市普及。然而，早期的定时控制系统不够灵活，难以适应交通流的变化，经常需要对信号配时参数进行调整。鉴于此，同年，美国成功研制了世界上第一台感应式交通信号机。这种信号机能根据交通流的实时变化，自行调整交通信号配时。检测装置主要靠接收汽车喇叭声来获得车辆到达信息。

此后，气动传感装置取代了"声控"装置，成为一种通用的车辆检测方式。20 世纪 60 年代以后，电感检测器、地磁感应检测器、超声波检测器、微波检测器等各类车辆自动检测装置逐步取代了旧式气动传感装置，并广泛应用于交通信号控制系统中。

1936 年，澳大利亚墨尔本出现了名为马歇尔(Marshalite)的交通信号指示系统，它由两个互相呈 90°竖立的圆盘组成，每个圆盘上均有红、黄、绿 3 个颜色区域，其中红、绿区域长度相近，黄色区域相对较短，圆盘中间固定着白色指针。人们将这种交通信号指示设备放置在路口中央，并以电力驱动指针进行旋转，当指针旋转至红色区域时，表示停止前进；旋转至绿色区域时，则表示允许通行；旋转至黄色区域时，便是提醒人们需要做好停车的准备，圆盘交通信号灯如图 1.10 所示。

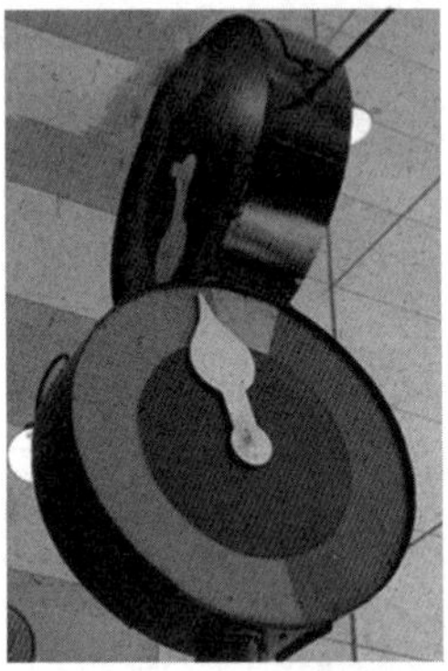

图 1.10　圆盘交通信号灯

随着 1947 年第一只晶体管的诞生以及集成电路板的面世，人类在信息技术方面取得的突破与进步，为交通信号灯的自动化控制创造了条件。

1952 年，美国丹佛市首次利用模拟计算机系统来优化控制城市交通。该系统基于单点感应控制原理来管理交通网络，采样检测器输入交通流数据，其后系统根据交通需求来进行配时，而不是简单地根据时段配时。1952—1962 年，超过 100 套此类系统安装在了美国的各个城市。

1963—1965 年，数字计算机(以 IBM 650、1710 和 1800 型计算机为代表)逐步应用于交通信号控制中，在美国和加拿大的多个城市建成了城市交通信号集中控制系统。在这些系统中，交通信号由存储的离线配时方案控制。

1967 年，美国联邦公路管理局(Federal Highway Administration，FHWA)开始研发城市交通控制系统(urban traffic control system，UTCS)项目。这个系统被安装在华盛顿特区，用来测试和评价交通控制策略。该系统 1972 年完成时接入了 512 个车辆检测器，其输出能决定 113 个交叉口的信号配时。

1968 年，联合国颁布了《道路交通和道路标志、信号协定》，对各种信号灯的含义做了规定。协定中明确表明：绿灯是通行信号，面对绿灯的车辆可以直行、左转弯和右转弯，除非另有一种标志禁止某一种转向。左右转弯车辆都必须让合法地在路口内行驶的车辆和过人行横道的行人优先通过。红灯是禁止通行信号，面对红灯的车辆除右转外，必须在停车线后停车等待。黄灯则是警告信号，面对黄灯的车辆不能越过停车线，但车辆已十分接近停车线而不能安全停车时，可以通过交叉路口。

1969 年,德国心理学家卡尔·佩格劳为东德交通部设计的一种新型行人信号灯在东柏林首次投入使用,行人信号灯如图 1.11 所示。在卡尔·佩格劳的设计中,原本单调的图案,不但变成了一个站立的和一个行走的行人形象,而且两个人体型肥胖,戴着帽子,动作略显夸张,这样传递的视觉信号更为明显,形象也更可爱。这个信号灯受到政府的认可和民众的喜爱,并很快推广至整个德国。

微处理技术的快速发展和各种新型微处理芯片的问世,促进了道路交通信号控制技术的变革。1968 年,英国交通与道路研究实验室(transport and road research laboratory, TRRL)开发的脱机配时优化的定时控制系统(traffic network study tool,TRANSYT)问世,被世界各国广泛采用。

图 1.11 行人信号灯

20 世纪 70 年代后,随着西方国家城市道路交通拥堵的加剧,以及计算机、控制、通信、检测等相关技术的飞速发展,道路交通信号控制效益的要求也越来越高。此时,区域自适应交通信号控制系统的研究和开发提上了日程,先后推出了著名的 SCOOT(split, cycle and offset optimization technique)、SCATS(sydney coordinated adaptive traffic system)、RHODES(real-time hierarchical optimized distributed and effective system)、OPAC(optimization policies for adaptive control)、ACTRA(advanced control and traffic responsive algorithm)等系统。

20 世纪 90 年代,美国部分地区开始引进带有计时器的交通信号灯,这种信号灯不仅能够指挥行人与车辆正常行驶,还能够预先告知红灯或绿灯所剩的时间,帮助人们判断何时起步、何时停车。有了这种计时器的辅助,不仅路口的交通状况井然有序,还减少了因无法预估变灯时间而造成的事故。目前,这种带有计时器的交通信号灯已经遍布世界各地,在我国许多城市的道路上也能见到它们的身影。

20 世纪 90 年代末期,半导体照明技术趋于成熟,发光二极管(LED)开始广泛应用于交通信号灯和交通控制设备中,如交通情报板、可变限速标志等,引导了交通信号灯的第三次技术革命。

进入 21 世纪,随着智能交通向纵深发展,网联交通与自动驾驶开始向道路交通系统渗透,数据交换开始替代交通信号的含义,道路交通控制设备及系统将面临一场全方位的更新和替代,即交通新基建。与交通相关的“数据资产建设”将是未来的重点,交通信息的利用和路侧设备(road side unit,RSU)的推广,完全可通过可用不可见的数据处理方案来保障城市交通的智能化运营。因此,下一代交通信号灯将在原有信号灯功能之上具备数据传输和通信功能,不仅可以通过视觉表达信号灯的意义,还可通过数据交换指挥车辆的行驶。传统意义上的路口“信号机”将消失,取而代之的是 RSU 通过云端数据来实现路口最优化的车辆通行管理。

2. 道路交通控制理论与方法

(1)定时信号控制方法。

定时信号控制指根据历史交通数据,对一天中各个时段采用恰当的优化算法离线计算每一车流的信号控制参数,然后将计算出的信号控制方案设置到信号机中,对交通流进行调控。

单点定时信号控制需要确定的信号控制参数主要有周期时长和绿信比。确定配时参数的方法大都基于英国 TRRL 方法改进而来。TRRL 方法将延误作为交通效益指标,以韦伯斯特(Webster)延误最小为优化目标,计算得到最佳周期时长。

因 Webster 延误模型在交叉口饱和度越接近 1 时,计算得到的延误误差就越大,更无法计算过饱和交通条件下的延误。基于此,澳大利亚学者 R·阿克塞立科在考虑过饱和交通情况下,修改了 Webster 延误模型;同时考虑停车因素,把优化周期时长的指标改成了油耗,建立了油耗与延误和停车之间的函数,提出了定时信号控制的 ARRB 方法。

英国皇家工程院院士 Richard E. Allsop 教授于 1971 年和 1976 年分别提出了 SIGSET、SIGCAP 单点定时信号控制方法。在给定相位情况下,以延误最小为优化目标,利用线性规划方法,求解最优的绿信比和周期时长,使交叉口总延误最小或通行能力最大。

著名的"线控"定时方法有 MAXBAND 和 PASSER II(progression analysis and signal system evaluation roution model II)。它们能提供优化后的相位差、绿信比、周期时长和左转相序。Little 在 1966 年开发完成了 MAXBAND 的第一个版本,随后 Gartner 等人对 MAXBAND 进行了完善和发展。MAXBAND 所用的优化算法是 Little 建立的混合整数规划模型。

Gartner 在 1991 年提出了 MULTIBAND 方法。它能计算干线各交叉口间不同的绿波带,使各绿波带的宽度与相应路段上的交通量相适应。Stamatiadis 和 Gartner 在 1996 年又建立了多带宽的 MULTIBAND 网络版本,并在 2000 年提出了用优化树的方法来解决网络版本计算量大的问题。

英国学者 Dennis Roberson 在 1967 年首先开发出了 TRANSYT 算法。TRANSYT 为著名的"面控"定时信号优化程序,它由两个模型组成:交通仿真模型和信号优化模型。在交通仿真模型中,TRANSYT 对交通网络中的车流运行状况进行仿真,并考虑了在信号控制交叉口之间连线上运行的车队离散特性。将网络内总行车油耗或总延误及停车次数的线性加权组合作为网络性能指标(performance index,PI),信号优化模型以 PI 为优化目标,通过小步距调整信号配时参数(即"爬山法"),产生较初始配时参数更为优越的新的配时参数;把新的配时参数再送入交通仿真模型,反复迭代,直到 PI 达到最小,此时输出的配时参数,即为系统的最佳配时参数。自 TRANSYT 问世以来,随着其应用的深入和推广,得到了不断完善和改进,目前 TRANSYT 的最新版本为 TRANSYT-16。

定时信号控制的主要优点是系统实施和维护费用低。但因定时信号控制方法确定的信号配时参数是根据历史交通数据得到的,因此,当道路网、交通需求等发生变化后,原有配时方案也就失效了,最终导致信号控制成效的下降。定时信号控制方法没有考虑实时交通流变化的影响,属于开环控制。

(2)感应信号控制方法。

感应信号控制基本思想:基于车辆到达的时间间隔与特定阈值(单位绿灯延长时间)的比较来决定当前绿灯信号是延长还是终止,它利用设置于交叉口进口道上游检测器提供的实时交通数据来决策红绿灯信号的持续时间。

感应信号控制在一定程度上适应了交通需求的实时变化,比定时信号控制有一定的优越性,尤其在交通流量随机波动较大的交叉口,感应信号控制会取得较好的控制效果。由于感应信号控制算法没有优化过程,因此当一个相位延长绿灯的同时,必然会延长冲突相位的红灯时间。一直延长某一相位的绿灯时间是否合理,感应信号控制没有考虑,而且当交通量达到一定程度时就变成了定时信号控制。因此,对感应信号控制进一步优化,就衍生出了自适应信号控制方法。

(3)自适应信号控制方法。

自适应信号控制是指能根据交通需求的变化而实时调整信号控制参数的信号控制方法。自适应信号控制与感应信号控制的本质区别在于它用一个"目标"来估计相应于这一目标的信号控制性能,从而使得整个交叉口的延误或停车次数达到最小。也就是说自适应信号控制具有优化过程,它能综合考虑各个相位合理的绿灯时间需求,属闭环控制。

著名的自适应信号控制方法如TOL(traffic optimization logic)、OPAC(optimized policies for adaptive control)、MOVA(modernized optimized vehicle actuation)、SAST(stepwise adjustment of signal timing)、SCOOT (split cycle optimizing technique)、SCATS (sgdney coordinated adaptire traffic system)、RHODES(real-time hierarchical optimized distributed and effective system)等都在实践中得到了应用,并取得了较好的控制效果。从决策交通信号控制参数过程看,这些方法又分为两类:一类采用二进制选择过程来决策交通信号控制参数;另一类采用信号序列过程来决策交通信号控制参数。

①二进制选择方法(binary choice approach)。

在这种方法中,时间被分成了连续的、小的时间间隔。在每一个间隔内,做出是延长还是终止当前绿灯时间的决定。信号控制参数的调整是根据延长一个间隔所得的效益与所失效益的权衡来决定的。除了OPAC、RHODES、SPPORT,上面提到的其他方法都是基于这种思想来调整信号控制参数的。

瑞典Báng在1976年提出的TOL是二进制选择方法的典型代表。它用一个数学函数来估计延长当前绿灯时间 h 与立即终止本相位绿灯时间所得的净效益。在TOL中,只考虑了调整当前绿灯时间的两个选择,一个是立即终止本相位绿灯时间,另一个是继续延长本相位绿灯时间。

二进制选择方法、自适应信号控制方法当属MOVA。MOVA是英国TRRL在1982—1988年开发的单点自适应信号控制方法,是数学优化算法与启发式算法的有机结合。MOVA在每个车道布设了两个检测器,绿灯开始后,首先给每个车道足够的绿灯来消散停车线与第一检测器之间的排队车辆;然后,检测通过第一检测器的车头时距来判断饱和流量是否降低,检测通过第二检测器的车头时距来判断后续是否有饱和车队到达;最后,用一个优化过程来决策是否延长当前绿灯时间。优化过程基于Miller算法。在Miller算法中,考虑了多种选择,将立即终止本相位绿灯时间的效益与推迟本相位绿灯时间 2 s、4 s、6 s、8 s、10 s 的效益做比较，也用了一个数学函数来估计推迟绿灯时间和立即中断绿灯时间的净效益。若净效益大于零，当前绿灯时间就延长 2 s，然后再用数学函数对下一个 2 s 进行同样的估计；否则，立即中断当前绿灯时间。

②序列方法(sequencing approach)。

此种方法的代表当属 OPAC。OPAC 是 Gartner 在 1983 年开发的实时自适应信号控制系统，至今仍在不断发展和完善中。从作为信号控制研究分析用的离线程序，改进到适用于单点实时信号控制的系统，再到适用于区域协调的交通信号控制系统，OPAC 采用的序列方法试图确定未来相对长时间内(如 50～100 s)的信号最优配时序列，其优化过程是通过确定该时间段内交通信号的最优切换顺序来实现的，信号切换顺序的评价则基于性能评价指标。

(4)基于信号组的交通信号控制方法。

上述信号控制方法，信号相位及其相序大都是事先确定好的，运行过程中固定不变，属于基于信号相位的交通信号控制方法。因交通需求在随机变化，实际控制中固定相位及其顺序，缺乏合理性，应根据交通需求情况来调整相序；或者当有特殊交通需求时，能跳过一个相位，直接变化到另一个相位，这便产生了基于信号组的交通信号控制方法。

若把信号交叉口某一进口道上具有相同行驶方向的车流称为一股车流，那么，该进口道一股或几股车流可作为一个或几个信号组。在基于信号组的交通信号控制中，没有定义相位，只有初始的相位图，交通信号控制可以从初始相位图生成任意派生的相位图来适应交通需求的变化，每一个信号组都有一个最小绿灯时间。

LHOVRA 为典型的基于信号组的单点交通信号控制方法，目前它是瑞典单点交通信号控制技术标准。瑞典国家道路管理局于 1979 年开始了旨在改进交叉口处交通安全、减少延误的交通信号研究，并在 1983 年研究出了 LHOVRA 方法。LHOVRA 是功能模块式的控制方法，它包含几个控制功能，每个功能模块的瑞典名称的首字母就构成了 LHOVRA，其中 L 代表公交和卡车优先功能，H 代表主要道路交通流优先功能，O 代表安全功能，V 代表可变黄灯功能，R 代表保证左转车辆安全的功能，A 代表由黄灯直接转变为绿灯的功能。

1992 年，瑞典交通运输研究所在斯德哥尔摩将 LHOVRA 与 MOVA 进行了实测对比，结果表明各有其优点和不足。MOVA 的优点是具有优化功能，应用时很少达到预置的最大绿灯时间。LHOVRA 的优点在于它的灵活性和安全性，但在实际运行时经常达到信号组预置的最大绿灯时间，也就是说 LHOVRA 的控制性能在很大程度上取决于预先设定的信号组最大绿灯时间，这是它的不足。该研究建议单点自适应信号控制方法的研究方向应基于信号组和数学优化方法的控制策略。

(5)非常规交叉口交通信号控制方法。

传统信号控制方法均存在最大容量限制，一旦交叉口的通行能力接近信号控制的最大容量，再优化信号控制参数的意义不大，特别是左转需求大的交叉口更为突出。面对日益严峻的交通拥堵问题，学者们从 20 世纪 20 年代开始便提出了一系列非常规交叉口的设计方案及信号控制方法，用来扩展信号控制容量的上限，取得了良好的应用效果。到目前为止，学者们提出的非常规交叉口类型达到了 10 多种，如 U 形回转(u-turn, UT)、钩形转弯(hook turn)、象限街道(quadrant roadway)、超级街道(superstreet)、领结(bowties)、壶柄式转弯(jughandle)、分裂交叉口(split-phasing intersection)、连续流交叉口(continuous flow intersection, CFI)、平行流交叉口(parallel flow intersection, PFI)、菱形互通式立交(diverging diamond interchange, DDI)、回旋(roundabout)、汉堡路口(hamburger intersection)、借用出口车道左转(contraflow left-turn lane,CLL)、串联交叉口(tandem intersection, TI)等。这些交叉口由于某些特殊设计违反了已被广泛接受的驾驶规则,因而称之为非常规交叉口。非常规交叉口的特点是通过特殊的几何设计重新规划车辆行驶轨迹,减少左转和直行冲突。

非常规交叉口作为一种新颖的城市交通拥堵解决方案,其通行能力的优势吸引了众多学者对其信号控制方法开展了研究,如 TI 在同一相位使用所有进口车道,理论上可以提升 1 倍左右的通行能力。美国联邦公路管理局还针对 UT、DDI 和 CFI 专门出台了设计指南,从规划技术、设计要点、政策考虑、安全评估、运行性能、几何设计和运营维护等方面进行了详细介绍,推动了这 3 种非常规交叉口在美国的大规模应用。

其中,CLL 和 TI 是针对中国实际交通状况进行的设计,一经推出便在中国多个城市推广应用。

(6)现代道路交通控制理论的发展。

城市交通系统是一个非线性、时变、滞后的大系统,以往的交通信号控制研究多是基于启发式的考虑,而不是基于控制理论的方法。随着众多从事控制理论研究的学者参与到道路交通优化控制中,信号控制方式经历了一场复杂的变革。

静态多段配时控制是利用历史数据实现的一种开环控制,其基本设计思想源于线性规划。它没有考虑交通需求与 OD(origin-destination)矩阵的随机波动,没有考虑城市道路交通流的实时进化过程,其控制能力和抗干扰能力非常有限。但就城市某一区域而言,每日的交通状况毕竟表现出相当程度的重复性,车流的运动变化仍有一定的规律可循。因此,研究静态多段配时控制,将其作为其他控制策略的“参照系”,或为它们提供“初值系统”,还是很有意义的。如分层递阶交通控制系统的优化层就常以该方法作为稳态优化方法。此外,这种方法简便易行,尤其适用于稳态交通环境,颇受交通工程人员欢迎。

准动态多段配时控制与静态多段配时控制相类似,只不过多段的划分不是以时间为依据,而是以检测到的实时交通状态为依据。交通状态可以用交通量、占有率、车速等交通数据的特征值来表达。被划分成的若干个交通状况分别配以不同的优化配时。准动态多段配时控制是一个闭环控制系统。由于反馈的引入,所以该系统的动态性能比静态多段配时控制有明显改善,但是又由于它的控制方式仍属于方案选择式,所以该系统动态性能的改善又十分有限,故称之为准动态系统。

交通控制系统是一个具有随机性、模糊性和不确定性的复杂系统,因此其数学模型的建立非常困难,有时甚至无法用现有的数学方法加以描述。即使经过多次简化建立起来的数学模型,它的求解也必须简化计算才能完成。所以经典交通信号控制方法很难得到满意的效果。模糊控制是一种无须数学模型的控制方法,它能模仿有经验的交警指挥交通时的思路,达到较好的控制效果。

在现有交通模式下,出行者在出行途中很难根据实时的交通信息灵活更改行车路线,以最小费用到达终点。交通需求与交通供给的失配使路网资源无法得到充分利用，严重时会导致长时间的交通拥挤或堵塞。路由控制是解决上述问题的有效途径，即在某一性能指标最优条件下，为路网车辆分配路径。这主要通过设置在路网分叉点上游的可变信息标志或情报板来实现。路由控制是交通诱导控制的一种，实质上是一个动态交通分配问题。从控制理论的类别划分看，它可归结为非线性最优控制问题。

此外，诸如最优控制理论、大系统递阶控制、分散控制理论、人工神经网络等都已应用到了交通信号控制中，并取得了良好效果。

(7)现代道路交通控制理论发展趋势。

道路交通控制经过几十年的发展，在定时信号控制和感应信号控制方面已经形成了较完善的理论体系，但这两类信号控制方式因其固有的缺陷，面对交通拥挤问题所提出的挖掘道路资源潜在效率的要求，交通信号控制的研究热点已转移到自适应信号控制、干线/区域信号协调控制、网联交通信号控制等方面。此外，交通控制和交通诱导是分不开的两个主题，在城市交通规划中不可能无限制地增加道路宽度和其他辅助设施，如何在空间上调度交通成为一个具有重要现实意义的研究课题，因此将交通诱导和交通信号控制有机结合，也成为交通信号控制领域一个重要的研究方向。

在研究方法方面，交通信号控制属于典型的学科交叉，其他相关学科的研究成果都有可能促进交通信号控制优化效率的提升，如动态规划法、混合整数规划法、遗传算法、人工智能等都已在交通信号优化中得到了应用。

在交通信号控制系统方面，国外发达国家几乎都有符合自身交通特点的交通信号控制系统，其中不乏很多享誉世界的产品，如TRANSYT、SCOOT、SCATS系统等。早期研制的信号控制系统常采用传统的信号控制参数，如周期、步长、绿信比等；后期研制的交通信号控制系统，已经转而使用相位的长度和相序来代替传统的信号控制参数，如PRODYN、OPAC、RHODES系统等。

在交通检测技术方面，从传统的线圈检测已过渡到目前以视频检测、超声波检测为主，红外线视频检测、声学检测、地磁检测、磁成像检测、激光雷达检测等为辅的检测方法上来。甚至为了提高交通信号控制系统的适应天气及道路环境变化的能力，交通环境检测技术也应用到了交通信号控制系统中，包括湿度、温度、能见度、冰雪检测器等。此外，加州大学伯克利分校率先把无线传感器网络用于交通车辆检测，使得交通预测的精确度得到了前所未有的提高。

此外，随着智能网联技术的兴起，车路协同将是当前及未来很长一段时间内道路交通控制的常态与主流趋势。智能网联技术将重塑道路交通系统的管理与控制理念，如全网联自动驾驶汽车的交叉口无需信号灯也能控制好车辆的通行、网联自动驾驶汽车编队绿色行驶等，但自动驾驶短时间内并不会完全取代人工驾驶，而将与人工驾驶长时间共存。在智能网联与人机混合驾驶背景下，信号控制优化正从之前的单向优化（根据交通流量优化交叉口信号控制参数）转向双向优化（车辆行驶轨迹与信号控制参数联合优化），道路时空资源分配由之前的静态配置转向动态配置，且优化目标呈现多样化，如延误、油耗、舒适性、安全性等。

1.2 道路交通控制分类

1.2.1 按类别划分

1. 以交通限制为主的控制

以交通限制为主的控制，主要采用渠化交通组织和调整交通组织措施，在道路上设置路面标示、标线、交通标志和交通岛，从时间和空间上限制各种交通流通行。

(1)交叉口优先规则控制。

交叉口优先规则控制，指在没有实施信号控制的交叉口，为了保障路口交通的安全、有序和畅通，而采用停车让行、减速让行交通标志控制进入路口车辆通行的控制方式。

(2)路面标志标线控制。

路面标志标线控制，指在道路上设置标线和标志以控制车辆通行的控制方式。

(3)停车控制。

停车控制主要分为路上停车控制和路外停车控制。

路上停车控制，主要通过时间停车控制和地点停车控制的方式实现。

路外停车控制，主要指停车场的停车控制，通过停车收费等方式实现。

2. 以交通信号为主的控制

以交通信号为主的控制，是一种按时间分离交通流的交通组织措施。这种控制需要有科学合理的交通渠化等措施作为基础。

3. 以传递情报信息为主的控制(交通诱导控制)

此种控制主要通过情报通信及在道路上设置可变信息标志等，向交通参与者传递道路交通的运行状况等信息，提醒驾驶员注意并选择合适的出行时间、行驶速度和出行路线。

1.2.2 按控制范围划分

1. 单个交叉口的交通控制(点控)

这种控制方式又称“点控”。控制目标通过信号指示合理分配各个进口车道车辆通行权，减少或完全消除交通冲突点，同时，又要设法使车辆和行人的延误时间最少，并提高与交叉口相连各车道的通行能力。

2. 干道交叉口信号协调控制(线控)

这种控制方式指把干道上若干连续交叉口的交通信号通过一定的方式联结起来，同时对各交叉口设计一种相互协调的配时方案，各交叉口的信号灯按此协调方案联合运行，使车辆通过这些交叉口时，不致经常遇上红灯，也称“绿波”信号控制，俗称“线控”。

3. 区域交通信号控制(面控)

这种控制方式是把某个区域中所有信号控制交叉口作为协调控制的对象，俗称“面控”。控制区内各受控交通信号都受交通控制中心的集中控制。

1.2.3 按控制原理划分(控制方法)

1. 多段定时信号控制(人工优化技术控制)

这种控制方式以历史交通流的统计值为依据,找出每个日/周和时/日不同交通流变化规律,用人工方法和计算机仿真方法,在时空图上反复做图解分析,寻求不同时段的最佳信号配时方案,采用程序存储方式将这些配时方案存储在信号控制器或中心计算机中。

2. 感应信号控制

感应信号控制的原理是根据车辆检测器测量的交通流数据调整信号机内相应方向的绿灯时间的长短和时间顺序,以适应交通的随机变化。

3. 脱机优化控制

以车辆延误等作为优化指标,在约束条件下进行计算机优化求解,即寻求使道路网运行指标达到极值下的最佳信号配时方案。

4. 自适应信号控制(联机优化控制)

在一条干线或一个区域,根据交通流随机变化而自动地调整信号控制参数,使控制系统自动地适应交通流的随机变化。

1.2.4 按控制思想划分

1. 被动式控制(交通信号控制系统)

被动式控制是通过采用事先人工调查或实时自动检测的方法,了解其变化规律和实时状态,在此基础上选取适当的控制方案(或控制参数)或联机实时生成控制方案(或控制参数)控制信号变化,以应对或适应交通需求。

2. 主动式控制(交通自动化路径诱导系统)

主动式控制是在司机和系统之间建立双向通信,系统根据司机事先给出的位置和行驶的目的地等信息,给出优化的行驶路线,通过对所控区域内行驶的车辆发出指令和忠告,使区域内道路系统的交通负荷合理地均匀分布,通过对交通流主动的引导、分配而使阻塞缓解和消除。

1.2.5 按信号配时生成方式划分

1. 人工优化技术

人工优化技术,指信号配时的生成采用人工优化的方法完成或实现,适合于简单的干线信号协调控制。

2. 脱机优化技术

脱机优化技术,指信号配时的生成采用脱机优化的方法完成或实现,适用于交通流相对稳定的道路网的信号协调控制。

3. 联机优化技术

联机优化技术，指信号配时的生成采用联机优化的方法完成或实现，适用于交通流变动大的道路网的信号协调控制。

1.2.6　按优化方向划分

1. 单向优化

单向优化指依据交通流参数确定信号控制参数的优化方法，适用于传统的信号控制方法，如定时信号控制、感应信号控制、自适应信号控制等，以及定时控制下的车辆轨迹优化/车速诱导。

2. 双向优化(联合优化)

双向优化指不仅考虑车辆运行轨迹改变对信号控制方案的影响，同时还需考虑信号控制参数调整对交通流运行效益的作用，适用于网联交通环境下的信号控制方法，如信号控制参数与车辆运行轨迹的联合优化等。

1.2.7　按专用相位划分

1. 专用相位控制

专用相位控制包括公交/应急车辆专用相位控制、自动驾驶汽车专用相位控制等，专用相位需配有专用进口车道才可实施，如公交专用车道、自动驾驶汽车专用车道。

2. 共享相位控制

相位内可同时放行有人驾驶的社会车辆、公交/应急车辆以及自动驾驶汽车，有无专用车道均可。

1.3　道路交通控制技术

1.3.1　检测技术

检测技术主要用来采集道路交通状况、路面环境及气候条件等信息，为交通信号优化提供数据支撑。

目前常用的交通检测技术有感应线圈检测、视频检测、超声波检测、红外线视频检测、声学检测、地磁检测、微波多普勒检测、微波真实再现检测、摩擦电检测、气压管检测等。其中，感应线圈检测和视频检测应用最为广泛。交通检测技术比较见表1.1。

表 1.1　交通检测技术比较

类型	优　点	缺　点
感应线圈检测	线圈电子放大器已标准化 技术成熟、易于掌握 计数精确	受路面冻涨影响大 影响路面寿命 修理或安装需中断交通 易被重型车辆、路面修理等损坏
视频检测	可为事故管理提供可视图像 可提供大量交通管理信息 单台摄像机和处理器可检测多车道	大型车辆会遮挡随行的小型车辆
超声波检测	体积小，易于安装	性能随环境温度和气流影响而降低
红外线视频检测	昼夜可采用同一算法而解决昼夜转换的问题 可提供大量交通管理信息	可能需要很好的红外线焦平面检测器，也就是要用提高功率，降低可靠性来实现高灵敏度
声学检测	根据特定车辆的声学特征识别该车辆	为识别车辆需将接收信号进行大量的除去背景静噪声的处理
地磁检测	可检测小型车辆，包括自行车 适合在不便安装线圈场合采用	很难分辨纵向过于靠近的车辆
微波多普勒检测	在恶劣气候下性能出色 直接检测速度	不能检测静止或低速行驶的车辆 以向前方式用定向天线跟踪单车道
微波真实再现检测	在恶劣气候下性能出色 可检测静止的车辆 可以侧向方式检测多车道 直接检测速度	无法提供全面直观的交通信息

总体来说，交通检测技术能检测出的交通数据包括三大类。

(1)交通流数据：车流量、瞬时速度、时间平均速度、空间平均速度、时间占有率、空间占有率、车头时距、车辆长度分类、车队长度等。

(2)交通事件：交通拥堵、违法停车、逆向行驶、闯红灯、超速行驶、越线行驶等。

(3)交通事故：交通事故发生地点。

因各自不同的检测原理，每种交通检测技术的数据检测能力存在较大差异，各种交通检测技术数据检测能力比较见表 1.2。尽管许多检测技术都具备检测交通量、地点车速、占有率、车型分类和车头时距的能力，但受气候条件和交通运行环境影响，其他各类检测技术的综合检测精度尚不及线圈检测和视频检测技术。

表 1.2　各种交通检测技术数据检测能力比较

交通检测技术	交通量	地点车速	占有率	车型分类	车头时距	备注
线圈检测	√	√	√	√	√	
视频检测	√	√	√	√	√	具有图像传输及事件检测能力
微波检测	√	√	√	×	√	适用于低速检测
超声波检测	√	√	√	×	√	
压电检测	√	√	√	√	√	可采集轴距、轮距、轮胎数、轴重等
声学检测	√	√	×	√	×	
红外线视频检测	√	√	√	√	√	具有图像传输及事件检测能力，检测精度受影响
磁成像检测	√	√	√	√	√	
地磁检测	√	√	√	×	√	
激光雷达检测	√	√	√	√	√	
微波多普勒检测	√	√	√	√	√	
微波真实再现检测	√	√	√	√	√	
气压管检测	√	√	√	√	√	

注：√代表能提供此功能，×代表不能提供此功能。

车联网技术的推广将逐渐替代上述传统交通检测技术，其不仅能克服定点检测、气候条件和交通运行环境等带来的检测精度受限及采集信息零散分布的影响，还能提供更丰富的全局动态交通信息，实现交通流参数和交通事件的全面检测与识别。

图 1.12　气象检测仪

天气状况检测通常借助气象检测仪来实现，气象检测仪如图 1.12 所示。气象检测仪一般配备有温度检测器、湿度检测器、风速风向检测器、雨量检测器、能见度检测器等，能为交通运营管理人员采取正确的交通管控措施提供可靠的道路能见度、空气温度、空气湿度、降水量、降水类型、风速、风向等数据。

路面环境检测主要通过冰雪检测器完成，冰雪检测器如图 1.13 所示。路面检测器采用电容技术测量道路表面的干湿度，以及测量传导率来确定路面材料的凝固点和道路上的冰雪量，为交通信号控制系统提供包括路面温度、地下温度、结冰温度、干燥、潮湿、湿泞、融雪剂含量、结冰、雪、水膜厚度等信息。

(a) (b)

图 1.13　冰雪检测器

1.3.2　通信技术

通信技术包括有线通信技术和无线通信技术。通信技术的主要作用是传递信息，包括由检测器采集的交通信息和计算机发出的控制指令及信号配时方案等。网联交通进一步拓展了信号控制器与交通设施或汽车终端间的通信方式，包括专用短程通信(dedicated short range communication，DSRC)、WiFi、蓝牙、4G/5G 等。不同通信方式的通信距离存在差异，如 DSRC 的最大通信距离可达 1 000 m，5G 在市区的可靠通信距离为 300～400 m。

1.3.3　计算机技术

计算机技术包括软件技术和硬件技术。软件技术涉及信号控制优化程序、交通大数据分析、人工智能等，主要作用是处理信息、管理信息、生成配时方案、发布控制指令等。网联交通环境下，还涉及对自动驾驶汽车的轨迹优化和网联人工驾驶汽车的交通诱导等。

1.3.4　自动控制技术

自动控制技术依托工控机或交通信号机予以实现，控制逻辑或功能为一系列算法，最终通过机电设备(如自动栏杆、可变信息板等)、灯光(如信号灯、报警灯)和声音(如盲人过街信号、报警信号)的输出传递控制意图。控制核心为交通流的动态分配，通过实时感知交通状态、智能决策信号配时参数，并自动执行控制策略来达到提升通行效率、安全性和公平性的目的。网联交通环境下，还涉及自动驾驶汽车的轨迹控制等。

1.4　我国道路交通控制发展概况

1.4.1　我国道路交通控制发展历史

1. 新中国成立以前

1923 年，上海市南京路的两个路口最先安装了交通信号灯，并由交警手动控制。此后，全国范围内多借助指挥棒人工指挥交通或人工控制三色交通信号灯进行交通引导。

2. 新中国成立后的前20多年

无大变化。

3. 20世纪70年代

起初，我国交通信号处于手动控制阶段，交通信号控制机是一种机械式装置，交通信号灯由岗亭的民警拨动控制机上的开关来控制红绿灯的切换。1973年，当时的行业主管部门第四电子机械工业部提出“要将现代通信技术应用到交通管制和车辆调度上去”，自此我国开始了交通信号自动控制的研究与应用。1974年，启动了我国第一个城市交通自动控制工程项目——首都自动化交通控制工程（又名北京前三门大街交通信号自动控制工程或“7386”工程）。1978年，北京地铁沿线8个路口使用国产DJS-130计算机控制，实现了国内第一条交通信号离线协调线控。1980年前后，北京、上海、广州、沈阳等城市开始了单点定周期交通信号控制机的生产和应用。

4. 20世纪80年代

随着我国一些大城市引进SCOOT、SCATS系统，道路交通进入点、线、面协调控制阶段。这一时期主要集中于大城市，通过引进应用国外先进系统，消化和吸收交通控制技术，为我国自主研发积累相关经验。

国家“七五”重点科技攻关研发的城市交通实时自适应控制系统（“2443”工程），是我国自行研制的第一个实时自适应城市交通控制系统，在南京市中心城区的24个路口进行了示范应用。国家“八五”重点科技攻关研发的城市交通控制系统应用技术，重点解决了交通控制系统的工程化技术问题，系统软件也从AT&T UNIX移植到Microsoft Windows NT平台，在广州市天河区进行了示范应用。20世纪80年代至90年代初，我国道路交通信号控制仍处于试点应用阶段，全国信号控制交叉口仅8 000多个，尚不及当时日本东京一个城市的安装规模。

5. 20世纪90年代

1997年，公安部交通管理局下发《公安交通指挥中心建设与发展的若干意见》（公交管〔1997〕231号）指导意见；至21世纪初，我国各地相继建设了城市交通指挥中心，交通信号控制系统的建设与应用得到了快速发展。

6. 21世纪以来

2000年2月，国务院办公厅转发了公安部、建设部《关于实施全国城市道路交通管理“畅通工程”的意见》，有力促进了城市交通管理的科学化和智能化，我国开始进入智能交通管理系统建设与发展的阶段。

国家“十五”重点科技攻关和“863”计划持续支持了新一代智能化交通控制系统的研发和应用，着重解决了交通控制的多模式化、智能化、集成化等问题，逐步形成了具有分布协同功能的集成化交通信号控制系统。

近年来，随着物联网、车联网、移动互联、大数据、云计算、人工智能、数据孪生等新一代信息与通讯技术（information and communication technology，ICT）技术的应用，阿里、百度、华为等城市交通大脑和“互联网+信号灯”的出现，交通信号控制迎来了智慧化发展新时代。

首先，通过视频 AI、射频识别、网约车、互联网等技术的应用，可随时随地地低成本获取多源多维交通数据，实现交通感知的快、精、准，真正做到交通全时空“看得见、看得清”。其次，通过云计算、边缘计算、机器学习、神经网络等新技术移植，交通信号控制系统可不再依赖现代控制理论中公式变量繁多、边界条件苛刻的复杂数据模型，可由大数据直接驱动交通信号的智能决策控制与迭代学习，真正做到信号配时“想得透、想得好”。再次，通过 AR、VR、数据孪生等新技术应用，可实现交通信号决策控制在线并行仿真与即时效能评估，真正做到交通控制的实时自适应优化迭代。最后，通过物联网、车联网、移动互联等新技术应用，交通信号控制逐步从交通后置响应向交通需求前置引导、交通信息主动服务转变，真正实现人、车、路、控制等交通要素全时空高效配置、协同疏导。

为适应技术发展和实际应用需求，交通信号控制机、控制系统通用技术要求及相关通信协议、信息服务标准等规范已完成修订，进一步健全了交通信号控制标准体系。

2020 年公安部出台的《公安交通管理科技发展规划(2021—2023 年)》《关于进一步加强城市道路交通信号控制应用工作的指导意见》，对交通信号控制提出了新的要求；在《国民经济和社会发展第十四个五年规划和 2035 年远景目标纲要》中，“交通信号联动”“公交优先通行控制”已规划为典型的智能交通数字化应用场景。近年来，一些大中城市开展了交通信号统一管控平台的建设，实现了城市全域交通联网联控，深化了多源交通数据与智能学习决策技术的融合应用，提高了平台系统互联与服务能力，有力提升了交通信号控制的精细化、智能化管控水平。

1.4.2 我国交通信号控制研究概况

国内交通信号控制理论的研究起步较晚。20 世纪 80 年代，国内一些城市从开始引进国外先进的交通信号控制系统，如英国的 SCOOT(在北京应用)、澳大利亚的 SCATS(在上海应用)、日本京三公司的城市交通控制系统(在深圳应用)等，我国才真正投入到交通信号控制方法的研究中。在此期间，国内学者提出了停车线法和冲突点法的交通信号配时方法，开启了我国交通信号控制研究的新篇章。

20 世纪 90 年代，国内学者对交通信号控制的研究掀起了一个热潮，在跟踪国外同行前沿研究热点的同时，围绕混合交通这一特点，探讨了我国定时信号控制、感应信号控制、自适应信号控制、干线协调信号控制等基础理论和应用问题，研究方法大多以统计学、计算机科学、控制科学相关理论和方法为基础，取得了关键性成果，对提高我国道路交通信号控制水平发挥了积极作用。

进入 21 世纪以来，面对日益拥堵的城市交通状况，我国学者相继提出了环形交叉口的“左转两步”控制方法和非传统的 CLL、TI 控制方法等，取得了较显著的控制成效。近年来，智能网联技术助推了我国学者在交通信号控制领域的研究步伐和国际影响力，基本扭转了过去跟踪式的研究局面，发展到目前齐头并进的阶段。

第2章 道路交通信号控制基础

2.1 交通信号设置依据与控制目标

2.1.1 设置依据

1. 一般考虑

设置交通信号灯的目的是使路口机动车安全通畅、减少延误、提高通行能力，同时满足行人和非机动车等弱势群体安全过街的交通需求。但如设置不当，则可能造成延误增大、通行能力降低、事故增加等问题，因此设置交通信号灯必须要有科学依据。

对于主、次道路相交路口，一般主要道路优先通行，次要道路设停车(让路)标志，即次要道路车辆通过交叉口时，应停车观察，当主要道路无车或有较大间隙、估计不会发生碰撞时才能通过，故次要道路通行能力受主要道路制约。主要道路流量越大，则次要道路通过流量就越小。当不能满足次要道路通行需求时，需将路口改造成交通信号灯控制，但交通信号控制必然会降低主要道路的通行能力或增大其延误，因此必须对比分析设置信号灯与不设信号灯的停车、让路两种情况下的通行能力与行车延误，还要就交通安全、行车秩序及安装费用等进行多方面的利弊分析之后才能确定。

(1)停车/减速让路控制交叉口最大通行能力。

根据停车/减速让路控制方式的通行规则，主要道路上行驶车辆几乎不受次要道路上行驶车辆的影响，而次要道路上行驶车辆必须等主要道路行驶车辆间出现足够大的可穿越空当时才能通过。因此，在停车/减速让路控制方式下，交叉口主要道路的最大通行能力接近其饱和流量；而交叉口次要道路的最大通行能力则取决于主要道路的交通量，即根据主要道路车流为次要道路车辆穿行提供的空当数来求出次要道路可通行的最大车辆数。

假若交叉口主要道路车辆到达率服从泊松分布，则根据上述原理，可以得到交叉口次要道路最大通行能力 $C_{\max}$ 的计算公式如下：

$$C_{\max}=qe^{-qh'/3\,600}/(1-e^{-qh/3\,600}) \tag{2.1}$$

式中 $C_{\max}$——次要道路的最大通行能力，辆/h；

q——主要道路交通量，辆/h；

h'——次要道路穿越主路车流的临界空当时距，s，通常取 4.5～10 s；

h——次要道路车辆连续通行时的车头时距，s，通常取 2～3 s。

利用式(2.1)可以推出，当主要道路交通量 q 增加时，次要道路最大通行能力 $C_{\max}$ 减少;当次要道路穿越主路车流的临界空当时距 h' 增加时,次要道路最大通行能力减少;当次要道路车辆连续通行时的车头时距 h 增加时,次要道路最大通行能力亦减少。

当次要道路交通量接近最大通行能力时,次要道路交通将严重拥挤,延误将迅速增大,此时应考虑将停车/减速让路控制交叉口改造成信号控制交叉口。

(2)交叉口平均延误。

停车/减速让路控制可大大减少主要道路车辆延误,但却可能导致次要道路车辆延误很大;交通信号控制可以有效降低次要道路的车辆延误,但必然造成主要道路车辆延误的增加。因此,需要通过对比交叉口控制方式改变前后平均延误的大小来决定交叉口是否采用信号控制方式。

目前在计算停车/减速让路控制交叉口延误方面的研究虽然不少,但真正实用的不多,加之交通状况的复杂多变性,交叉口停车/减速让路控制方式与信号控制方式平均延误的对比仍停留在定性分析层面上。

假设主、次道路交通流量之比固定为某一比值,则交叉口分别在停车/减速让路控制方式与信号控制方式下的交通流量一延误变化曲线可以用图 2.1 近似描述。图中,曲线 A 表示在停车/减速让路控制方式下的交通流量与延误的变化关系,曲线 B 表示在信号控制方式下的交通流量与延误的变化关系。比较曲线 A、B 可以看出,当进入交叉口的总交通流量较小时,采用停车/减速让路控制方式对减小交叉口的平均车辆延误较为有利;当进入交叉口的总交通流量较大时,则适宜采用信号控制方式来减小交叉口的平均车辆延误。曲线 A 与曲线 B 的交叉处则为不同控制方式的切换条件。

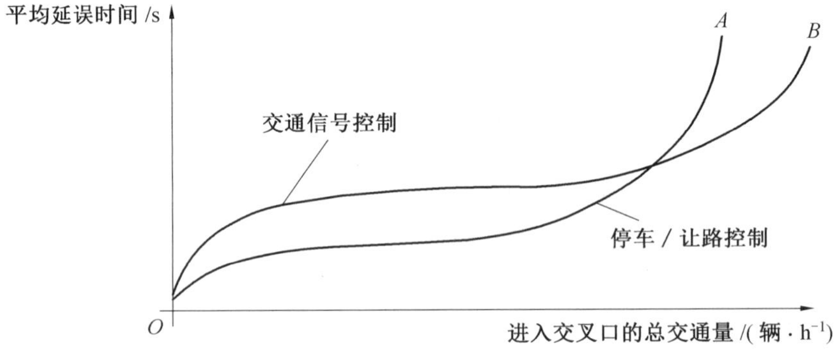

图 2.1 停车/减速让路控制方式与信号控制方式下的交通流量一延误变化曲线

注意,当采用不同类型的交通信号控制方式(如定时信号控制、感应信号控制、自适应信号控制)时,其交通流量一延误变化曲线会有所不同,但它们与停车/减速让路控制方式下的交通流量一延误变化曲线之间的位置关系基本保持不变。

2. 实际采用的交通信号灯设置标准

信号灯设置虽有理论计算或实际观测方面的依据,但因各个国家或地区的交通条件、经济条件及交通习惯不同,其设置标准并不完全一致,下面择其要者进行简述。

(1)美国的规定。

美国根据长期的流量观测结果,发现 24 h 交通量从大到小排序时,第 8 位小时交通量较为稳定，可作为设置信号灯控制的依据，并得出第 8 位小时交通量＝5.65％×平均日交通量，高峰小时交通量＝1.5×第 8 位小时交通量。

在上述交通量计算基础上，美国《交通信号配时手册》列出了 8 条设置交通信号灯的依据，其中第 5 条和第 7 条系考虑联动和系统的问题，这里不列出，其他依据如下。

①按最小流量计，当第 8 位小时流量达到表 2.1 中的数值。

②对于主、次干道交通量相差过大，造成次干道阻车大于 30 s 时，则按中断道路交通流量的连续时间考虑，此时第 8 位小时流量达到表 2.1 中括号内的数值。

③按最小行人交通量达到表 2.2 中所列数值，设行人过街信号灯，其流量标准亦为第 8 位小时流量。

④考虑学童过街。在学童来往的主要道路上或学校附近，学童过街较多处需安装交通信号灯。

⑤考虑交通事故记录。如果该交叉路口年平均发生 5 次或更多的人员伤亡或财产损失达 100 美元以上的交通事故，则前述①、②、③中任一项要求的交通量可降低 20％，且安装信号灯又不致严重干扰车流连续通行时，就应设置信号灯。

⑥综合考虑。上述①、②、③中任意两项能满足要求流量的 80％，也应设置信号灯。其他还有：一天中任何 4 h 的流量超过某一数值时，就应设置信号灯。

表 2.1　美国规定适合信号灯控制的最小流量

进口通道车道数		主干道双向进口车道的总交通量/(辆・h^{-1})		次干道引道的最大进口交通量/(辆・h^{-1})	
主干道	次干道	城市	乡区	城市	乡区
1	1	500(750)	350(525)	150(75)	105(53)
≥2	1	600(900)	420(630)	150(75)	105(53)
≥2	≥2	600(900)	420(630)	200(100)	140(70)
1	≥2	500(750)	350(525)	200(100)	140(70)

表 2.2　适合信号灯控制的最小行人流量标准

区域	主干道双向进口车道总交通量		主干道人行横道最大行人流量
	有无安全岛	交通量/(辆・h^{-1})	每小时过街的行人数/(人・h^{-1})
市区	无	600	150
	有	1 000	150
乡区	无	420	105
	有	700	105

(2)日本的规定。

①以机动车流量为依据。在白天 12 h(7:00～19:00)路口总的机动车流量达 9 000 辆以上，且高峰小时路口总交通量在 1 000 辆以上。

②以行人流量为依据。为保护行人过街，白天 12 h 路上通过车辆达 6 000 辆以上，且高峰小时为 650 辆以上，高峰小时人行横道的行人为 200 人以上。

③同时考虑车辆和行人，则可依据交通量、事故记录与行人等综合考虑。

(3)英国的规定。

类似于美国的标准。

①交叉路口第 4 位小时交通量达 500 辆，且次要道路流量达 150 辆时。

②交叉路口第 4 位小时交通量达 1 200 辆，且次要道路流量达 100 辆时。

③$PV^2>10^6$，P、V 分别为交叉道路的第 4 位小时行人和机动车数。

④路口每年发生人员伤亡事故 5 次以上时。

⑤上述任意两项指标同时达到 80%时。

(4)我国的规定。

依据《道路交通信号灯设置与安装规范》(GB 14886—2016)，交通信号灯设置条件如下。

① 路口。

A. 路口类型。

a. 符合下列条件的城市道路路口应设置信号灯。

ⅰ. 城市道路主干路与主干路平交的路口。

ⅱ. 城市道路主干路与次干路平交的路口。

ⅲ. 表 2.3 中的平 A1 类、平 A2 类路口。

表 2.3 《城市道路交叉口规划规范》(GB 50647—2011)中交叉口类型选型

交叉口类型	选型	
	应选类型	可选类型
快一快交叉	立 A 类	—
快一主交叉	立 B 类	立 A 类或立 C 类
快一次交叉	立 C 类	立 B 类
主一主交叉	平 A1 类	立 B 类中的下穿型菱形立交
主一次交叉	平 A1 类	—
主一支交叉	平 B1 类	平 A1 类
次一次交叉	平 A1 类	—
次一支交叉	平 B2 类	平 C 类或平 A1 类
支一支交叉	平 B2 类或平 B3 类	平 C 类或平 A2 类

b. 符合下列条件的公路路口应设置信号灯。

ⅰ. 一级公路与一级公路平交的路口。

ⅱ. 按照《公路路线设计规范》(JTGD 20—2006)中 10.1.2 采用信号交通管理方式设计的路口。

c. 平面交叉路口的安全停车视距三角形限界内有妨碍机动车驾驶人视线的障碍物

时，宜设置信号灯。

B. 路口交通流量条件。

路口机动车高峰小时流量超过表 2.4 所列数值时，应设置交通信号灯。

表 2.4　路口机动车高峰小时流量

主要道路单向车道数/条	次要道路单向车道数/条	主要道路双向高峰小时流量/(pcu・h^{-1})	流量较大次要道路单向高峰小时流量/(pcu・h^{-1})
1	1	750	300
		900	230
		1 200	140
1	≥2	750	400
		900	340
		1 200	220
≥2	1	900	340
		1 050	280
		1 400	160
≥2	≥2	900	420
		1 050	350
		1 400	200

注：1. 主要道路指两条相交道路中流量较大的道路。

2. 次要道路指两条相交道路中流量较小的道路。

3. 车道数以路口 50 m 以上的渠化段或路段数计。

4. 在无专用非机动车道的进口，应将该进口进入路口非机动车流量折算成当量小汽车流量并统一考虑。

5. 在统计次要道路单向流量时应取每一个流量统计时间段内两个进口的较大值累计。

6. pcu 指当量小汽车，换算系数见表 2.5。

表 2.5　当量小汽车换算系数

车辆类型	换算系数
自行车	0.2
二轮摩托	0.4
三轮摩托或微型汽车	0.6
小客车或小于 3 t 的货车	1.0
旅行车	1.2
大客车或小于 9 t 的货车	2.0
9～15 t 货车	3.0
铰接客车或大平板拖挂货车	4.0

路口任意连续 8 h 平均机动车小时流量超过表 2.6 中的条件时，应设置交通信号灯。

表 2.6 路口任意连续 8 h 机动车小时流量

主要道路单向车道数/条	次要道路单向车道数/条	主要道路双向任意连续 8 h 平均小时流量/(pcu・h^{-1})	流量较大次要道路单向任意连续 8 h 平均小时流量/(pcu・h^{-1})
1	1	750	75
		500	150
1	≥2	750	100
		500	200
≥2	1	900	75
		600	150
≥2	≥2	900	100
		600	200

C. 路口交通事故条件。

根据路口的交通事故情况，达到以下条件之一的路口应设置信号灯：

a. 3 年内平均每年发生 5 次以上交通事故，从事故原因分析通过设置信号灯可避免发生事故的路口。

b. 3 年内平均每年发生一次以上死亡交通事故的路口。

D. 路口综合条件。

a. 当表 2.4、表 2.6 和路口交通事故条件中，有两个或两个以上条件达到 80%时，路口应设置信号灯。

b. 对于畸形路口或多路交叉的路口，应进行合理交通渠化后设置信号灯。

c. 不满足 a 中条件的路口，但在交通信号控制系统协调控制范围内的，可设置信号灯。

d. 不满足 a 中条件的路口，但因行人和非机动车通行易造成路口拥堵或交通事故时，可设置信号灯。

E. 路口非机动车信号灯设置条件。

a. 非机动车驾驶人在路口距停车线 25 m 范围内不能清晰视认用于指导机动车通行的信号灯的显示状态时，应设置非机动车信号灯。

b. 对于机动车单行线上的路口，在与机动车交通流相对的进口应设置非机动车信号灯。

c. 非机动车交通流与机动车交通流通行权冲突，可设置非机动车信号灯。

F. 路口人行横道信号灯设置条件。

a. 在采用信号控制的路口，已施划人行横道标线的，应设置人行横道信号灯。

b. 行人与车辆交通流通行权冲突，可设置人行横道信号灯。

G. 闪光警告信号灯设置条件。

在需要提示驾驶人和行人注意瞭望、确认安全后通过的路口，宜设置闪光警告信号灯。

H. 道口信号灯设置条件。

达到以下条件之一的道路与铁路的平面交叉口(以下简称道口),应设置道口信号灯:

a. 日间连续 12 h 内,通过道口的车辆平均小时流量达到 500 pcu/h 以上,且瞭望条件良好的道口。

b. 日间连续 12 h 内,通过道口的车辆平均小时流量达到 200 pcu/h 以上,且瞭望条件不良的道口。

c. 近 5 年内发生过较大事故或重复发生事故的道口。

d. 有通勤汽车或公交车通过的道口。

②路段。

A. 路段人行横道信号灯设置条件。

a. 路段交通流量条件。

在已施划人行横道线的路段,符合下列条件之一时,应设置人行横道信号灯:

ⅰ. 路段机动车和行人高峰小时流量超过表 2.7 所规定数值时,应设置人行横道信号灯和相应的机动车信号灯。

表 2.7　路段机动车和行人高峰小时流量

路段双向车道数/条	机动车高峰小时流量/(pcu · h^{-1})	行人高峰小时流量/(人次 · h^{-1})
<3	600	460
	750	390
	1 050	300
≥3	750	500
	900	440
	1 250	320

ⅱ. 路段任意连续 8 h 的机动车和行人平均小时流量超过表 2.8 所规定数值时,应设置人行横道信号灯和相应的机动车信号灯。

表 2.8　路段任意连续 8 h 机动车和行人小时流量

路段双向车道数/条	任意连续 8 h 的机动车平均小时流量/(pcu · h^{-1})	任意连续 8 h 的行人平均小时流量/(人次 · h^{-1})
<3	520	45
	270	90
≥3	670	45
	370	90

b. 路段交通事故条件。

路段交通事故符合下列条件之一时,应设置人行横道信号灯和相应的机动车信号灯:

ⅰ. 3年内平均每年发生5次以上交通事故，从事故原因分析通过设置人行横道信号灯可避免发生事故的路段。

ⅱ. 3年内平均每年发生1次以上死亡交通事故的路段。

B. 车道信号灯设置条件。

在隧道、收费站、潮汐车道及需要对车道进行控制的路段，应设置车道信号灯。

③匝道。

根据城市快速路、高等级公路等道路交通状况，当车辆通过入口匝道汇入主路，对主路行驶车流产生严重冲突或造成下游路段拥堵的，可在匝道设置信号灯。

交通信号灯的组合形式、安装、杆件、电缆线敷设等按照《道路交通信号灯设置与安装规范(GB 14886—2016)》的要求执行。

2.1.2 交通信号控制目标

交叉口实施信号控制主要是为了实现以下目标：

(1)减少交叉口停车次数。

(2)提高交叉口的通行能力。

(3)降低交叉口的停车延误。

(4)减少交叉口的停车排队。

(5)降低燃料消耗，减少污染。

(6)保障交叉口的安全通畅。

(7)提高整体交通效益。

2.2 交通信号设计一般流程

2.2.1 基础资料收集

主要收集交叉口及其周边区域道路几何特征、交通流信息、交通管理措施、交通控制设施和制约交通信号控制的关键因素，为制定有针对性的交通信号控制方案提供基础资料。

2.2.2 交通流运行特性分析

分析采集交通流的时变特性和空间分布特性，在地图上绘制交通流向图并标明交通量大小、事故数量及其严重程度等，这是合理选用信号控制方式的主要依据。

2.2.3 信号控制方式选择

依据交通流的时变特性和空间分布特性，分析采用每一种信号控制方式的利弊，选取其中一到两种最易操作、最适合的交通信号控制方式。

2.2.4　道路渠化

根据交叉口及周边道路条件、交通流空间分布特性，合理布置交叉口及周边道路空间的使用功能，如车道数量的设置、车道功能的划分、行人通行及停留空间、机动车允许或禁止变换车道区域、车辆行进导向等。

根据国内外交通信号控制经验，在满足转弯半径、车道数设置及对向车道数匹配等要求基础上，宜通过道路渠化的方式将空间大的信号交叉口改造成尽可能小的交叉口，减少冲突车流在信号交叉口内的清空时间，以缩短信号相位的转换时间，从而减少信号周期内的总损失时间，提高有效绿灯时间的比例，进而提高信号交叉口的通行能力。由此可见，道路渠化方案的优劣也是决定交通信号控制成败的关键因素之一。

2.2.5　信号控制策略与信号控制方案的确定

根据选取的信号控制方式和道路渠化方案，针对不同时段（高峰、平峰等）、不同交通状态（拥挤、非拥挤等）拟定至少两种信号控制策略（如单点信号控制、协调信号控制或二者的组合等）；针对每一种信号控制策略，依据相关的信号控制理论和方法，给出最优的信号控制方案。

2.2.6　信号控制效益评价

采用交通仿真的方法，评价不同信号控制方案的预期效果，择优推荐信号控制方案。交通信号控制效益评价参数包括通行能力、延误、停车次数、排队长度等。

2.3　交通信号设计基础资料收集

2.3.1　总图

总图说明交叉口在路网中的位置，以及相邻的信号控制设施情况。

2.3.2　平面图(比例尺 1∶250～1∶500)

平面图包括路肩、人行道与自行车道、建筑物、单位出入口、树木、杆柱、消火栓、纵向斜坡、标志、标线与交通设施等信息。

2.3.3　交通事故

从事故黑点图分析入手，如果在同一地点发生多次类似的事故，则说明交叉口设计有系统性的缺陷。

事故数量与类型的详细信息，须查阅反映几年来事故发生情况的事故图示。如果类似的事故不断发生，应考虑设置交通信号控制设施或者改进现有的交通信号控制系统。

2.3.4 设计交通量

为了估算未来的交通量，选择控制策略、设计信号方案及监视交通流，必须参考交通调查的结果和设计工程师对设计对象的特别考虑。除了以下列出的要求之外，可能还需要进一步调查。

为了查明现有交叉口的交通流量，必须进行直接的流量调查，并按车辆类型进行统计。在进行车辆统计时，交通量是分车道计数的。如果相同流向有几条车道，通常认为各车道的流量相等。然而，在进一步的调查中，需要获得各车道流量分布的详细数据。

在设计信号控制方案时，需掌握交叉口所有交通流向各时间段的流量。通常对每个交叉口进口道须进行至少 16 h 的流量观测。但在某些时候，1 h 或者几小时的短期观测就足够了。所选择的观测时段与时长必须足以覆盖各种交通情况（高峰、低峰、平峰），并且可以决定信号方案的切换时间。所有的数值须以 15 min、30 min 和 1 h 的时间间隔进行统计。如果在已有的信号控制交叉口观测，要求以周期为单位统计。在一个或几个进口道实施感应信号控制时，交通过饱和期间可能需要每分钟的流量。

如果要考虑一周中某些时间（如周一早上、周五下午、周六、周日及节假日）或者大型活动期间的交通特性，就必须获得相应的数据。

交叉口公共交通流量需要和公共交通运营者共同确定。

行人和自行车交通流量可以调查断面流量，也可以调查各流向的流量。在交叉口平面设计、信号相位与绿灯时间分配过程中应适当考虑流向关系，特别是对角线的流向关系。

2.4 交通信号控制方式适用条件

2.4.1 信号控制方式适用条件规定

《道路交通信号控制方式第 1 部分：通用技术条件》(GA/T 527.1—2015)中对不同交通信号控制方式的适用条件进行了规定。

1. 单点定时控制

单点定时控制方式应用适于以下若干情形：

(1)在指定时间段交叉口各进口道交通流向及其流量相对稳定。

(2)交叉口在路网中与周边路口空间相隔距离较远，或在路网交通中承担相对次要功能。

(3)交叉口交通信号控制机无联网控制功能或为联网脱机状态。

2. 单点感应控制

单点感应控制方式应用适于以下若干情形：

(1)交叉口进口车道全部或部分设置交通流检测器，实时准确采集交通流特征数据。

(2)交叉口各进口道车辆到达随机性较强，各交通流向的交通流量变化相对较大。

(3)交叉口在路网中相对独立,实施单点感应控制方式对临近交叉口交通影响不大。

(4)主次道路相交或相交道路等级、交通流量差异较大时,宜选用半感应控制方式;主路相交、次路相交等相交道路等级相仿时,宜选用全感应控制方式。

(5)交叉口交通信号控制机的感应控制功能特征参数,可根据交叉口交通流运行特征进行设置、优化调整。

3. 单点自适应控制

单点自适应控制方式应用适于以下若干情形:

(1)交叉口交通信号控制机或信号控制系统支持单点自适应控制优化功能。

(2)交叉口设置所需的交通流检测器,交通流特征数据实时采集准确。

(3)交叉口交通流量未达到过饱和状态,短时间内交通流量变化较大。

(4)具备单点自适应控制优化算法的应用条件并能够合理设置相应的特征参数。

4. 干线定时协调控制

干线定时协调控制方式应用适于以下若干情形:

(1)协调控制的交通流向应为整条道路承担主要交通负荷,可实施单向协调或双向协调控制。

(2)协调范围内道路及各交叉口的交通流向、流量在指定时间段内相对稳定。

(3)协调交叉口交通特征相似、关联性强,相邻交叉口之间的距离不宜超过 800 m。

(4)协调交叉口之间路段横向干扰少、车流运行稳定。

(5)协调交叉口交通信号控制机具备自动校时功能。

5. 干线感应协调控制

干线感应协调控制方式应用适于以下若干情形:

(1)交叉口非协调相位进口车道设置交通流检测器,实时准确采集交通流特征数据。

(2)干线各交叉口协调方向进口道的交通未达到饱和状态,或红灯期间车辆的最大排队长度不超过进口道长度。

(3)交叉口非协调相位进口道的车辆到达随机性较强、车道交通饱和度低、交通流量变化相对较大。

(4)相邻交叉口交通信号控制机可通过交通信号控制系统实现控制信息交互,所执行感应控制功能的特征参数,可根据交叉口交通流运行特征进行设置、优化调整,并可固定设置交叉口每个相位允许的最小绿灯时间、最大绿灯时间等控制参数。

6. 干线自适应协调控制

干线自适应协调控制方式应用适于以下若干情形:

(1)干线上交叉口交通信号控制机全部实现系统联网,信号控制系统支持干线自适应控制优化功能。

(2)干线上主要路段、全部交叉口设置所需的交通流检测器,实时准确采集交通流特征数据。

(3)干线所有交叉口的交通流量未达到过饱和状态,短时间内交通流量变化较大。

(4)具备干线自适应协调控制优化算法的应用条件并能够合理设置相应的特征参数。

7. 子区定时协调控制

子区定时协调控制方式应用适于以下若干情形：

(1)以提升整个子区道路通行效率为目标，以干线协调控制为基础，关联路口数不宜过多。

(2)协调子区内道路及各交叉口的交通流向、流量在指定时间段相对稳定。

(3)协调子区内道路交叉口交通关联性强，车流运行稳定。

(4)协调子区内道路交叉口交通信号控制机具备自动校时功能。

8. 区域自适应协调控制

区域自适应协调控制方式应用适于以下若干情形：

(1)区域内主要交叉口交通信号控制机实现系统联网，信号控制系统支持区域自适应控制优化功能。

(2)区域主要路段、主要交叉口设置所需的交通流检测器，实时准确采集交通流特征数据。

(3)具备区域自适应协调控制优化算法的应用条件并能够合理设置相应的特征参数。

9. 人工干预控制

人工干预控制方式是在特殊道路交通环境或特定交通控制需求下，通过远程或现场人员，直接干预交通信号控制系统或信号控制机，执行指定的运行方式，包括手动控制相位转换、强制执行特定相位、信号灯黄闪、全红控制等。

2.4.2 交通流运行规律对信号控制方式选择的影响

1. 交通流运行规律

城市中的出行主要由城市中常住居民产生，绝大部分居民出行时间都是按一定的作息时间进行的，由于上班、午休、下班等原因，居民早、午、晚出行量大，相应交通流量大，而到夜间流量开始变小。此外，城市中各个地区的功能和结构变化相对较慢，总体上交通出行体现出一定的规律性。下面从交通流的波动特性入手，介绍交通量的变化特征。

(1)相关定义。

①波动系数。

令向量 $\boldsymbol{M}=[x_1,x_2,\cdots,x_n]$，其中 x_i 代表第 i 个时间段内的交通流量值。定义波动系数 ξ 为

$$\xi=\frac{\sqrt{D(M)}}{E(M)} \tag{2.2}$$

式中 ξ——波动系数；

$D(M)$——M 的方差，$D(M)=\frac{1}{n-1}\sum_{i=1}^{n}(x_i-E(M))^2$；

$E(M)$——M 的均值，$E(M)=\frac{1}{n}\sum_{i=1}^{n}x_i$。

ξ 值越小，说明在连续 n 个时间段内，信号交叉口的交通流量随时间变化的幅度

越小。

②相似系数。

相似系数反映了交叉口(或某相位)交通量同往日交通量在时间轴上的相似性,其定义为:以天为单位,将每天 k 个交通流量时间序列数据作为一个列向量 $\boldsymbol{f}_i$。选择欲加以分析的所有数据向量构成矩阵 $\boldsymbol{F}=[f_{i1},f_{i2},\cdots,f_{in}]^{\mathrm{T}}_{k\times n}$。定义相似系数 S 为各向量两两之间相关系数的平均值,即

$$S_C=\frac{\sum\limits_{n\geqslant i>j\geqslant 1}\boldsymbol{R}(i,j)}{n(n-1)/2},\quad |S_C|\leqslant 1 \tag{2.3}$$

式(2.3)中,$\boldsymbol{R}$ 为矩阵 $\boldsymbol{F}$ 的相关系数阵,其定义为

$$\boldsymbol{R}(i,j)=\boldsymbol{R}(j,i)=\frac{\mathrm{Cov}(\boldsymbol{f}_i,\boldsymbol{f}_j)}{\sqrt{\mathrm{Cov}(\boldsymbol{f}_i,\boldsymbol{f}_j)\cdot\mathrm{Cov}(\boldsymbol{f}_i,\boldsymbol{f}_j)}} \tag{2.4}$$

式(2.4)中,$\mathrm{Cov}(\boldsymbol{f}_i,\boldsymbol{f}_j)$为数据向量 $\boldsymbol{f}_i$ 和 $\boldsymbol{f}_j$ 之间的协方差系数。

S_C 值越大,表明 n 个交通数据向量之间的相似程度越大。结合实验数据,在此设定:当 $S_C>0.90$ 时,则认为交通流信息之间在变化趋势上具有相似性。应该注意,在此处理过程中已去除了交通流量绝对值因素的影响,即相似系数 S 值的大小,仅代表交通流量在时间轴上变化趋势的相似性。

在实际应用中,“1 d”定义为:以当前时间段(15 min 或 30 min)为截止点,向前倒退 24 h 所在的时间段作为起始点,起始点至截止点的交通流量时间序列就构成了求解 S 的列向量 $\boldsymbol{f}_i$。

(2)交通量波动的一致性(纵向波动特性)。

研究表明:

①“是否为工作日”这一条件与单点交通流数据之间的相似性存在很大关系,工作日与休息日之间的交通流数据不具有相似性;从数据上来看,相似系数 S 一般在 0.90 以下,且在交通流量的绝对值上也有较大差别。

②工作日之间或休息日之间的交通流分布具有一定的相似性,其相似系数 S 为 0.95～0.97,且在交通流量的绝对值上也十分相近,波动系数很小,ξ 值为 0.01～0.04。

③不同周的同一“星期几”之间的交通流分布情况具有相似性,其相似系数 S 为 0.94～0.97,波动系数 ξ 值为 0.01～0.03。可以说明,其在交通流量的绝对值上也具有相似性。

根据上述研究结论,从纵向看(即从连续多天信号交叉口交通量演变曲线看),可以得到以下两条结论:

①既然信号交叉口交通量演变趋势具有相似性,说明不同周的同一“星期几”之间,以及工作日之间或休息日之间信号控制方案具有相似性,包括在不同时段采用何种信号控制方式上也应相似。

②既然信号交叉口分时段内的交通流量在绝对值上相近,说明不同周的同一“星期几”之间,以及工作日之间或休息日之间同一时段内的信号控制参数(尤指周期时长)也应该相近。

上述两条结论为优化不同时段内的信号控制方式和优化信号控制参数(周期时长)提供了依据,特别当信号控制系统处于脱机信号控制时至关重要,它是定时信号控制方案在连续一段时间内仍保持有效性的依据。

(3)交通量波动的差异性(横向波动特性)。

信号交叉口交通量波动的一致性是以整个信号交叉口的交通流量为基础进行分析的,在计算相似系数与波动系数时,也是以信号交叉口在一天内的总流量变化曲线为基础进行计算的,没有结合信号相位方案来考查交通量的变化规律。

以相位关键车道组交通量在短时间内的波动特性为基础,分析同一时段内不同相位关键车道组交通量波动的差异性,为确定合理的信号控制参数(如绿信比)提供依据。当一个相位包含多个进口的多条车道时,需要将各个进口的交通量换算成单车道流量(用该相位在这一进口中的交通量除以该相位在这一进口中拥有的车道数得到),提取各进口中单车道流量最大的数据作为该相位在这一时间段内的关键流量。在原始调查数据基础上(统计时段 15 min),根据信号控制方案,重新构造各相位的关键流量数据序列,然后以每连续 4 个数据序列为一组,即按$[x_1, x_2, x_3, x_4]$,$[x_2, x_3, x_4, x_5]$,…,$[x_{n-3}, x_{n-2}, x_{n-1}, x_n]$形式分组,分别计算各相位关键流量在短时间内的波动系数。

图 2.2 是某城市一个交叉口一天中 6:00～18:00 各相位波动系数的对照结果,从图中可以看出:

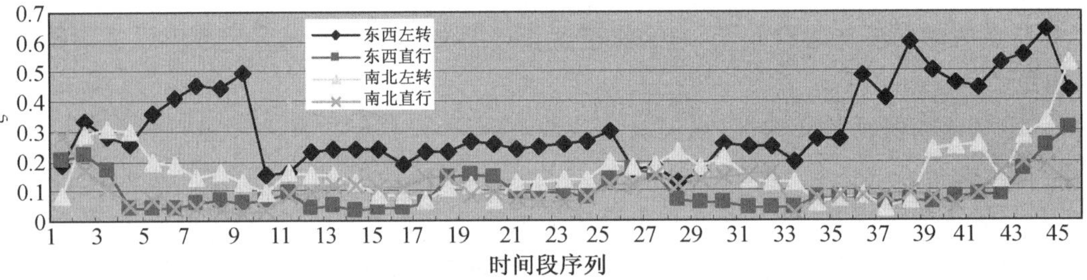

图 2.2　不同相位在不同时段内的波动系数对照

①各个相位的波动特性在同一时间段内并不一致,反映在信号控制参数上,说明信号控制参数(特别是各个相位的绿信比)应该随时间进行调整,这样才能适应信号交叉口的车流到达规律。因此,在信号交叉口始终采用定时信号控制方案是不完全合理的,应针对不同的车流到达规律采取不同的信号控制方案。

②虽然各相位关键流量的波动系数在同一时间内有较大差别,但每一相位在连续一段时间内的波动系数还是相对稳定的,这说明一旦选定某种信号控制方案时,这种信号控制方案就具有一定的时间持续性。

2. 交通流波动特性与信号控制方式选择的关系

信号交叉口 V/C 是信号交叉口交通量与交叉口通行能力的比值。在计算信号交叉口通行能力时,涉及“车道组”这一概念。它是将交叉口的各车道根据交叉口的几何形状、方向流量的分配情况,将所有的车道分成几组,每组构成一个“车道组”。

对每一个信号交叉口,首先将各个调查时段内的不同车型流量换算成标准小汽车流量，然后将全部进口各流向流量累加在一起，形成该调查时段内的信号交叉口总流量，最后每连续 4 个数据序列分成一组(由于每个调查时段为 15 min，连续 4 个调查时段正好为 1 h)，即按 $[x_1, x_2, x_3, x_4]$，$[x_2, x_3, x_4, x_5]$，…，$[x_{n-3}, x_{n-2}, x_{n-1}, x_n]$形式分组，分别计算信号交叉口在这 1 h 内的 V/C 和各个车道组的波动系数。

将某城市 40 个信号交叉口一天内的调查交通量通过上述数据处理方法计算得到了 990 条 V/C 与波动系数的结果值；对每一个计算结果，按 V/C 所属范围将它们划分成 10 组，分别计算每一组数据中波动系数的最小值、最大值和平均值，信号交叉口 V/C 与波动系数的对照见表 2.9。

表 2.9　信号交叉口 V/C 与波动系数的对照

组号	信号交叉口 V/C 范围	每组中的数据数量/个	波动系数 (ξ)最小值	波动系数 (ξ)最大值	波动系数 (ξ)平均值
1	0.0～0.1	37	0.028 8	0.383 1	0.138 0
2	>0.1～0.2	9	0.039 7	0.194 2	0.113 5
3	>0.2～0.3	42	0.019 7	0.368 3	0.107 7
4	>0.3～0.4	122	0.024 1	0.307 9	0.106 3
5	>0.4～0.5	85	0.018 3	0.498 9	0.115 7
6	>0.5～0.6	96	0.002 6	0.584 6	0.103 2
7	>0.6～0.7	155	0.012 8	0.331 7	0.082 0
8	>0.7～0.8	273	0.002 9	0.541 6	0.060 2
9	>0.8～0.9	132	0.004 6	0.162 5	0.057 8
10	>0.9	39	0.013 9	0.144 5	0.063 3

从表 2.9 中可以看出：

(1)随着信号交叉口 V/C 的逐渐增大，信号交叉口交通流量随时间的变化幅度总体趋势在逐渐缩小，即信号交叉口在相同时间内到达的交通流量趋于稳定。因此，在信号交叉口交通流量趋向饱和的过程时，定时信号控制的有效性逐渐增强。特别是当信号交叉口处于拥挤状态时，由于每个进口的车流在几个周期内都不能完全放行，此时可以认为各个进口到达的车流是恒定的，这符合定时信号控制的基本假设，适合采用定时信号控制方式。

(2)在 V/C 较小(<0.6)时，信号交叉口交通流量波动较为剧烈。表 2.9 中的波动系数是以信号交叉口总流量的时间序列计算得到的，如果考察每个相位关键流量的波动系数，其变化幅度还将更大，说明当 V/C 较小时，信号交叉口车流到达的随机性很强，此时采用感应信号控制方式更为适宜。

(3)在 V/C 介于 0.6～0.9 时，信号交叉口的流量波动幅度都较小(<0.1)。通过计算该饱和度范围内交叉口各关键车道组流量的波动系数发现，各关键车道组流量的波动系数具有稳定性、持续性的特点，尽管各关键车道组流量波动系数之间差异较大，但每个关键车道组流量的波动系数随时间变化具有规律性。针对这种交通状况，交通流预测精

度能得到保证,适合采用自适应信号控制方式。

(4)波动系数的最大值都比较大,说明相应时段内交通量波动异常剧烈。通过查找原始数据发现:波动系数的最大值一般出现在早高峰的前一时段或晚高峰的后一时段,而这一时段往往是两种交通状态的分界段(这两种交通状态为长时间内维持在高交通量状态和长时间内维持在低交通量状态),可能需要转换不同的信号控制方式来适应交通状态的变换,这涉及信号控制方式优化的问题。

2.5 信号交叉口实时交通状态判别方法

交通拥堵是世界上许多大城市面临的共同难题,拥挤交通状态下的交通控制问题已成为当前交通工程领域的一个研究热点。但就交通拥挤概念本身,目前交通控制界还没有达成共识,有的把交叉口处有车辆排队或者交叉口出口有车辆排队而造成的车辆不能自由移动的交通状况定义为拥挤交通,也有的把过饱和交通状态定义为拥挤交通。研究表明,拥挤交通和非拥挤交通状态下的信号控制策略存在很大差异,非拥挤交通状态下信号交叉口的控制策略以延误最小为优化目标,而拥挤交通状态下信号交叉口的控制策略则以提高交叉口的通行能力为优化目标,不能将二者混淆使用,否则会对信号交叉口的控制效益产生负面影响。因此,如何界定信号交叉口是否处于拥挤交通状态就极其必要了。

信号交叉口的交通运行状况从饱和度的角度可以划分成非饱和、临界饱和和过饱和3种交通状态。饱和度越高,信号交叉口就越容易发生拥挤交通,但并不是只要交叉口的饱和度达到临界饱和或过饱和状态就一定会造成交通拥挤,因为各个进口到达交通量存在极大的偶然性,在较短的时间内,可能出现信号交叉口达到临界饱和或过饱和的情况,但实际交通状况并不拥挤。

2.5.1 拥挤交通与过饱和交通的区别和联系

从拥挤交通和过饱和交通的车流运行特性出发,二者间存在以下区别和联系:

第一,信号交叉口的拥挤交通是指交通需求(一段时间内到达信号交叉口的车辆数)超过该交叉口的通行能力(同一时间内该交叉口所能通过的最大车辆数)时,超过部分车辆滞留在进口处的交通现象。这表明,拥挤交通是一种持续的交通状态,持续时间较长。

第二,信号交叉口的过饱和是以一个信号周期内的相位饱和度来定义的。交叉口的饱和度是此交叉口各相位饱和度的最大值。而相位饱和度定义为信号周期到达的车辆数除以相位有效绿灯时间内的最大通行能力(车辆数)。当相位有效绿灯时间的最大通行能力大于信号周期内到达的车辆数时,此相位就处于非饱和交通状态(此时相位饱和度小于1);当相位有效绿灯时间的最大通行能力等于信号周期内到达的车辆数时,此相位就处于临界饱和交通状态(此时相位饱和度等于1);当相位有效绿灯时间的最大通行能力小于信号周期内到达的车辆数时,此相位就处于过饱和交通状态(此时相位饱和度大于1)。这表明,过饱和是指一个信号周期内的交通状态,而信号周期的持续时间相对于拥挤交通的持续时间要短得多。

第三,根据信号交叉口饱和度定义可知,在一个信号周期内,只要有一个相位的饱和度大于 1，此信号交叉口就处于过饱和交通状态。

第四，信号交叉口不同的交通运行状态与信号控制参数有关，若信号配时不合理，尽管交叉口的交通需求未达到该交叉口的最大通行能力，也可能造成交叉口处于过饱和状态。

第五，交叉口的饱和度越高，就越容易发生交通拥挤；而当拥挤产生时，交叉口必处于过饱和交通状态。

基于上面 5 个方面的认识，不能将信号交叉口的过饱和交通状态与拥挤交通等同。

2.5.2　交通拥挤鉴别方法

在描述连续交通流时，从交通流量与交通密度关系的角度对交通流状态进行了拥挤与非拥挤的定义。图 2.3 为连续流的交通流量 Q 与密度 K 的关系曲线，当 K 从 0 增加到某一值 K_1 时，Q 随之增加，这时的交通流称为非拥挤交通流。当 K 从 K_1 增大到 K_m 时，Q 达到最大值 Q_m，此时很容易发生交通拥挤；若 K 继续增大到 K_2 时，发生交通拥挤，交通流量随 K 的增加而趋于下降。理论上当 K 增大到阻塞密度 K_j 时，交通流量下降到 0。交通密度大于 K_2 时的交通流称为拥挤交通流，K_2 称为拥挤交通密度。

高速公路上的交通流属于连续流。日本道路公团(存在于 2005 年 9 月 30 日以前，现已解散)将在高速公路上以车速 40 km/h 以下低速行走或反复停车、起车的车列连续 1 km以上并持续 15 min 以上的交通状态定义为交通拥挤。

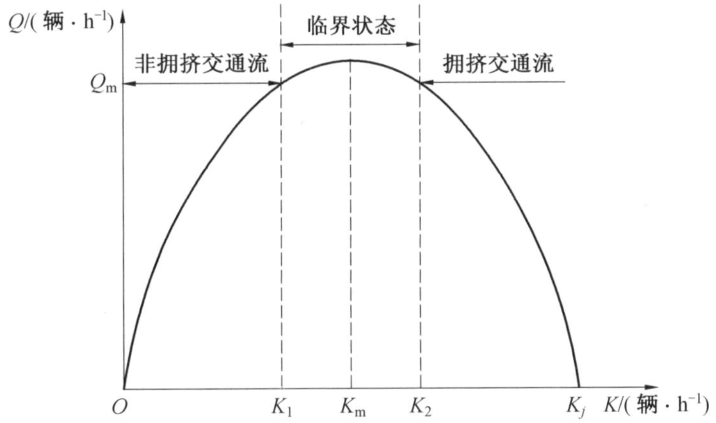

图 2.3　连续流的交通流量 Q 与密度 K 的关系曲线

城市路网中的交通流属于间断交通流，有不同于连续流的分析方法。城市道路网中，交通信号灯的存在及其对交通流的调控作用，以及交通运行的随机性，使得信号交叉口呈现出不同的交通运行状况。交叉口是城市道路通行能力的制约点，也往往是拥堵的中心和源头。交叉口的饱和度高，就容易发生交通拥挤，当交通需求超过信号交叉口的通行能力时，就会导致行车延误急剧增加。若交叉口某进口方向连续几个信号周期都处于过饱和状态，往往会导致该信号交叉口拥挤和堵塞。基于以上分析，信号交叉口处于过饱和交通状态时，不一定会产生交通拥挤；而当交叉口发生交通拥挤时，则它一定处于过饱和交通状态。而当信号交叉口连续 n 个以上信号周期均处于过饱和交通状态时，就可以认定发生交通拥挤了；否则，信号交叉口处于非拥挤交通状态。

n 值的确定，需要考虑城市道路相邻交叉口之间的距离。距离长，n 值就较大；距离短，n 值就较小。通过实地观察，n 取 5 比较合适，也即当信号交叉口连续 5 个以上信号周期均处于过饱和交通状态时，则认为该交叉口产生交通拥挤。另外，出现交通拥挤的路口一般都是路网中较重要的交通节点，交通量大，信号周期长，一般在 120 s 左右。5 个信号周期时长大约在 10～15 min，符合交通拥挤“持续时间较长”的特点，说明这种鉴别方法是可行的。

交叉口交通拥挤，相关的路段也会处于拥挤状态。若拥挤严重，将会影响到交叉口的上游路口，进而引发一条道路或一个区域产生交通拥挤。因此，从治理交通拥挤的措施来说，保障常发生堵塞的交叉口的交通畅通是解决交通拥挤的关键。

2.6 交通信号控制效益评价指标

交通信号控制效益主要体现在效率性、安全性、便捷性等方面。交通信号控制效益主要的评价指标包括延误、停车率、排队长度、饱和度、通行能力、油耗、污染、噪声、事故率等。交通信号控制效益评价指标，既是衡量和评估信号控制系统控制效益的一些参数或物理量，也是制定交通信号控制策略、优化信号控制参数的目标函数。

将所有用于信号交叉口运行质量评价的指标进行分类，可以归纳为 3 类，分别为基于效率准则的评价指标、基于安全准则的评价指标和基于环境准则的评价指标。在选取评价信号交叉口运行质量的指标时，不可能在每方面都确定一个或几个指标。评价指标太多，不仅不利于工程上的应用，而且在应用时难免会出现自相矛盾的情况，并且这些指标间存在一定的相关性。

一般情况下，信号控制中把安全性作为评价指标比较困难，因为安全评价以事故资料为基础，要想在事故资料与信号控制之间建立起某种联系，十分困难，且事故资料的收集需要较长时间。

基于效率准则的评价指标，具有概念简单、含义明了且能直观反映交叉口交通运行状况的优点，常用来评价交叉口的信号控制效益；而基于环境准则的评价指标与基于效率准则的评价指标是相互关联的，具有等效性。

2.6.1 停车次数

首先介绍停车率的概念，机动车停车率指某流向停车的车辆数（完全停车和不完全停车）占疏散积累车辆数的比例，即车辆在受阻情况下的停车程度，用 h 表示。通过停车率可反映车辆因在交叉口停车引起的油耗、尾气排放、行车费用等其他指标。

停车次数就是交叉口疏散的交通量中停车的车辆数。值得注意的是，并非所有受阻车辆受到交叉口信号阻滞时都会完全停下来，有部分车辆可能在车速尚未降到 0 之前又加速至原正常行驶车速而驶离交叉口。因此，车辆在受阻情况下的停车可分为完全停车与不完全停车两种。

图 2.4 表示了 3 种不同的车辆受阻情况。对于情况(a)，车辆的行驶速度降为 0 后，

车辆经过一段时间的停止，再加速通过路口；对于情况(b)，车辆的行驶速度刚降为 0，车辆又立即加速通过路口；对于情况(c)，车辆的行驶速度未降到 0，车辆就又加速通过路口。把(a)、(b)两种情况称为一次完全停车，把情况(c)称为一次不完全停车。

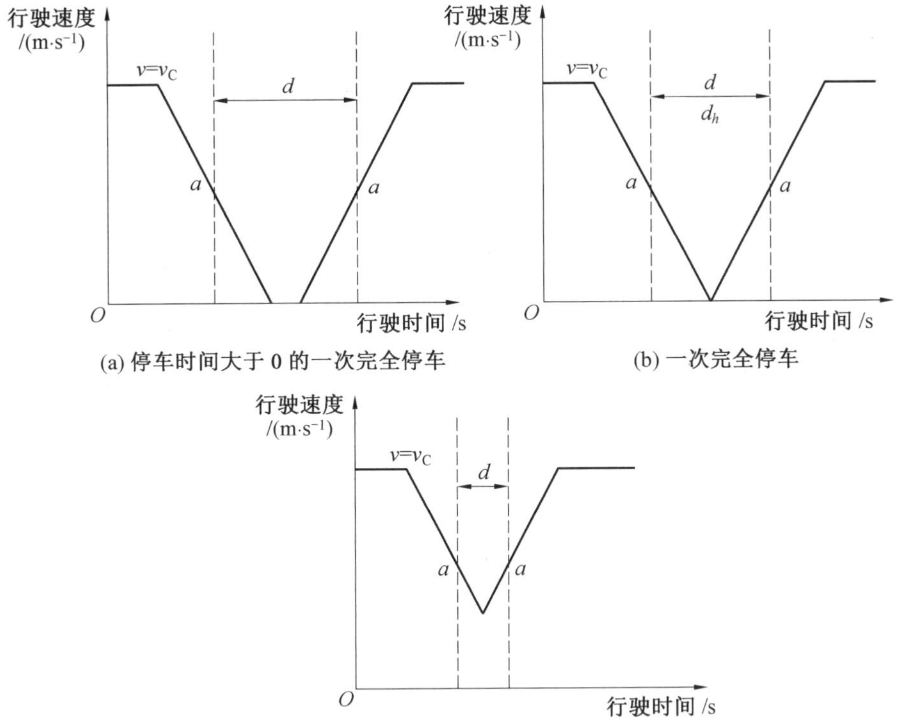

(a) 停车时间大于 0 的一次完全停车　　(b) 一次完全停车

(c) 一次非完全停车

图 2.4　3 种不同的车辆受阻情况

从图 2.4 可以看出，判断受阻车辆是否构成一次完全停车，可通过比较车辆延误与平均一次完全停车所对应的“减速一加速延误”的大小来确定，即只要满足 $d \geqslant d_h$，受阻车辆就构成一次完全停车。对于 $d < d_h$ 的情况，虽然受阻车辆可能没有完全停下来，但由于车辆也受到了一定程度的阻滞，构成了一次不完全停车，故应将其折算为“一定程度”的停车，折算系数为 d/d_h。因此车辆延误与停车次数之间的关系可以表示为

$$h=\begin{cases}1 & d \geqslant d_h \\ d/d_h & d < d_h\end{cases} \tag{2.5}$$

交叉口总停车次数指所有通过交叉口车辆的停车次数之和，用 H 表示；交叉口的平均停车次数则是指通过交叉口车辆的停车次数的平均值，用 $\bar{h}$ 表示。平均停车次数也是一个衡量信号控制效果的重要指标。减少停车次数可以减少燃油消耗、减少车辆轮胎和机械磨损、减少汽车尾气排放、降低司机和乘客的不舒适程度，同时确保交叉口的行车安全。

值得注意的是，对于一辆车而言，其延误越小，则停车次数也越少；而对于一个交叉口而言，总的延误越小，但其总的停车次数未必越少。因此交叉口的平均延误与交叉口的平

均停车次数之间既存在一定的关联性，也存在一定的差异性，可以作为两个相对独立的性能指标来评价交通信号控制系统运行的效果。

减少停车次数，可以实现以下控制目标：

(1)改善行车的舒适性，尤其对公共汽车和有轨电车。

(2)减少废气和噪声排放。

(3)减少追尾事故发生的可能性。

(4)增加交通拥堵时的通行能力。

(5)减少燃油消耗。

网联交通环境下，因可操控网联自动驾驶汽车(connected autonomous vehicle，CAV)在路段上的行驶速度和轨迹，尽可能少地在交叉口停车等待，会导致完全的停车次数较全人工驾驶环境下迅速减少，但路段上 CAV 及其跟驰的普通车辆压速行驶，又会形成大量的不完全停车，且不完全停车的情形还有别于图 2.4(c)中的情形，也难以用式(2.5)来量化。因而，网联交通环境下，停车次数一般很少作为交叉口管理与控制策略的优化目标。

2.6.2 延误

无论从哪个角度对信号交叉口运行质量进行评价，延误都作为一项重要的指标，在各种评价体系中占据着重要地位。平面交叉口的延误与通过交叉口所需的总时间或平均区间车速有着直接关系，也很敏感地受交叉口拥挤状况的影响。具体地说，用延误评价信号交叉口运行质量时，它还有以下作用：

(1)评价道路交通阻塞程度。

(2)评价道路服务水平。

(3)评价交通设施改善措施的成效。

(4)采取交通控制的依据。

(5)改建道路和交叉口的依据。

延误等于车辆行程时间与无延误状态下正常驶过该路段的行驶时间之差。因单位时间内到达交叉口的车辆数和车辆到达交叉口的时间间隔总是随机变化的，导致在每个信号周期内，总有一部分车辆在到达交叉口停车线之前将受到红灯信号的阻滞，行驶速度降低，甚至被迫停车等待，并在等候一段时间后起动加速通过交叉口。图 2.5 描述了车辆在到达停车线前由于受到红灯信号的影响，逐渐减速停车，并在等待一段时间后，起动加速通过交叉口的全过程。

图中，t_1 对应车辆受红灯信号影响开始减速的时刻，t_2 对应车辆若不受红灯信号影响正常行驶到停车位置的时刻，t_3 对应车辆经过减速实际行驶到停车位置的时刻，t_4 对应车辆起动加速的时刻，t_6 对应车辆加速到正常行驶速度的时刻。可以看出，在 t_1 至 t_3 时间段，车辆处于减速运动过程，(t_2-t_1)等于车辆以正常行驶速度从开始减速的位置行驶到停车位置所需的时间，(t_3-t_2)即为车辆减速延误；在 t_4 至 t_6 时间段，车辆处于加速运动过程，(t_6-t_5)等于车辆以正常行驶速度从开始加速的位置行驶至车辆加速到正常行驶速度位置所需的时间，(t_5-t_4)即为车辆加速延误；在 t_3 至 t_4 时间段，车辆处于停车等待状

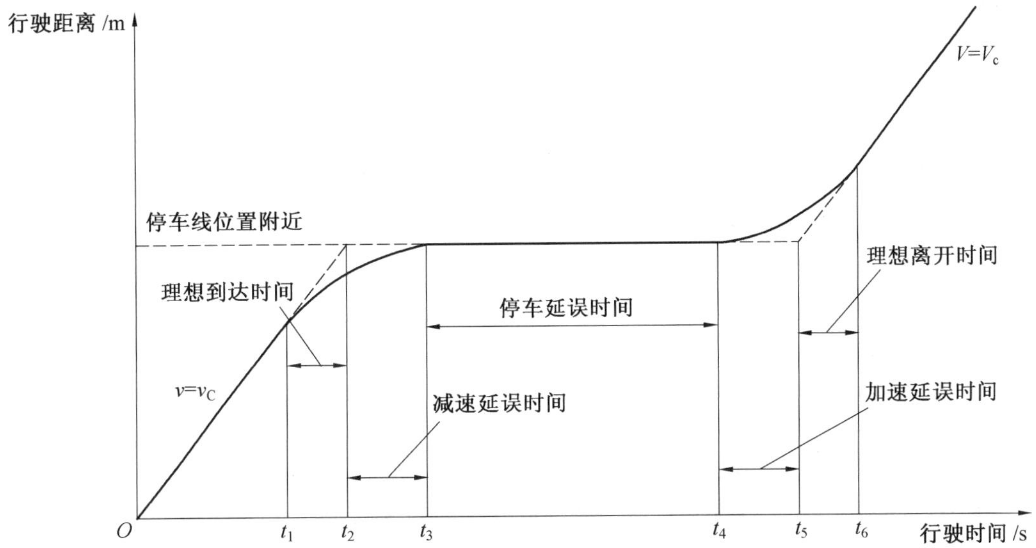

图 2.5　交叉口受阻滞车辆的行驶时间—距离图示

态，(t_4-t_3)即为车辆停驶延误。由车辆延误的定义可知，车辆通过交叉口的延误分为“减速延误”“停驶延误”和“加速延误”，可以用图中(t_5-t_2)表示。假设车辆的平均加、减速度为$\pm a$，车辆行驶速度为v_C，那么在交叉口受信号控制影响而被迫停车的车辆平均减速延误与平均加速延误之和$d_h=v_C/a$，也称为车辆平均一次完全停车所对应的“减速—加速延误”。

交叉口车辆总延误指所有通过交叉口车辆的延误总和，用D表示；交叉口车辆平均延误则是指通过交叉口车辆的延误平均值，用$\bar{d}$表示。交叉口车辆平均延误是一个评价交叉口运行效果和衡量交叉口服务水平的重要指标，具有十分重要的参考意义。

减少延误可以达到以下控制效果：

(1)节省道路使用者的出行时间。

(2)减少宏观经济损失。

(3)减少废气排放。

(4)通过行人和非机动车对交通信号控制接受程度的提高，提高出行的安全性。

人工驾驶环境下，以正常行驶速度驶过路段的时间作为延误计算的参考值，这个正常行驶速度受交通流密度、道路条件等因素影响，往往小于道路最高限速。而在网联交通环境下，特别是有 CAV 专用车道的情况下，CAV 可根据前方交通信号的状态控制其行驶速度在最高、最低限速值之间变化，若仍参照人工驾驶环境下的延误计算方法，会出现一部分 CAV 的延误为负值，显然与现实不符。为避免这种情况出现，现有研究多以最高速度驶过路段的时间作为 CAV 延误计算的参考值，或只计算 CAV 的行程时间；而人工驾驶车辆的延误计算仍沿用上述方法。

网联交通环境下，受 CAV 轨迹控制的影响，CAV 和人工驾驶汽车抵达交叉口的情况已完全脱离了传统的随机到达假设，故传统的信号控制交叉口延误计算模型已失效。

当用延误来优化交叉口信号控制参数时，需根据控制策略的特点，参照延误形成的基本原理，重新建立单车延误计算模型。

2.6.3 服务水平

服务水平指司机和乘客对道路交通运行所要求达到的服务质量的一种衡量标准。考察服务水平的因素主要有：

(1)表征车辆行驶受阻情况下的延误与停车次数。

(2)车辆的行驶速度与行程速度。

(3)车辆行驶的自由度。

(4)行车的安全性。

(5)行车的舒适性与方便性。

(6)行车方面的经济性。

美国《道路通行能力手册》单一以平均停车延误作为服务水平分级的依据。该手册中指出诸因素对信号交叉口服务水平的影响程度，均可反映在延误的大小上，如饱和度、红灯平均阻车长度、交叉口条件(特别是进口道类型)、管理水平(特别是信号控制条件)等，同时延误也是造成额外燃料消耗和空气污染的主要原因。

把延误按其数值大小划分成不同范围，则对应着不同的服务水平。美国《道路通行能力手册》将信号交叉口服务水平划分成了 6 个等级，分别为 A、B、C、D、E、F，信号交叉口服务水平划分标准见表 2.10。

表 2.10 信号交叉口服务水平划分标准

服务水平	车均停车延误/s	服务水平	车均停车延误/s
A	≤5.0	D	25.1～40.0
B	5.1～15.0	E	40.1～60.0
C	15.1～25.0	F	>60.0

网联交通环境下，服务水平的确立方法未发生改变。未来随着 CAV 渗透率的提升、交叉口通行状况的改善，服务水平每个等级划分的标准会有所调整。

2.6.4 排队长度

排队长度是评价交叉口进口道设计长度合理性、交叉口拥挤程度等的重要指标。信号控制交叉口是引起车辆排队的最主要因素，交叉口进口道的排队长度对于控制方案的选择、拥堵状况的评价都有着重要的作用。

最大排队长度可以用下式求得

$$N_i = q_i r_i \tag{2.6}$$

式中 N_i——相位 i 关键进口道的最大排队长度，辆；

q_i——相位 i 关键进口道的车辆到达率，辆/s；

r_i——相位 i 的等效红灯时间，s。

实际上达到最大排队长度的时刻并非相位红灯结束时刻，而是红灯时间结束后，启动的车流对后续来车没有影响的某一时刻，因此等效红灯时间的确定是计算最大排队长度的关键。

减少排队长度可以达到如下的控制效果：

(1)减少废气排放和噪声污染。

(2)防止排队过长而影响相交道路车流的通行。

(3)缓解交通出行者的出行压力。

(4)降低延误。

一种缓解排队过长的方法是将交通流转移到拥挤更易于处理并且不利影响小的地点。

网联交通环境下，特别是有 CAV 专用车道的情况下，在不限制 CAV 最低行驶速度时，传统的停车排队情况并不会出现，出现的是移动的车辆队列。此时，排队长度的内涵已发生改变，式(2.6)的计算方法已失效。网联交通环境下，不再将排队长度作为优化信号控制参数的主要目标。

2.6.5　通行能力

通行能力表征道路交通设施处理交通的能力。其定义为道路交通设施中，在要考察的地点或者断面上，单位时间内能够通过的最多交通单元，是交通规划、交通工程设计与交通管理中必不可少的重要评价指标。交叉口通行能力受道路条件、交通条件和信号控制条件制约。交叉口通行能力是针对每条车道、车道组和进口道规定的。信号交叉口通行能力等于各进口道通行能力之和，进口道通行能力等于进口道上各条车道通行能力之和，一条进口车道的通行能力等于该车道饱和流量与所属相位绿信比的乘积。

交叉口实际通行能力是在交通量较大时，进行交叉口信号控制效益评价的主要参数。提高交叉口通行能力，信号控制可以实现以下目标：

(1)减少停车次数和停车率。

(2)减少交叉口处的交通延误。

(3)提高交叉口处理交通的能力。

(4)减少油耗和废气排放。

网联交通环境下，在无 CAV 专用相位时，信号控制交叉口通行能力的计算方法未发生改变；有 CAV 专用相位时，信号控制交叉口通行能力等于 CAV 专用相位的通行能力与传统相位通行能力之和。CAV 专用相位通行能力的计算类似于停车控制交叉口，但较停车控制交叉口要复杂得多。

2.6.6　饱和度

饱和度是一个信号相位的有效绿灯时间与周期时长之比，即

$$\lambda_i = g_i / c_0 \tag{2.7}$$

式中　λ_i——饱和度；

　　g_i——有效绿灯时间；

c_0——周期时长。

饱和度作为交叉口交通效益的一个评价指标，其极限值为 1。饱和度反映了交叉口的交通忙碌程度，饱和度越大，交叉口信号控制效益越差。虽然饱和度的理论值可以达到 1，但是实际情况下，当饱和度接近 1 时，交叉口的通行条件将迅速恶化。因为在饱和度很高的情况下，到达交叉口的车流量接近交叉口的允许通行能力，必然导致车辆受阻、延误和停车次数的急剧增加，形成较长的受阻车队。在相同交通条件下，饱和度与通行能力成反比，因此饱和度对交通信号控制效益的评价与通行能力等价。

网联交通环境下，信号控制交叉口饱和度的定义及其计算方法仍适用。

2.6.7 行程时间

行程时间是车辆行驶全程所需的时间，包含车辆行驶时间和延误、停止时间等所有损失时间。行程时间反映了车辆行驶全程的道路交通条件，是交通信号控制效益的重要评价参数。

减少平均行程时间，信号控制系统可以实现以下目标：

(1)提高交通设施的运行效率和公交车辆运行的准时性。

(2)节省道路使用者的出行时间。

(3)减少宏观经济损失。

(4)减少经济活动中公共交通管理费用的支出。

2.6.8 行程车速

行程车速又称区间车速，是车辆行驶路程与通过该路程所需总时间(包括停车时间)的比值。行程车速是一项综合性评价指标，用以评价道路的通畅程度、估计行车延误等。而交叉口停车是影响行程车速的关键因素，要提高交通信号控制效益归根结底是要提高车辆的行程车速。

2.6.9 油耗

油耗，又称汽车行驶完 100 km 所用的耗油量，是量化汽车经济性的一个重要指标。目前已建立三大类油耗模型：宏观模型、中观模型和微观模型。其中，微观模型表征了车辆的瞬时油耗与状态参数之间的关系，适用于估计车辆通过某一路段或交叉口以秒为单位的瞬时燃油排放，代表模型有综合模式排放模型(comprehensive modal emission model，CMEM)和弗吉尼亚理工大学微观排放模型(virginal tech microscopic emission model，VT-Micro)。

CMEM 由美国加州大学河滨分校和密歇根大学于 20 世纪 90 年代中期合作开发完成，基于车辆在不同行驶模式下的发动机运行状态参数逐秒计算燃油消耗。CMEM 如下：

$$C_{\mathrm{UF}}=\frac{\alpha(P_{\mathrm{in}}+P_{\mathrm{e}})\times r_{\mathrm{e}}(u,n_0)\times[1+\beta(n-n_0)]}{3600\rho} \tag{2.8}$$

式中 C_{UF}——单位油耗，mL/s；

α——修正系数；

P_{in}——发动机内部消耗功率，kW；

P_e——发动机输出功率，kW；

u——发动机负荷率，指发动机输出功率与发动机最大输出功率之比，即 $u = P_e / P_{e,max}$；

n_0——发动机的某一稳定转速，$n_0 = 1\ 000$ r/min；

$r_e(u,\ n_0)$——当前发动机转速为 n_0 时的比油耗，是发动机负荷率的函数，g/(kW·h)；

β——比油耗增长系数；

ρ——燃油密度，g/mL。

该模型能准确反映车辆的排放特征，但实验需要的污染物排放过程与模型参数十分复杂，模型的计算效率较低。

VT-Micro 模型是由弗吉尼亚理工学院和州立大学于 2002 年建立的统计模型，它将车辆分为加速与减速两种情形，分别进行建模，采用了对数变换的方法，将燃油消耗的对数拟合为速度、加速度幂次乘积的函数，即

$$C_F(X_n) = \int_{t_-}^{t_+} \exp\left\{ \sum_{j_1=0}^{3} \sum_{j_2=0}^{3} K_{j_1 j_2} \dot{x}_n^{j_1}(t) \ddot{x}_n^{j_2}(t) \right\} dt \tag{2.9}$$

式中　t_-——实际进入时间，s；

t_+——离开时间，s；

$K_{j_1 j_2}$——常数；

j_1, j_2——功率指数；

$x_n(t)$——第 n 辆车 t 时刻的位置，m。

网联交通环境下，CAV 的轨迹控制对汽车油耗影响较大，该指标经常作为优化目标之一参与交叉口管理与控制策略的制定。

2.6.10　尾气排放

车辆尾气排放是指从车辆废气中排出的一氧化碳（CO）、碳氢化合物和氮氧化物（$HC + N_{Ox}$）、微粒和碳烟（PM）等有害气体，是对机动车尾气管排放的有害物质进行定量和定性分析的指标。

同样，量化汽车尾气排放的模型也有宏观、中观和微观 3 类。其中，微观模型适用于交叉口汽车尾气排放的量化，代表模型有 CMEM。CO、HC 和 CO_2 的排放模型分别为

$$e_{CO} = [\eta \times (1 - \varphi^{-1}) + \alpha_{CO}] \times f \tag{2.10}$$

式中　η——根据实验拟合的参数；

f——汽车的燃油消耗率，g/s；

φ——空燃当量比；

α_{CO}——CO 的排放指标系数。

$$e_{HC} = \alpha_{HC} \times f + r_{HC} \tag{2.11}$$

式中　α_{HC}——HC 的排放指标系数；

r_{HC}——发动机 HC 排放残留值,g/s。

$$e_{CO_2}=A_r(CO_2)\left[\frac{f-e_{HC}}{A_r(C)+\mu}-\frac{e_{CO}}{A_r(CO)}\right] \tag{2.12}$$

式中 $A_r(*)$——*的相对原子(分子)质量;

μ——汽车燃料的碳氢比,标准汽油燃料的碳氢比为 1.85。

网联交通环境下,CAV 的轨迹控制同样对汽车尾气排放影响较大,上述尾气排放模型也常被选作交叉口管理与控制策略的优化目标。

2.6.11 汽车噪声

汽车噪声,即汽车行驶在道路上时,内燃机、喇叭、轮胎等发出的大量的人类不喜欢的声音。汽车噪声是交通噪声中最主要的一部分。汽车噪声的主要来源有:发动机噪声、传动系统噪声、进气系统噪声、排气系统噪声、轮胎噪声、制动系统噪声和空气动力学噪声。

为减少汽车行驶噪声的污染,各国和各大汽车厂商都制定标准限制汽车噪声,其主要内容包括:车外加速行驶噪声标准、车外匀速行驶噪声标准、车内噪声标准、发动机噪声标准、定置噪声标准、排气噪声标准等方面。

因影响汽车噪声的因素多且量化困难,该指标一般不参与交叉口管理与控制策略的拟定。

2.6.12 事故率

交通事故率是评价交通事故多少的一个指标。常用的事故率有以下几个方面。

1. 人口事故率

研究区域内,一年内平均每百万人中发生的事故次数或伤、亡人数。为便于比较,一般都以死亡人数作为统计标准。每百万人中的人口事故率 R_1 按下式计算:

$$R_1=\frac{B}{P}\times 10^6 \tag{2.13}$$

式中 B——一年内发生的交通事故次数或伤、亡人数;

P——该地区人口数。

2. 百万辆车事故率

研究区域内,一年内平均每百万次交通量发生的事故次数或伤、亡人数。百万辆车事故率 R_2 按下式计算:

$$R_2=\frac{B}{M}\times 10^6 \tag{2.14}$$

式中 M——全年交通量或某一交叉口进入的车辆总数。

3. 车辆事故率

研究区域内,一年内平均每十万辆机动车发生的事故次数或伤、亡人数。车辆事故率 R_3 按下式计算:

$$R_3=\frac{B}{D}\times 10^5 \tag{2.15}$$

式中　D——该地区机动车保有量。

4. 亿车公里事故率

研究区域内，一年内平均亿车公里发生的交通事故次数或伤、亡人数。亿车公里事故率 R_4 按下式计算：

$$R_4=\frac{B}{V}\times 10^8 \tag{2.16}$$

式中　V——全年总计行驶车公里数。

5. 综合事故率

综合事故率 R_5 按下式计算：

$$R_5=\frac{B}{\sqrt{DP}}\times 10^4 \tag{2.17}$$

上述模型中的参数很难与交叉口管理及控制策略建立起某种联系，无论是否在网联交通环境中，该指标一般不参与交叉口管理与控制策略的优化。

2.7　信号控制技术经济评价方法

选用何种信号控制方案可采用效益一成本评价或效用一成本评价进行评估，而信号控制方案改善的评价则可从提高行程车速、减少延误和节省油耗产生的经济效益进行测算。

2.7.1　效益一成本评价

对于可估算成币值的效益指标，可用效益一成本评价进行评估。

1. 效益指标

交通控制系统各可选方案的效益指标一般考虑以下几项：

(1) 由于车辆延误与停车次数的降低导致运行成本的下降。

(2) 车辆行程时间的缩短导致车辆运行效率提高的收益。

(3) 交通事故降低导致的交通事故损失费用的减少。

(4) 环保效益，如废气减少、噪声降低、油耗减少。

效益分析一般有延误、停车次数、行程时间或平均车速等指标。通常采用前、后效益分析的方式，即在系统建成前、后，分别对同一抽样路口进行停车次数、延误调查，或抽样路段进行行程时间或平均车速的调查，一般还常常伴有流量调查数据，以提高分析结果的准确性。调查要在相同的道路与交通环境下进行，包括调查人员与方式、调查周日与时段、气象等，以提高分析结果的可比性。从前、后调查结果之百分比可以看出效益的增减情况。

2. 成本分析

成本分析首先要列出各可选方案的成本要素清单。

(1) 单点多时段定时控制方式的成本要素见表 2.11。

(2) 单点感应控制方式成本要素与表 2.11 比较,室外设备的信号机需采用感应式信号机,增加检测器,土建施工需增加检测器相应的土建施工。

(3) 无电缆线协调控制方式成本要素与表 2.11 比较,主成本中需增加分析软件。

(4) 应用感应控制的无电缆线协调控制方式成本要素与表 2.11 比较,主成本中需增加分析软件,主成本中室外设备的信号机需采用感应式信号机,增加检测器,土建施工需增加检测器相应的土建施工。

表 2.11 单点多时段定时控制方式的成本要素

成本类别	项目	分项说明
主成本	交通调查和设计费用	交通调查、交通组织规划、路口渠化等费用
	室外设备	交通信号机(采用多时段定时式信号机)
		信号灯、信号灯杆
	土建施工	路口改造、管线施工、信号灯杆基础土建施工等
	安装调试费	—
运行成本	电力	电费
	人员	管理人员
		操作员
		技术人员
	定期或不定期的交通调查费用	用于参数调整
维护成本	室外设备	室外设备维护费用
其他成本	考察交流	—
	技术培训等	—

(5) 区域协调控制方式的成本要素见表 2.12,采用定时的区域协调控制方式时,中控室设备要求较低,或者可以取消。

(6) 实时的区域协调控制方式的成本要素与表 2.12 相比较,可选项均需选用,主成本中室外设备需增加检测器,土建施工需增加检测器相应的土建施工。

表 2.12　区域协调控制方式的成本要素

成本类别	项目	分项说明
主成本	交通调查和设计费用	交通调查、交通组织规划、路口渠化等费用
	室外设备	交通信号机(采用集中协调式信号机)
		信号灯、信号灯杆
	中控室设备	区域控制机
		数据存储设备
		数据输出:打印机、绘图仪等
		电源设备
		操作员控制台
	通信(可选)	通信设备
		自建通信信道建设费用
		租用通信信道一次性费用
主成本	控制系统软件	—
	土建施工	路口改造、管线施工、信号灯杆基础土建施工等
	安装调试费	—
运行成本	定期或不定期的交通调查费用	用于参数调整
	场地	控制中心
		设备间
		环境控制
	电力	电费
	通信(可选)	通信信道租用费用
	人员	管理人员
		操作员
		技术人员
	供应	存储设备、打印机等
维护成本	室外设备	室外设备维护费用
	中控室设备	中控室设备维护费用
	通信(可选)	通信设备维护费用
		自建通信信道维护费用
	控制系统软件升级	—
其他成本	考察交流	—
	技术培训等	—

对于确定的可选方案分别列出所需成本要素清单,根据报价资料估出各可选方案成本。

3. 比较

进行效用一成本比较。

2.7.2 效用一成本评价

对难于用价值描述的指标,可考虑采用效用一成本评价进行评估。效用一成本评价步骤如下。

1. 效用指标

交通控制系统各可选方案一般考虑选用下列效用指标。

(1)交通运行:满足现有和未来交通需求的能力。

(2)可靠性:在最小维护费条件下,系统失效时间的长短。

(3)适应性:在情况变化的条件下,能长时间满足交通运行要求的能力。

(4)应变能力:对重要任务和交通事件的响应能力。

(5)操作性:从老系统改成新系统的方便程度,系统投入使用时遇到问题的多少等附带功能;在不损失主要功能效果条件下可以执行的附加功能。

如感到上列指标还不够具体,则可根据实际情况,把上述各指标分解成更为详细的分指标,具体如下。

(1)交通运行:可分成配时方案的数量、控制方案按交通需求改变的灵活性、需要时进行信号协调的方便程度等。

(2)可靠性:可分成部件故障自动报警的完善程度、部件故障造成影响的严重程度,可对各可选方案所列主要部件进行分别评价。

(3)适应性:可分成增建信号机和检测器的能力、改为其他控制方式的方便程度、改变控制参数的方便程度等。

(4)应变能力:可分为应对重要任务,如警卫、大型活动等任务,交通事件等的快速反应能力。

(5)操作性:可分成使用现有设备所占的比例、系统调试的难易程度、安装时各有关方面搭配协调的难易程度,对人员培训的要求程度等。

(6)附加功能:可按附加功能的有无来评价,如交通信息开放程度、交通数据记录功能、脱机交通数据处理功能等。

2. 效用指标权重

把上列各项指标(或包括分指标),按其对于交通控制系统的重要程度确定各项指标的加权值,见表 2.13。

表 2.13　各项指标的加权值

评价项	相对加权/%
交通运行	45
可靠性	20
适应性	11
应变能力	8
操作性	10
附加功能	6
合计	100

3. 效用指标加权评分

确定指标的评分：对各可选方案的各项评价指标打分（如 0～10），然后按各指标的加权数算出各项指标的加权总分。

4. 成本分析

确定成本，参见 2.7.1 小节中的“2. 成本分析”。

5. 比较

进行效用－成本比较。

2.7.3　信号控制方案效益评价

1. 提高行程车速产生的效益

信号控制方案改善后，行程车速的提升将缩短行程时间，人们可利用节省的时间创造产值，带来经济效益。考虑将节省时间的一半用于生产活动，产生的效益计算方法如下：

$$B_u = 0.5mpVL\left(\frac{1}{v_1} - \frac{1}{v_2}\right)\Big/ k \tag{2.18}$$

式中　B_u——平均行程车速提高所产生的效益，元/d；

m——生产人员的平均国民收入，元/(h・人$^{-1}$)；

p——平均每辆车载客人数，人/辆；

V——交通量，辆/d；

L——行驶里程，km；

v_1——改善前平均行程车速，km/h；

v_2——改善后平均行程车速，km/h；

k——高峰小时系数。

该方法适用于干线、区域交通信号控制方案改善的评价。

2. 减少延误产生的效益

同理，减少的延误也可用来创造产值，计算方法如下：

$$B_d = 0.5mpV(d_1 - d_2)/k \tag{2.19}$$

式中 B_d——减少延误产生的效益,元/d;

m——生产人员的平均国民收入,元/(h·人$^{-1}$);

p——平均每辆车载客人数,人/辆;

V——交通量,辆/日;

d_1——改善前平均每辆车延误,h/辆;

d_2——改善后平均每辆车延误,h/辆;

k——高峰小时系数。

该方法适用于单个交叉口交通信号控制方案改善的评价。

3. 节省油耗产生的效益

车辆在交叉口排队时,发动机处于怠速状态,不仅浪费燃油,而且污染空气。改善交通控制方案后,交叉口延误下降,汽车怠速时间减少,节省燃油消耗。在此只计算节省燃油所带来的效益,对于减少空气污染带来的效益不易定量表达,在此不计入。

$$B_{oil} = rwV(d_1 - d_2)/k \tag{2.20}$$

式中 B_{oil}——节省油耗所产生的效益,元/d;

r——平均燃油价格,元/L;

w——平均怠速油耗,L/h;

V——交通量,辆/日。

2.8 延误与停车理论

延误与车辆到达率、交叉口通行能力、信号周期时长等因素密切相关。长期以来,人们试图用数学方法、模拟方法等对这种相互关系做出定量描述,国外在这方面研究较多,提出了许多延误计算模型,这些模型具有以下几个共同特点:

第一,不考虑交通违法、机非干扰等人为因素对延误的影响,它们一般都是针对机非分隔和渠化设施较完善、交通秩序良好的交叉口。

第二,对车流到达规律和交叉口服务规律做出某种假设,再应用有关数学方法或者利用计算机模拟技术来建立延误计算模型。

第三,鉴于延误影响因素的复杂性,无论哪种模型都是对现实条件在一定程度上的近似模拟,因而得出的结果都是估算值。

根据假设条件的不同,信号交叉口延误计算模型的理论主要有 3 种,分别为稳态理论、定数理论和瞬态理论(过渡函数曲线)。

2.8.1 稳态理论

1. 基本假设

车辆在信号控制交叉口的延误与停车次数主要受车辆到达率(交通流量)和交叉口车道通行能力的影响。通常情况下,车辆到达率和交叉口车道通行能力均随时间变化,当车辆到达率大于车道通行能力时就会产生过剩滞留车队,而过剩滞留车队又会对交叉口的延误与停车次数产生显著影响，这些都会给交叉口信号控制理论研究带来一定困难。车辆到达率的变化规律比较复杂，既包括规律性的变化，也包括非规律性的变化，表现为：在一个较长的时间段内（包含若干个信号周期），每一个信号周期到达停车线的车辆数将围绕某一个平均值上下随机波动。交叉口车道通行能力的变化则主要受交叉口信号配时的影响，若信号配时在某一确定的时间段内保持不变，则交叉口每一进口道的车道通行能力将固定为某一常数。

当交叉口处于非饱和交通状态时，各信号周期各进口道车辆到达率随机变化。在某些信号周期内，可能出现车辆的到达与驶离不平衡，产生过剩滞留车队，但是经过短短的一两个信号周期后，过剩滞留车队就会消失。就整个时间段而言，车辆的到达与驶离始终保持平衡，过剩滞留车队对交叉口的延误与停车次数产生的影响不大，可以通过一定的计算公式予以表达。由此，便形成了交叉口处于非饱和交通状态下的稳态理论。

稳态理论主要研究当交叉口进口道处于非饱和交通状态时，车道与交叉口的延误和停车次数。其基本假设如下：

（1）各进口道的车辆平均到达率在整个时间段内稳定不变。

（2）各进口道断面的通行能力在整个时间段内为常数。

（3）车辆受交通信号阻滞所产生的延误与车辆到达率的相关关系，在整个时间段内稳定不变。

（4）在整个时间段内，不会出现长时间的过剩滞留车队现象，车辆到达与驶离始终保持平衡。

根据上述假设，车辆平均延误可以简化为均衡相位平均延误与随机平均延误两部分，即车辆平均延误等于均衡相位平均延误与随机平均延误之和。其中，均衡相位平均延误根据上述基本假设（1）、（2）、（3）进行推导，反映了车辆平均延误与到达率之间的数学关系；随机平均延误则根据上述基本假设（4）进行推导，是车辆到达率随机波动性所产生的附加平均延误。同样，车辆平均停车次数可以简化为均衡相位平均停车次数与随机平均停车次数两个部分，即车辆平均停车次数等于均衡相位平均停车次数与随机平均停车次数之和。

2. 均衡平均延误

当交叉口处于非饱和交通状态且进口道的车辆到达率与其通行能力均为常数时，在一个信号周期内，进口道的到达车辆数（cq）将明显小于其最大可放行车辆数（cQ），每次绿灯结束时进口道排队车辆都将得以清空。假设不计黄灯时间 t_y（后补偿时间 t_{bc} 与后损失时间 t_{bl} 均为 0），并忽略前损失时间 t_{fl}，则 $t_{ge}=t_g+t_y-t_L=t_g$，进口道的车辆到达与驶离情况如图 2.6 所示。

图中，A、G 对应红灯起始时刻，B、H 对应绿灯起始时刻，J 瞬时时刻停车线车辆排队长度 N_j 等于△GHI（又称延误三角形）中从 J 点向下作的垂直线段长，K 时刻到达车辆的延误 d_{ik} 等于△GHI 中从 K 点向右作的水平线段长。斜线 AC 的斜率为车辆到达率 q，斜线 BC 的斜率为进口道饱和流量 S，它们的交点 C 对应排队消失时刻 D。F 对应绿灯结束时刻，斜线 BC 的延长线与过 F 点的垂线相交于 E，线段 EF 等于一个绿灯时间内车道最多能够放行的车辆数，斜线 AE 的斜率即为进口道的通行能力 Q，图中 AE 斜率大于

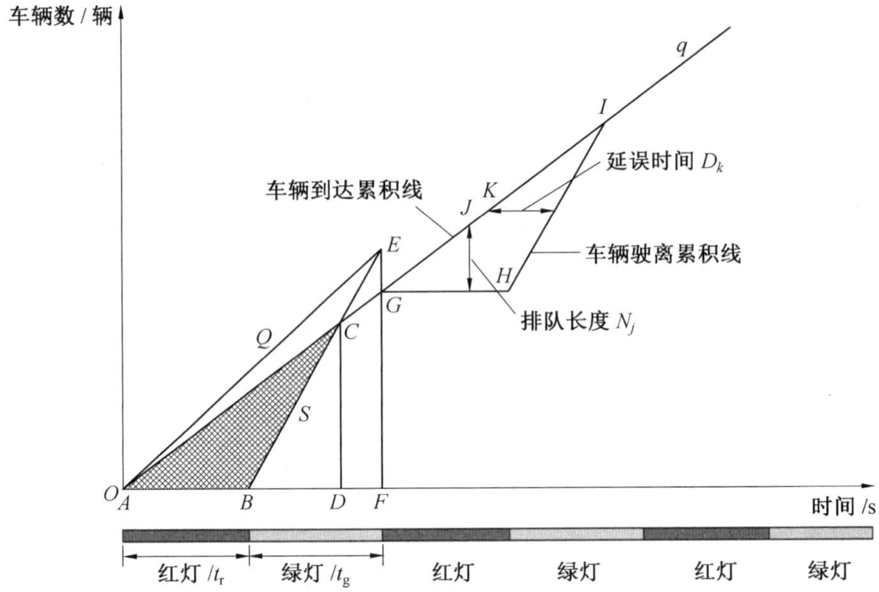

图 2.6　进口道的车辆到达与驶离情况

AC 斜率表明该进口道处于非饱和交通状态。此外，该进口道的车辆到达积累线为斜线 $A-C-G-I$，车辆驶离积累线为折线 $A-B-C-G-H-I$。

从图 2.6 不难理解，在一个信号周期内，全部到达车辆的总延误 D 等于各车辆延误 d_{ik} 的总和，等于图中延误三角形 $\triangle ABC$ 的面积。而这一数值也恰好是每一单位时间（每间隔 1 s）排队车辆长度的总和。即

$$D=\sum d_{ik}=S_{\triangle ABC}=\sum N_j \tag{2.21}$$

在 $\triangle ABC$ 中，底边长 AB 等于红灯时间 t_r，高 CD 等于总的排队车辆数。由图 2.6 不难看出：

$$CD=BD\cdot S=Sqt_r/(S-q) \tag{2.22}$$

其中，BD 为绿灯时间开始后排队车辆消散所需时间，等于以 $(S-q)$ 的净放量放完绿灯开始时红灯期间积累下来的排队车辆长度 qt_r 的所需时间。再由式(2.21)与(2.22)可得

$$D=S_{\triangle ABC}=0.5\cdot AB\cdot CD=0.5\cdot t_r\cdot Sqt_r/(S-q)=0.5Sqt_r^2/(S-q) \tag{2.23}$$

从而可以推得进口道的均衡相位平均延误 d_e 为

$$d_e=D/(cq)=0.5Sqt_r^2/[(S-q)cq]=0.5St_r^2/[(S-q)c] \tag{2.24}$$

将关系式 $t_r=c-t_g=c-t_{ge}$，$\lambda=t_{ge}/c$，$y=q/S$ 代入式(2.24)中有

$$d_e=\frac{St_r^2}{2c(S-q)}=\frac{c\,(1-\lambda)^2}{2(1-y)} \tag{2.25}$$

利用式(2.25)可以推知，当进口道交通流量 q 增加时，均衡相位平均延误 d_e 增加；当进口道饱和流量 S 增加时，均衡相位平均延误 d_e 减少；当进口道方向绿信比 λ 增加时，均衡相位平均延误 d_e 减少；当信号周期时长 c 增加时（红灯时间 t_r 也将比例增加），均衡相位平均延误 d_e 增加。

此外，由于汽车的加速起动特性，实际均衡相位延误会略大于公式理论值。

3. 随机平均延误

式(2.25)是假设车辆到达率 q 为常量时推导出来的。事实上，车辆到达率在一个信号周期与另一个信号周期之间是随机波动的。尽管在整个时间段内交通流量稳定不变，总的平均饱和度小于 1，但却并不排除在个别信号周期内，车辆到达率的随机波动会导致出现暂时的过饱和现象，使得停车线后排队车辆在一次绿灯时间内不能完全放空，从而大大增加了交叉口的延误。这种暂时过饱和情况所产生的延误称之为随机延误，稳态理论对随机延误也给予了充分估计。韦伯斯特利用排队论与数字计算机模拟相结合的方法，提出了进口道车辆随机平均延误 d_r 的计算公式(韦氏计算式)为

$$d_r=\frac{x^2}{2q(1-x)} \tag{2.26}$$

式中　x——进口道饱和度。

从式(2.26)可以看出，当进口道饱和度增加时，随机平均延误将显著攀升，特别是当饱和度接近 1 时，随机平均延误将趋向无穷大，因此仅能适用于非饱和交通状态。

在韦伯斯特提出随机平均延误计算公式后，米勒与阿克塞立科也先后推导出类似的计算公式(阿氏计算式)。其中阿克塞立科推导出的随机平均延误计算公式较为简洁：

$$d_r=N_s x/q \tag{2.27}$$

式中　N_s——进口道平均过剩滞留车辆数，辆。

N_s 按下式计算：

$$N_s=\begin{cases}\dfrac{1.5(x-x_0)}{1-x} & x>x_0\\ 0 & x\leqslant x_0\end{cases} \tag{2.28}$$

$$x_0=0.67+St_{ge}/600 \tag{2.29}$$

从式(2.27)、(2.28)与(2.29)同样可以看出，进口道饱和度是决定随机平均延误大小最主要的因素。随着饱和度的增加，随机平均延误将迅速增大。

综合均衡相位平均延误 d_e 的计算公式与随机平均延误 d_r 的计算公式可得，进口道车辆平均延误 d 的韦氏计算公式与阿氏计算公式分别为

$$d=d_e+d_r=\frac{c\,(1-\lambda)^2}{2(1-y)}+\frac{x^2}{2q(1-x)} \tag{2.30}$$

$$d=d_e+d_r=\frac{c\,(1-\lambda)^2}{2(1-y)}+\frac{N_s x}{q} \tag{2.31}$$

将一个信号周期内各进口道的总延误相加求出交叉口的总延误，再除以一个信号周期内到达交叉口的车辆数即得到交叉口的平均延误。

4. 平均停车次数

(1)均衡平均停车次数。

在忽略不完全停车的情况下，从图 2.6 可以看出，在一个信号周期内，有一次停车的车辆总数 H 等于图中延误三角形$\triangle ABC$ 的高 CD：

$$H=CD=S\cdot qt_r/(S-q)=c_q(1-\lambda)/(1-y) \tag{2.32}$$

从而可以推得进口道的均衡相位平均停车次数 h_e 为

$$h_e=\frac{H}{c_q}=\frac{1-\lambda}{1-y} \tag{2.33}$$

利用式(2.33)可以推知，当进口道的交通流量 q 减少或饱和流量 S 增加，即进口道交通流量比 y 减小时，均衡相位平均停车次数 h_e 减少；当进口道方向绿信比 λ 增加时，均衡相位平均停车次数 h_e 减少；信号周期时长 c 的大小与均衡相位平均停车次数 h_e 基本无关。

(2)随机平均停车次数。

车辆到达率的随机波动所导致出现的暂时过饱和情况，将使得停车线后的排队车辆在一次绿灯时间内都不能放空，产生平均过剩滞留车队，出现二次停车现象。这种暂时过饱和情况所产生的停车次数即称为随机停车次数，阿克塞立科等人通过研究分析给出了随机平均停车次数 h_r 的近似计算公式：

$$h_r=\frac{0.9e^k}{2cq(1-x)}-\frac{0.1(1-\lambda)}{1-y} \tag{2.34}$$

$$k=\frac{-1.33\sqrt{Sq}\,(1-x)}{x} \tag{2.35}$$

从式(2.34)与(2.35)可以推知，当进口道饱和度增大时，随机平均停车次数将迅速增大，特别是当饱和度接近 1 时，随机平均停车次数将趋向于无穷大；当信号周期时长 c 增加时，随机平均停车次数减少。综合均衡相位平均停车次数与随机平均停车次数的计算公式，可得建立在稳态理论基础上的进口道车辆平均停车次数 h 的计算公式：

$$h=h_e+h_r=0.9\left[\frac{1-\lambda}{1-y}+\frac{e^k}{2cq(1-x)}\right] \tag{2.36}$$

将一个信号周期内各进口道的总停车次数相加求出交叉口的总停车次数，再除以一个信号周期内到达交叉口的车辆数即得到交叉口的平均停车次数。

综上所述，当饱和度接近 1 时，由稳态理论推导出来的延误与停车次数计算公式均不能给出正确的结果，按照计算公式得到的延误和停车次数都将趋向无穷大，这与实际情况相悖，此时需要寻找新的理论模型来计算延误与停车次数。

2.8.2 定数理论

从 20 世纪 60 年代开始，许多学者便开始研究交叉口进口道处于过饱和状态下延误与停车次数的计算方法。其中代表性论著见丹尼尔和马休的《交通流理论》和他与 H. 凯勒合著的《定数排队模式》。此后，R. 金伯等人对定数排队理论进行了更为深入的研究。

1. 基本假设

在稳态理论中，虽然也考虑了车辆到达率的随机波动，个别信号周期绿灯结束后会出现过剩滞留车队的情况，但过剩滞留车辆数并非按照一种确定的增长率持续下去，而是经过一两个信号周期后又恢复到原先的无滞留车辆的平衡状态，所以稳态理论把这种个别信号周期绿灯结束后出现过剩滞留车队作为一种随机情况处理。而定数理论则恰恰相反，它把过饱和阻滞作为一种确定的情况进行研究，而不考虑车辆的随机到达情况对受阻程度的影响。

定数理论研究当交叉口进口道处于过饱和交通状态时车道与交叉口的延误和停车次数数学表达式，基本假设如下：

(1)各进口道的车辆平均到达率在整个时间段内稳定不变。

(2)各进口道断面的通行能力在整个时间段内为常数。

(3)时间段起始点的初始排队长度为零。

(4)在整个时间段内，过饱和排队车辆长度随时间的增长而直线增加。

2. 平均延误

当交叉口处于过饱和交通状态且进口道的车辆到达率与其通行能力均为常数时，在一个信号周期内，进口道的到达车辆数(cq)将明显大于其最大可放行车辆数(cQ)，每次绿灯结束时，进口道存有滞留排队车辆，且滞留排队车辆数成线性增长。假若不计黄灯时间与前损失时间，进口道的车辆到达与驶离情况如图 2.7 所示。

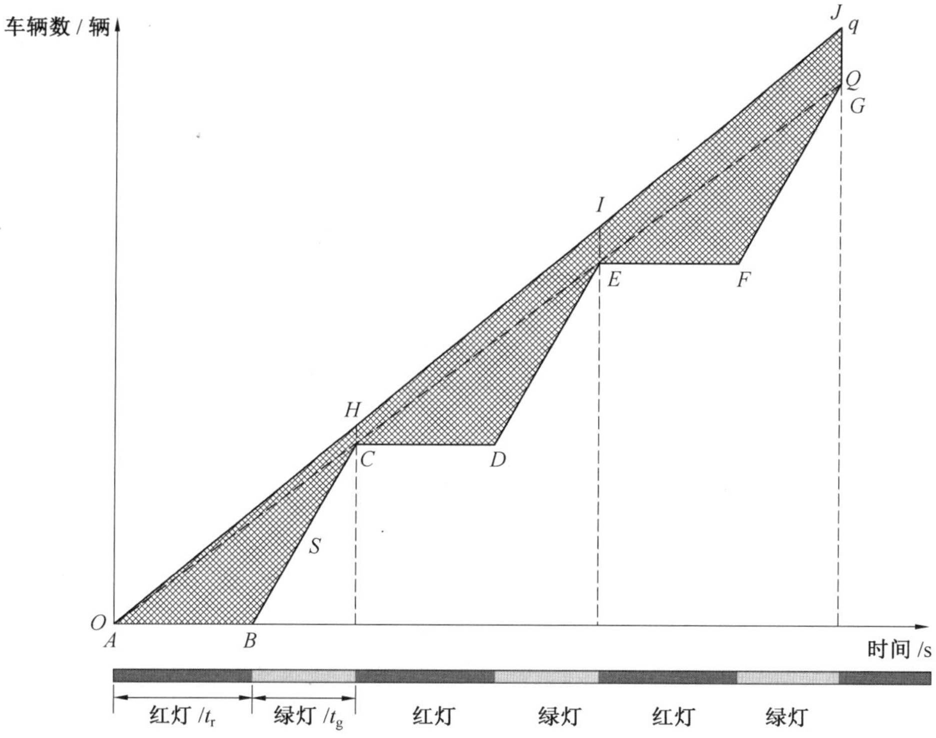

图 2.7　假若不计黄灯时间与前损失时间，进口道的车辆到达与驶离情况

图中，A、C、E、G 对应红灯起始时刻，B、D、F 对应绿灯起始时刻，斜线 AH 的斜率为车辆到达率 q，斜线 BC、DE、FG 的斜率为进口道饱和流量 S，斜线 AC 的斜率为进口道通行能力 Q，图中 AH 的斜率明显大于 AC 的斜率，表明该进口道处于过饱和交通状态。此外，车辆到达积累线(斜线 $A-H-I-J$)与车辆驶离积累线(折线 $A-B-C-D-E-F-G$)所围成的多边形称为延误多边形。在延误多边形中，水平线段代表相应到达车辆的延误，垂直线段代表对应瞬时时刻的停车线车辆排队长度，其中垂直线段 HC、IE、JG 分别代表第一、第二、第三个信号周期绿灯结束时停车线的车辆排队长度，即积累下来的

滞留车辆数。全部到达车辆的总延误等于各车辆延误的总和，等于延误多边形 $ABCDEFGJ$ 的面积。

事实上，过饱和交通状态对进口道性能指标参数的影响将一直延续到进口道滞留排队车辆消失，并非截止于饱和度开始持续小于1的时刻。因此，在研究过饱和交通状态下延误与停车次数的数学模型时，整个研究时间段应从初始排队长度为零并出现过饱和交通状态的时刻开始，一直持续到滞留排队长度完全消失。为了公式推导方便，假设过饱和交通状态持续 n_1 个信号周期后出现非饱和交通状态(饱和度为0)，且再经过 n_2 个信号周期后滞留排队车辆正好消失，即 $(cq-cQ)n_1=cQn_2$。

第 i 个过饱和信号周期中车辆受阻分析如图2.8所示。图中，N_{i-1} 表示第 $i-1$ 个过饱和信号周期绿灯结束时的滞留车辆数，N_0 等于0。由图2.8可知，第 i 个过饱和信号周期绿灯结束时的滞留车辆数 N_i 为

$$N_i=N_{i-1}+cq-St_g=i\cdot(cq-St_g) \tag{2.37}$$

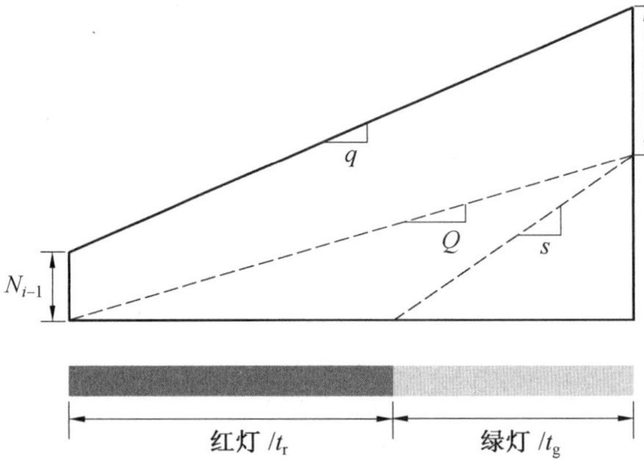

图2.8　第 i 个过饱和信号周期中车辆受阻分析

第 j 个饱和度为零的信号周期中车辆受阻分析如图2.9所示。图中，M_{j-1} 表示第 $j-1$ 个饱和度为零信号周期绿灯结束时的滞留车辆数，$M_0=N_{n_1}$，$M_{n_2}=0$。由图2.9可知，第 j 个饱和度为零信号周期绿灯结束时的滞留车辆数 M_j 为

$$M_j=M_{j-1}-St_g=n_1(cq-St_g)-jSt_g \tag{2.38}$$

因此，在整个时间段 $(n_1+n_2)c$ 内平均过饱和滞留车队长度 L_d 为

$$L_d=\frac{\sum_{i=1}^{n_1}N_i+\sum_{j=1}^{n_2}M_j}{n_1+n_2}=\frac{\sum_{i=1}^{n_1}i(qc-St_g)+\sum_{j=1}^{n_2}[n_1(qc-St_g)-jSt_g]}{n_1+n_2}$$

$$=\frac{0.5n_1(1+n_1)(qc-St_g)+0.5n_2[n_1(qc-St_g)-St_g]}{n_1+n_2}=\frac{n_1c(q-Q)}{2} \tag{2.39}$$

在第 i 个过饱和信号周期内，全部车辆延误之和 D_i 为

$$\begin{aligned}D_i&=0.5c(N_{i-1}+N_i+St_g)-0.5St_g^2=cN_{i-1}+0.5(qc^2-St_g^2)\\&=c(i-1)(cq-St_g)+0.5(qc^2-St_g^2)\end{aligned} \tag{2.40}$$

在时间段 n_1c 内，总车辆延误 $\sum_{i=1}^{n_1}D_i$ 为

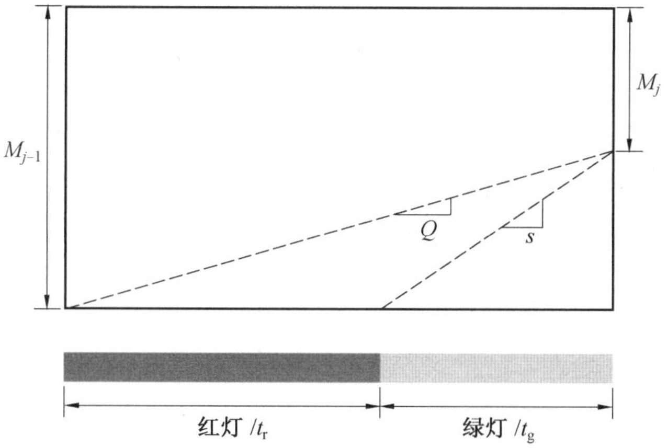

图 2.9　第 j 个饱和度为零的信号周期中车辆受阻分析

$$\begin{aligned}\sum_{i=1}^{n_1} D_i &= 0.5cn_1(n_1-1)(cq-cQ)+0.5n_1(qc^2-cQt_g)\\ &=0.5n_1c[n_1(cq-cQ)-cq+cQ+cq-Qt_g]\\ &=0.5n_1c[n_1(cq-cQ)+Qt_r]\end{aligned}\tag{2.41}$$

在第 j 个饱和度为零的信号周期内，全部车辆延误之和 D_j 为

$$D_j=cM_{j-1}-0.5St_g^2=c[n_1(cq-St_g)-(j-1)St_g]-0.5St_g^2\tag{2.42}$$

在时间段 n_2c 内，总车辆延误 $\sum_{j=1}^{n_2} D_j$ 为

$$\begin{aligned}\sum_{j=1}^{n_2} D_j &= n_1n_2c(cq-cQ)-0.5(n_2-1)n_2Qc^2-0.5n_2cQt_g\\ &=0.5n_2c[2n_1(cq-cQ)-n_2cQ+cQ-Qt_g]\\ &=0.5n_2c[n_1(cq-cQ)+Qt_r]\end{aligned}\tag{2.43}$$

由式(2.41)与(2.43)可推得在整个时间段$(n_1+n_2)c$ 内的车辆平均延误 d 为

$$\begin{aligned}d &= \frac{\sum_{i=1}^{n_1} D_i+\sum_{j=1}^{n_2} D_j}{(n_1+n_2)cQ}=\frac{0.5c(n_1+n_2)[n_1(cq-cQ)+Qt_r]}{(n_1+n_2)cQ}\\ &=\frac{n_1(cq-cQ)+Qt_r}{2Q}=\frac{t_r}{2}+\frac{L_d}{Q}\end{aligned}\tag{2.44}$$

3. 平均停车次数

在计算停车次数的过程中，需估计到当进口道处于过饱和交通状态时，会有部分车辆经历多次停车的情况。

按理论分析，即假设车辆驶近交叉口时车辆驾驶员的驾驶行为(加减速)只受前面车辆行驶状况的影响，则在第 i 个过饱和信号周期内，车辆总停车次数 H'_i 为

$$H'_i=cq+N_i+N_{i-1}q/(S-q)\tag{2.45}$$

式中，第一项表示在本信号周期内所有到达车辆都至少经历过一次完全停车，第二项表示在本信号周期绿灯结束时滞留下来的车辆均经历过二次完全停车，第三项表示在本

信号周期红灯启亮时由于上一信号周期绿灯刚刚结束,红灯期间到达的部分车辆受前面移动车队影响出现了二次完全停车。

考虑绿灯刚刚结束后,加入排队车队尾部的这部分车辆的实际行驶状况并非如上假设所述,它们遇到红灯而前面又有正在向前移动的车队时,往往有充分的时间来调整速度,以避免一次不必要的完全停车。这时可以忽略式(2.45)中右侧的第三项,车辆总停车次数 H_i 可表示为

$$H_i = cq + N_i = cq + i \cdot (cq - cQ) \tag{2.46}$$

在时间段 $n_1 c$ 内,总车辆停车次数 $\sum_{i=1}^{n_1} H_i$ 为

$$\sum_{i=1}^{n_1} H_i = n_1 cq + 0.5 n_1 (n_1 + 1)(cq - cQ) \tag{2.47}$$

在第 j 个饱和度为零的信号周期内,车辆总停车次数 H_j 为

$$H_j = M_j = n_1 (cq - cQ) - jcQ \tag{2.48}$$

在时间段 $n_2 c$ 内,总车辆停车次数 $\sum_{j=1}^{n_2} H_j$ 为

$$\sum_{j=1}^{n_2} H_j = n_1 n_2 (cq - cQ) - 0.5 n_2 (n_2 + 1) cQ \tag{2.49}$$

由式(2.47)与(2.49)可推得在整个时间段$(n_1 + n_2)c$内的车辆平均停车次数h为

$$\begin{aligned} h &= \frac{\sum_{i=1}^{n_1} H_i + \sum_{j=1}^{n_2} H_j}{(n_1 + n_2) cQ} \\ &= \frac{n_1 cq + 0.5 n_2 (n_1 + 1) cQ + n_2^2 cQ - 0.5 n_2 (n_2 + 1) cQ}{(n_1 + n_2) cQ} \\ &= 1 + \frac{n_2 cQ [0.5(n_1 + 1) + n_2 - 0.5(n_2 + 1)]}{(n_1 + n_2) cQ} = 1 + \frac{n_2}{2} = 1 + \frac{L_\mathrm{d}}{cQ} \end{aligned} \tag{2.50}$$

此外,在设计信号配时方案时,绿灯亮起平均滞留车队长度 $\bar{L}_\mathrm{d}$ 也是一个重要因素。

$$\bar{L}_\mathrm{d} = \frac{n_1 (St_\mathrm{g} - qt_\mathrm{g}) + n_2 St_\mathrm{g}}{n_1 + n_2} + L_\mathrm{d} = St_\mathrm{g} - \frac{n_1 qt_\mathrm{g}}{n_1 + n_2} + L_\mathrm{d} = Qt_\mathrm{r} + L_\mathrm{d} \tag{2.51}$$

由式(2.39)、(2.44)、(2.50)、(2.51)可知,当交叉口进口道处于过饱和交通状态时,进口道的平均过饱和滞留车队长度、平均延误、平均停车次数以及绿灯亮起平均滞留车队长度均随过饱和交通状态持续时间的增加而增加,这是滞留车辆不断累积造成的。相反,当交叉口进口道处于低饱和交通状态时,由于每次绿灯结束时车道的排队车辆都能得以清空,故进口道的平均延误、平均停车次数与绿灯亮起平均滞留车队长度均与研究时间段的长短无关。

2.8.3 瞬态理论(过渡函数曲线)

从稳态理论与定数理论的基本假设来看,各自均有其局限性。稳态理论在非饱和交通状态下($x < x_\mathrm{p}$)比较切合实际,然而随着饱和度的增加,车辆随机到达情况对性能指标

的影响显著增大，车辆到达和驶离的“稳态平衡”就很难维持，因而按照稳态理论计算出来的结果与实际情况的偏差会越来越大，尤其是当饱和度接近 1 时，稳态理论根本无法给出符合实际的计算结果。定数理论虽然对于过饱和情况下($x>x_o$)性能指标的计算能给出比较理想的结果，但在饱和度等于或略大于 1 的情况下，车辆随机到达情况对性能指标的影响明显增加，此时定数理论计算方法也不能给出令人满意的效果。因此当饱和度接近 1、交叉口进口道处于近饱和交通状态($x_p \leqslant x \leqslant x_o$)时，需要寻找新的分析理论与计算方法。

不难理解，当车辆到达率 q 逐渐加大时，饱和度 x 将随之逐渐增加，此时进口车道所对应的延误、停车次数、排队长度等性能指标 P 也将经历一个逐渐增加的过程。所以可以通过寻找一段“中间”($x_p \leqslant x \leqslant x_o$)过渡曲线将非饱和度段($x<x_p$)曲线与过饱和度段($x>x_p$)曲线有机连接起来的方法，来描述临界饱和交通状态下性能指标随饱和度变化的变化趋势。

早在 20 世纪 70 年代就有学者开始在稳态理论曲线与定数理论曲线之间寻求这种“中间”过渡函数曲线，旨在协调二者，保留二者适用部分，摒弃不适用的部分。最初提出这种协调方法的是 P. D. 怀廷，当时他为了建立 TRANSYT 程序中有关随机延误的数学模拟方法问题，开始研究这种协调过渡曲线。1979 年 R. 金伯与 E. 霍利斯对稳态理论与定数理论的协调问题进行了深入研究，并给出了过渡函数的详细推导过程。过渡函数曲线以定数函数曲线作为其渐近线，过渡函数的建立不仅解决了临界饱和交通状态下车辆受阻滞程度的定量分析问题，而且也弥补了过饱和交通状态下被定数理论所忽略的随机阻滞。

依照过渡函数计算出的广义性能指标 P(排队长度、延误及停车次数)均包含以下 3 部分：“基准阻滞”部分、“随机阻滞”部分与“过饱和阻滞”部分。广义性能指标 P 可表示为

$$P=P_u+P_r+P_d \tag{2.52}$$

式中　P_u——“基准阻滞”项，它表现为式(2.30)、(2.31)、(2.36)、(2.44)、(2.50)、(2.51)中的第一项，可以看出，当饱和度 $x<1$ 时，该项是关于饱和度的递增函数；当饱和度 $x>1$ 时，该项为常数，并恰好与饱和度 $x=1$ 时的数值相等；

P_r——“随机阻滞”项，当饱和度 $x<x_p$ 时，它表现为式(2.30)、(2.31)、(2.36)中的第二项；当饱和度 $x>1$ 时，该项在式(2.44)、(2.50)、(2.51)中未能有所体现，这也是定数理论所忽略的，因此在建立过渡函数关系时应当将该项补上；

P_d——“过饱和阻滞”项，它表现为式(2.44)、(2.50)、(2.51)中的第二项。

对过渡函数曲线与广义性能指标的分析如图 2.10 所示。

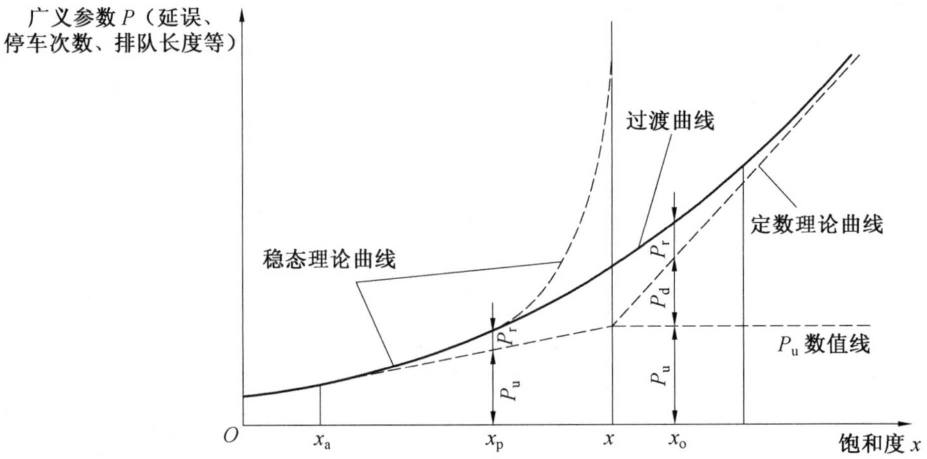

图 2.10　过渡函数曲线与广义性能指标的分析

第3章　定时信号控制

3.1　定时信号控制的定义与设计内容

3.1.1　定时信号控制的定义

交通信号控制机按照事先设定的配时方案运行称为定时信号控制，也称定周期控制。一天只用一套配时方案的称为单段式定时信号控制，一天按照不同时段的交通量采用几套不同配时方案的称为多段式定时信号控制。

多段式定时信号控制由于可以提供早、晚高峰及平峰时段不同的配时方案，控制效益相对单段式定时信号控制要高很多。

3.1.2　定时信号控制的设计内容

定时信号控制设计的主要内容包括配时时段的划分段、设计交通量的确定、交通信号相位方案、信号配时方案、信号控制效益评估。

1. 配时时段的划分

城市道路交叉口的交通量是按时段变化的，为使信号控制适应不同时段的交通需求、提高交叉口服务水平，信号配时应按不同时段的不同交通量设计。时段划分可视实际情况，分为早高峰时段、午高峰时段、晚高峰时段、早低峰时段、午低峰时段、晚低峰时段等。

2. 设计交通量的确定

定时信号配时的设计交通量需要按照各配时时段内交叉口进口道不同的流向分别确定。各流向设计交通量取各配时时段内高峰小时最大 15 min 流率乘以 4 换算得到，没有最高 15 min 流率时可用高峰小时流量除以高峰小时系数换算得到。

3. 交通信号相位方案

在信号相位方案确定之前，要合理划分交叉口进口道各车道的功能。确定信号相位方案，就是把不同的信号相位进行适当的组合排序。

合理选用与组合信号相位是决定信号控制交叉口交通效益的关键因素之一。交叉口相位方案确定要考虑以下几点：

(1)允许大量的行人或者自行车迅速地连续通过人行横道，某些行人与自行车绿灯的顺序能影响整个交叉口的相位顺序。

(2)复杂交叉口的相位顺序可以由固定顺序的两个方向交通流来确定。

(3)相邻交叉口信号方案的协调或者公共交通管理需要的相位差决定交叉口的相位顺序。

(4)为了提高交通流运行质量，某些独立的交通流在一个周期内能获得几次绿灯，以此限制相位顺序的选择等。

4. 信号配时方案

运用定时信号配时理论,计算信号配时方案,包括周期时长、绿信比、绿灯时间等。其中,关键是优化周期时长。增大周期时长可以提高通行能力,但周期时长超过 120 s 后,通行能力提高缓慢,而延误却增长很快,所以周期时长超过 120 s 时需慎重。周期时长也不易过短,以便保障通行安全。

5. 信号控制效益评估

以平均延误、排队长度、行程时间等作为信号控制效益评价指标,对比不同信号配时方案的控制效果,优化路口控制效率。

定时信号控制设计流程如图 3.1 所示。

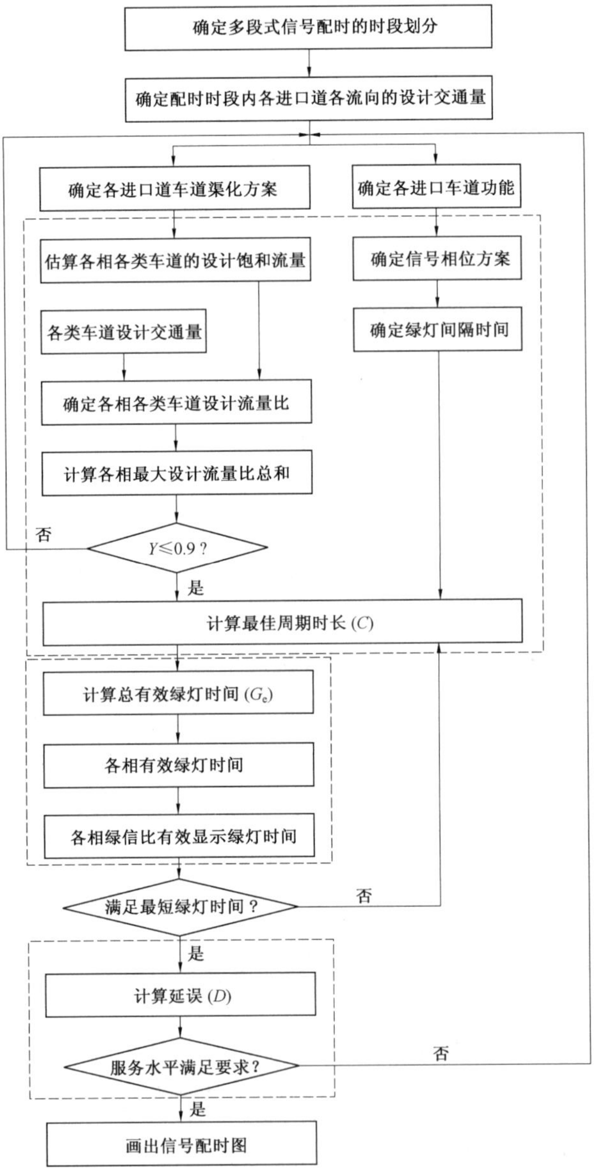

图 3.1　定时信号控制设计流程

3.2 定时信号控制基本参数

定时信号控制相关参数分为两类：交通流参数和信号控制参数。

3.2.1 交通流参数

交通流参数包括交通流量（机动车、非机动车、行人）、饱和流量、车道组交通流量比、临界车道组交通流量比。其中，饱和流量是定时信号控制中最为关键的一个交通流参数。

1. 交通流量

交通流量是指单位时间内到达道路某一截面的车辆或行人数量，用 q 表示。到达交叉口的交通流量指单位时间内到达停车线的车辆数，主要取决于交叉口上游驶入交通流量及车流在路段上行驶的离散特性。交通流量通常随时间随机变化，且变化规律较复杂，既包括规律性的变化，也包括非规律性的变化，在不同的时间段内围绕某一平均值上下波动。

2. 饱和流量

饱和流量指在一次连续的绿灯信号时间内，进口道上一列连续车队能通过进口道停车线的最大流量（pcu/绿灯小时），用 S 表示。饱和流量随道路条件、渠化方式、交通状况、信号配时等情况变化。具体而言，影响道路饱和流量大小的道路条件主要有车道宽度、车道坡度，交通状况主要有大车混入率、转弯车流比率，渠化方式主要由车道功能划分，信号配时主要指信号相位的设置情况。在相位有效绿灯时间不变的情况下，饱和流量往往决定了车道的通行能力。饱和流量的确定方法有以下 3 种。

(1)校正系数法。

设定车道基本饱和流量，分析影响饱和流量的因素并确定其影响因子，然后用影响因子乘以基本饱和流量即得饱和流量。

(2)实地观测法。

实测得到饱和状态下的车头时距 t，由 $S=3\ 600/t$ 计算得到饱和流量。车头时距的观测方法是从绿灯亮起开始计时，记录头车启动的时刻和前轮通过停车线的时刻，以及后续每辆车前轮通过停车线的时刻。寻找车头时距变化不大的一组，取平均值得到。

(3)实时检测法。

在实时检测基础上通过模型算法对饱和流量进行动态更新的方法，主要通过检测器进行实时检测，确定饱和流量。

由于我国道路交通环境十分复杂，目前还没有确定车道基本饱和流量及建立起各类影响因素对基本饱和流量的影响因子，因此利用国外建立的校正系数法来计算混合交通环境下的车道饱和流量，往往较困难，且结果明显偏大。因此，经常采取实地观测法和实时检测法来获取我国道路交通环境下的车道饱和流量。

3. 车道组交通流量比

车道组交通流量比指道路上实际流量与饱和流量之比，用 y 表示。

$$y=q/S \tag{3.1}$$

可以看出，车道组交通流量比是一个几乎不受信号配时影响的交通参量。它在一定程度上反映了道路的拥挤状况，是进行信号配时设计的一个重要依据。

4. 临界车道组交通流量比

临界车道组交通流量比又称相位交通流量比，是指某信号相位中车道交通流量比的最大值，即关键车流的交通流量比。将信号周期内所有相位关键车流的交通流量比累加，即为交叉口总交通流量比，用 Y 表示。交叉口总交通流量比与临界车道组交通流量比是影响信号配时设计的两个重要因素，前者将决定信号周期大小的选取，后者则决定各相位绿灯时间的合理分配。

3.2.2 信号控制参数

信号控制参数主要有信号相位与信号相位方案、周期时长、绿灯时间与有效绿灯时间、绿信比、绿灯间隔时间、相位损失时间、最短绿灯时间、黄灯时间与全红时间等。下面以英国 TRRL 法（也称 Webster 法）为基础，介绍这些参数的定义和计算方法。

1. 信号相位与信号相位方案

交通信号灯灯色的周期性变化，控制着路口各方向车辆的行或止。信号相位就是一股或多股交通流在一个周期时长内不管任何瞬间都获得完全相同的信号灯色显示。

信号相位方案指交通信号灯轮流给某些方向的车辆或行人分配通行权的顺序，即在一个信号周期内，安排了若干种控制状态，并确定了这些控制状态的显示次序。

图 3.2 为 T 形路口由 3 个信号阶段构成一个信号周期，而作为绿灯显示则有 4 个不

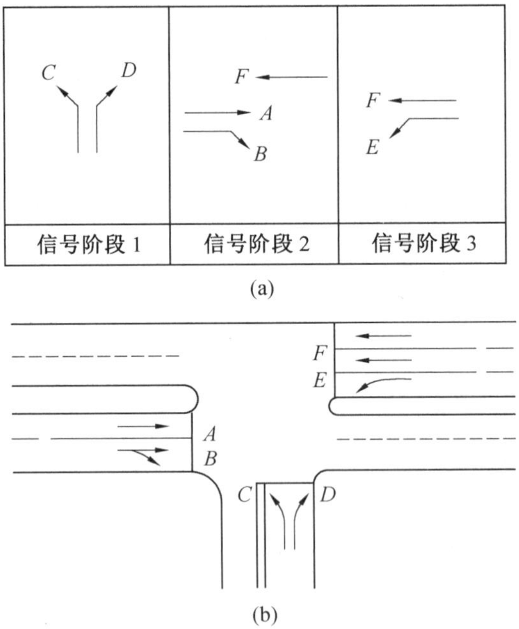

图 3.2　信号相位与阶段示意图

同状态，即四信号相位，其中第三信号阶段，含两个信号相位(E、F)。从图 3.2 可知，信号阶段与信号相位在概念上不同，信号相位是按车流获不同信号显示的时序来划分的，有多少不同的显示序列就有多少个信号相位。信号阶段则按路口通行权在一个周期时长内更迭次数来划分，一个周期内几次更迭就有几个信号阶段。

信号配时图指将一个周期时长内路口任意时刻不同相位交通信号灯灯色的变化对比反映在图形中的一种表达形式，如图 3.3 所示。

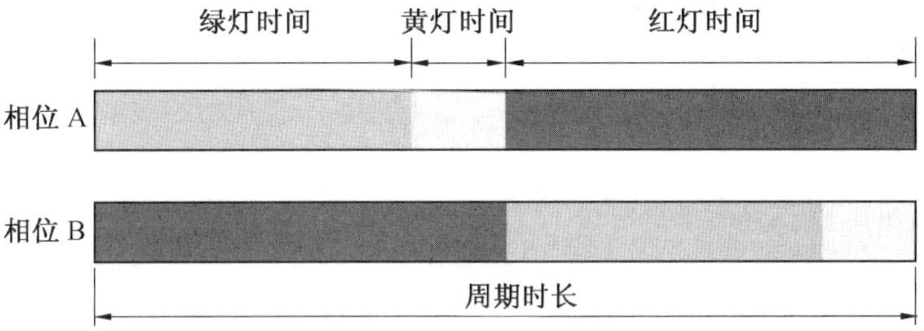

图 3.3　信号配时图

2. 周期时长

周期时长是信号灯各种灯色轮流显示一次所需的时间，即各种灯色显示时间的总和，或是某主要相位的绿灯亮起开始到下次绿灯再次亮起之间的一段时间，用 c 表示。

周期时长是决定定时信号控制交通效益的关键控制参数，是信号配时设计的主要对象。在正常的周期时长范围内，周期时间越长，通行能力越大，但车辆的延误及油耗等指标也随之上升。信号交叉口当延长周期时长所提高的通行能力远大于交通需求时，对通车状况没有多大好处，却会无谓地增加延误和油耗，还会诱发交通参与者的急躁情绪。因此信号交叉口的配时设计，在一定的交通条件下，应配以适当的周期时长，让通行能力稍高于交通需求，使延误、停车、油耗等指标降到最低，从而使交叉口的整体效益最高。研究表明，合理的信号周期时长与相位数之间存在如下关系：

$$20n \leqslant c \leqslant 60n \tag{3.2}$$

式中　n——相位数；

　　c——信号周期，s。

(1)最短周期时长。

采用最短周期时长 c_{m} 时，要求在一个周期内到达交叉口的车辆恰好全部被放行，即无停滞车辆，信号周期也无富余。因此，c_{m} 恰好等于一个周期内损失时间之和加上全部到达车辆以饱和流量通过交叉口所需的时间，即

$$c_{\mathrm{m}} = L + V_1 c_{\mathrm{m}}/S_1 + V_2 c_{\mathrm{m}}/S_2 + \cdots + V_n c_{\mathrm{m}}/S_n \tag{3.3}$$

式中　L——周期损失时间，s；

　　V_i/S_i——第 $c_{\mathrm{m}} = L/\left(1 - \sum_1^n y_i\right) = L/(1-Y)$ 个相位的最大流量比。

由式(3.3)可得

$$c_{\mathrm{m}} = L/\left(1 - \sum_1^n y_i\right) = L/(1-Y) \tag{3.4}$$

式中　Y——全部相位的最大流量比之和。

(2)最佳周期时长。

最佳周期时长 c_0 是指使通车效益指标最佳的交通信号周期时长。若以延误作为交通信号控制效益指标，使用 Webster 定时信号控制延误公式时：

$$d=\frac{c\,(1-g/c)^2}{2(1-q/S)}+\frac{x^2}{2q(1-x)}-0.65\,\left(\frac{c}{q^2}\right)^{\frac{1}{3}}x^{2+\frac{5g}{c}} \tag{3.5}$$

式中　d——每辆车的平均延误，s；

c——周期时长，s；

g——有效绿灯时间，s；

x——饱和度；

S——饱和流率，pcu/s；

q——到达率，pcu/s。

则总延误为

$$D=qd \tag{3.6}$$

若使总延误最小，则

$$d(D)/dc=0 \tag{3.7}$$

用近似解法，可得定时信号(近似)最佳周期时长：

$$c_0=\frac{1.5L+5}{1-Y} \tag{3.8}$$

$$L=\sum(l+I-A) \tag{3.9}$$

式中　c_0——最佳周期时长，s；

L——每个周期的总损失时间，s；

l——启动损失时间，s；

I——绿灯间隔时间，s；

A——黄灯时间，s；

Y——组成周期的全部相位各个最大 y 值之和。

3. 绿灯时间与有效绿灯时间

绿灯时间指某一相位在一个信号周期内所获得的绿灯显示时间，也称相位绿灯时间，通常用 g 表示。有效绿灯时间指一个信号周期内该信号相位能够利用的通行时间折算成理想利用时所对应的绿灯时长，即有效绿灯时间与饱和流率的乘积应等于通行时间内最多可以通过的车辆数，通常用 g_e 表示。有效绿灯时间等于绿灯时间与黄灯时间之和减去损失时间，也等于绿灯时间与前损失时间之差再加上后补偿时间(后补偿时间等于黄灯时间减去后损失时间)，计算如下：

$$g_{ei}=g_i+A_i-l_i \tag{3.10}$$

式中　l_i——第 i 相位起动损失时间，s；

g_i——第 i 相位显示绿灯时间，s；

A_i——第 i 相位黄灯时间，s。

各个相位有效绿灯时间的分配应遵循公平原则，鉴于此，各个相位有效绿灯时间的比值应与相位的交通流量比相一致，即

$$g_{e1}/g_{e2} \approx y_1/y_2 \tag{3.11}$$

式(3.11)中，g_{e1}、g_{e2}分别为第一、第二相位的有效绿灯时间；y_1、y_2 分别为对应相位的流量比。对于多相位交叉口，则有：

$$g_{ei}/\sum_{i=1}^{n} g_{ei} = y_i/\sum_{i=1}^{n} y_i \text{或} g_{ei}/(c_0 - L) = y_i/Y \tag{3.12}$$

由式(3.12)可以求出每一相位的有效绿灯时间：

$$g_{ei} = y_i(c_0 - L)/Y \tag{3.13}$$

每周期总有效绿灯时间按下式计算：

$$G_e = c_0 - L \tag{3.14}$$

式中　G_e——有效绿灯时间，s；

c_0——最佳周期时长，s；

L——每个周期的总损失时间，s。

4. 绿信比

绿信比是一个信号相位的有效绿灯时间与周期时长之比，通常用 λ 表示。

$$\lambda_i = g_{ei}/c_0 \tag{3.15}$$

绿信比的大小对于疏散交通流和减少交叉路口总的等待时间有着举足轻重的作用。在信号周期固定的情况下，通过合理分配各车流方向的绿灯时间(绿信比)，可使各方向上车辆延误时间减至最小。

5. 绿灯间隔时间

绿灯间隔时间是当前绿灯相位绿灯结束时刻至下一绿灯相位绿灯亮起时刻的时间间隔，通常用 I 表示。通常一个相位绿灯时间结束之后，总要插入一段黄灯时间，或者全红灯时间，绿灯间隔时间等于相位间黄灯时间和全红时间之和。

这样做是为了确保已通过停车线的车辆，均能在下一相位的首车到达冲突点之前安全通过冲突点。由于在绿灯间隔时间内刚变换信号灯色的两条进口道都产生了一段通车时间的损失，因此绿灯间隔时间，在符合安全的前提下，应取最小值，既要保证行车的安全，也不能太过浪费通车时间。

6. 相位损失时间

相位损失时间是指因交通安全及车流运行特性等原因，在整个相位时间段内没有交通流运行或未被充分利用的时间，用 l 表示。对于一个信号周期而言，总的损失时间是指所有关键车流在其信号相位中的损失时间之和，用 L 表示。

各相位的损失时间包括车辆启动损失时间、停车损失时间和全红时间。车辆启动损失时间是相位绿灯初期，待行头车的启动、加速过程引起的头几辆车以非饱和流状态驶出停车线，导致绿灯时间有效利用率的降低，从而产生的损失时间；停车损失时间是绿灯信号时段由于不能完全驶出交叉口的车辆在有效绿灯时间还未完全结束时停车而引起的时间的损失；全红时间是为了保证相位切换时不同方向行驶车辆不发生冲突、清除交叉口内

剩余车辆所用的时间。

相位损失时间等于车辆启动损失时间、停车损失时间和全红时间之和，也等于绿灯显示时间与绿灯间隔时间之和减去有效绿灯时间。

$$l=g+I-g_e \tag{3.16}$$

7. 最短绿灯时间

最短绿灯时间是为了保障交叉口交通安全而设置的，最短绿灯时间要充分保障行人过街安全和排队车辆的消散。

保证行人过街的最短绿灯时间，美国《通行能力手册》对行人过街最短绿灯时间的计算方法如下：

$$g_{min}=7+L_p/v_p-I \tag{3.17}$$

式中 L_p——由人行道至最近的人行道、行人安全岛、交通岛等安全区域的距离，m；

v_p——行人步速，可取 1.0～1.5 m/s；

I——绿灯间隔时间，一般可取 5 s。

8. 黄灯时间与全红时间

黄灯时间是机动车相位由绿灯切换至红灯的过渡时间，通常用 y 表示。设置黄灯时间的目的是降低驾驶员陷入“进退两难区”的可能性。全红指路口所有方向均显示红色信号灯，全红时间是为了保证相位切换时不同方向行驶车辆不发生冲突、清除交叉口内剩余车辆所用的时间，通常用 r 表示。

美国交通工程师协会(Institute of Transportation Engineers，ITE)编著的《交通工程手册》中，确定黄灯时间与全红时间的模型如下，其中，第一、二部分是用来确定黄灯时间的，第三部分是用来确定全红时间的：

$$y+r=\delta_0+\frac{v}{2a+G_0}+\frac{W+L_0}{V_0} \tag{3.18}$$

式中 δ_0——驾驶员的反应时间，推荐为 1.0 s；

v——进口道车辆的速度，m/s；

a——车辆在进口的减速度，推荐为 3.0 m/s；

G_0——进口坡度，用百分数表示，下坡用负数表示，%；

W——交叉口宽度，指从停车线到冲突车流轨迹交点的距离，m；

L_0——车长，m；

V_0——车辆通过交叉口的速度，m/s。

3.3 配时时段划分方法

3.3.1 日交通量曲线拟合

以相对较短的时间为统计单位(15 min 或 30 min)，把采集的交通流数据在 Excel 中或其他数据工具中拟合成曲线，交通量分布曲线如图 3.4 所示。

根据日交通量分布规律，将其划分成多个时段。对于每个划分的时段，再分别根据其交通流量大小、流向比例确定合理的信号相位方案。

3.3.2　交通量时段划分

1. 时段划分

从交叉口交通量变化曲线上找出曲线的波峰点和波谷点，一般情况下应该有 3 个波峰和 3 个波谷。图 3.4 上 A、E、I 为波峰点，C、G 为波谷点，B、D、F、H 为分界点。把相邻的波峰点和波谷点的中间点作为时段的分界点，或对交通量拟合曲线连续两次求导，导函数为 0 对应的特征值点即为时段划分分界点。

若划分出的时段比较短，如小于半小时的，则需要同临近的时段进行合并。总的来说，建议每一种配时方案运行的时段不低于半小时。

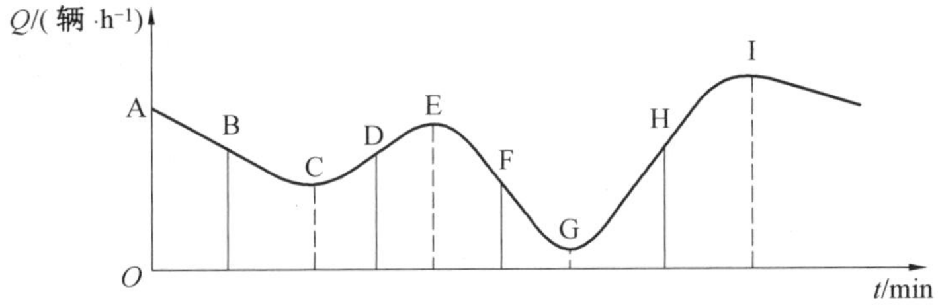

图 3.4　交通量分布曲线

2. 时段交通量取值

确定时段后，时段交通量确定方法为：对于高峰时段，时段交通量取高峰时段的高峰小时内 4 个连续 15 min 交通量之和；对于低峰时段，时段交通量取低峰时段内各小时交通量的平均值。要使时段内各相位交通量之和保持与时段交通量相等，可根据交叉口各进口的道路条件来适当分配交通量。

3.4　信号相位设计方法

3.4.1　设计原则

1. 一般原则

(1)安全性。

相位内部交通流冲突尽可能少，非冲突的交通流可以在同一相位中放行，除了共用信号的转弯交通流外，冲突的交通流应在不同的相位放行。

(2)效率性。

相位设计要以提高交叉口时空资源利用效率为目标。过多的相位数会导致相位切换次数增加，即损失时间增加，从而降低交叉口通行能力和交通效率；反之，太少的相位也会使交叉口因混乱而降低控制效率。

(3)均衡性。

相位设计需兼顾各流向交通饱和度均衡的准则，将过长的通行权提供给没有交通量的流向无任何意义，只会降低信号交叉口的控制效率。应保证相位内部之间各流向的流量比基本接近，才不会浪费绿灯时间。

(4)连续性。

一个流向在一个周期中只能获得一次连续的绿灯时间；一个进口的所有流向要在连续相位中放行完毕；如果几股车流共用车道，它们必须同步放行，如直行和左转交通流共用一个车道的情况。

(5)习惯性。

符合驾驶习惯，方便驾驶员理解。

(6)其他。

①同一个相位内应放行尽可能多的交通流。

②在车流组合中，出口道的车道数要与进入交叉口车流的股数基本匹配。

③减轻相位尾车和后继相位首车出现潜在的交叉冲突。

④在设定交通信号相位时，信号相位必须同交叉口进口道车道渠化(车道功能划分)方案同时设定，有专用转弯相位必须相应地设置专用车道。

2. 混合交通条件下相位设计规则

(1)同一行驶方向的机动车和非机动车应安排在同一信号相位。

(2)当某一行驶方向非机动车流量很小时，可利用相位信号显示早断来放行非机动车流，但必须有足够空间和时间保证该流向非机动车流安全通过交叉口。

(3)对同一进口道车流中不同方向车流在不同相位中放行时，应尽可能将它们所在信号相位连续显示。

(4)无非机动车直行和左转专用道的交叉口，进口道第一个信号相位显示期间，应允许直行和左转非机动车通过停车线。

(5)在进行信号相位中车流组合时，出口道的车道数要与进入交叉口车流的股数基本相匹配，一般要求进入交叉口车流的股数与出口道的车道数之差不大于1。

(6)要重视右转机动车流在出口处对其他机动车流的影响，以及非机动车流之间交叉冲突对整个交叉口通行能力的影响。

对于行车而言，相位数越多越安全，但相位越多，周期就越长，将导致延误增大，效率下降。相反，相位数少，交叉口交通流运行虽然会出现混乱的情况，但通行效率可能反而更高。在选用相位时应根据道路交通实际情况具体分析，综合优化。

3.4.2 相位设计流程

完整的相位设计流程包括交通流分析、专用相位设计、相序设计和相位方案检验4个阶段，相位设计流程如图3.5所示。

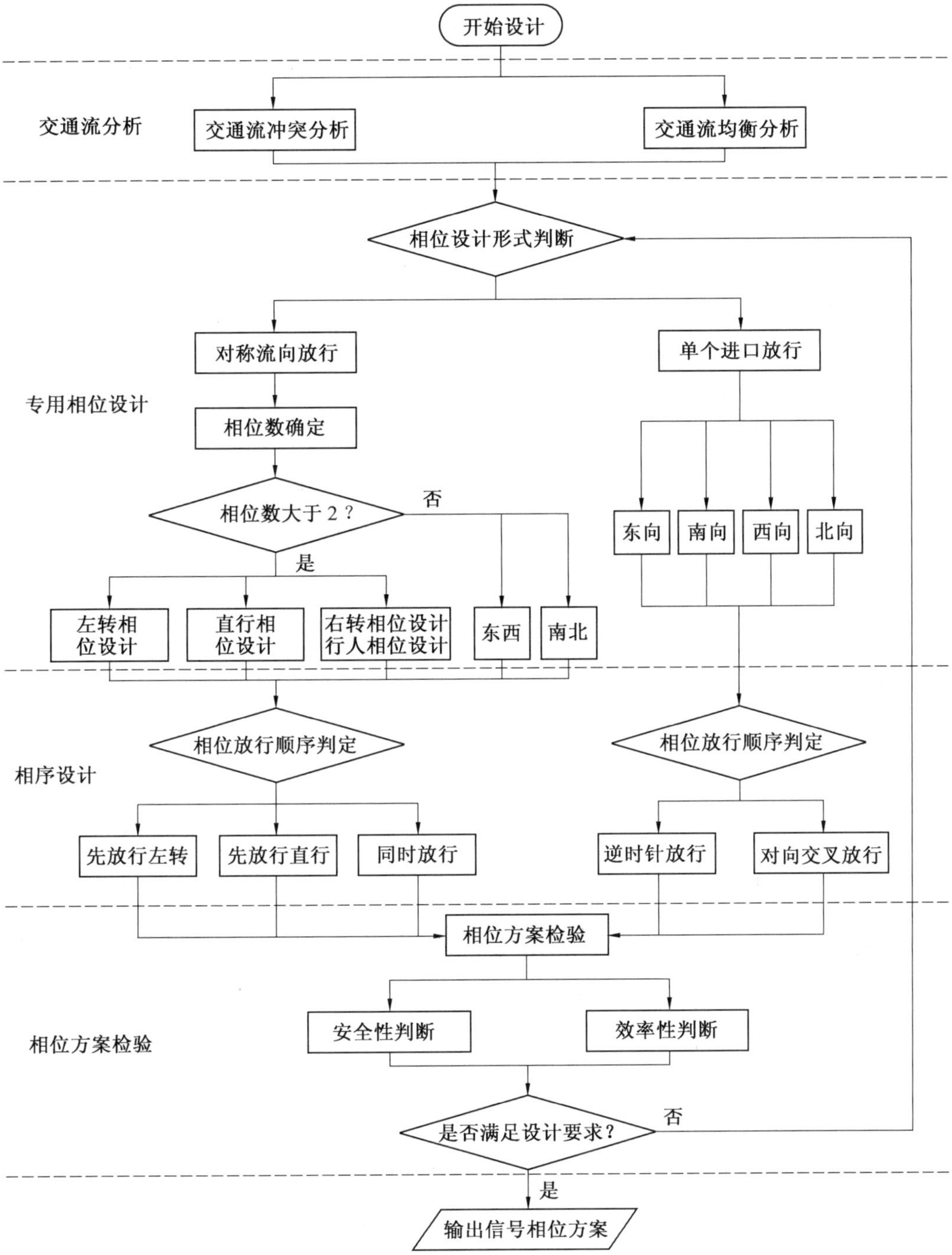
开始设计
交通流分析
交通流冲突分析
交通流均衡分析
相位设计形式判断
对称流向放行
单个进口放行
专用相位设计
相位数确定
相位数大于 2？
否
是
东向
南向
西向
北向
左转相位设计
直行相位设计
右转相位设计行人相位设计
东西
南北
相位放行顺序判定
相位放行顺序判定
相序设计
先放行左转
先放行直行
同时放行
逆时针放行
对向交叉放行
相位方案检验
相位方案检验
安全性判断
效率性判断
是否满足设计要求？
否
是
输出信号相位方案

图 3.5　相位设计流程

3.4.3 相位设计方案

1. 相位设计形式选择

目前,实际应用中主要有两种相位设计形式:一种是对称流向放行的相位设计形式(简称对称流向放行相位形式);另一种是各进口单独放行的相位设计形式(简称单口放行相位形式)。以典型四相位信号控制交叉口为例,两种相位设计形式如图 3.6 所示。对于 T 形、Y 形交叉口,以及十字形交叉口三相位或更多相位的情况,相位设计形式选择方法类似。

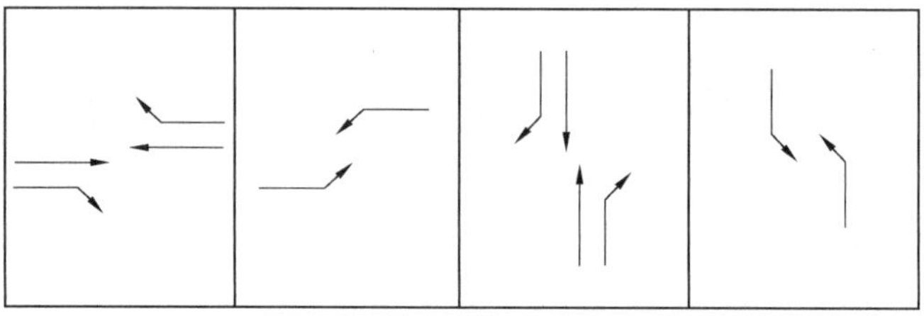

(a) 对称流向放行相位形式

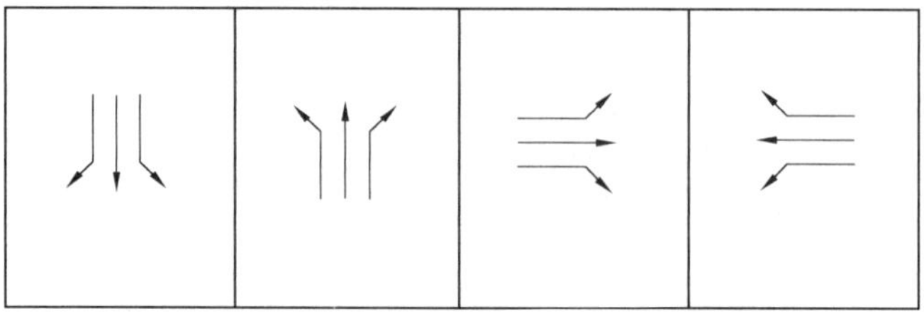

(b) 单口放行相位形式

图 3.6 两种相位设计形式

对称流向放行相位形式是基于各流向交通量均衡原理提出的,当同一相位中的交通流饱和度不均衡时,关键交通流需要较长的通行时间,而其他交通流可能早已放行完毕,造成通行时间的浪费。

单口放行相位形式对每个进口分别单独设置一个相位,同一进口的左转和直行车辆利用同一个相位通行,一个进口放行完毕再放行下一个进口。这种设计形式能实现每个进口内部各条车道(每个相位内部各个流向)交通流均衡,但很多情况下各进口道左转、直行、右转交通量并不均衡的,使用这种形式的相位设计会带来较大绿灯时间浪费。

不同相位设计形式具有各自不同的特性,对交叉口的控制效益也会产生不同的影响。当选取通行能力、饱和度和延误均衡性、相位衔接损失等几个指标对这两种形式的相位设计进行比较时,结论见表 3.1。

表 3.1 两种相位设计形式比较

相位形式	通行能力	冲突点数	延误	饱和度均衡	相位切换损失
对称流向放行相位	取决于相位数和交通流量	更少	更小	—	更小
单口放行相位	取决于相位数和交通流量	—	—	更好	—

从上表可以看出，多数情况下，对称流向放行相位形式比单口放行相位形式更具优势。研究表明，当选择单口放行相位形式时，往往需同时具备以下 3 个条件：

(1)左转和直行共用车道，左转没有专用车道。

(2)达到设置左转专用相位的条件。

(3)车道数越多的方向对应的车流量反而越少。

2. 相位方案及适用条件

应根据交叉口各进口道交通分布规律，结合交叉口车道功能的不同，分析每种相位方案适合的交通流和道路状况。

(1)两相位方案。

两相位信号控制主要考虑了机动车的交通运行特性，忽略了非机动车和行人对机动车的影响。两相位方案适合于进口道左转交通量少，以及直行、右转交通量不大的情况下，次干路和支路相交的交叉口。两相位方案示意图如图 3.7 所示。

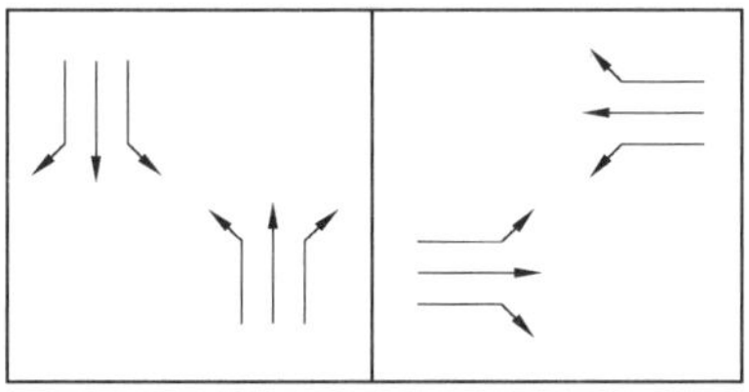

图 3.7　两相位方案示意图

(2)三相位方案。

此相位方案适用于主干路与支路相交路口，主干路进口道左转车流都满足设置保护型信号相位的条件，直行车流交通量大，且双向左转、直行车流量大致相当，支路交通流量小。三相位方案示意图如图 3.8 所示。

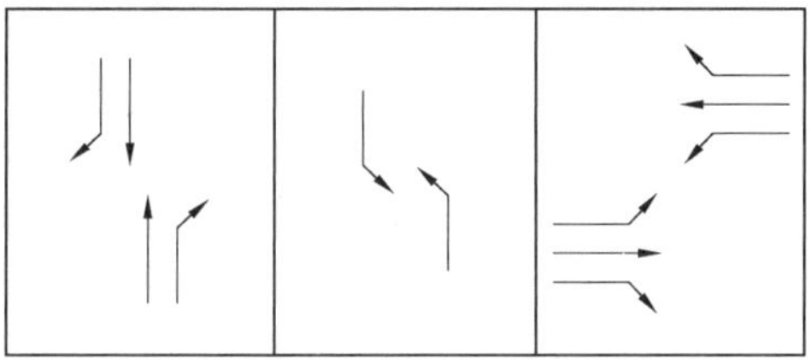

图 3.8　三相位方案示意图

(3)四相位方案。

此相位方案适用于主次干路相交路口，且各个进口道左转车流都满足设置保护型信号相位的条件；东西左转、直行车流量大致相当，南北双向左转、直行车流量也大致相当。四相位方案示意图如图 3.9 所示。

(4)搭接相位方案。

以一个 T 形交叉口为例，该交叉口共有 6 股不同流向的车流(分别标识为 1、2、3、4、5、6)，每股车流都具有一条专用车道；采用三相位(分别标识为 A、B、C)信号控制方案时，搭接相位设计如图 3.10 所示。

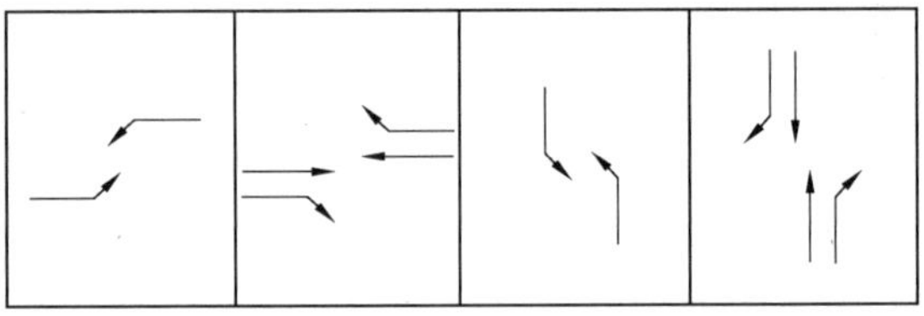

图 3.9　四相位方案示意图

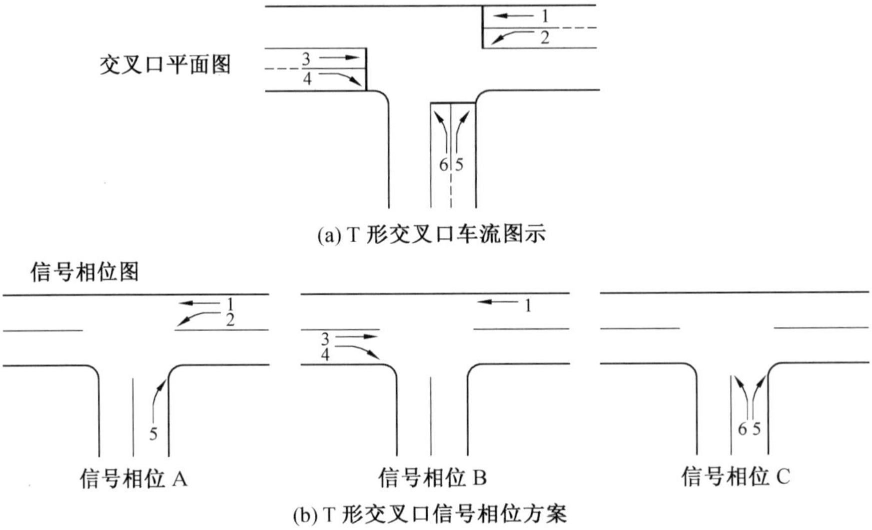

图 3.10　搭接相位设计

在信号相位 A 中，获得通行权的车流有 1、2、5；在信号相位 B 中，获得通行权的车流有 1、3、4；在信号相位 C 中，获得通行权的车流有 5、6。车流 1 与车流 5 在一个以上的信号相位中获得了通行权，称为搭接车流；车流 2、3、4、6 只在一个信号相位中获得了通行权，称为非搭接车流。把包含搭接车流的信号相位称为搭接相位。但在实际信号相位设计中，一般将包含左转或直行搭接车流的相位称为搭接相位，搭接相位也称为提前一滞后相位，即对某个进口的左转（或直行）车流采取了提前处理，而对对向左转（或直行）车流采取了滞后处理。

从图 3.10 可知，信号相位 B 中包含了信号相位 A 中的直行车流，故信号相位 B 是一个搭接相位。搭接相位方案一般适用于 T 形、Y 形交叉口，以及不对称交通流的十字交叉口。采用搭接相位时可以衍生出许多种不同的相位方案，如图 3.11 的小相位方案和图 3.12、3.13 的搭接相位方案等。

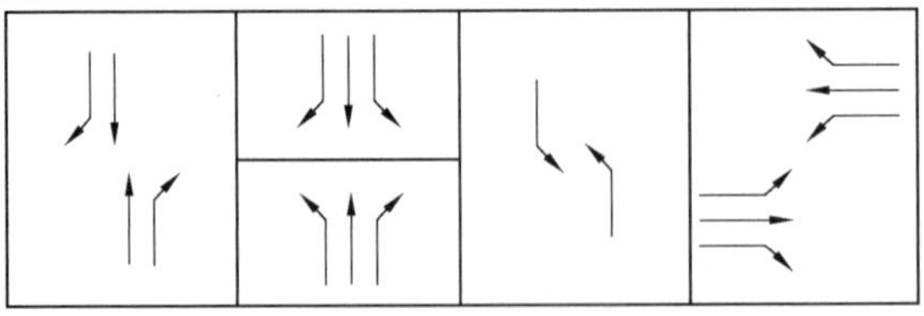

图 3.11　加设小相位的三相位示意图

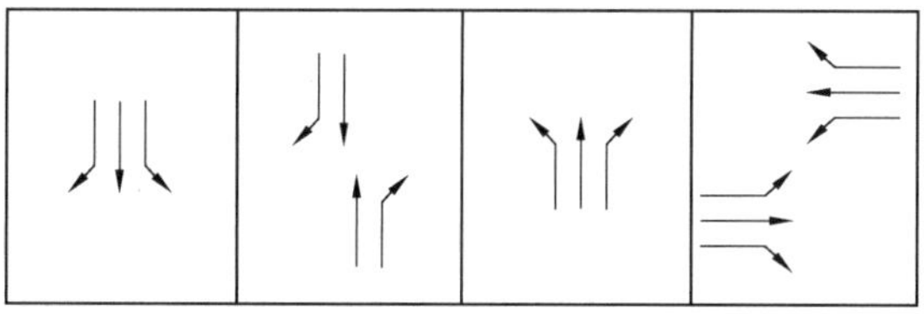

图 3.12　搭接相位 1 方案示意图

图 3.12 搭接相位 1 方案适用于进口道直行流向和右转流向流量比远大于该进口道左转流向流量比的情形。

图 3.13 搭接相位 2 方案适用于主干道与支路相交路口，有可能出现对向两进口道左转流向的流量比大于直行和右转流向流量比的情形。

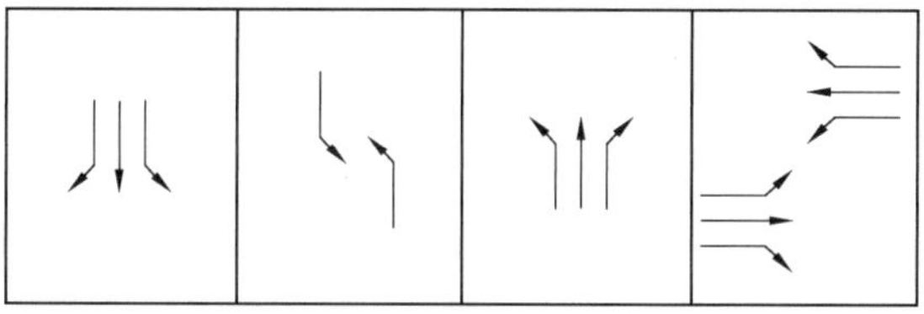

图 3.13　搭接相位 2 方案示意图

(5)左转相位方案。

①左转相位类型。

在美国《通行能力手册》中，左转信号相位主要有许可型左转、保护型左转和禁止左转 3 种类型。

保护型左转相位(国内的左转专用相位)：为左转交通流专门设置一个相位，不与其他流向交通流共用，从而使得左转交通流不受其他流向交通流的影响，保护型左转相位示意图如图 3.14 所示。

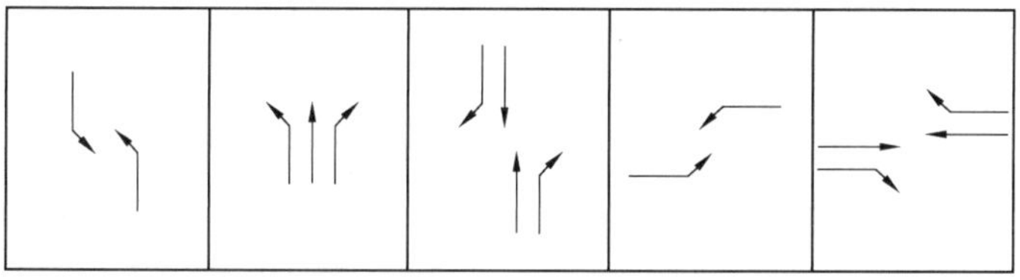

图 3.14　保护型左转相位示意图

许可型左转相位(国内的左转、直行共用相位)：左转和其他交通流共用一个相位，在相位运行时，允许左转交通流利用可接受间隙通过交叉口，许可型左转相位示意图如图 3.15 所示。

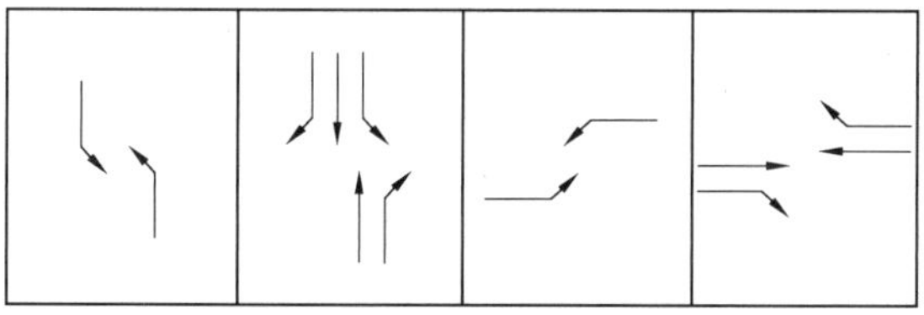

图 3.15　许可型左转相位示意图

禁止左转相位:禁止某个方向的交通流左转作为信号相位设计的一个形式,主要用来保持交叉口的畅通性。在这种情况下,需要在交叉口前方设置“禁止左转”标志。

左转专用相位同左转共用相位相比会占用更多的有效绿灯时间。左转专用相位可减少转向车辆的延误,但是可能会增加交叉口的总延误。左转共用相位可减少交叉口延误,但会影响交叉口的安全性,因为其需要左转车流利用直行车流的空当通过交叉口,可能会发生车辆之间或车辆和行人间的碰撞事故。

②左转相位类型选择。

是否设置左转专用相位通常需要考虑3个因素:安全、通行能力和延误。安全性是设置左转相位最为重要的依据,交通流量是目前广泛使用的推荐标准,具体的影响因素包括左转交通量和对向直行、左转交通量及行人交通量。其他还有视距、车道数、渠化类型、进口道车速和对向车辆的运行车速、通过交叉口的距离、事故记录等。

综合现有文献,主要有以下几类左转专用相位判断指标:第一类为交通流量指标,主要包括左转交通流量、对向直行交通流量等;第二类为延误指标,主要包括左转总延误、平均延误;第三类为交通安全指标,主要包括左转交通事故起数、交通冲突起数;第四类为交叉口几何条件指标,主要包括左转车道数、对向直行车道数、视距等;第五类为速度指标。左转专用相位判定阈值汇总见表3.2。

表3.2　左转专用相位判定阈值汇总

分类	指标	阈值
交通流量	左转流量	≥100 辆/h(一个车道)
		≥3～5 辆/信号周期(周期时长 90～120 s)
	对向直行车流量	＞1 100 辆/h
	左转流量与对向直行流量乘积	＞50 000(一个对向直行车道)
		＞90 000(两个对向直行车道)
		＞110 000(3 个对向直行车道)
延误	左转总延误	≥2 h
	左转平均延误	≥35 s/辆
交通安全	左转交通事故起数	≥4 起(1 年)或≥6 起(2 年)或≥8 起(3 年)
	左转交通冲突次数	≥5 次/年
交叉口几何条件	安全视距	≤75 m (对向车流速度≤55 km/h)
		≤120 m (对向车流速度＞55 km/h)
	对向直行车道数	≥3
	左转车道数	≥2
速度	对向车流速度	≥70 km/h

(6)右转相位方案。

一般情况下,红灯信号阶段,右转车流采用许可型相位完成右转。特殊条件下才需要

对右转车流进行保护型相位设计,具体如下:

①当人行横道上行人和非机动车总量达到 800 人/h 时,会对右转机动车流产生很大影响,需要进行右转保护型信号相位设计;当超过 1 700 人/h 时,将会严重干扰右转机动车流的运行,这时需要进行右转保护型相位设计,且右转专用车道至少应设置 2 条。

②当进口右转车流量在 300 辆/h 以上时,且具有右转专用车道,如果此时左转信号相位设计中已经提供了保护型相位,可相应地设置右转保护型信号相位。

(7)错位交叉口相位方案。

当每个 T 形交叉口各自独立设计相位方案会导致交叉口排队溢出堵塞交通时,宜将这些 T 形交叉口的交通流协同放行,可视为一个交叉口设计其相位方案,T 形交叉口相位图如图 3.16 所示。错位交叉口是由两个或多个 T 型交叉口紧密相连(间距一般在 150 m之内)而形成的不规则交叉口。

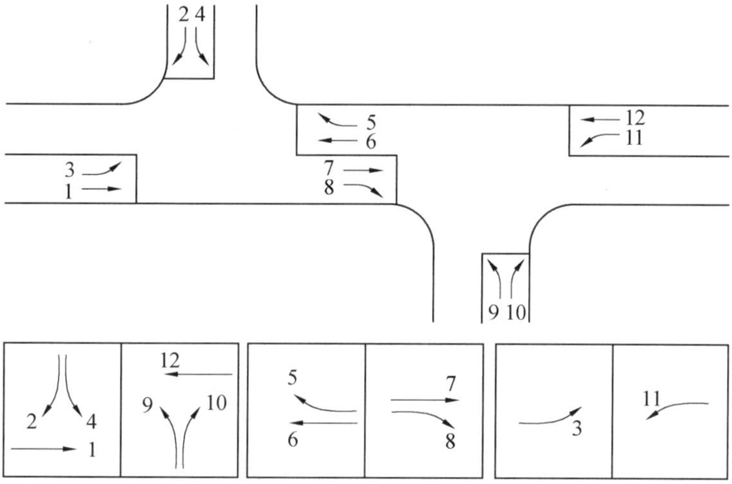

图 3.16　T 形交叉口相位图

(8)行人信号相位方案。

①一次过街。

两相位交叉口行人一次过街的放行方案如图 3.17 所示。

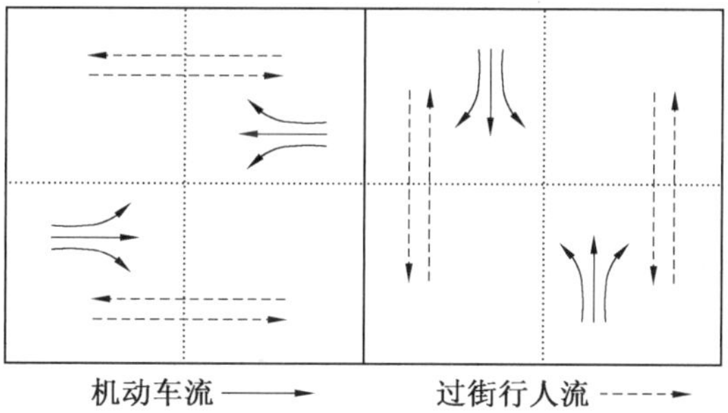

图 3.17　两相位交叉口行人一次过街的放行方案

一次过街适用于小交叉口和进口道中央无分隔带且无条件设置路中行人停靠带的大

交叉口，结合机动车信号相位设置方案，行人过街一次性完成。

②二次过街。

四相位交叉口行人二次过街的放行方案如图 3.18 所示。

适用于道路较宽的大交叉口，有路中行人停靠带，行人过街最短绿灯时间较长，交通信号周期长，采取行人二次过街，即利用各个相位中可以利用的时间，组合行人与机动车相位，对行人实行分段放行。

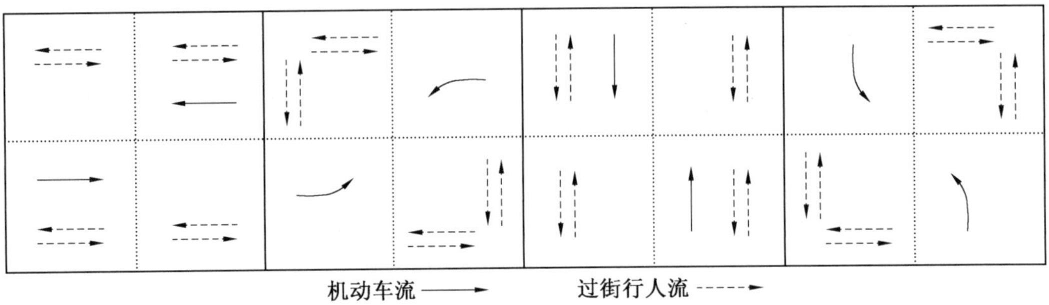

图 3.18　四相位交叉口行人二次过街的放行方案

3. 信号相序设计

信号相序是指在一个信号周期内各个相位的运行顺序。信号相序设计不但要考虑机动车流与非机动车、行人交通流，而且要兼顾它们之间在运行特性上的差异。在我国混合交通流中，大部分信号相位中都有机动车流和非机动车流。由于机动车流和非机动车流之间在加速、运行速度、稳定性和忍耐心理等方面都存在着较大差异，因此信号相序设计不仅对交叉口通行能力、交通秩序有影响，而且会影响交叉口的交通安全。

信号相序设计考虑的主要因素包括交叉口几何特征（轨迹长度）、交叉口渠化（左转待行区、导流线的位置、拓展车道）、交通管理措施（单向、禁左、禁右）等。根据以往应用经验，在设计相序时应注意以下几点：

（1）保证不同相位交通流平稳衔接。在一个信号周期内，每个交通流只有一个连续的通行权。

（2）当交叉口进口道某个流向交通量较大、排队车辆会阻塞同方向其他交通流时，应考虑先放行该流向交通流。

（3）应根据当地驾驶员、行人和非机动车行驶习惯进行设计，比如一些地方习惯先放行直行再放行左转，另一些地方习惯先放行左转再放行直行。

（4）为保证延误最小，应使相位绿灯间隔时间最小。通常最有利的相位顺序是周期时长最短（由总绿灯间隔时间与关键绿灯时间决定）的相位顺序。

（5）在单口放行相位中，一般应优先采用对向进口衔接或者逆时针方向衔接，避免采用顺时针方向衔接。

（6）如果机非隔离带过宽时，难以设置非机动车禁驶区或二次停车线，宜先放左转为宜，避免路口内秩序混乱。

（7）如果交叉口机动车放行方式为左转专用相位加左转待驶区的，则应先放直行后放左转，只有这样才能发挥左转待驶区的作用。

3.5　定时信号配时方法概述

定时信号配时方法是其他交通信号控制方式配时的基础，国际上主要的配时方法有英国的 TRRL 法，澳大利亚的 ARRB 法（阿克塞立科方法）和美国的公路通行能力手册（highway capacity manual，HCM）法等。

3.5.1　英国的 TRRL 法

见第二节信号控制基本参数介绍。

在 TRRL 法中，延误公式的第一项表示车辆到达率恒定时产生的正常相位延误，第二、三项则表示车辆到达率随机波动时产生的附加延误。当饱和度较低时，第二、三项所占的比重很小；当饱和度上升时，第二、三项对计算结果的影响会越来越大；饱和度越接近 1，计算得到的延误越不准确，更无法计算过饱和交通状况下的延误。由此可见，该方法不适合高饱和度（大于 0.9）信号交叉口的信号配时。

3.5.2　澳大利亚的 ARRB 法

针对 TRRL 法无法适合高饱和度信号交叉口的情况，米勒（Miller）和阿克塞立科（Akcelik）对韦伯斯特延误模型进行了改进，使其能适应交叉口饱和度接近 1 和大于等于 1 的情况。米勒改进的延误模型如下：

$$d=\frac{1-g/c}{2(1-q/S)}\left[c(1-g/c)+\frac{2Q_0}{q}\right] \tag{3.19}$$

$$Q_0=\frac{e^{-1.33\sqrt{Sg(1-x)x}}}{2(1-x)} \tag{3.20}$$

式中　d——每辆车的平均延误，s；

c——周期时长，s；

g——有效绿灯时间，s；

x——饱和度；

S——饱和流率，pcu/s；

q——到达率，pcu/s；

Q_0——平均过饱和排队车辆数（在整个计算时间内由于个别周期过饱和以致绿灯时间结束时仍然滞留在停车线后的车辆数），辆。

阿克塞立科改进的延误计算模型为

$$d=\frac{c\,(1-g/c)^2}{2(1-q/S)}+\frac{Q_0x}{q} \tag{3.21}$$

$$D=\frac{qc^2\,(1-g/c)^2}{2(1-q/S)}+cQ_0x \tag{3.22}$$

参数意义同上所述，Q_0 按下式计算：

$$Q_0=\begin{cases}\dfrac{1.5(x-x_0)}{1-x} & x>x_0\\[2mm] 0 & x\leqslant x_0\end{cases} \tag{3.23}$$

$$x_0=0.67+Sg/600 \tag{3.24}$$

式中 D——全部车辆延误时间总和，其他参数意义同前。

若考虑停车因素，完全停车的停车率为

$$h=0.9[(1-g/c)/(1-q/S)+Q_0/(qc)] \tag{3.25}$$

若把优化周期的评价指标改成油耗，把延误和停车作为评估油耗的变量，可得到：

$$E=D+kH \tag{3.26}$$

式中 E——油耗，单位，mL；

H——每小时完全停车数，$H=hq$，辆；

k——停车补偿参数。

k 按不同优化要求可取不同的值。研究表明：要求油耗最小时，$k=0.4$；消费（包括延误、时间损失等）最小时，$k=0.2$；延误最小时，$k=0$。

按上述目标优化周期时长时，推算得到的最佳周期时长计算公式如下：

$$c=[(1.4+k)L+6]/(1-Y) \tag{3.27}$$

除 ARRB 延误修正模型外，还有众多其他的延误修正模型，如 Oscady 延误模型、Han 综合延误模型、Allsop 延误模型等。

阿克塞立科比较了韦伯斯特、米勒和自己的延误模型，发现这些模型计算出的结果相差甚微，最多相差 1 s 左右。但从形式上看，阿克塞立科的延误模型计算起来比较简便，所以应用也更普遍一些。

3.5.3 美国的 HCM 法

在 HCM 方法中，以车道组为基础校正各个相位的饱和流率是计算信号控制参数的关键。它将交叉口的各车道根据交叉口的几何形状、方向流量的分配情况分成几组，每一组构成一个车道组。每一车道组的饱和流率按如下公式计算：

$$S_i=S_o N_i f_{wi} f_{hvi} f_{gi} f_{pi} f_{bbi} f_{ai} f_{rti} f_{lti} \tag{3.28}$$

式中 S_i——第 i 车道组的饱和流率，pcu/h；

S_o——一条标准直行车道在理想条件下的饱和流率，pcu/h；

N_i——第 i 车道组的车道数；

f_{wi}——第 i 车道组的车道宽度影响系数；

f_{hvi}——第 i 车道组的重型车影响系数；

f_{gi}——第 i 车道组的进口道坡度影响系数；

f_{pi}——第 i 车道组的车辆停车次数校正系数；

f_{bbi}——第 i 车道组的公共汽车阻塞校正系数；

f_{ai}——第 i 车道组的地区类型校正系数；

f_{rti}——第 i 车道组的右转车影响系数；

f_{lti}——第 i 车道组的左转车影响系数。

确定周期时长的模型如下：

$$c=Lx_c/(x_c-Y) \tag{3.29}$$

式中 c——周期时长，s；

L——周期损失时间，s；

x_c——V/C 极限比值(初始值取 0.95)；

Y——关键车道组流量比之和，$Y=\sum \max[y_i, y'_i, \cdots]$，$y_i=V_i/S_i$，$V_i$ 为第 i 车道组的关键车流率，pcu/h。

每一车道组的通行能力由下式计算得到：

$$C_i=S_i g_i/c \tag{3.30}$$

式中　C_i——第 i 车道组的通行能力，pcu/h；

g_i——第 i 车道组有效绿灯时间，s；

c——信号周期时长，s；

S_i——第 i 车道组的饱和流率，pcu/h。

信号交叉口的通行能力等于各个车道组通行能力之和。

在交叉口分析中，车道组交通流率与通行能力之比为 λ_i，即

$$\lambda_i=V_i/C_i=V_i/(S_i g_i/c)=V_i c/(S_i g_i) \tag{3.31}$$

式中　λ_i——车道组 i 的 V_i/C_i 比；

V_i——车道组 i 的实际交通量，pcu/h；

S_i——车道组 i 的饱和流率，pcu/h；

g_i——车道组 i 的有效绿灯时间，s。

美国的 HCM 方法采用车辆通过交叉口的平均延误作为评价信号交叉口服务水平的依据。信号交叉口服务水平由交叉口进口道每个车道组的服务水平决定。车道组的服务水平根据延误来确定。车道组的延误由两部分组成，分别称作第一项延误和第二项延误，第一项延误的计算模型为

$$d_{1i}=0.38c\,(1-g_i/c)^2/[1-(g_i/c)(V_i/C_i)] \tag{3.32}$$

式中　d_{1i}——第 i 车道组的第一项延误，s；

c——信号周期时长，s；

g_i——第 i 车道组分配的绿灯时间，s；

V_i——第 i 车道组的校正交通量，pcu/h；

C_i——第 i 车道组通行能力，pcu/h。

第二项延误的计算模型为

$$d_{2i}=173\,(V_i/C_i)^2[(V_i/C_i-1)+\sqrt{(V_i/C_i-1)^2+(16V_i/C_i{}^2)}] \tag{3.33}$$

式中　d_{2i}——第 i 车道组的第二项延误，s；其他变量含义同上。

第 i 车道组的平均延误为

$$d_i=(d_{1i}+d_{2i})\mathrm{PF} \tag{3.34}$$

式中　d_i——第 i 车道组的平均延误，s；

PF——绿波系数，由交通调查的车辆到达类型及车道组的 V/C 生成。

进口的平均延误由下式计算得到：

$$d_j=\sum_i(d_{ji}\cdot V_{ji})/\sum_i V_{ji} \tag{3.35}$$

式中　d_j——第 j 个进口的平均延误，s；

d_{ji}——第 j 个进口的第 i 个车道组的平均延误，s；

V_{ji}——第 j 个进口的第 i 个车道组的校正交通量，pcu/h。

交叉口平均延误由下式计算得到：

$$d=\sum_{j}(d_j\cdot V_j)/\sum_{j}V_j \tag{3.36}$$

式中 d——交叉口平均延误，s；

d_j——第 j 个进口的平均延误，s；

V_j——第 j 个进口全部车道组校正交通量之和，pcu/h。

从采用 HCM 方法确定周期时长的模型可以看出，信号交叉口关键车道组流量比之和不能大于 0.95；当大于 0.90 时，计算出来的周期时长会越来越长、越来越不准确。由此可见，HCM 方法也只适用于非饱和交通环境。

3.6 含搭接相位的交通信号配时方法

3.6.1 关键车流的判断

关键车流是指那些能够对整个交叉口的通行能力和信号配时设计起决定作用的车流。由关键车流的定义可知，只要给予关键车流足够的绿灯通行时间，满足其在通行能力上的要求，那么其他各向车流的通行要求就都能得到满足，因此关键车流也就是交通状况相对较差的车流。关键车流主要根据各车流所要求的必要通行时间的对比结果来判定。关键车流的确定可以等效为寻找"信号相位与车流对应关系图"中的最长闭合路径，即所谓的关键路径。

仍以图 3.10 所示的 T 形交叉口为例，该交叉口共有 6 股不同流向的车流（分别标识为 1、2、3、4、5、6），每股车流都具有一条专用车道；采用三相位（分别标识为 A、B、C）的信号控制方案，其平面结构与信号相位设计如图 3.19 所示。

在信号相位 A 中，获得通行权的车流有 1、2、5；在信号相位 B 中，获得通行权的车流有 1、3、4；在信号相位 C 中，获得通行权的车流有 5、6。

为了便于分析，可以将信号相位与各车流的对应关系用"信号相位与车流对应关系图"来表示，如图 3.20 所示。图中圆圈中的字母表示所对应的信号相位的起始时刻，圆圈之间的箭头连线代表获得通行权的车流。

从图 3.20 可以看出，一个信号周期既可以表示为各信号相位时间之和，也可以表示为任意一条相邻的同一名称的圆圈之间的路径。从圆圈 A 起始到圆圈 A 结束来看，共存在 3 条不同路径（1→6、2→3→6、2→4→6），即 T 形交叉口的信号周期＝车流 1 的通行时间＋车流 6 的通行时间＝车流 2 的通行时间＋车流 3 的通行时间＋车流 6 的通行时间＝车流 2 的通行时间＋车流 4 的通行时间＋车流 6 的通行时间；从圆圈 B 起始到圆圈 B 结束来看，又存在 2 条不同路径（3→5、4→5），即 T 形交叉口的信号周期＝车流 3 的通行时间＋车流 5 的通行时间＝车流 4 的通行时间＋车流 5 的通行时间；从圆圈 C 起始到圆圈 C 结束来看，不再存在不同路径。因此关键车流也将在（1→6）、（2→3→6）、（2→4→6）、（3

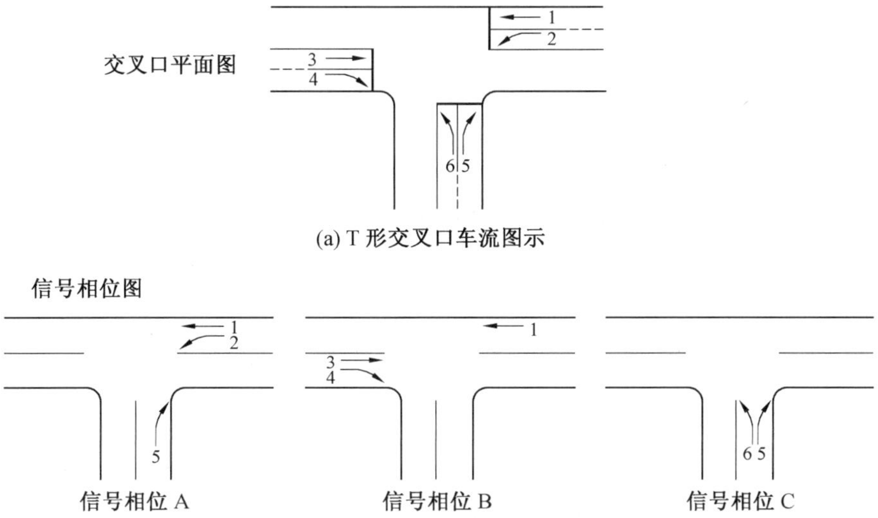

(a) T 形交叉口车流图示

(b) T 形交叉口信号相位方案

图 3.19　T 形交叉口的平面结构与信号相位设计

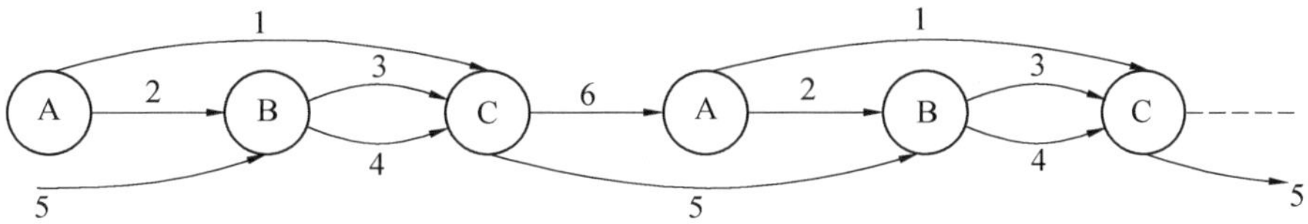

图 3.20　信号相位与车流对应关系

→5)、(4→5)这 5 组车流组合中产生。值得注意的是，各向车流的通行时间 t_i 不单单包括其绿灯显示时间 t_{gi}，也包含绿灯间隔时间 I_i；通行时间也可表示为该向车流获得的有效绿灯时间 t_{egi} 与该向车流的损失时间 l_i 之和。

$$t_i = t_{gi} + I_i = t_{egi} + l_i \tag{3.37}$$

为了满足各向车流通行能力的要求，各向车流的通行时间应满足以下关系式：

$$t_i \geqslant t_i^{\min 1} = t_{eg}^{\min 1} + l_i = c\lambda_{0i} + l_i \tag{3.38}$$

式中　$t_i^{\min 1}$——满足车流 i 通行能力要求所必要的通行时间，s；

$t_{eg}^{\min 1}$——满足车流 i 通行能力要求所必要的最短有效绿灯时间，s；

λ_{0i}——满足车流 i 通行能力要求所必要的最小绿信比；

c——信号周期时长，s。

其中 λ_{0i} 又取决于对该向车流饱和度的实际要求，即饱和度实用限值的大小，λ_{0i} 由下式给出：

$$\lambda_{0i} = y_i / x_{pi} \tag{3.39}$$

由于各流向车流的交通流量比 y_i 与损失时间 I 基本固定，通过式(3.38)、(3.39)可以推断，当对某向车流的通行能力提出一定的要求时，也就是对其饱和度实用限值与最小绿信比给予了一定的限制，此时该向车流的通行时间也应大于某一数值。

为了满足各向车流安全通行的要求，各向车流的通行时间还应满足以下关系式：

$$t_i \geqslant t_i^{\min 2} = t_g^{\min 2} + I_i \tag{3.40}$$

式中　$t_i^{\min 2}$——满足车流 i 安全通行要求所必要的通行时间，s；

$t_g^{\min 2}$——满足车流 i 安全通行要求所必要的最短绿灯显示时间，s。

综合通行能力与安全通行两个方面的因素考虑，各向车流的通行时间最终应满足关系式：

$$t_i \geqslant t_i^{\min} = \max\{t_{eg}^{\min 1}, t_g^{\min 2}\} \tag{3.41}$$

式中　$t_i^{\min}$——综合考虑了通行能力与安全通行要求后车流 i 的必要通行时间。

对于上例，通过比较 $t_1^{\min}+t_6^{\min}$、$t_2^{\min}+t_3^{\min}+t_6^{\min}$、$t_2^{\min}+t_4^{\min}+t_6^{\min}$、$t_3^{\min}+t_5^{\min}$、$t_4^{\min}+t_5^{\min}$ 的大小，可以找到对于必要通行时间要求最高的一组车流，该组车流即为关键车流。

3.6.2　信号配时方法

对每一个流向的车流，分别计算其交通流量比 y_i，并按照上述方法确定的不同路径，分别计算各不同路径的 $\sum_{i \in R_k} y_i$（R_k 表示路径 k 中所含的交通流向集），即 y_1+y_6、$y_2+y_3+y_6$、$y_2+y_4+y_6$、y_3+y_5、y_4+y_5，取其中最大者作为计算信号周期时长的临界车道组交通流量比，以此确定信号周期时长和各相位的绿灯显示时间。

3.7　定时信号控制的优越性与局限性

3.7.1　定时信号控制的适用范围及其优越性

(1)定时信号控制因信号启动时间可取得一致而利于同相邻交通信号协调，特别是要联结几个相邻交通信号或一个信号网络系统。

(2)定时信号控制适用于交通流量变化模式基本固定，并可以预测的情况。

(3)固定配时方案的优点在于便于执行，对控制系统的硬件要求较为简单。

鉴于路网上各个交叉口的信号配时参数都是预先确定的，因此不必在执行中根据实时交通状况做任何调整，也不需要采集实时交通数据和反馈，因此系统设备投资及运营费用均较低。

3.7.2　定时信号控制的局限性

因为配时方案是预先确定的，且一经确定，就不能根据实时交通状况做出灵活调整，因此，这种信号控制方法存在明显弊端。

(1)配时方案易老化。众所周知，不论哪种定时信号控制系统，它们的配时方案都是根据历史交通资料，事先经过脱机计算建立起来的。然而，路网上交通状况的分布、流量大小及流向，不可能长期维持某一固定的模式。交通流的增长，土地使用状况的变迁，路网布局的变化，新的交通设施出现，以及交通管理对策和方式的改变等，都必然会影响路网上的交通状况，这意味着原配时方案所适应的交通状况已不复存在，原有配时方案的优越性也就随之消失了。

根据英国运输与道路研究实验室的调查分析，利用 TRANSYT 方法建立的定时配时系统，3～5 年后，由于配时方案的老化，将完全丧失其信号控制效益，这就要求交通工程师们要比较频繁地更新配时方案。为此，需要花费大量人力和物力去做交通调查和分析。在交通状况变化很快的新兴城市，这种交通调查和配时方案的更新工作可能每年都要进行，甚至一个新的配时方案尚未建立起来就已经过时了。

由于上述原因，定时配时系统的应用受到一定程度的限制，仅适用于交通运行状况比较稳定的城镇。

(2)控制对策灵活性差。定时配时方案一经建立并付诸执行，就不会自动调整和更改。因此，路网上任何突发事件，如交通事故、恶劣天气(暴雨、大雪等)及其他各种不测事件一旦发生，定时配时系统因不能随机应变道路交通流的变化而缺乏自动疏导功能，从而可能导致严重的交通拥挤，甚至交通瘫痪。

(3)无实时交通信息反馈。定时配时系统无任何路网上实时交通状况信息的反馈，这不仅限制了它的灵活性，也给交通规划和交通管理工作带来一定困难。为了采集实时交通数据而专设车辆检测器，虽然可以在一定程度上弥补这一缺点，但是很不经济。

第4章　感应信号控制

4.1　感应信号控制的定义与设计内容

4.1.1　定义

感应信号控制是指基于车辆检测器检测到的车辆到达时间间隔与特定阈值(单位绿灯延长时间)的比较，来决定当前绿灯信号是延长还是终止的一种交通信号控制方式。

感应信号控制系统由信号控制器和与之连接的车辆检测器组成。信号控制器，简称信号机，通常为以微处理器为核心的集成电路或计算机。车辆检测器通常为环形线圈或视频检测器，其检测位置一般有两种：一是检测区域设在距停车线一定距离的进口道，二是检测区域设在刚越过停车线的路口内。

通常意义上的感应信号控制主要指第一种情况，对于这种感应信号控制，需要确定的系统参数有：各相位的初期绿灯时间、单位绿灯延长时间、绿灯极限延长时间、检测器的设置位置(检测器与停车线间的距离)。

4.1.2　设计内容

感应信号控制设计内容包括4个方面：确定感应信号控制方式(半感应、全感应)、确定检测器设置位置、确定感应信号工作逻辑及评价信号控制效益。

1. 感应信号控制方式的确定

感应信号控制方式主要根据道路条件和交通条件确定。确定感应信号控制方式首先要明确相交道路的等级，道路等级不同感应信号控制方式一般也不一样。在考虑道路等级的同时还需考虑相交道路的交通条件，交通流量的不同也将导致感应信号控制方式的不同。一般情况下，主、次道路相交采用半感应信号控制，同等级道路相交采用全感应信号控制。

2. 检测器位置设置的确定

检测器的位置与道路的交通条件有关，交通量越大，检测器的位置距停车线越远；交通量越小，检测器的位置距停车线越近。检测器的位置将决定初期绿灯时间的长短。当停止车辆间的平均车头间距为6 m时，美国推荐的随检测器位置而定的机动车初期绿灯时间见表4.1。

表 4.1　随检测器位置而定的机动车初期绿灯时间

检测器与停车线距离/m	初期绿灯时间/s
0～12	8
13～18	10
19～24	12
25～30	14
31～36	16

检测器离路口的距离，一般采用下列原则确定：车辆通过检测器时信号为红灯，而车辆到路口时信号变为绿灯。距离＝异相的黄灯时间(s)×接近路口的车速(m/s)，故一般从停车线算起 30～60 m 处安装检测器。

3. 感应信号工作逻辑的确定

感应信号工作逻辑的确定即相交道路通行优先权的确定问题，是实施主路优先(半感应信号控制，检测器设置在主路上)、次路优先(半感应信号控制，检测器设置在次要道路上)，还是实施同等优先权的交通信号控制(全感应信号控制)。

4. 感应信号控制效益评价

感应信号控制效益评价主要通过延误、排队长度、通行能力等评价指标进行评价。同时也通过这些指标的对比，评价定时和感应信号控制的控制效果，以及不同种类感应信号控制方式的效果。

4.2　感应信号控制的基本参数

与定时信号控制一样，感应信号控制的基本参数也分为交通流参数和信号控制参数。

4.2.1　交通流参数

交通流参数主要包括交通流量、车头时距、饱和流率等。其中，交通流量和车头时距是决定感应信号控制方式和控制逻辑的关键交通流参数。

1. 交通流量

交通流量，又称交通量，是在特定时间段内通过道路上某一地点的车辆或非机动车、行人的数量，是进行感应信号控制方式选取的决定因素之一。

现阶段交通流量的确定方法主要有人工观测法(计数)、机械观测法、摄影法、浮动车法、试验车法、基于 GPS 的方法、航摄法等。对于信号控制交叉口，由于交通流比较复杂，需分车种、分流向调查，故一般采用人工计数，并以进口停车线作为观测断面。

对于感应信号控制交叉口，流量的确定方法有实时检测法、实时预测法。实时检测法是以检测到的交通量直接作为控制方案优化过程输入的一种方法，其核心在于检测的过程及精度。另外，因交通流具有很强的波动性和随机性，按照预测交通流量的来源可以将实时预测法分为基于历史流量数据的预测法和基于路网交通流到达及分布特性的交通分配法。运用交通分配法有许多不确定的因素，实施难度较大。相对而言，基于历史流量数据的预测方法由于要求较低，实施较容易。

2. 车头时距

车头时距，是指同一流向、同一车道的一列车队连续行驶时相邻车辆的车头通过同一横断面的时间间隔，用 h 表示(s)。车头时距是交通流的一个重要参数，它是进行交通流模拟、应用间隙接受理论进行通行能力分析、交通控制方法选择的基本要素。车头时距是感应信号控制中控制逻辑的一个重要条件，也是进行相位切换的关键因素。

车头时距的调查方法主要有：

(1)人工调查法，记录每辆车的前轮通过停车线的时刻，以此确定交通流的车头时距。

(2)摄像法，通过摄像机来采集所需的车头时距。

(3)通过平均车头时距与饱和流量之间的关系求得：

$$h=3\ 600/S \tag{4.1}$$

式中　h——车头时距，s；

　　　S——饱和流量，pcu/s。

4.2.2　信号控制参数

感应信号控制关键参数有初期绿灯时间、单位绿灯延长时间、绿灯极限延长时间、最大绿灯时间和最小绿灯时间等。其中，最小绿灯时间由初期绿灯时间和单位绿灯延长时间组成，最大绿灯时间即绿灯极限延长时间。

1. 初期绿灯时间

初期绿灯时间为每个相位预设的最短绿灯时间。不管本相位或其他相位是否有车，对本相位必须保证放完这段绿灯时间。规定最短绿灯时间的主要目的是保障交叉口的行车安全。初期绿灯时间依据以下因素确定：

(1)使停在停车线和检测器之间的车辆全部驶出停车线所需的绿灯时间。

(2)保证行人安全过街所需的最短绿灯时间，通常为 7～13 s，在交通量很小的情况下，可适当再降低，以缩短车辆通过交叉口时的总延误时间。

(3)我国还需考虑保证红灯时停在停车线前的非机动车安全过街所需的时间。

2. 单位绿灯延长时间

单位绿灯延长时间为初期绿灯时间结束后，在一定的时间间隔内，为检测有无后续车辆到达所延长的绿灯时间。如果在这段时间内，没有检测到车辆到达，则结束本相位绿灯。因此，单位绿灯延长时间也是判断车流是否中断的一个重要参数。单位绿灯延长时间的确定需要考虑以下因素：

(1)保证车辆从检测器驶出停车线。

(2)时长恰当，尽量不产生绿灯损失。只要检测到的车辆间隔小于绿灯延长时间，绿灯总保持在这一相位。为提高通行效益，这段时间应按实际需要定得尽可能短，应使单位绿灯延长时间尽可能只满足实际交通需求所需的长度，而不应等待不紧跟的车辆通过。

(3)注意被检测的车道数。因一个相位上所有单个检测器通常串联在一起,控制器所接受到的车辆间隔远比实际的车辆间隔小得多。

3. 绿灯极限延长时间

绿灯极限延长时间是为了保持最佳绿信比而对各相位绿灯时间的延长极限。其目的是防止某一相位一次绿灯时间过长,也防止出现过长的信号周期。信号到达绿灯极限延长时间时,强制结束绿灯并切换相位。绿灯极限延长时间,实际上就是按定时信号最佳周期时长及绿信比分配到各个相位的绿灯时间,此极限一般为 30～60 s。有些感应信号控制机,每个相位有两个绿灯极限延长时间,较长的一个在高峰时段大流量时使用。

绿灯极限延长时间确定后,会使在此时间后紧接的车辆突然遇到黄灯,被迫紧急制动。对此,改进的感应信号控制中,对绿灯极限延长时间做了优化,采用可变绿灯极限延长时间,如果绿灯极限延长时间末尾的流量超过预置的临界值时,可使绿灯再延长;而这个预置临界值是在不断提高的,直到检测到的交通流量小于临界值时,结束绿灯并切换相位。

4.3　感应信号控制的工作原理、控制方式及控制参数确定方法

4.3.1　工作原理

图 4.1 为感应信号控制工作原理图。对于某一个相位,感应信号控制器内预设有一个初期绿灯时间(g_{int}),初期绿灯结束时,若在一个预置的时间间隔[单位绿灯延长时间(g_0)]内无后续车辆到达,则绿灯结束,切换相位;如检测器检测到有后续车辆到达,则每检测到一辆车,从检测到该车辆时刻起,绿灯时间延长一个 g_0,即只要在这个预置的时间间隔内,没有检测到车辆达到,即刻切换信号相位;若连续有车辆到达,则一直延长绿灯时间,直至绿灯极限延长时间(g_{max}),此时,即使仍检测到有车辆达到,也需中断这个相位的通行权。实际绿灯时间(g)大于最短绿灯时间($g_{min}=g_{int}+g_0$)而小于绿灯极限延长时间(g_{max})。

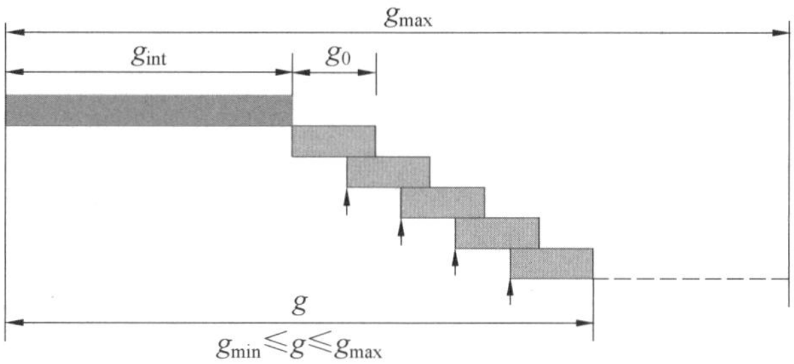

图 4.1　感应信号控制工作原理图

4.3.2 控制方式

根据检测器在交叉口进口道分布位置不同，感应信号控制分为半感应信号控制和全感应信号控制两大类。

1. 半感应信号控制

半感应信号控制为只在部分进口道上设置车辆检测器的感应信号控制，适用于主、次道路相交且交通量变化较大的交叉口上，按检测器的设置位置不同又可分为以下两类。

(1)检测器设在次要道路上。

这种感应信号控制主要道路上总显示绿灯，对次要道路预置最短绿灯时间。当次要道路上检测器测到有车辆到达时，立刻切换相位，次要道路显示绿灯，后续无车时，车辆通行权又返回主路；否则，到达最短绿灯时间时，强制切换相位。次要道路检测半感应信号控制执行流程如图 4.2 所示。

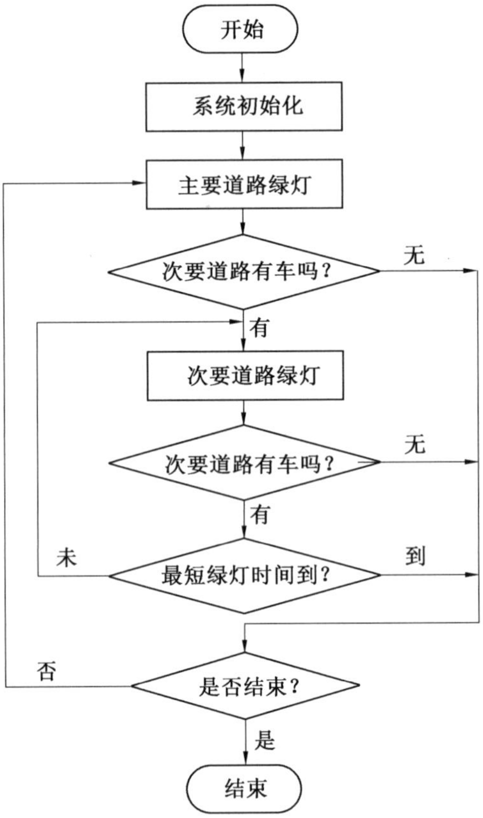

图 4.2 次路检测半感应信号控制执行流程

这种感应信号控制实质上是次要道路优先，只要次要道路有车辆到达就会中断主要道路交通流。当次要道路车辆很少时，次要道路非机动车和行人往往要等待很长时间，等到有机动车到达时，才可随机动车通过交叉口。

(2)检测器设在主要道路上。

这种感应信号控制主要道路总显示绿灯信号，当检测器在一段时间内测不到主要道路有车时，才切换相位让次要道路车辆通行；主路上检测到有车辆到达时，车辆通行权又返回到主要道路。主要道路检测半感应信号控制执行流程如图 4.3 所示。

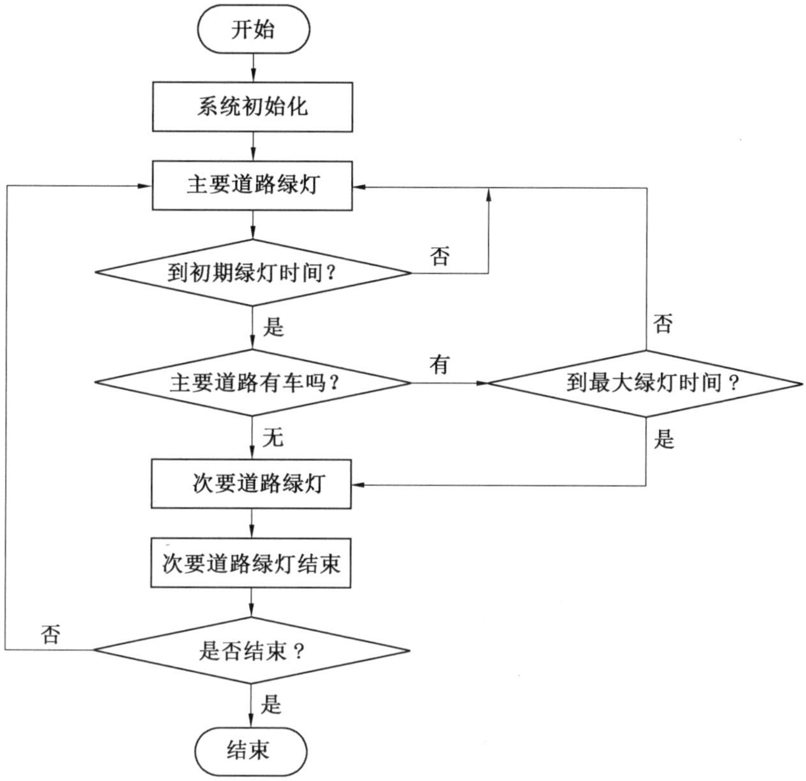

图 4.3　主要道路检测半感应信号控制执行流程

这种信号控制方式可避免主要道路车流被次要道路车辆打断，有利于次要道路上自行车和行人的通行。

2. 全感应信号控制

全感应信号控制是指交叉口各入口道上都设置车辆检测器，各相位的绿灯时间均根据车辆检测器检测到的交通情况而定。全感应信号控制适用于同等级道路相交或不同等级道路相交但交通负荷相当且交通量变化较大的交叉口。全感应信号控制与半感应信号控制的区别在于所有交叉口入口车道均设置车辆检测器。这样，所有信号相位均为感应式。

(1)基本全感应信号控制。

当交叉口没有机动车到达时，信号机以定周期方式按最小周期运行。当某一方向检测到有车辆达到时，则对来车方向给予通行权，此后就按感应信号的基本原理运行。基本全感应信号控制执行流程如图 4.4 所示。

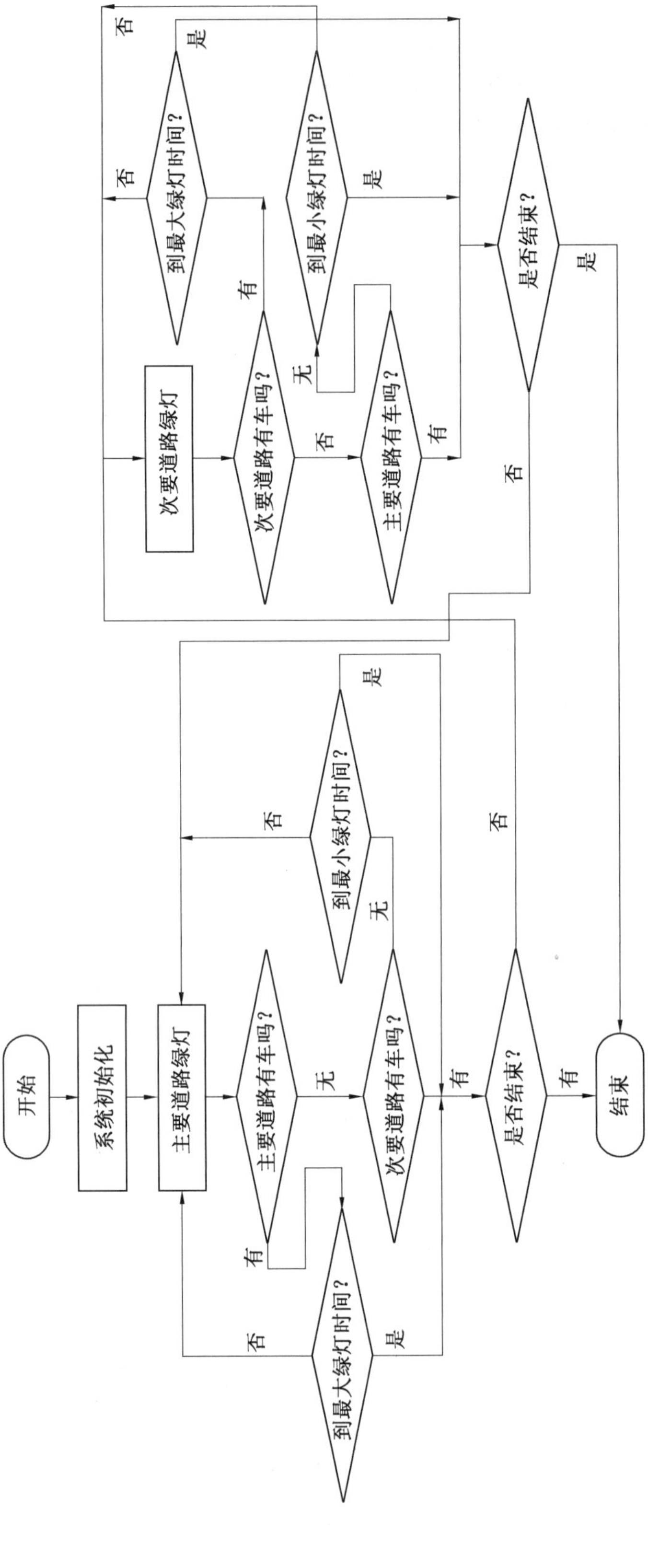

图 4.4　基本全感应信号控制执行流程

(2)特殊感应信号控制。

特殊感应信号控制可在基本全感应信号控制基础上，按照特殊需求，增加特殊的感应装置，执行特殊的感应信号控制功能。平时执行基本全感应信号控制，一旦接到特殊感应信息，立刻执行特殊的控制功能。

3. 优化的感应信号控制

感应信号控制有其随交通需求变化而改变信号相位和时间的优点，在交通需求随机变化较大的交叉口上，感应信号控制对交通变化的适应性比定时信号控制更为优越。但按现行感应信号控制机理，感应信号控制的绿灯时间总是不能被充分利用，特别是单位绿灯延长时间。

因此，进一步运用面控制系统中对信号配时进行优化的原理来改进感应信号控制，就产生了优化感应信号控制。有一种优化感应信号控制，其简要原理是：在交叉口的每一进口道上设两个检测器，譬如一个在停车线前 30 m，一个在停车线前 90 m。开始给每个相位配以足够的绿灯时间，把停车线前 30 m 检测器到停车线间的车辆先放完；在两个检测器之间的这一段时间间隔内，用来检测何时产生饱和交通流；最后用一个优化程序，把这一相位延长绿灯时间能取到的交通效益和另一相位车辆因延长红灯所产生的损失加以比较，确定相位转换时间，从而降低感应信号控制中的绿灯损失时间，提高交通运行效益。

此外，交叉口的交通流运行状态随时间在不断变化，白天交通量大时，适合采用全感应信号控制方式；而到夜间，随着交通量的降低、非机动车和行人的减少，采用半感应信号控制可能效果更佳，这时需要用一个程序判定不同的交通流状态各自适宜的感应信号控制方式。这种优化的感应信号控制执行流程如图 4.5 所示。

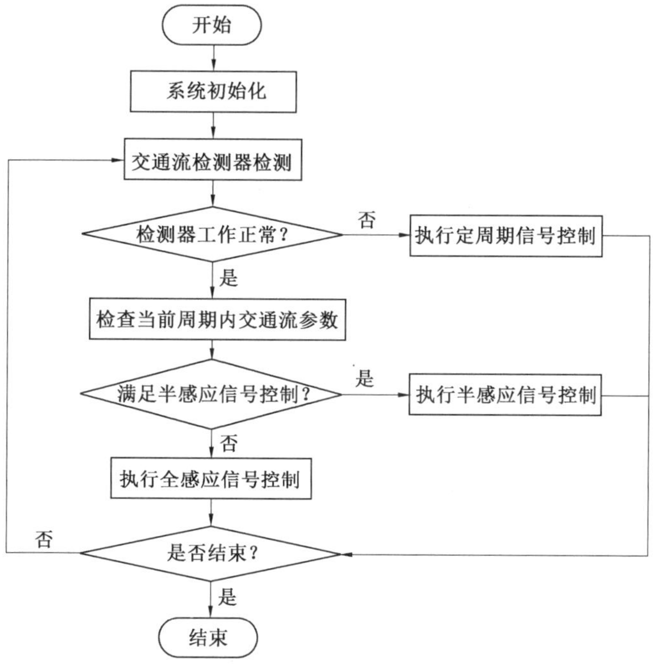

图 4.5　优化的感应信号控制执行流程

执行流程概述如下：

(1)系统启动，执行初始化操作，设置系统运行环境参数，操作完毕后转入(2)；

(2)检测交通流检测器是否工作正常，若正常，实时检测当前周期内的交通流数据并存储，转入(3)；否则，转入(6)；

(3)检测各个进口的交通流到达规律，若适合采用全感应信号控制，则转入(4)；若适合采用半感应信号控制，则转入(5)；

(4)执行全感应信号控制，转入(2)；

(5)执行半感应信号控制，转入(2)；

(6)执行定周期多时段信号控制方案。

4.3.3 控制参数确定方法

1. 初期绿灯时间(g_{int})

初期绿灯时间必须保证停留在检测器与停车线之间的车辆驶入交叉口，此外还得保证行人过街的最短时间。

(1)机动车最短运行时间($g_{int,1}$)。

①第一种方法。

在非饱和交通状态下，可使用相位关键进口道的车队疏散时间(t_s)来确定机动车初期绿灯时间。车队疏散时间，是用来疏散每一个进口道红灯期间产生的车辆排队所需要的时间，即相位关键进口道的 t_s 是每一相位必须保证的绿灯时间。

$$t_s = Q_i/(S_i - q_i) \tag{4.2}$$

式中 t_s——相位 i 关键进口道的车队疏散时间，s；

Q_i——相位 i 关键进口道的最大排队长度，$Q_i = q_i \times R_{ei}$，pcu；

S_i——相位 i 关键进口道的饱和流量，pcu/s；

q_i——相位 i 关键进口道的到达率，pcu/s；

r_{ei}——相位 i 的等效红灯时间，s。

根据初期绿灯时间定义，车队疏散所需的时间就是初期绿灯时间，则有：

$$g_{int,1} = t_s \tag{4.3}$$

②第二种方法。

最短绿灯时间求解示意图如图 4.6 所示。保证停留在检测器与停车线之间车队消散的时间由 3 个部分组成：车队所有车辆启动消耗时间(消散波传递时间)t_1、排队尾车达到目标车速消耗的时间 t_2、排队尾车从达到目标车速到驶出停车线消耗的时间 t_3。

A. 绿灯亮起后，从第一辆车启动到最后一辆车开始启动消耗的时间为

$$t_1 = (s_d - L_v)/v_d \tag{4.4}$$

式中 s_d——检测器距停车线的距离，m；

L_v——车间距，m，一般在 6 m 左右；

v_d——车队消散波速度，m/s，一般为 6 m/s 左右。

B. 最后一辆车达到目标车速消耗的时间为

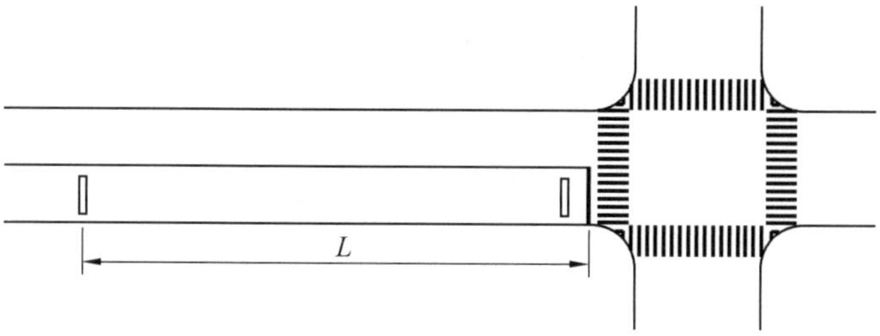

图 4.6　最短绿灯时间求解示意图

$$t_2 = V/a \tag{4.5}$$

车辆到达目标车速时行驶的距离为

$$s = \frac{1}{2}at^2 \tag{4.6}$$

C. 驶离剩余距离所需的时间为

$$t_3 = (L - s)/V \tag{4.7}$$

初期绿灯时间等于三者之和，即

$$g_{\mathrm{int},1} = t_1 + t_2 + t_3 \tag{4.8}$$

③第三种方法。

初期绿灯时间与车辆检测器的位置或检测器到停车线之间可停放的车辆数有关，由等候车辆数量、平均车头时距和启动损失时间决定，公式为

$$g_{\mathrm{int},1} = h \cdot n + k \tag{4.9}$$

式中　h——平均车头时距，s，h 通常可以取 2 s；

n——检测器与停车线之间可停放的车辆数，辆；

k——启动损失时间，s，k 通常可以取 3 s。

(2)保证行人过街的最短绿灯时间。

对于单车道交叉口，考虑行人直接过街；对于车道数较多的交叉口，可以考虑两次过街，减少行人过街最短绿灯时间。美国的《道路通行能力手册》对行人过街最短绿灯时间的计算方法如下：

$$g_{\mathrm{int},2} = 7 + L_{\mathrm{p}}/v_{\mathrm{p}} - I \tag{4.10}$$

式中　L_{p}——由人行道至最近的人行道、行人安全岛、交通岛等安全区域的距离，m；

v_{p}——行人步速，m/s，可取 1.0～1.5 m/s；

I——绿灯间隔时间，s，一般可取 5 s；

选取上述两种情况的最大值，作为感应信号控制的初期绿灯时间。

$$g_{\mathrm{int}} = \max(g_{\mathrm{int},1}, g_{\mathrm{int},2}) \tag{4.11}$$

2. 单位绿灯延长时间(g_0)

(1)第一种方法。

单位绿灯延长时间取决于进入交叉口车辆的平均速度和检测器与停车线之间的距离，保证能使车辆从检测器位置开出停车线所需的时间，计算公式如下：

$$g_0 = 3.6L/v \tag{4.12}$$

式中 L——检测器与停车线之间的距离，m；

v——车辆平均速度，km/h。

(2)第二种方法。

单位绿灯延长时间应满足车辆从检测器安全驶出交叉口或抵达下一检测器的时间要求。

①单检测器交叉口。

单检测器单位绿灯延长时间计算示意图如图 4.7 所示。

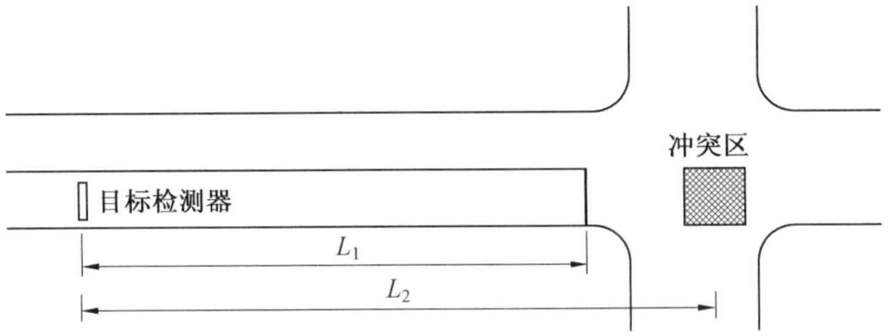

图 4.7　单检测器单位绿灯延长时间计算示意图

A. 满足通过停车线需求的绿灯延长时间：

$$\Delta g_1 = L_1/v_f \tag{4.13}$$

式中 L_1——目标检测器至进口道停车线的距离，m；

v_f——平均行驶速度，m/s。

B. 满足车辆通过冲突区的绿灯延长时间：

$$\Delta g_2 = (L_2/v_f) - (\Delta L_{max}/v_{cf}) - I \tag{4.14}$$

式中 L_2——目标检测器至进口道停车线的距离，m；

ΔL_{max}——本相位最后通过停车线的车辆到达冲突点所行驶的距离与下一相位首辆车到达冲突点所行驶距离的最大值，m；

v_{cf}——下一相位冲突流向头车的行驶速度，m/s。

单位绿灯延长时间取 Δg_1 时，保证让车辆安全通过停车线即可；单位绿灯延长时间取两者之中最大值，是考虑车辆通过交叉口的安全，使最后一辆车安全通过冲突点。

②双检测器交叉口。

双检测器单位绿灯延长时间计算示意图如图 4.8 所示。

当检测器都有触发绿灯延续功能时，检测器触发绿灯延时的过程是传递的。单位绿灯延长时间在保证车辆通过交叉口的同时，还要保证能使车辆行驶完检测器之间的距离。车辆从上游检测器至下游检测器的时间为

$$\Delta g = L_3/v_f \tag{4.15}$$

式中 L_3——检测器之间的距离，m；

v_f——车辆在检测器间的平均行驶速度，m/s。

下游检测器触发的单位绿灯延长时间 $\Delta g'$，参照单检测器的计算过程。单位绿灯延

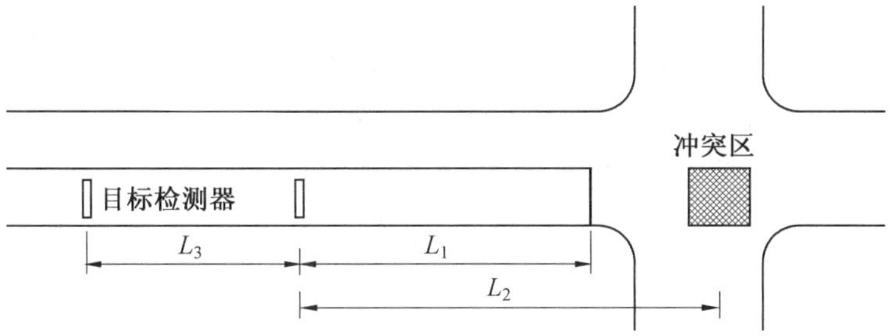

图 4.8　双检测器单位绿灯延长时间计算示意图

长时间应该取上、下游检测器触发时间的较大值，即 $g_0=\max[\Delta g,\Delta g']$。

单位绿灯延长时间对感应信号控制效率起着决定性作用，在保证车辆能从检测器开出停车线的同时，应尽可能不产生绿灯时间损失。

3. 绿灯极限延长时间(g_{max})

绿灯极限延长时间一般情况下不是一个固定的数值，随着交通量的变化在随机调整。

(1)半感应信号控制。

绿灯极限延长时间的确定有两种方法：

①按照对交叉口进行定时信号控制计算得到的绿灯时间；

②主次相交两相位交叉口进行半感应信号控制时，为保障主路的最大效益，在信号周期确定的情况下，给次路最小绿灯时间，来保障主路的最大绿灯时间。

A. 次路最短绿灯时间。

$$g_{\min}=\begin{cases}3\ \text{s}\times3+(n-4)\times2\ \text{s} & n\geqslant4\\3\ \text{s}\times(n-1) & n<4\end{cases}\tag{4.16}$$

式中　n——周期到达车辆数；

3s——无实测数据时，前 4 辆车车头时距经验取值。

B. 主路最大绿灯时间。

$$g_{\max}=c-g_{\min}-2I\tag{4.17}$$

(2)全感应信号控制。

利用韦伯斯特最佳周期时长计算模型计算得到最佳周期时长，然后把分配到各相位的绿灯时间再乘以 1.25～1.50 的系数即可得到绿灯极限延长时间。绿灯极限延长时间一般为 30～ 60 s。

4. 感应信号控制周期时长

与定时信号控制周期时长确定的方法相比，感应信号控制周期时长的确定过程要复杂得多。首先，周期时长的变化更加频繁——与实时的交通流量变化同步。其次，周期时长的变化规则也在发生改变，各配时特征参数间的依赖关系更为明显，周期时长与各相位绿灯时间等特征参数的生成过程形成了一个反馈链。

(1)最小周期时长。

信号周期时长直接影响交叉口的通行能力和车辆延误。就通行能力而言，感应信号控制周期时长的选择有一个起码的下限值,无论如何不能低于这个值,否则就不能满足行人、自行车、机动车安全通过的需求,这个下限值称为最小周期时长。采用最小周期时长时,在一个周期内,到达交叉口的车辆恰好在一个周期内被放行完,即无滞留车辆,信号周期时长也无富余,交通流量稍微增加就会导致交叉口的堵塞及车辆总延误的无限增大。因此,$c_{\min}$应当恰好等于一个周期内相位总损失时间加全部车辆以饱和流率通过交叉口需要的时间,即

$$c_{\min}=L+\sum(q/S)_i c_{\min}\Rightarrow c_{\min}=L/(1-Y) \tag{4.18}$$

式中 $(q/S)_i$——第 i 相位最大流量比;

i——周期内的相位数;

L——信号总损失时间,s;

Y——总流量比。

(2)最大周期时长。

当信号周期时长超过一定限度时,各相位车辆排队时间在增长,同样会引起车辆延误的增加。因此,需设定最大周期时长作为感应信号控制周期变化的上限。

$c_{\max}$经验值:最大周期时长的确定视各地具体交通条件及特点而定,国外通常取 120 s。在我国,根据实践经验,两相位单点信号交叉口可取 120 s;多相位时,$c_{\max}$尽量控制在 150 s 以内。

4.4 感应信号控制延误

与定时信号控制类似,对于交叉口任何一个进口方向,交通信号灯都是绿灯一(黄灯一)红灯一绿灯反复交替显示过程,交通流的运行状态随信号灯色的变化而改变。而感应信号控制特殊性在于其信号周期与绿信比不固定,各个信号周期内车流运行状况受交通信号、车流到达率、离开率等因素共同作用。

现有感应信号控制模式中,控制对象为机动车,机动车信号灯根据检测到的车辆信息显示不同灯色组合,指示着各个方向车辆的运行,行人信号灯色与机动车信号灯色保持同步。

如图 4.9 所示交叉口,当某一进口方向显示绿灯时,上个周期间排队车辆开始疏散,同一方向的行人进入人行横道线开始过街;信号灯为黄灯时,已驶过停车线的车辆及已在人行横道线上行走的行人在保证安全前提下应快速通过交叉口,而未到达停车线的车辆或未开始过街的行人需减速停止等待,直至下一个绿灯开始;红灯期间到达的车辆及行人需要排队等候。

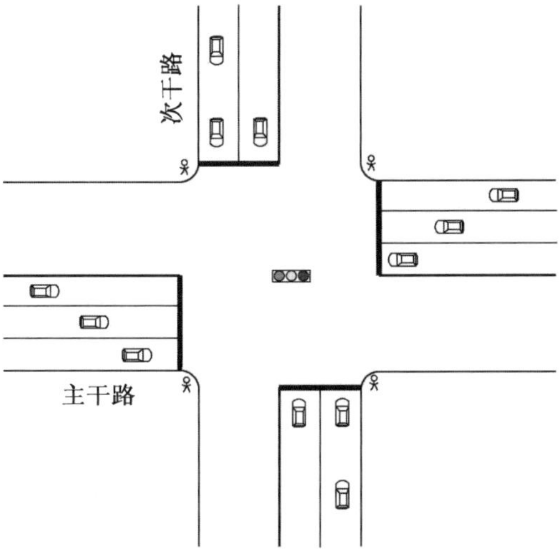

图 4.9　信号控制交叉口示意图

路段人行横道线处采取感应行人过街信号控制时，可以看成由机动车相位与行人相位构成的两相位信号控制交叉口，系统根据检测到的行人过街请求信息，交替给机动车和行人分配通行权，路段行人过街感应信号控制示意图如图 4.10 所示。

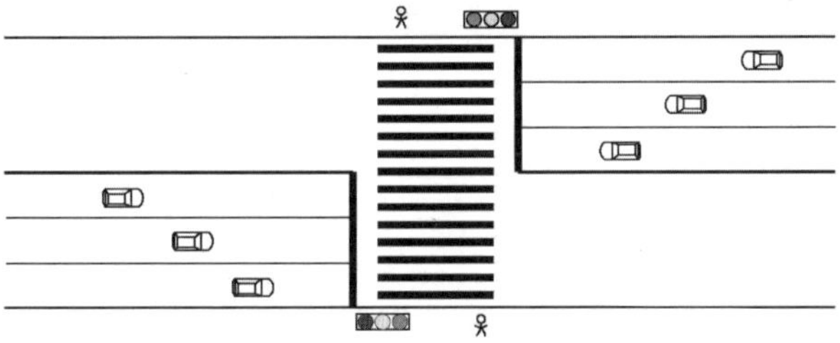

图 4.10　路段行人过街感应信号控制示意图

机动车相位绿灯时，排队车辆开始疏散，后车紧跟前车运行，依次通过停车线；信号灯为黄灯时，已通过停车线的车辆继续行驶，而未通过停车线的车辆将减速停车等待。行人绿灯开启后，系统预置了固定的行人过街时间，此期间行人可以通行，绿灯结束后到达的行人需按下过街按钮提出过街请求，当机动车信号达到最小绿灯时间后，下个行人绿灯信号才可能开启，行人才能过街。

4.4.1　车辆延误形成过程

根据车辆到达时不同道路、交通及信号控制条件，车辆运行速度 v 随时间 t 的变化可分为 3 种类型，车辆运行速度与时间的关系如图 4.11 所示。

若车辆到达交叉口时，信号灯为绿灯，前方无车辆或前方车辆对本车的运行不产生影响，则车辆运行速度基本保持不变，如图 4.11(a)所示；若在前方排队车辆疏散过程中到达交叉口，车辆降低车速行驶一段时间后，重新加速行驶，在此过程中并未停车，如图 4.11(b)所示；若车辆到达交叉口时，信号灯显示红灯或前方车辆处于排队等待状态，则

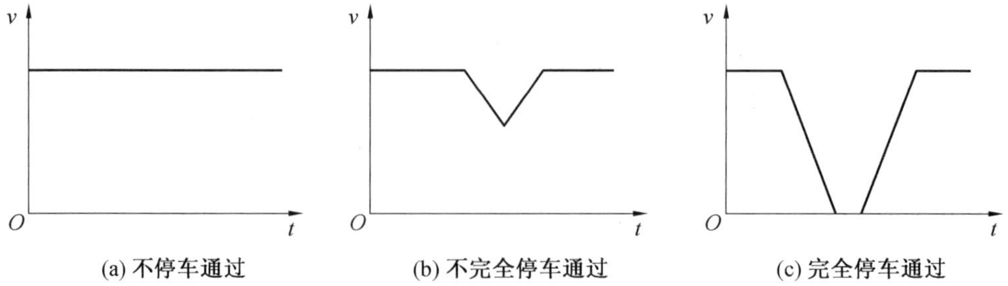

图 4.11 车辆运行速度与时间的关系

车辆需减速停车等待一段时间，排队车辆开始消散或绿灯信号开始后，车辆将加速行驶通过交叉口，如图 4.11(c)所示。

上述 3 种情形中，后两种情况下车辆为受阻状态，受阻过程产生延误，如图 4.12 所示。

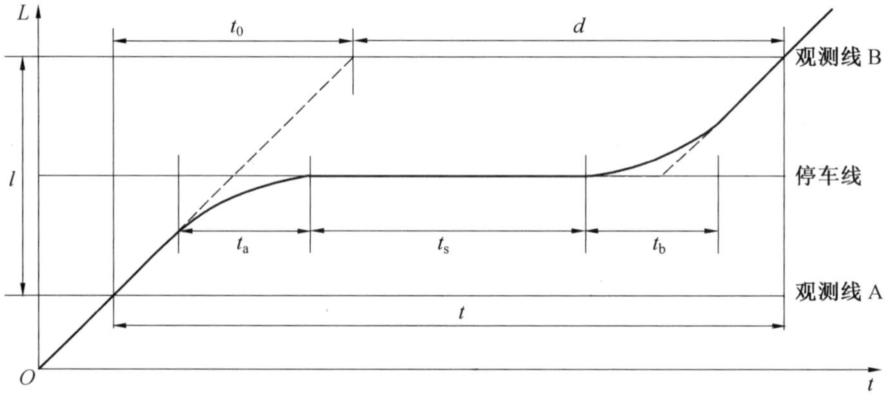

图 4.12 车辆受阻过程示意图

当车辆到达观测线 A 时，由于前面有车辆排队或信号灯为红灯，车辆会逐渐减速，以低于路段上正常行驶的速度进入交叉口，减速过程为 t_a；若排队车辆较多或红灯持续时间较长，车辆要停止，等候前面车辆通过，此过程为 t_s；当前方车辆陆续离开，该车加速越过停车线，并在观测线 B 处达到期望速度 v_0，加速过程为 t_b。感应信号控制下机动车延误形成过程如图 4.13 所示。

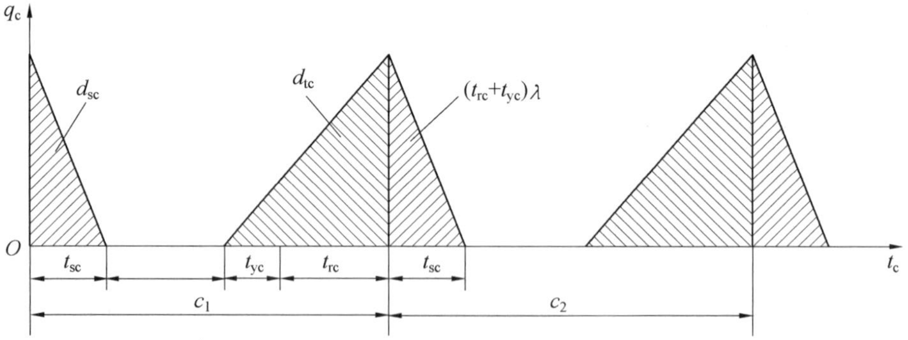

图 4.13 感应信号控制下机动车延误形成过程

在任意一个信号周期内，车辆延误可看作由停车等待延误与车队消散延误两部分构成，即图 4.13 中阴影部分所示。

从机动车绿灯开启时刻计起，排队车辆开始疏散，t_{sc}为红灯期间及绿灯初期到达车辆的疏散时间，图中 d_{sc}为疏散延误，即车辆以正常车速运行通过交叉口时间与实际疏散时间的差值；排队车辆疏散后，到达的机动车不需要排队，直接驶过交叉口，不产生延误；在绿灯末期（或黄灯时间）到达的机动车根据实际情况判断是否过街，在红灯期间 t_{rc}内到达的机动车需要排队等待，产生等待延误，即图 4.13 中 d_{tc}部分。则有：

$$d_c = d_{sc} + d_{tc} = 0.5[t_{sc}(t_{yc} + t_{rc}) + (t_{yc} + t_{rc})^2]/c \tag{4.19}$$

式中　d_c——交叉口车辆平均延误，s；

d_{sc}，d_{tc}——分别为疏散延误与停车等待延误，s；

t_{sc}——车辆疏散时间，s，$t_{sc} = \lambda_c(t_{vc} + t_{rc})/(s_c - \lambda_c)$；

s_c——机动车饱和流率，pcu/s；

λ_c——机动车到达率，pcu/s；

t_{yc}，t_{rc}——分别为车辆绿灯损失时间及红灯期间等待时间，s；

c——信号周期时长，s，感应信号控制方式下周期时长不为定值。

美国学者 Newell 就两条单行道相交路口下的感应信号控制行为进行了研究。她将车辆的到达过程设定为稳定的流率，其值略低于饱和流率（即与到达形式有关的任何概率分布不随时间变化），也就是假设系统是不饱和的，但交通流量足够大，这样队列长度都大于一辆车。不考虑转向交通，最小绿灯时间可忽略，因为研究的重点是中等流量强度下的感应信号控制；最大绿灯时间被假定为无限大。图 4.14 刻画了当车队足够大时，交叉口车辆排队长度的演变情况。图中，进口（相位）1 的到达率记为 q_1，进口（相位）2 的到达率记为 q_2，r_j、g_j 和 y_j 分别代表周期 j 内的有效红灯时间、绿灯时间和黄灯时间。这里信号时间是随机变量，可以随着周期循环而变化。任何特定周期 j 内所有车辆的总延迟 D_{ij} 是三角形所围的面积，可近似计算为

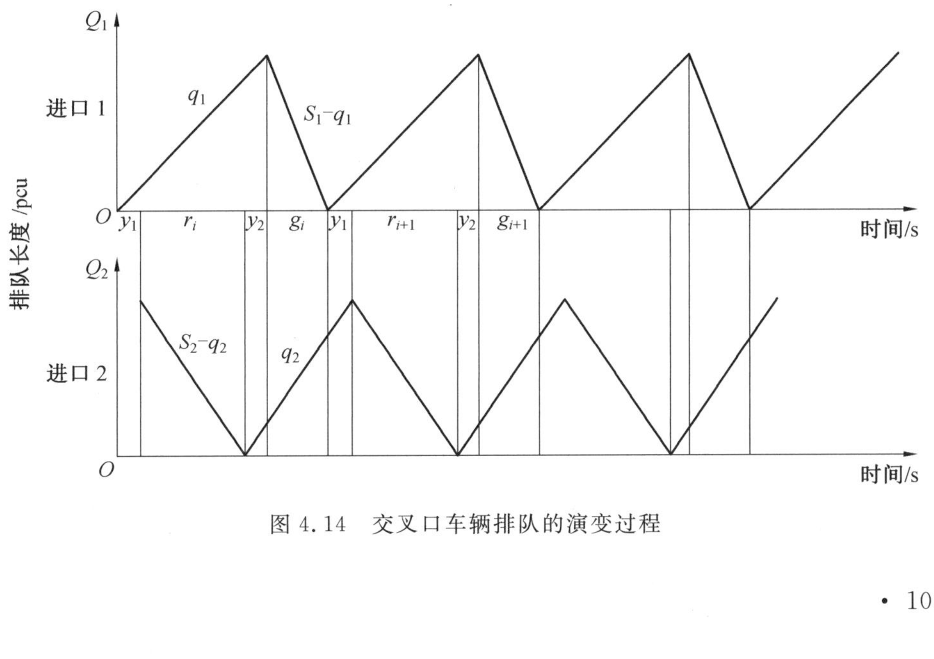

图 4.14　交叉口车辆排队的演变过程

$$E(D_{1j})=\frac{q_1}{2(1-q_1/S_1)}\left[(E(r_j)+y)^2+D(r_j)+\frac{H_1(E(r_j)+y)}{S_1(1-q_1/S_1)}+\frac{K_1}{S_1q_1}\right] \quad (4.20)$$

$$E(D_{2j})=\frac{q_2}{2(1-q_2/S_2)}\left[(E(g_j)+y)^2+D(g_j)+\frac{H_2(E(g_j)+y)}{S_2(1-q_2/S_2)}+\frac{K_2}{S_2q_2}\right] \quad (4.21)$$

式中　$E(D_{1j}),E(D_{2j})$——进口 1 和进口 2 在周期 j 内的车辆总延误，s；

S_1,S_2——进口 1、进口 2 的饱和流率，pcu/h；

$E(r_j),E(g_j)$——有效红灯时间和有效绿灯时间的期望值；

$D(r_j),D(g_j)$——有效红灯时间和有效绿灯时间的方差；

H_1,H_2——进口 1、进口 2 车辆平均到达率的方差；

K_1,K_2——进口 1、进口 2 车辆离开率中的常数部分。

由于车辆到达过程被假定为稳定过程，因此有

$$E(r_j)\rightarrow E(r)\quad E(g_j)\rightarrow E(g) \quad (4.22)$$

$$D(r_j)\rightarrow D(r)\quad D(g_j)\rightarrow D(g) \quad (4.23)$$

$$E(D_{kj})\rightarrow E(D_k)\quad k=1,2 \quad (4.24)$$

基于 Markov 特性可推导出 $E(r)$和 $E(g)$：

$$E(r)=\frac{Yq_2/S_2}{1-q_1/S_1-q_2/S_2} \quad (4.25)$$

$$E(g)=\frac{Yq_1/S_1}{1-q_1/S_1-q_2/S_2} \quad (4.26)$$

式中　Y——周期内的黄灯时间之和，s。

Dunne 提出了车辆到达过程服从二项分布时的延误计算模型。设车辆离开率为常数，信号控制策略当排队长度为 0 时转换相位。对于每个时间间隔$(k\tau,k\tau+\tau)k=0,1,2,\cdots$，车辆到达进口 1、进口 2 的概率用 q_1、q_2 表示，没有车辆到达的概率为 $p_i=1-q_i$。时间间隔 τ 表示车辆离开检测器时的时间间隔。交叉口各进口道的饱和流率假定相同，$D_r^{(2)}$ 表示进口 2 在一个有效红灯时间为 r 的周期内总延误，可以得到：

$$D_{r+1}^{(2)}=D_r^{(2)}+\mu[\delta_1+c+\delta_2] \quad (4.27)$$

式中　c——周期长度时长，s；

δ_1,δ_2——周期初始和末端的延误增长量，s。

特别是，当车辆在相位初始单位延长时间内到达时，则有：

$$\mu=\begin{cases}0 & 在概率\ p_2\ 下\\ 1 & 在概率\ q_2\ 下\end{cases} \quad (4.28)$$

式(4.27)意味着在相位初始单位延长时间内若无车辆到达，则 $D_{r+1}^{(2)}=D_r^{(2)}$；否则，$D_{r+1}^{(2)}=D_r^{(2)}+\delta_1+c+\delta_2$。对式(4.27)取期望值，可以得到：

$$E(D_{r+1}^{(2)})=E(D_r^{(2)})+q_2(r+1)/p_2 \quad (4.29)$$

对于初始条件 $D_0^{(2)}=0$，则有：

$$E(D_r^{(2)})=q_2(r^2+r)/2p_2 \quad (4.30)$$

最后，求式(4.30)对 r 的期望值，则有：

$$E(D_r^{(2)})=q_2\{D(r)+E^2(r)+E(r)\}/(2p_2) \quad (4.31)$$

4.4.2　行人延误形成过程

若行人到达时，信号灯为绿灯，可直接过街，不产生延误。当行人流较大时，因人行横道通行能力有限，行人绿灯开启后，无法在短时间内将所有行人疏散，产生疏散延误；若到达时信号灯为红灯，则需停下等候，行人等待时间即为行人等待延误。感应信号控制下行人延误形成过程如图 4.15 所示。

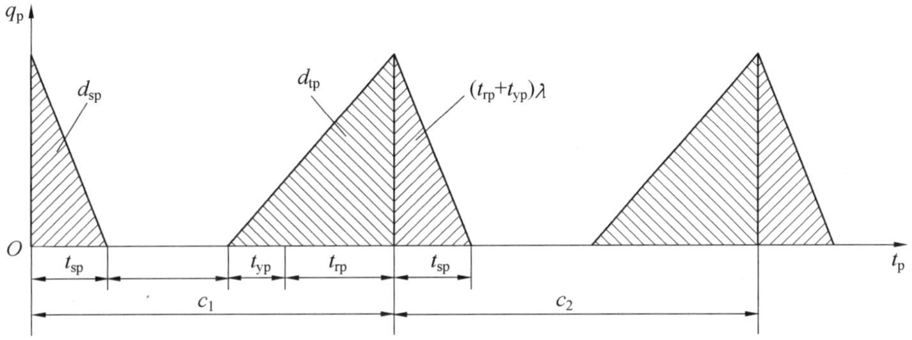

图 4.15　感应信号控制下行人延误形成过程

行人过街绿灯亮起时刻计起，人行横道位置等待的行人开始疏散。图中 t_{sp} 为在红灯期间以及绿灯初期排队等待过街的行人的疏散时间，d_{sp} 为疏散延误；在绿灯末期到达行人根据实际情况判断是否过街，t_{yp} 表示绿灯损失时间，在红灯期间 t_{rp} 内到达的行人需要排队等待，d_{yp} 表示行人等待延误。则有：

$$d_p = d_{sp} + d_{tp} = 0.5[t_{sp}(t_{yp} + t_{rp}) + (t_{yp} + t_{rp})^2]/c \tag{4.32}$$

式中　d_p——交叉口行人平均延误，s；

d_{sp}，d_{tp}——分别为行人疏散延误与等待延误，s；

t_{sp}——行人疏散时间，s，$t_{sp} = \lambda_p(t_{yp} + t_{rp})/(s_p - \lambda_p)$；

t_{yp}，t_{rp}——分别为行人绿灯损失时间及红灯期间等待时间，s。

4.5　路段感应信号控制行人过街系统

4.5.1　系统框架

路段感应信号控制行人过街系统由信息采集系统、过街信号控制系统、过街辅助设施 3 个子系统组成。信息采集系统分行人检测和机动车检测两个部分，行人检测依靠视频检测技术自动识别过街等待区中的行人，机动车检测采用感应线圈检测车辆的车头时距。路段感应信号控制行人过街系统根据行人等待时间和车流的车头时距，调整信号控制参数，并依据实时交通状况对路段通行信号灯和智能人行道护栏等行人过街辅助设施进行控制。路段感应信号控制行人过街系统兼顾行人过街需求和路段车辆通行效率，同时实现行人流和车流在空间和时间上的同步分离，路段感应信号控制行人过街系统实施框架如图 4.16 所示。

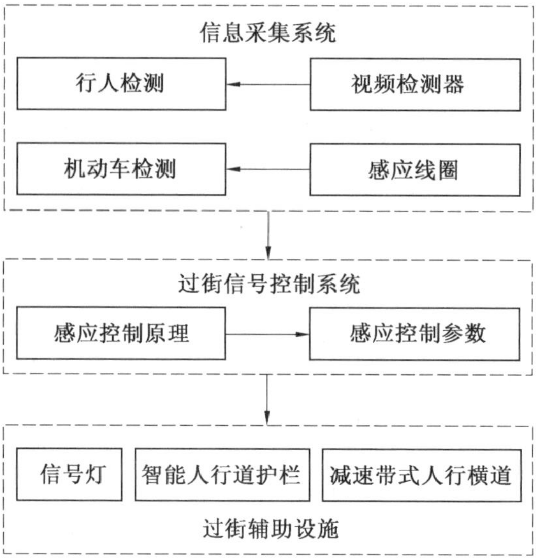

图 4.16　路段感应信号控制行人过街系统实施框架

4.5.2　信息采集系统

1. 行人检测

采用视频检测方法可自动获取行人图像。行人具有灵活性、非刚体性和随意性等特征。在视频拍摄时，所得图像中行人的轮廓表现得比刚体复杂，而且行人的外观受到身材、姿势、衣着、光照等多方面的影响，行人轮廓特征不容易被提取。因此，将摄像机垂直架设在检测区域上方可最大限度地减少行人的遮挡和行人轮廓特征不易提取的不利因素，行人检测示意图如图 4.17 所示。

图 4.17　行人检测示意图

摄像机采集的原始图像往往存在噪声，不利于后续图像的处理。为了抑制噪声，须对拍摄的图像进行预处理，以改善图像质量，提高行人的辨识程度。

图像经过预处理后，进一步采用基于统计分类的方法，即将行人检测看作是一个行人/非行人的分类问题，先对行人进行特征提取，然后利用模式识别进行分类。因此，行人特征提取方法和分类器的选择成为快速高效检测行人的关键。梯度直方图被证明是能很好刻画人体的轮廓并描述局部形状信息的特征，对光照变化和少量的偏移不敏感，适用于提取行人特征。步骤如下：将图片分成多个块，每个块分成多个单元格，在每个单元格中，计算梯度的方向分布直方图作为特征向量；把每个块的特征向量串联起来构成整个图片的特征向量；对于大量的特征，求出正样本（行人特征）的概率，联合 Gentle Adaboost 算法创建的分类器实现行人的快速检测。Gentle Adaboost 算法不仅具有较高处理精度与速度，同时算法简单，计算速度快，在需要进行实时信息的处理时显得格外重要。

2. 机动车检测

在人行横道两侧的停车线上游车道设置机动车检测器，负责机动车空当检测。检测器位置与机动车单位绿灯延长时间、车辆的平均速度密切相关，因此选择最佳的检测器布置位置对感应信号控制的效果具有重要作用。检测器距离停车线的距离应满足如下 3 个要求。

（1）保证车辆在单位绿灯延长时间内顺利通过人行横道。

$$l_1 \leqslant g_{0,\min} \cdot v \tag{4.33}$$

式中　l_1——机动车行驶方向上检测器与停车线的距离，m；

$g_{0,\min}$——机动车单位绿灯延长时间最小值，s；

v——路段机动车车速，m/s。

（2）满足车辆在人行横道前安全刹车的要求。

$$l_2 \leqslant \frac{v^2}{2a} + t_d \cdot v \tag{4.34}$$

式中　l_2——机动车在停车线前安全停车时检测器与停车线的距离，m；

a——机动车减速度，m/s^2；

t_d——驾驶员反应时间，s。

（3）在最小流量时车辆排队不超越检测器。

$$l_3 \geqslant q_{\max} \cdot h_v \tag{4.35}$$

式中　l_3——受车辆排队约束时检测器与停车线的距离，m；

$q_{\max}$——最小流量时的最大排队车辆数，辆；

h_v——排队车辆的平均车头间距，m。

综合以上 3 个要求，机动车检测器感应线圈与停车线之间的距离 $l=\max(l_1, l_2, l_3)$。

4.5.3　路段行人过街感应信号控制系统设计

1. 感应信号工作流程

行人过街的信号根据过街行人信息和路段车流空当进行实时的调整，路段行人过街感应信号工作流程如图 4.18 所示。

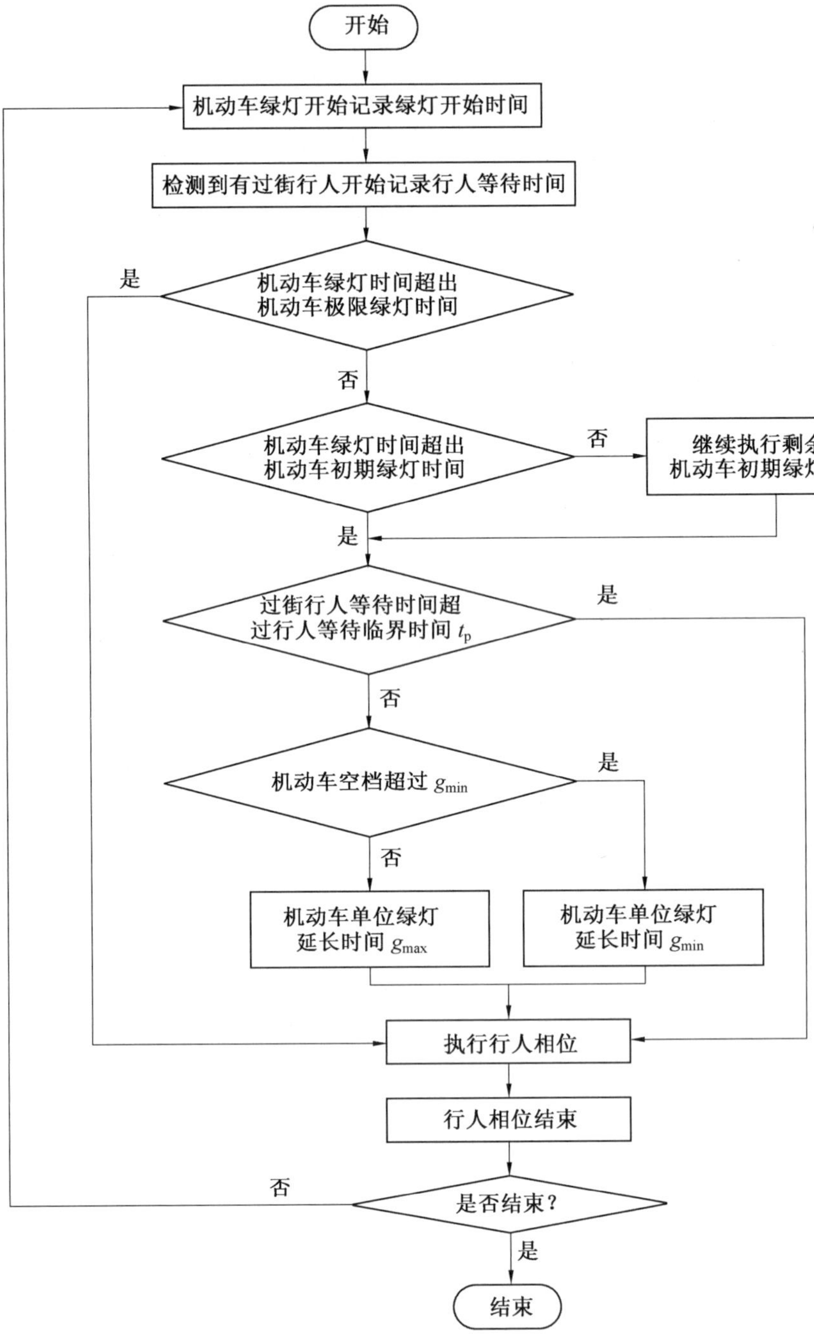

图 4.18　路段行人过街感应信号工作流程

当行人检测器未检测到行人时，机动车将一直绿灯放行；当视频拍摄到有过街行人时，先判断机动车绿灯时间是否超过极限绿灯时间，超过则转换为行人相位，未超过则判断是否满足机动车初期绿灯时间，不满足则继续给予剩余的初期绿灯时间，如满足，控制系统将根据行人的等待时间，给予机动车单位延长时间或者切换行人相位。

其中机动车单位延长时间的长短依据机动车车头时距的大小而定。车头时距小，交通密度大，则给予机动车较大的单位绿灯延长时间，反之给予较短的绿灯延长时间。

2. 信号控制参数计算

路段行人过街感应信号配时方案中涉及 5 个重要控制参数：行人绿灯时间 g_p、机动车初期绿灯时间 g_{int}、机动车绿灯极限时间 g_{max}、机动车单位绿灯延长时间 $g_{0,min}$ 和 $g_{0,max}$，行人过街信号控制参数见表 4.2。

表 4.2　行人过街信号控制参数

参数名称	参数功能，计算或获取方法	说明
行人绿灯时间 g_p	取固定值，满足预置行人一次过街的时间需求，$g_p=\frac{P}{q_p\times d}+\frac{\omega}{v_p}+l$	P 为平均过街行人数；q_p 为绿灯期间人行道行人的饱和过街流率，人/(s·m^{-1})；d 为人行横道宽度，m；ω 为人行横道长度，m；v_p 为行人的速度，m/s；l 为行人损失时间，s
机动车初期绿灯时间 g_{int}	保证停在检测器和停车线之间的车辆全部驶出停车线所需的最短时间	美国《交通信号配时手册》推荐了随检测器位置而定的初期绿灯时间
机动车绿灯极限时间 g_{max}	为了保持最佳绿信比而对机动车相位规定的绿灯时间延长限度。根据经验选取极限绿灯时间为 30～60 s	在路段行人过街感应控制信号控制系统中，需考虑行人过街需求，因此，机动车绿灯极限时间应小于行人过街极限忍耐时间，行人在路边等待过街最大可忍受的等待时间为 90 s
机动车单位绿灯延长时间 $g_{0,min}$ 和 $g_{0,max}$	$g_{0,min}$ 的大小必须保证车辆从检测器开出停车线，并尽可能不产生绿灯损失时间，$g_{0,max}$ 在 $g_{0,min}$ 的基础上适当延长	单位绿灯延长时间应尽可能不产生绿灯时间损失，因此当检测到车辆空当 h_c 短于 $g_{0,min}$ 时，为提高通车效益，绿灯时间延长 $g_{0,max}$；反之，为减少等待少数车辆而浪费的绿灯时间，给予较小的延长时间 $g_{0,min}$，从而降低延误

除了上述 5 个信号控制参数外，行人等待临界时间 t_p 也是决定是否转换行人相位的重要参数。

确定适当的 t_p 值，可以减小过街行人延误，避免行人强行穿越的比例。通过对南京市西康路、北京西路、进香河路和太平北路路段行人过街设施的观测，当行人平均延误低于

20 s时，行人强行穿越的比例较低；在 20～30 s时，比例适中；30 s以上，比例较高。因此，建议 t_p 取值为 20～30 s。

4.5.4 行人过街安全辅助设施

基于视频检测的感应式行人过街信号从时间角度分离了行人和车辆，能有效提高路段的通行效率，方便行人过街。但是对于部分交通意识淡薄的行人闯红灯过街、驾驶员未在人行横道前减速等具有较大的交通安全隐患的行为，更需要从空间分离等角度来设计。为此设计了"减速带式"人行横道、路段行人过街通道灯系统和智能人行道护栏 3 类行人过街安全辅助设施，以提高行人过街的安全性。

1."减速带式"人行横道

"减速带式"人行横道的设计借鉴了减速带，通过让驶过人行横道的车辆产生颠簸感来提醒驾驶员在人行横道减速。设置方法为将绘有人行横道标线的路段抬高 4 cm，与原路面以 1∶4 的坡面连接，如图 4.19 中标有人行横道标线的路面所示。目前国外在一些生活区道路中有相关的应用，在城市干道应用时需要考虑路段车流速度。在平均车速较高时，不宜采用该设施，以避免产生车辆侧翻等事故。

图 4.19 "减速带式"人行横道和通道灯

2. 路段行人过街通道灯系统

路段行人过街通道灯铺设于"减速带式"人行横道的坡面上，如图 4.19 中人行横道边的圆形发光点。

由信号控制机来控制其开关，当行人信号绿灯时，跑道灯发出红光。采用高强度跑道灯，在行人过街时间发出强光束，形成光墙，警示驾驶员停车，在夜晚使用效果尤为明显。

3. 智能人行道护栏

为了从空间上更好地隔离行人和机动车，避免行人闯红灯引发交通事故，在设有机非分隔带的路段上安装智能人行道护栏。护栏由控制立柱、启闭门和三辊闸护栏组成，智能人行道护栏如图 4.20 所示。护栏在行人绿灯相位时开启，考虑会有行人在护栏关闭时未能及时通过而被滞留在路段中，因此在护栏一侧设置三辊闸护栏，只允许行人从路段到人行道的单向通行。

图 4.20　智能人行道护栏

4.6　感应信号的控制目标、适用条件及优缺点

4.6.1　控制目标

就 3 种道路交通条件：主路与主路相交的交叉口、主路与次路相交的交叉口、次路与次路相交的交叉口，分别介绍交叉口感应信号控制的目标。

1. 主路与主路相交的交叉口

在明确其信号控制目标之前，应首先清楚交叉口的交通特征。主路与主路相交的交叉口交通特征：相交道路交通流量大，特别是早晚高峰时段；交通流量分时段变化大；相交道路交通量相当。从这些特征出发，主路与主路相交的交叉口信号控制主要实现以下控制目标。

(1)满足高峰时段交通需求，提高交叉口的通行能力，保障交通安全有序。

(2)适应不同时段交通量的变化，定时信号控制要预设满足不同时段的不同信号控制方案，感应信号控制应该满足流量变化的要求。

(3)降低交叉口停车次数，减少延误和排队。

2. 主路与次路相交的交叉口

主路与次路相交的交叉口的交通特征：相交道路交通量相差较大，主路交通量大、次路交通量小；主路交通流随时段变化；次路交通流随机变化较大。主次相交道路信号控制主要实现以下目标。

(1)满足主路交通流不同时段变化的需求。

(2)尽可能保证主路交通流的畅通，使主要流向的车流避免频繁地被打断。

(3)在保障主路交通效益的前提下，尽量满足次路流向的交通流随机变化的需求。

(4)提高通行能力，保障交通安全，特别是对于主路交通流。

(5)降低次路停车次数，减少停车延误。

3. 次路与次路相交的交叉口

次路与次路相交的交叉口的交通特征：两条道路交通量都不会很大，交通量相差也较小，交通量随机变化性比较大。次要道路相交的交叉口信号控制主要实现以下目标。

(1)满足交通量随机变化的需求，提高交通效益。

(2)避免任何流向产生较大的交通延误。

(3)保障交叉口的安全通畅。

(4)降低停车次数及排队长度。

4.6.2 适用条件及优缺点

1. 适用条件及其优越性

(1)交通量变化大而不规则、难于用定时信号控制处置的交叉口，以及必须降低对主要干道干扰的交叉口上，用感应信号控制效益更大。

(2)不适宜处于联动定时系统中的交叉口，宜用感应信号控制。

(3)适用于只在一天的部分时间里需要信号控制的地方。

(4)感应信号控制在低饱和度交叉口有其优越性，不会致使主要道路上的交通产生不必要的延误。

(5)感应信号控制在有几个流向的交通量时有时无或多变的复杂交叉口，可得到最大效益。

2. 局限性

感应信号控制只适用于非饱和交叉口，如果交叉口的交通流量已经达到饱和状态，则感应信号控制无意义。为检测各进口道车辆达到信息需安装检测器，且投资多、维护费用高。饱和度高时，绿灯时间分配策略与定时信号控制无异。

第5章　自适应信号控制

5.1　自适应信号控制的定义与设计内容

5.1.1　定义

狭义的自适应信号控制指交通信号控制系统能根据交通需求的随机变化实时调整信号控制参数，以达到对交通流的最优控制。从定义可以看出，该信号控制系统不仅需具备对交通流的实时检测能力，而且还需具备对交通流的综合分析和决策能力。

广义的自适应信号控制指该系统除具备对交通需求的自我调节能力外，还应具备对路面环境和天气环境的自适应能力。本章主要讨论狭义的自适应信号控制的相关理论和方法。

5.1.2　设计内容

自适应信号控制设计的主要内容包括交通流检测、交通流预测、信号控制决策和信号控制效益评价4个部分。

1. 交通流检测

广义自适应交通信号控制中交通流检测的内容既包括交通流信息，还包括路面环境及天气状况信息，根据环境变化和交通需求变化来实时调整交通信号控制参数，达到对交通流优化控制的目的。关于各类检测器能检测出的交通流信息及优缺点等见第1章。

2. 交通流预测

交通流检测器检测到的信息始终是当前信号周期内的车流信息，而本信号周期结束时，在无下一时段内的车流到达情况下，如何给出下一信号周期的控制参数，需要通过交通流预测技术来推测未来一段时间内交叉口的车流运行规律。

在进行动态交通流预测时，一方面要对交通流的运行特性有清晰认识，以便把握其规律性；另一方面还需考虑交通流预测精度及时限性要求，满足自适应信号控制的需要。

3. 信号控制决策

(1)相位及相序优化方案。

一天中，根据各个进口的交通量变化，可以有好几种相位优化方案，但不能随周期实时变化，否则会引起信号交叉口交通秩序混乱，容易引发交通事故。一种相位优化方案必须持续较长的一段时间，在上一种相位优化方案转入到下一种相位优化方案时，建议实施一段全红信号(3～5 s即可)。每一种相位优化方案都应是基于这一时段内的历史交通量得到的，因此，一天中相位优化方案的个数取决于历史交通量在一天中明显变化起伏的时间段数。根据每一时段各个进口历史交通量的变化规律，由相位优化理论得到这一时段的相位优化方案。

同理，在相位方案确定以后，各个相位的前后次序也是不能随信号周期实时变化的，不然，同样会引起交叉口交通秩序的混乱，引发交通事故。因此，相序优化的前提仍然是这一时段内各个进口道的交通流变化规律。同一种相位方案安排不同的相序，对信号交叉口平均车辆延误会存在一定的影响。在进行相序优化时，应以总延误最小为目标来优化相位的前后次序。

(2)交通状态识别。

在信号交叉口，有的时段每周期内车辆都能通过交叉口，而在有的时段，不管周期时长在合理范围内如何变化，都会有部分车辆无法通过交叉口，而且随着时间的推移，排队车辆会越来越多，最终导致交叉口堵塞。显然，这是两种不同的交通状态，并且每一种交通状态下的车流运行特性差异较大，因此正确认识每种交通状态下的车流运行特征并选择合适的信号控制算法就显得十分重要。具体的交通状态识别方法可参见第 2 章内容。

(3)信号控制参数优化决策。

需要选取合适的决策方法来评估非拥挤交通状态和拥挤交通状态下，延长当前信号相位绿灯取得效益与终止当前信号相位绿灯取得效益的优劣。信号控制参数优化决策是自适应信号控制系统的灵魂，直接决定了自适应信号控制系统的控制效益。

4. 信号控制效益评价

以平均延误、排队长度、行程时间等作为信号控制效益评价指标，对比不同决策方法的控制效果，优化路口时空资源。

5.2 短时交通流预测方法

5.2.1 交通流预测模式

在自适应信号控制中，为实现实时控制、使交叉口的效益达到最大，就必须实时掌握交叉口各个进口道的交通流运行情况。尽管在交叉口的各个进口道安装了检测器，但它只能检测到运行周期内的交通流数据。为确保下一信号周期内的控制参数设置合理，就要求比较精确地掌握该周期内各进口道的车辆到达信息。下一个信号周期内的车辆到达信息是交通流检测器当前无法获取的，只有通过预测的方法才能得到。

实时交通流预测是依据历史某一段时间间隔的交通流信息，从某个角度建立预测模型，通过参数标定来推测未来时间间隔的交通流数据，交通流预测模式如图 5.1 所示。

实时交通流预测从历史数据的提取、标准样本的形成，到预测模型的建立，都要求做到准确、精确。为了实现这个目的，预测过程中需遵守以下 3 条原则。

(1)检测线设置位置要合适，要尽可能地检测连续通过的车流，车辆的排队不能超过检测线设置位置。

(2)预测参数的时间段长度应合适，能体现出交通流的运行特征。合理时间段长度的

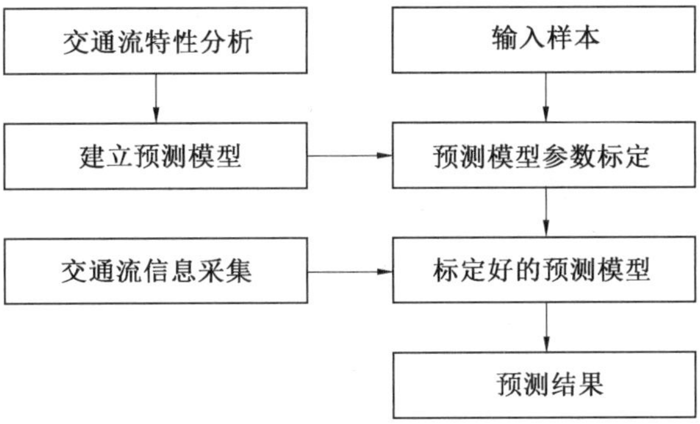

图 5.1　交通流预测模式

交通流绘制成曲线时有一定的光滑性，能体现交通流运行的连续性和规律性。

(3)模型的建立应符合实际，无论从哪个角度建模，模型计算应简便、参数标定需容易，以便实时预测时不会出现计算问题。

设在路段上的检测器，以一定的时间间隔进行检测并统计交通流数据，将检测到的 n 组数据样本通过一定的计算变换，形成程序可识别的输入模式(假设取 n 组数据作为样本输入)，输入模式进入预测模型标定程序，进行模型参数的标定。标定成功的模型作为交通流预测模型，经样本输入后，就可预测出交叉口的交通流量。

5.2.2　城市道路交叉口交通流运行特性

我国车流离散性较大，车流呈现的无规律性强，而影响我国城市道路车流离散规律的因素有很多，不仅与路段的平均行程时间有关，还与车流的饱和程度、车种的构成、上游交叉口的控制方式及车流所受干扰的大小有关，很难用简单的模型来描述车流的运动规律，所以在进行交通流量预测时，就不能期望建立一个精确的模型来描述交通流的运行特性。但在进行动态交通流预测时，一方面要对交通流的特性有清晰的认识，以便把握其规律性；另一方面还要考虑交通流预测方法的精度要求及时间限制，使预测方法发挥最大功效，预测出的交通流符合交通运行的实际情况。

在信号交叉口的各进口道，车辆的到达是一个随机过程。受上游信号控制方式的影响，在本信号交叉口实施自适应信号控制时，由于每个信号周期的周期时长都在变化，在有的周期内，可能只有一波车辆到达，而在有的周期内，又可能不止一波车辆到达，从而以周期为单位的交通流统计数据呈现出随机、离散的变化规律，这就给交通流预测带来了一定困难。图 5.2 为一个信号交叉口 4 个进口道短时间交通量统计图。

随着统计时段的变长，交通流数据统计结果逐渐呈现出规律性，如图 5.3 为一个信号交叉口 4 个进口道长时间交通量统计图。因此，从预测的角度来说，用长时段统计结果的数据序列进行预测时，其预测结果的精度较高，而用短时段统计结果的数据序列进行预测时，其预测结果的精度较低。因此，在交通流预测中，需综合考虑统计时段的长短和预测精度的要求。

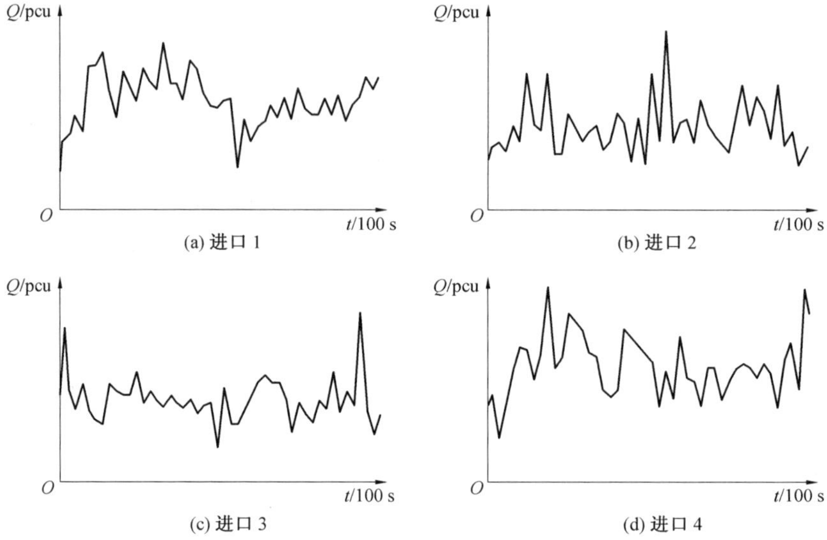

图 5.2　一个信号交叉口 4 个进口道短时间交通量统计图

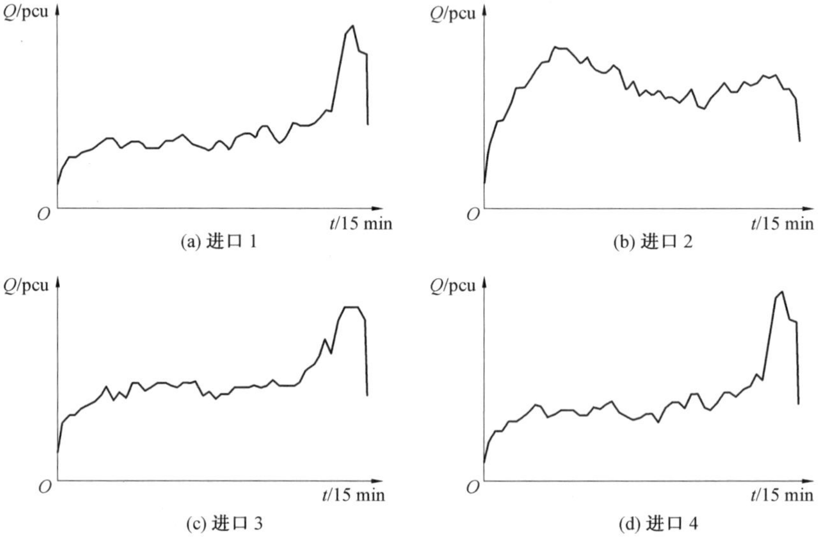

图 5.3　一个信号交叉口 4 个进口道长时间交通量统计图

5.2.3　短时交通流预测方法

短时交通流预测是要预测某条道路在未来几分钟或几小时交通流的变化情况(流量、速度等)。预测模型按建模思路可分为以下 4 类。

1. 基于统计学的模型

基于统计学的模型通常采用时间序列分析、卡尔曼滤波、支持向量回归等方法建立。

时间序列分析是一种常用的统计学方法,用于分析和预测时间序列数据。该方法通过分析时间序列的历史数据,建立时间序列模型,对未来的趋势进行预测。常用的时间序列分析方法有指数平滑法、自回归移动平均模型(autoregressive integrated moving average model，ARIMA）、季节性自回归积分移动平均模型（seasonal autoregressive integrated moving average Model，SARIMA）、长短期记忆网络（long short-term memory，LSTM）等。其中，指数平滑法适用于流量数据平滑处理，ARIMA 模型和 SARIMA 模型适用于考虑季节性和趋势性的流量数据预测，而 LSTM 模型则适用于处理长时间序列的流量数据。

卡尔曼滤波是一种用于估计线性动态系统状态的方法，常用于短时交通流预测中。该方法通过建立状态空间模型、利用贝叶斯定理对线性动态系统状态进行估计和预测。

支持向量回归是一种基于机器学习的回归方法，通过使用支持向量机来建立回归模型，并对未来的交通流量进行预测。

2. 基于机器学习的模型

随着机器学习和人工智能技术的快速发展，越来越多的短时交通流预测模型开始采用机器学习技术。基于机器学习的模型通常使用历史交通流量数据来训练模型，并使用这些数据来预测未来的交通流量。常见的预测方法包括神经网络、支持向量机（support vector machine，SVM）、决策树、随机森林、梯度提升树（gradient boosting decision tree，GBDT）等。这些方法可以应用于基于历史流量数据和其他相关因素（如天气、节假日等）预测未来流量数据。

神经网络是一种模拟人脑神经元结构的计算模型，具有强大的非线性映射能力和自学习能力。在短时交通流预测中，通常使用深度神经网络来建立模型，并使用历史数据来训练模型。

支持向量机是一种基于统计学习理论的二分类算法，可用于回归问题。在短时交通流预测中，支持向量机通常用于建立回归模型，并对未来的交通流量进行预测。

随机森林是一种基于集成学习的算法，通过建立多个决策树并取其输出的平均值来进行预测。决策树是一种用于分类和回归的算法，通过建立树形结构来对数据进行分类或回归。在短时交通流预测中，决策树通常用于建立回归模型，并对未来的交通流量进行预测。

GBDT 是一种基于决策树的集成学习方法。它通过迭代地添加决策树来逐步降低预测误差，从而在各种任务中，尤其是回归和分类问题上表现出色。在 GBDT 中，每一棵新的决策树都是基于之前所有树的预测结果和实际值之间的差异（即残差）进行训练的，这样每一棵树都能对之前的预测进行修正，从而提高整体的预测精度。

3. 基于深度学习的模型

近年来，随着深度学习技术的快速发展，卷积神经网络（convolutional neural networks，CNN）、循环神经网络（recurrent neural network，RNN）等常被用来构建短时交通流预测模型，预测方法包括 ST-ResNet、DMVST-Net、ASTGCN 等。

在短时交通流预测中，卷积神经网络通常用于处理交通流量图像数据，循环神经网络通常用于处理时间序列数据，都使用历史数据来训练模型。

ST-ResNet 利用 3 个残差网络单元建模拥挤交通的时间段（period）、紧密度（closeness）和趋势（trend），聚集它们的输出，并和一些额外的因素（如天气、日期）进行合并，预测每个区域的流入量和流出量，ST-ResNet 预测示意图如图 5.4 所示。

DMVST-Net 采取多视角（空间、时间、语义）对问题进行建模，通过历史数据来预测下一时刻的交通流量，DMVST-Net 预测示意图如图 5.5 所示。

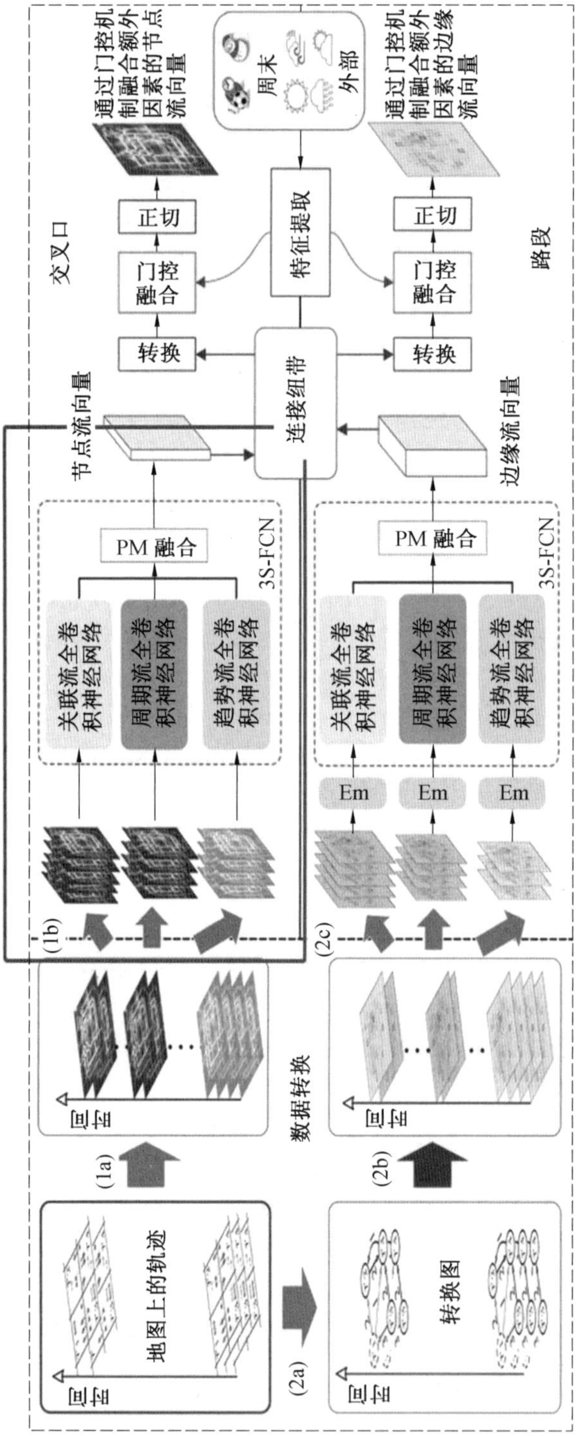

图 5.4 ST-ResNet 预测示意图

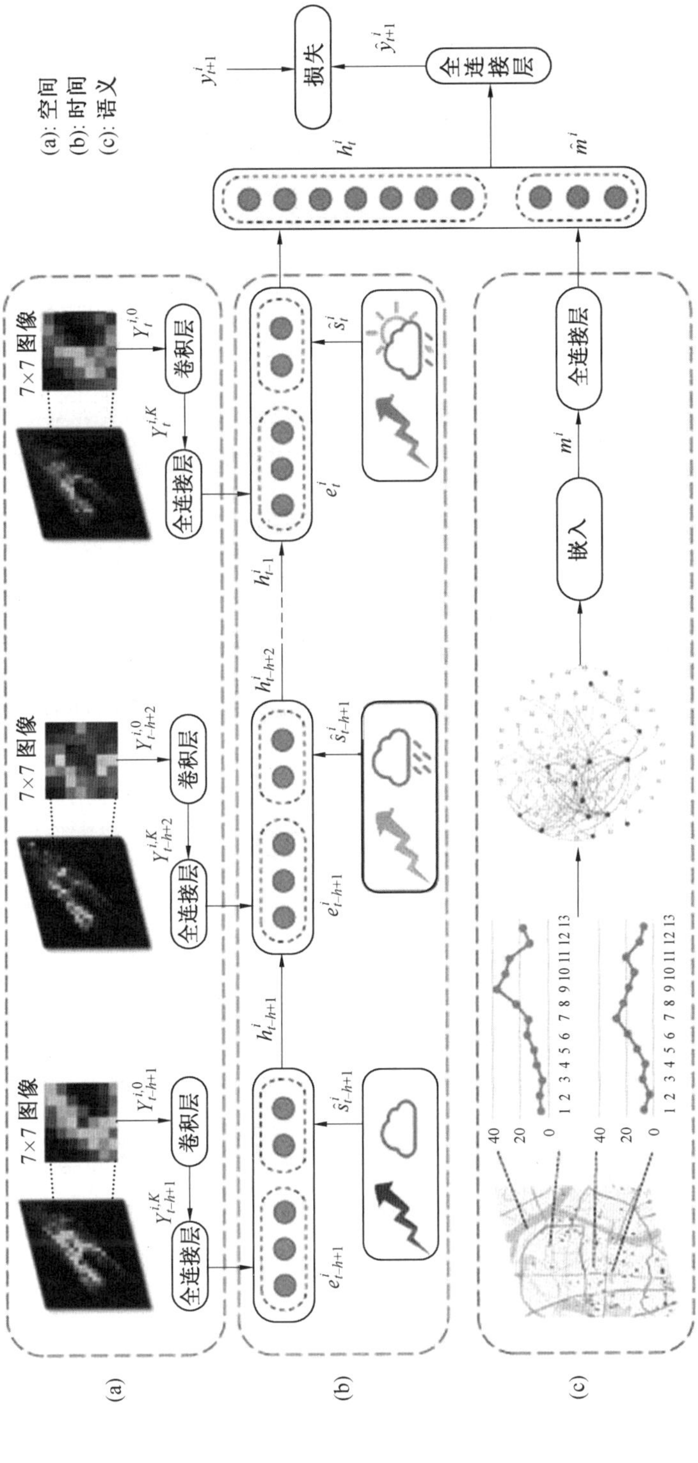

图 5.5 DMVST-Net 预测示意图

ASTGCN 同时采用图卷积和注意力机制去对网络结构形式的交通数据进行建模，创新之处在于：提出时空注意力机制学习交通数据的动态时空相关性，空间注意力机制建模不同位置空间相关性，时间注意力机制捕获不同时刻的动态时间相关性；设计时空卷积模块，建模交通数据的时空相关性。ASTGCN 预测示意图如图 5.6 所示。

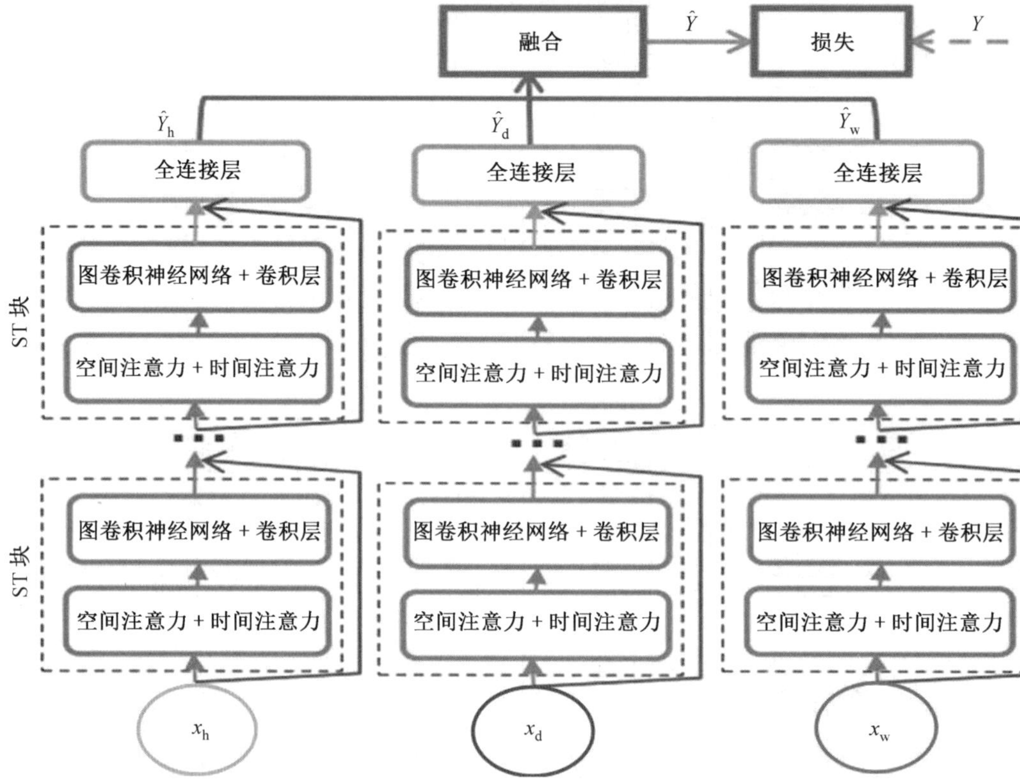

图 5.6　ASTGCN 预测示意图

ASTGCN 模型包含 3 个主要部分，分别用来对最近时段、日和周进行建模，提取依赖特征。3 个部分具有相同的网络结构，每部分由多个时空卷积模块和一个全连接层组成，在每个时空块中都有时空注意力模块和时空卷积模块。最后，利用一个参数矩阵对 3 个分量加权合并，得到最终预测结果。

4. 混合方法

混合方法是近年来短时交通流预测中常用的一种方法，它将不同方法的优点结合起来，以提高预测精度和稳定性。混合方法通常将多种不同的模型或算法结合起来，以获得更好的预测结果。混合方法包括基于统计和机器学习的混合方法、基于深度学习和机器学习的混合方法等。

基于统计和机器学习的混合方法通常将统计学方法和机器学习方法结合起来，以获得更好的预测结果，如可以使用时间序列分析和支持向量回归相结合的方法来预测交通流量。基于深度学习和机器学习的混合方法通常将深度学习方法和机器学习方法结合起来，以获得更好的预测结果，如使用卷积神经网络和支持向量回归相结合的方法来预测交通流量。

5.3　自适应信号控制算法

自 Miller 算法提出以来，大量学者从交通工程和控制工程两个领域介入单点自适应信号控制策略的研究，逐渐形成了交通工程和控制工程两个研究体系。前者以 Miller、Bang、Gartner 等人为代表，后者以 Pappis、Favilla 等人为代表。

目前，交通工程研究体系中比较公认的单点自适应信号控制策略包括 Miller 算法、TOL（traffic optimization logic）、OPAC（optimization policies for adaptive control）、MOVA（microprocessor optimized vehicle actuation）、SAST（stepwise adjustment of signal timing）、SPPORT（signal priority procedure for optimization in real-time）和 TACOS（traffic adaptive control for over-saturated intersections）等。

单点自适应信号控制策略的研究重点集中在相位切换决策方法及相关优化模型、逻辑规则和控制算法 3 个方面。根据相位切换决策依据的不同，单点自适应信号控制策略可分为以下 3 类。

（1）基于优化模型的控制策略。

（2）基于规则的控制策略。

（3）基于规则和优化模型的混合控制策略。

5.3.1　基于优化模型的控制策略

基于优化模型的控制策略以车辆延误、停车次数等指标（或其线性加权）最小为优化目标，以绿灯时间作为控制参数，根据实时采集的车辆到达信息进行优化计算，决定是延长绿灯时间还是切断绿灯时间。

1. Miller 算法

Miller 算法是基于优化模型的单点自适应信号控制策略的原型。它以两相位控制交叉口为研究对象，以车辆延误最小建立优化模型。

Miller 算法要求在每条进口车道距离停车线上游 10 s 自由行驶时间的位置布设一组检测器，用以采集车辆到达信息。将绿灯时间划分为若干时间单元 ΔT（$\Delta T=2$ s）。某一相位绿灯亮起后，根据交叉口所有进口车道的车辆到达信息，预测 $T\sim(T+\Delta T)$ 时间内绿灯相位的车辆延误 D_g 和红灯相位的车辆延误 D_r，得到交叉口的车辆延误 D（$D=D_g+D_r$）。若 $D\geqslant 0$，延长绿灯时间，反之，切断绿灯时间。

Miller 算法的相位切换决策方法如图 5.7 所示。

若 $(T+\Delta T)$ 时刻切断绿灯时间，$T\sim(T+\Delta T)$ 时间内，绿灯相位的车辆延误等于 ΔT 时间内能够通过停车线的车辆在下一红灯期间（取上一红灯显示时间）产生的延误之和，红灯相位的车辆延误等于排队车辆和即将到达队尾的车辆在 ΔT 时间内产生的延误之和。

De la Bretegue 等人在巴黎近郊的一个交叉口对 Miller 算法、空档时间控制策略、流量密度控制策略进行了实地测试。结果显示：当交叉口到达交通量小于 1 300 辆/h 时，

Miller 算法的控制效益低于两种感应控制策略，随着到达交通量的增加，Miller 算法的控制效益逐渐提高；当交叉口到达交通量接近 3 000 辆/h 时，Miller 算法的车辆延误较空档时间控制策略下降了 18%。

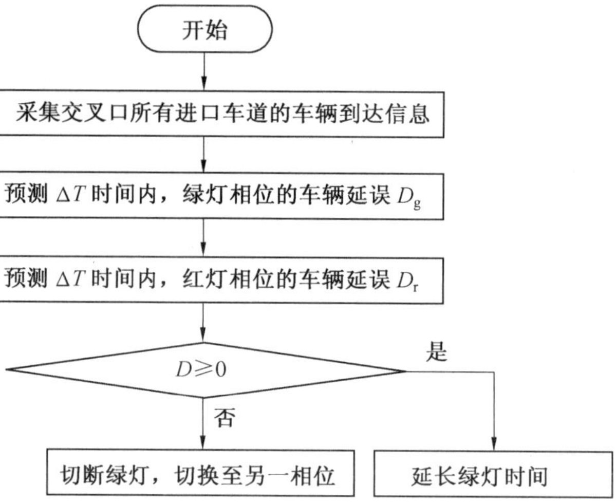

图 5.7　Miller 算法的相位切换决策方法

2. TOL 算法

Bang 等人借鉴 Miller 算法的设计思想，提出了以车辆延误的当量费用建立优化模型的 TOL 方法。TOL 采用以下两类检测器采集车辆到达信息。

(1)路段检测器，布设于停车线后 30～120 m；

(2)长线圈检测器，紧邻停车线布设。

绿灯时间划分为若干时间单元 $\Delta T(\Delta T=1\ \text{s})$。Lin 等人进一步阐述了 TOL 的优化模型及其参数构成，见式 5.1～5.5。

假定：相位 A 为绿灯相位，相位 B 为红灯相位。若 $F_a>0$，延长绿灯时间，反之，切断绿灯时间，切换至相位 B。

$$F_a=f_1\cdot R_a\cdot K_a+f_2\cdot K_a-f_1\cdot\Delta T\cdot N_b-f_2\cdot M_b \tag{5.1}$$

$$R_a=Y_a+Y_b+(N_b(0)+Y_b\cdot Q_b)/[S_b(1-Q_b/S_b)] \tag{5.2}$$

$$K_a=N_a(0)\cdot\Delta T\cdot V_a/L_a \tag{5.3}$$

$$N_b=N_b(0)+Y_b\cdot Q_b \tag{5.4}$$

$$M_b=\Delta T\cdot Q_b \tag{5.5}$$

式中　F_a——时间间隔 ΔT 内，相位 A、B 的当量费用总和；

f_1——车辆延误的当量费用；

R_a——若切断相位 A 的绿灯时间，相位 A 的下一红灯显示时间，s；

K_a——时间间隔 ΔT 内，相位 A 所有进口车道能够通过停车线的车辆数，辆；

f_2——车辆减速至停车，以及重新加速到正常行驶速度的当量费用；

N_b——相位 B 所有进口车道当前的排队车辆数，辆；

M_b——时间间隔 ΔT 内，相位 B 所有进口车道能够减速至停车的车辆数，辆；

Y_a——相位 A 切换至相位 B 的绿灯间隔时间，s；

Y_b——相位 B 切换至相位 A 的绿灯间隔时间，s；

$N_b(0)$——计算 F_a 时，相位 B 关键进口车道的排队车辆数，辆；

Q_b——相位 B 所有进口车道的平均车辆到达率，辆/s；

S_b——相位 B 关键进口车道的饱和流率，辆/s；

L_a——路段检测器到停车线的距离，或长线圈检测器的长度，m；

$N_a(0)$——计算 F_a 时，相位 A 关键进口车道上处于检测器和停车线之间的车辆数，辆；

V_a——相位 A 进口车道的平均车速，m/s。

Bang 等人的实地测试结果显示，随着交叉口到达交通量的增加，TOL 算法的控制效益逐渐优于感应控制策略。当到达交通量接近 4 000 辆/h 时，TOL 算法的车辆延误较感应控制策略下降了 25%。

3. OPAC 算法

Gartner 为了实现控制参数的长时全局优化，提出了以车辆延误最小建立优化模型，采用滚动优化算法的 OPAC（或称 ROPAC）算法。

OPAC 算法要求在每条进口车道距离停车线 10～15 s 或 122～183 m 的位置布设一组检测器，用以采集车辆到达信息。控制时段划分为若干预测时间窗 H（$H=50$～100 s），每个预测时间窗包括 k 个时间单元 ΔT。预测时间窗由两个区间组成：信息采集区间包括 r 个时间单元，$r\times\Delta T$ 取为检测器与停车线之间的自由行驶时间；信息预测区间包括 $(k-r)$ 个时间单元。

OPAC 算法的相位切换决策方法分为 5 个步骤，滚动优化过程如图 5.8 所示。

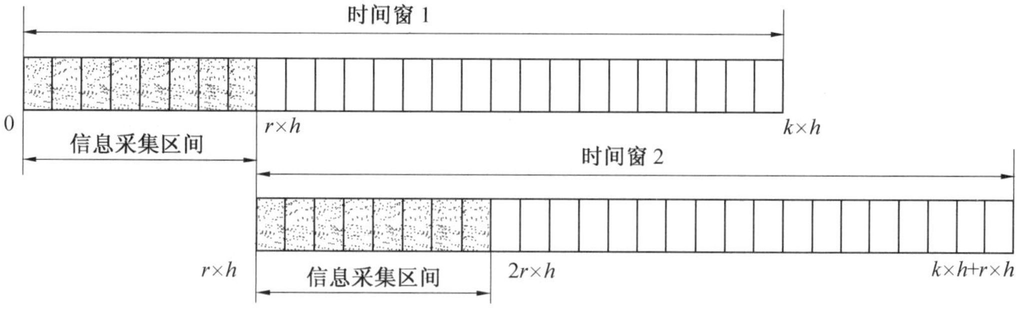

图 5.8　滚动优化过程

第 1 步：确定 H、k、ΔT、r 的取值。

第 2 步：采集 $(0\sim r\times\Delta T)$ 时间内的车辆到达信息，预测 $(r\times\Delta T\sim k\times\Delta T)$ 时间内的车辆到达信息。

第 3 步：计算所有备选相位切换方案可能产生的车辆延误，根据车辆延误最小的相位切换方案生成控制动作。

第 4 步：实施 $(0\sim r\times\Delta T)$ 时间内的控制动作。

第 5 步：到达 $r\times\Delta T$ 时刻，开启下一预测时间窗，重复步骤 2～5。

Gartner 使用城市网络仿真软件(NETSIM)对图森(Tucson)的一个交叉口进行了 5 组(30 min/组)仿真测试。结果显示:与定时控制策略相比,OPAC 算法能够有效降低交叉口的车辆延误,平均降幅为 58.4%。Gartner 等人在 3 个交叉口对 OPAC-RT Version 1.0、2.0 和经过优化设计的感应控制策略进行了实地测试,结果显示:当交叉口到达交通量较小时,与感应控制策略相比,OPAC-RT Version 1.0 的车辆延误降低了 3.9%,停车率降低了 1.6%;当交叉口到达交通量增加 4%时,与感应控制策略相比,OPAC-RT Version 1.0 的车辆延误降低了 15.9%,停车率增加了 3.9%,OPAC-RT Version 2.0 的车辆延误降低了 7.7%,停车率降低了 9.5%。Andrews 等人对美国新泽西州 18 号国道(New Jersey Route 18)实施 OPAC Version 2.0 的一个交叉口进行了实地测试,结果显示:非饱和状态下,与分时段控制策略相比,OPAC 算法能够在不影响次路交通运行质量的同时减少主路 39.7%的停车延误。

4. MOVA 算法

Vincent 等人借鉴 Miller 算法设计思想,提出了适应交通状态连续变化的 MOVA 算法。

MOVA 算法要求在每条进口车道停车线上游的 40 m 处布设 X-检测器,在 100 m 处布设 IN-检测器,用以采集车辆到达信息,判别进口车道的交通状态。MOVA 算法的后续版本中,X-检测器和 IN-检测器分别布设于停车线上游(3.5 s+5 m)和(8~9 s+5 m)的位置。

对于某一机动车相位,当满足下列情况之一时,MOVA 算法认为该相位处于过饱和状态:

(1)一定时间内,一条或多条进口车道停车线后的排队车辆数超过某一阈值。

(2)一定时间内,一条或多条进口车道检测器的占有时间超过某一阈值。

当处于过饱和状态的相位绿灯亮起时,MOVA 算法进入过饱和工作模式,采用以实际通过车辆数建立的优化模型进行相位切换决策,直至无相位处于过饱和状态;当处于非饱和状态的相位绿灯亮起时,MOVA 算法进入非饱和工作模式,采用以车辆延误和停车次数的线性加权建立的优化模型进行相位切换决策,直至出现过饱和相位。

非饱和工作模式下,MOVA 算法的控制流程分为 3 个步骤。

第 1 步:绿灯显示时间是否大于最小绿灯时间。若"是",执行第 2 步。

第 2 步:绿灯相位任意一条进口车道 X-检测器的空档时间是否大于饱和车头时距。若"是",执行第 3 步。

第 3 步:相位切换决策过程。该过程与 Miller 算法和 TOL 算法类似。绿灯时间 T 划分为若干时间间隔 ΔT($\Delta T=1$ s)。优化模型中,车辆延误与停车次数成一定比例关系。

T~($T+\Delta T$)时间内,假定绿灯相位的到达车辆以自由流状态行驶。根据绿灯相位的 X-检测器和 IN-检测器采集的车辆到达信息和一系列车辆运行轨迹模型,每隔 0.5 s 计算一次车辆的当前位置信息,估计 ΔT 时间内能够通过停车线的车辆数,预测 T~($T+\Delta T$)时间内绿灯相位的函数值 F_g。根据红灯相位的 X-检测器和 IN-检测器采集的车辆到达信息,估计红灯期间的平均车辆到达率和当前的排队车辆数,预测 T~($T+$

ΔT)时间内红灯相位的函数值 F_r。若 $F_g>F_r$，延长绿灯时间，反之，切断绿灯时间。

过饱和工作模式下，过饱和相位的控制流程分为两个步骤。

第 1 步：绿灯显示时间是否大于最小绿灯时间。若"是"，执行第 2 步。

第 2 步：相位切换决策过程。每隔 0.5 s 计算一次绿灯时间利用率，预测保持绿灯相位的实际通过车辆数最大所需的绿灯时间，到达该时间后，切断绿灯时间。

过饱和工作模式下，非饱和相位的控制流程分为两个步骤。

第 1 步：与非饱和工作模式的第 1 步相同。

第 2 步：相位切换决策过程。绿灯相位所有进口车道 X-检测器的空档时间是否大于饱和车头时距。若"是"，切断绿灯时间，反之，延长绿灯时间。

Vincent 等人在 3 个交叉口对 MOVA 算法和一种感应控制策略进行了 10 组实地测试，7 组测试中 MOVA 算法的车辆延误较感应控制策略降低了 5～12%，另外 3 组测试的车辆延误降幅分别为 7%、20% 和 30%。Peirce 等人对 Havcring-A127 一个交叉口的早高峰关键车流进行了实地测试，结果显示：与感应控制策略相比，MOVA 算法平均能够减少 42.5% 的车辆延误。同时，20 处实施 MOVA 算法交叉口的闯红灯事件减少了 28%～50%。

5.3.2　基于规则的控制策略

基于规则的控制策略针对不同的交通事件建立起一系列逻辑规则，以绿灯时间作为控制参数，根据实时采集的车辆到达信息进行逻辑判断，决定延长或切断绿灯时间。Lin 出于降低相位切换决策方法对预测信息依赖程度的目的，提出了以绿灯相位当前最大排队车辆数建立核心规则的基于队列的逻辑。

它要求在每条进口车道停车线上游的 120 m 处布设一组检测器，用以采集车辆到达信息。绿灯时间 T 划分若干时间间隔 ΔT($\Delta T=2$ s)。$T\sim(T+\Delta T)$时间内，根据交叉口所有进口车道的车辆到达信息和 3 项逻辑规则的判断结果，决定延长或切断绿灯时间。基于队列的逻辑(queue-based logic)的控制流程如图 5.9 所示。

规则 1：若绿灯相位的冲突相位当前无车辆排队或未来 $r\times\Delta T$($r=3$)时间内无车辆到达停车线，延长绿灯时间 $r\times\Delta T$，反之，执行规则 2。

规则 2：若绿灯相位的最大排队车辆数 $L_{i,\max}$ 大于冲突相位的最大排队车辆数 $L_{c,\max}$，并且绿灯相位的排队车辆总数 TL_i 大于冲突相位的排队车辆数之和 TL_c，延长绿灯时间，直至最大绿灯时间 $T_{i,\max}$，反之，执行规则 3。

规则 3：若绿灯相位的最大排队车辆数 $L_{i,\max}$ 大于等于 L_f($L_f=0.5\sim1.5$)，延长绿灯时间，直至最大绿灯时间 $T_{i,\max}$，反之，切断绿灯时间。

Lin 的仿真测试结果显示：queue-based logic 与一种更为复杂的控制策略 SAST 的控制效益基本相当。

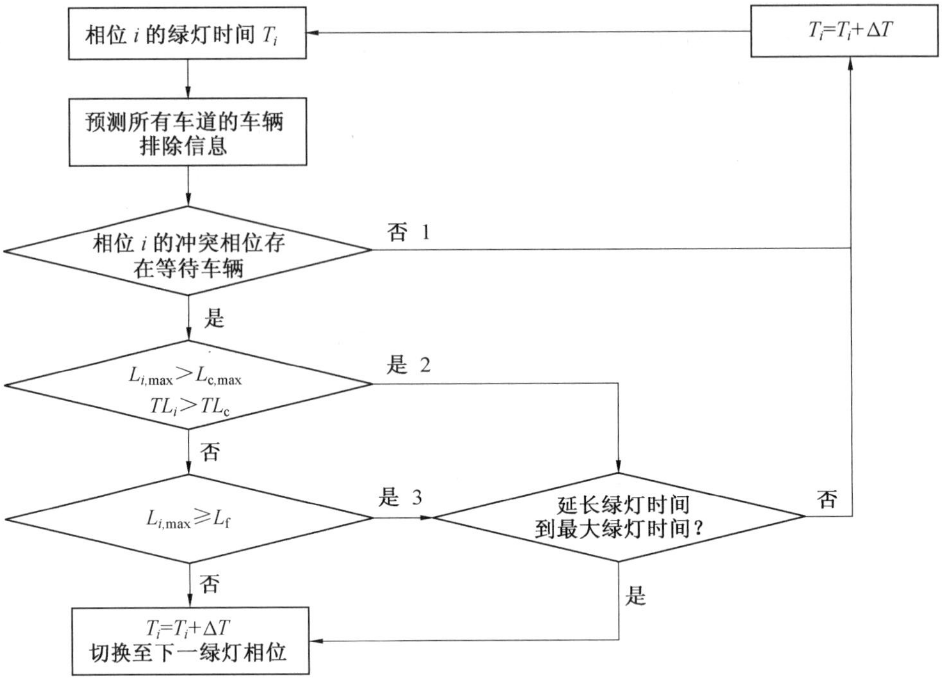

图 5.9　基于队列的逻辑(queue-based logic)的控制流程

5.3.3　基于规则和优化模型的混合控制策略

基于规则和优化模型的混合控制策略将相位切换决策方法划分为逻辑判断和优化计算两个阶段：逻辑判断阶段，针对不同的交通事件建立一系列逻辑规则，根据实时采集的车辆到达信息进行逻辑判断，决定是否进入优化计算阶段；优化计算阶段，以车辆延误、停车次数等指标(或其线性加权)最小为控制目标，以绿灯时间作为控制参数，根据实时采集的车辆到达信息进行优化计算，决定延长或切断绿灯时间。

1. SAST 算法

SAST 算法建立的逻辑规则与 queue-based logic 基本类似。$T\sim(T+\Delta T)$时间内，根据交叉口所有进口车道的车辆到达信息和 3 项逻辑规则的判断结果，决定是否进入优化计算阶段。

规则 1：若绿灯相位的冲突相位当前无车辆排队或未来 $r\times\Delta T(r=3)$时间内无车辆到达停车线，延长绿灯时间 $r\times\Delta T$，反之，执行规则 2。

规则 2：若绿灯相位当前的最大排队车辆数 $L_{i,\max}$ 大于 $L(L=4)$，延长绿灯时间，反之，执行规则 3。

规则 3：若绿灯相位的最大排队车辆数 $L_{i,\max}$ 大于冲突相位的最大排队车辆数 $L_{c,\max}$，并且绿灯相位的排队车辆总数 TL_i 大于冲突相位的排队车辆数之和 TL_c，延长绿灯时间，反之，进入优化计算阶段。

优化计算阶段分为两个步骤，以交叉口的车辆延误或关键车道的车辆延误建立目标函数。

第 1 步：假定($T+\Delta T$)时刻切断绿灯时间，生成备选相位切换方案，估计可能产生的最小车辆延误 $D_{\min}$。

第 2 步：假定($T+2\Delta T$)时刻切断绿灯时间，生成备选相位切换方案，逐一预测可能产生的车辆延误 D_r。若 $D_r \leqslant D_{\min}$，且未到达最大绿灯时间，延长绿灯时间，反之，假定($T+r\times\Delta T$，$r=3,4,5,\cdots$)时刻切断绿灯时间，重复执行步骤 2。当 r 大于某一阈值 $N_{\max}$ 时($N_{\max}=2$)，切断绿灯时间。

SAST 算法优化计算流程如图 5.10 所示。

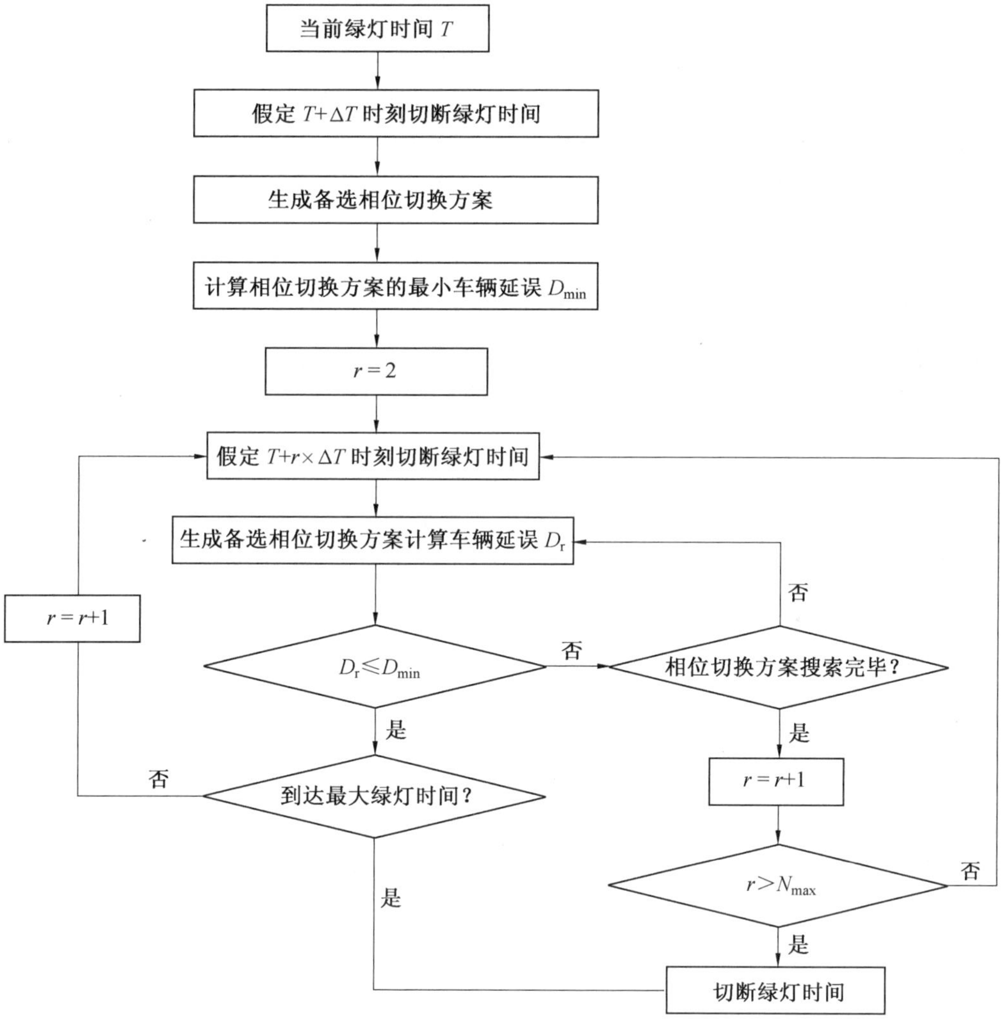

图 5.10　SAST 优化计算流程

Lin 对 SAST 算法和一种感应控制策略进行了仿真测试。结果显示：对于四相位控制交叉口，当交叉口到达交通量较低时，SAST 算法与感应控制策略的控制效益基本相当。随着到达交通量的增加，与感应控制策略相比，SAST 算法能够减少 8%～15%的车辆延误。

2. SPPORT 算法

Yagar 等人考虑公交车辆对交叉口通行能力的影响，提出了具备公交优先功能的 SPPORT 算法。

SPPORT 算法要求在每条进口车道停车线上游的战略位置布设检测器，但未对布设位置做出硬性要求。

Conrad 和 Dion 等人相继对 SPPORT 算法进行了补充和改进，针对下列 9 种交通事件建立了逻辑规则，并赋予其不同的优先级。

(1)若红灯相位的排队车辆数大于某一阈值，该相位绿灯亮起。

(2)若红灯相位的排队长度大于某一阈值，该相位绿灯亮起。

(3)若绿灯相位的排队长度大于某一阈值，延长绿灯时间。

(4)若延长绿灯时间将会导致下游交叉口排队溢出，切断绿灯时间。

(5)若红灯相位的停车线上游存在一定数量以车队形式到达的车辆，该相位绿灯亮起，并保证这些车辆能够不停车通过停车线。

(6)若绿灯相位的排队车辆尚未完全通过停车线，延长绿灯时间。

(7)若绿灯相位的车辆以车队的形式通过停车线，延长绿灯时间。

(8)若公交车辆即将进站，切换其所属相位至绿灯，保证该车辆顺利进站。

(9)若公交车辆即将到达停车线，切换其所属相位至绿灯，保证该车辆顺利通过停车线。

SPPORT 算法根据车辆到达信息、优先级列表和逻辑判断结果，决定是否进入优化计算阶段。优化计算阶段，以车辆延误和停车次数的线性加权建立目标函数，采用类似于 OPAC 算法的滚动优化算法预测相位切换方案的性能指标(预测时间窗范围为 40～120 s，信息采集区间为 5～10 s)，选择并实施性能指标最小的相位切换方案。

Conrad 等人对 SPPORT 算法和一种经过优化设计的定时控制策略进行了仿真测试，结果显示：当交叉口到达交通量较小时，SPPORT 算法的性能指标较定时控制策略降低 8%，随着到达交通量的增加，SPPORT 算法的目标函数值最多能够降低 30%。Dion 等人对 SPPORT 算法、一种经过优化设计的定时控制策略和一种感应控制策略进行了仿真测试，结果显示：SPPORT 算法产生的公交乘客人均延误，较定时控制策略降低了 43%，较感应控制策略降低了 20.6%。

3. TACOS 算法

Li 提出了以红灯相位排队头车的等待时间建立核心规则、适用于过饱和状态的 TACOS 算法。

TACOS 算法要求采用先进的环形线圈检测器采集车辆到达信息。在每条进口车道的展宽段开始位置布设上游检测器，在紧邻停车线后布设停车线检测器。

绿灯结束时刻，若红灯相位的排队头车等待时间大于 WT_{max}(WT_{max} = 30～180 s)，切断绿灯时间，反之，进入优化计算阶段。

优化计算阶段分为 7 个步骤，以实际通过车辆数建立目标函数。

第 1 步：采用式(5.6)、(5.7)估计备选相位 P 关键车道的排队车辆数 N_{p}。

$$N_{\mathrm{p}}=\max[\max(N_i)_{\mathrm{m}}] \tag{5.6}$$

$$(N_i)=(N_i)^{-1}+(N_i)_1-(N_i)_2 \tag{5.7}$$

式中　m——相位 P 控制的机动车流；

i——相位 P 的进口车道编号，$i=1,2,\cdots$；

$(N_i)_{\mathrm{m}}$——当前信号周期，车流 m、车道 i 的排队车辆数，辆；

$(N_i)^{-1}$——上一信号周期，车道 i 的排队车辆数，辆；

$(N_i)_1$——当前信号周期，到达车道 i 上游检测器的车辆数，辆；

$(N_i)_2$——当前信号周期，通过车道 i 停车线检测器的车辆数，辆。

第 2 步：采用式(5.8)计算相位 P 的绿灯时间 G_{p}。G_{p} 应保证相位 P 关键车道的排队车辆以及后续到达的车辆能够不停车通过停车线。

$$G_{\mathrm{p}}=\mathrm{SULT}+(N_{\mathrm{p}}+\mathrm{NA}_{\mathrm{p}})H_{\mathrm{dw}} \tag{5.8}$$

式中　SULT——排队头车的起动延误，s；

NA_{p}——相位 P 的绿灯启亮后，到达关键车道的车辆数，辆；

H_{dw}——饱和车头时距，s/辆。

第 3 步：根据绿灯时间的边界条件校正 G_{p}。边界条件包括最小绿灯时间、最大绿灯时间和行人安全过街时间。

第 4 步：采用式(5.9)预测相位 P 的绿灯期间能够通过停车线的车辆数 ND_{p}。

$$\mathrm{ND}_{\mathrm{p}}=\sum_{\mathrm{m}}\sum_{i}[(N_i)_{\mathrm{m}}+(\mathrm{NA}_i)_{\mathrm{m}}] \tag{5.9}$$

若$(N_i)_{\mathrm{m}}$ 不是相位 P 关键车道的排队车辆数，$(\mathrm{NA}_i)_{\mathrm{m}}=G_{\mathrm{p}}\cdot(N_i)_{\mathrm{m}}/(r_i)_{\mathrm{m}}$，其中，$(r_i)_{\mathrm{m}}$ 为车流 m、车道 i 的有效红灯时间；若$(N_i)_{\mathrm{m}}$ 是相位 P 关键车道的排队车辆数，$(\mathrm{NA}_i)_{\mathrm{m}}=\mathrm{NA}_{\mathrm{p}}$。

第 5 步：计算相位 P 的交叉口利用程度 E_{p}，$E_{\mathrm{p}}=\mathrm{ND}_{\mathrm{p}}/G_{\mathrm{p}}$。

第 6 步：重复执行步骤 1～5，计算所有备选相位的交叉口利用程度。

第 7 步：选择备选相位中交叉口利用程度最大的相位作为下一绿灯相位，切断绿灯时间。

Li 在多种交通条件下对 TACOS 算法、一种定时控制策略和一种感应控制策略进行了仿真测试，结果显示：TACOS 算法产生的实际通过车辆数、车辆延误、排队时间、停车率、行驶车速等指标均明显优于定时控制策略和感应控制策略。

5.4　自适应信号控制策略存在的主要问题

1. 预测可靠性亟待提高

上述自适应信号控制策略的相位切换决策方法无一例外地要求预测未来一定时间内进口车道上游的车辆到达信息，进而进行一系列的逻辑判断和优化计算。预测信息的可靠性是影响控制效益的主要因素。单个信号交叉口各进口车道的车辆到达呈显著的随机性，车辆到达信息的预测误差不可避免。预测误差的大小取决于以下几个方面。

(1)建立预测模型所需假设条件的严格程度。

(2)检测设备的布设位置、工作方式、检测精度和工作状况。

(3)当地的道路交通条件。

2. 逻辑规则和优化模型的客观性难以保证

上述自适应信号控制策略的相位切换决策方法针对一定的控制目标和控制参数,建立了诸多逻辑规则和优化模型,它们能否客观地反映当前和未来一定时间内交叉口时间资源的"供求关系",是影响控制效益的决定因素。

以 Miller 算法为例:相位切换决策过程中,$T \sim (T+\Delta T)$时间内,假定绿灯相位产生的车辆延误等于 ΔT 时间内能够通过停车线的车辆在下一红灯期间(取为上一红灯显示时间)产生的延误之和。但是,绿灯相位的下一红灯显示时间是根据各进口车道的实时车辆到达信息而动态变化的,若简单地将其取为上一红灯显示时间,必然无法客观地反映交叉口时间资源的"供求关系"。对于多相位控制交叉口,这一问题尤为突出。

此外,行人和公交车辆的通行需求未得到充分重视。行人和公交车辆是交通主体的重要组成部分,上述相位切换决策方法的逻辑规则和优化模型均是面向机动车建立的,均未将行人的通行需求作为相位切换决策的依据。除 SPPORT 算法外,其他相位切换决策方法均不具备公交优先功能。

3. 单点自适应信号控制策略的设计体系尚待完善

经过长期发展,单点自适应信号控制策略的相位切换决策方法在 Miller 算法和 OPAC 算法基础上逐渐形成了两种设计架构,即控制参数的短时在线调整和长时在线调整。但是,由于 Miller 和 Gartner 仅针对两相位控制交叉口进行了讨论,没有系统地论述相位切换决策方法设计的一些基础性问题,使得相位切换决策方法的技术架构存在"先天不足"。后续研究中,针对多相位控制交叉口,往往侧重于相位切换决策方法的推陈出新,对于相位切换决策方法设计的基础性问题的研究仍然比较匮乏,极大地制约了单点自适应信号控制策略研究的进一步发展。

目前,上述 8 种自适应信号控制策略中,仅有 OPAC 算法和 MOVA 算法进行了实际应用,其他控制策略仍停留在实验室测试阶段。影响单点自适应信号控制策略推广实施的最大障碍有以下几个方面。

(1)相位切换决策方法的复杂程度。

(2)相位切换决策方法对控制设备和交通数据检测设备的技术要求。

(3)软硬件设备的建设和运行维护费用。

第 6 章　不良天气及路面环境信号控制

6.1　定义与设计内容

6.1.1　定义

不良天气及路面环境指那些可能对道路交通安全运行产生不利影响并引起道路通行能力下降的各类天气和路面行车环境，包括冰雪、雨、雾、大风、沙尘暴、高低温、潮湿等。

不良天气及路面环境信号控制，指交通信号控制系统通过调整信号控制参数以适应天气及路面环境对道路交通流运行产生的影响，达到对不良天气及路面环境下道路交通流的优化控制。

依据交通信号控制方式的不同，不良天气及路面环境下交通信号控制所要求的系统组成差别较大。定时信号控制时，天气及路面环境的变化可通过人工识别方法并切换信号控制方案（预先制订各类天气及路面环境下的交通信号优化控制方案）的方式实现交通信号优化控制；感应信号控制和自适应信号控制时，需在交通信号控制系统中加装道路交通环境检测子系统，实时采集道路交通环境信息（冰、雪、雨、雾、风、温度、湿度等），交通信号控制系统根据检测到的道路交通环境信息，自动切换到相应的信号控制策略，实现交通信号的优化控制。

6.1.2　设计内容

不良天气及路面环境下交通信号控制设计的主要内容包括交通流调查（检测）、交通环境调查（检测）、信号优化控制决策和控制效益评价 4 个部分。

1. 交通流调查（检测）

通过人工调查（定时信号控制）或交通流检测（感应信号控制、自适应信号控制）的方法，确定并存储欲实施交通信号控制地点的交通流运行参数（交通流量、饱和流率、运行速度、损失时间等），为制订交通信号控制预案（定时信号控制）或控制策略（感应信号控制、自适应信号控制）奠定基础。

2. 交通环境调查（检测）

通过人工调查或交通环境检测的方法，获取欲实施交通信号控制地点的天气及路面环境信息，为切换交通信号控制方案（定时信号控制）或控制策略（感应信号控制、自适应信号控制）提供依据。

3. 信号优化控制决策

依据交通流调查(检测)、交通环境调查(检测)结果,结合定时信号控制、感应信号控制和自适应信号控制理论和方法,制订各类天气及路面环境下交通信号控制预案(定时信号控制)或控制策略(感应信号控制、自适应信号控制)。

4. 信号控制效益评价

以平均延误、排队长度、行程时间等作为信号控制效益评价指标,对比不同控制策略、控制方案的效果,优化路口时空资源。

6.2 不良天气及路面环境对道路交通的影响

6.2.1 道路交通安全

国外就不良天气及路面环境对交通安全的影响研究成果差异较大。几乎所有的研究文献都表明:在冰雪覆盖的道路上,发生车辆碰撞、刮擦交通事故的概率明显上升。英国学者 A. H. Perry 和 L. J. Symons 研究表明:在冰雪道路环境下交通事故伤亡率增加了 25%,事故率上升了 100%。另外,一些研究文献表明:冰雪道路环境下发生的交通事故损伤程度较非冰雪道路环境下要轻得多,主要归因于冰雪道路环境下运行速度的降低。

美国学者 A. J. Khattak、K. K. Knapp、K. L. Giese 和 L. D. Smithson 利用收集到的 54 处降雪地区交通事故数据对比分析表明:在同一时期,雪天每百万车辆·公里就会发生 5.86 起的车辆碰撞、刮擦事故;而在非雪天,每百万车辆·公里发生车辆碰撞、刮擦事故的概率仅为 0.41,二者之间的差异高达 13 倍多。T Maze、M Agarwal 和 G Burchett 的研究表明:在雪天,可见度和风速也会对车辆的碰撞、刮擦事故概率产生重要的影响。在低可见度(小于 1 km)和高风速(大于 40 km/h)情况下,车辆发生碰撞、刮擦事故的概率是正常天气条件下的 25 倍多。

表 6.1、6.2 列出了美国就天气条件对道路交通安全影响的研究成果。从表 6.2 中可以看到,21%的碰撞、刮擦事故发生在冬季;进一步分析表明,这 21%的碰撞、刮擦事故仅是在全年 5%有雪存在期间发生的,但在雪天发生的碰撞、刮擦事故损失较正常天气下有一定程度的降低(14%),这主要归因于雪天车速降低带来的结果。

表 6.1 不同天气条件下的自由流速度

天气条件	建议值/($km \cdot h^{-1}$)	天气条件	建议值/($km \cdot h^{-1}$)
晴　朗	120	大　雨	100
小雨/小雪	110	大　雪	70

表 6.2　1996—2000 年爱荷华州碰撞事故历史记录分析

车型	所有碰撞事故			冬季的碰撞事故			
	数量	平均严重程度	平均损失/美元	数量	占总数百分比	平均严重程度	平均损失/美元
商业车辆	22 048	13.6	38 103	5 487	25%	11.8	34 223
所有车辆	342 732	9.4	19 374	71 879	21%	8.1	16 770

同样，我国道路交通受不良天气影响也十分突出，据统计，2005—2008 年，辽宁省高速公路因天气原因及其造成的不良路况所引起的交通事故占事故总数的 20.4%。2009 年全国道路交通事故数据显示，下半年雨、雪、雾等不良天气及路面条件下发生道路交通事故导致的死亡人数同比上升了 13.3%。不良天气及路面环境对道路交通安全的影响主要表现在以下几个方面。

1. 能见度降低（雨、雪、雾、沙尘等天气）

雨、雪、雾、沙尘等天气直接降低空气能见度，大风天气通过吹起的飞雪、浮尘和杂物等影响驾驶员的视线。

能见度降低使得驾驶员可视距离缩短，因参照物减少甚至没有参照物，导致驾驶员判断距离和速度不准，容易引发交通事故；冬季低温天气时，还会造成车窗内侧有水汽凝结，使司机视线受损，难以分辨路况，增加行车风险。此外，能见度降低还使得驾驶员对路侧标志的视认性和可读性降低。

2. 轮胎与路面的附着系数减小（冰雪、雨、霜露、潮湿等天气）

车辆在潮湿路面行驶时，路表上覆盖着一层水膜，轮胎与路面的实际接触区域内，因水不能完全被挤出，由于流体压力会使得轮胎上浮，在一定程度上轮胎与路面接触脱空，从而降低了轮胎在路面上的附着能力，前轮可控性能变差，制动距离增加，容易形成滑水。英国在研究潮湿路面对交通安全的影响后建议，潮湿路面的停车距离至少应为干燥路面停车距离的 2 倍。

车辆在冰雪路面行驶时，因汽车轮胎与路面的摩擦系数减小，附着力大大降低，汽车驱动轮很容易打滑或空转，尤其是上坡、起步、停车时还会出现后溜车的现象。车辆在行驶中如果突然加速或减速，很容易造成侧滑及方向跑偏现象，增加车辆碰撞、刮擦的概率；遇情况紧急制动时，制动距离会大大延长，是一般干燥路面的 2～4 倍。在冰雪路面上，轮胎与路面的附着摩擦系数很小，冰路为 0.1，雪路为 0.2。汽车以 70 km/h 行驶时，在干沥青路上的制动距离为 58 m，在雪路上的制动距离为 117 m，在冰路上的制动距离则为 216 m。由此可见，在冰雪道路行驶时，应加大行车间距，至少应为干燥路面时的 2～3 倍以上。

3. 车辆受力状态改变（大风天气）

大风（特别是侧风）会使车辆在行驶过程中发生抖动和横向失稳，引起偏离车道或侧翻，既影响驾驶和乘坐的舒适性，又会给行车安全带来严重隐患。

4. 驾驶员心理压力增加，影响判断力

不良天气及路面环境下，能获取的周边交通环境信息迅速减少，驾驶员为了能更清楚地掌握路况，习惯性将身体前倾，长时间保持同一驾车姿势，容易引起以颈部、腰椎等部位的不良反应；由于头部过于接近挡风玻璃而产生视线的盲点，容易引起驾驶员的疲劳和心理上的烦躁，增加驾驶员的心理压力，一旦发生意外难以及时采取适当措施。

遇上阴雨天气，路上出行群众比较少，驾驶员会无形中提高行车速度，因为雨水的缘故，前挡风玻璃除了雨刷刷过的地方视线还算清晰外，其他地方都相当模糊，高速行驶和模糊视线直接影响驾驶员对周围人、车、路的判断；雪天行车，尤其是雪过天晴后，积雪对太阳光的反射会使驾驶人的眼睛受到强反射光的刺激，易造成驾驶人视力疲劳，同样影响安全行驶。此外，为提防路面和前方车辆发生突发情况，驾驶员会集中注意力目视前方，很少注意速度仪，依靠经验来判断车速，这样容易产生速度和距离的错觉，增大交通事故发生的风险。

5. 机动车安全性能下降

低温会降低机动车的各项安全性能，如低温情况下轮胎容易发硬变脆，而且容易漏气或者炸胎，刹车性能下降等。

6. 道路设施可靠性降低

不良天气及路面对道路、安全设施、安全标志等也会产生影响。持续阴雨天可能会使一些植被稀少的陡坡产生滑坡、泥石流等，阻断交通，造成交通危险。大风天气会将一些陈旧的交通标牌刮倒，影响驾驶人的行车判断。大雪、冰冻天气导致道路及各类道路安全设施硬脆易碎，失去其应有的安全防护作用。在洪水期间，冰雪融水携带大量泥沙，对沟口、桥梁等造成淤积，导致涵洞或桥下堵塞，形成洪水漫道，冲淤公路。

6.2.2 道路交通管理与控制

天气因素对道路交通流产生的影响及其导致的交通出行行为和决策的变化是一个复杂的过程，不良天气及路面环境对交通运输和管理的影响见表 6.3。

表 6.3 不良天气及路面环境对交通运输和管理的影响

天气	对道路影响	对交通流影响	对交通管理决策的影响
降水 （降水量，时长）	能见度 路面摩擦力 车道阻碍	道路通行能力 交通流速度 交通延误 事故风险	车辆性能（如牵引力） 驾驶员行为与能力 道路应对措施 交通配时方案 速度限制 疏散决策支持 制度协调

续表6.3

天气	对道路影响	对交通流影响	对交通管理决策的影响
路面状况 (湿滑,多雪,结冰)	路面摩擦力 基础设施破坏	道路通行能力 交通流速度 交通延误 事故风险	车辆性能 驾驶员行为与能力(如路线选择) 道路应对措施 交通配时方案 速度限制
雾	能见度	道路通行能力 交通流速度 交通延误 事故风险	驾驶员行为与能力 道路应对措施 进入限制 速度限制
风速	能见度、车道阻碍 (由于飞扬的雪花或尘埃)	交通流速度 交通延误 事故风险(侧翻)	车辆性能(如稳定性) 进入限制 疏散决策支持
极端温度及雷电	基础设施破坏	无	交通控制设施失灵 通信设施与电力设施失灵 维护与管理费用增加

1. 公路

美国就天气对高速公路交通流运行参数的影响开展了大规模、长时间的交通调查,天气对高速公路通行能力和速度的平均影响程度见表 6.4。

表 6.4　天气对高速公路通行能力和速度的平均影响程度

天气	剧烈程度	通行能力/(辆·h^{-1})	相对晴朗天气下降低的百分比/%	速度/(km·h^{-1})	相对晴朗天气下降低的百分比/%
雨	0	2 318	—	106.5	—
	>0~0.254 mm/h	2 272	2	104.4	2
	>0.254~6.35 mm/h	2 152	7	102.4	4
	>6.35 mm/h	1 992	14	100.1	6
雪	0	2318	—	106.5	—
	≤1.27 mm/h	2 220	4	102.0	4
	1.28~2.54 mm/h	2 117	9	97.7	8
	2.55~12.7 mm/h	2 064	11	96.4	9
	>12.7 mm/h	1 801	22	92.1	13

续表6.4

天气	剧烈程度	通行能力/(辆·h^{-1})	相对晴朗天气下降低的百分比/%	速度/(km·h^{-1})	相对晴朗天气下降低的百分比/%
温度	≥10 ℃	2 293	—	108.9	—
	10 ℃～1 ℃	2 269	1	107.5	1
	0 ℃～(−20 ℃)	2 259	1	107.5	1
	<−20 ℃	2 099	8	106.7	2
风速	≤16 km/h	2 334	—	109.3	—
	16～32 km/h	2 309	1	108.8	1
	>32 km/h	2 300	1	108.1	1
能见度	>1.6 km	2 342	—	112.3	—
	1.6～0.816 km	2 115	10	104.8	7
	0.816～0.4 km	2 069	12	104.3	7
	<0.4 km	2 096	11	99.1	12

从表6.4可见，天气对高速公路交通流运行的影响比较明显。

2. 城市道路

(1)饱和流率。

美国犹他州交通实验室(Utah traffic lab，UTL)通过大量的交通调查发现，不良天气及路面环境下城市道路车道饱和流率较正常路面环境下发生了显著改变，图6.1刻画了这种变化关系。

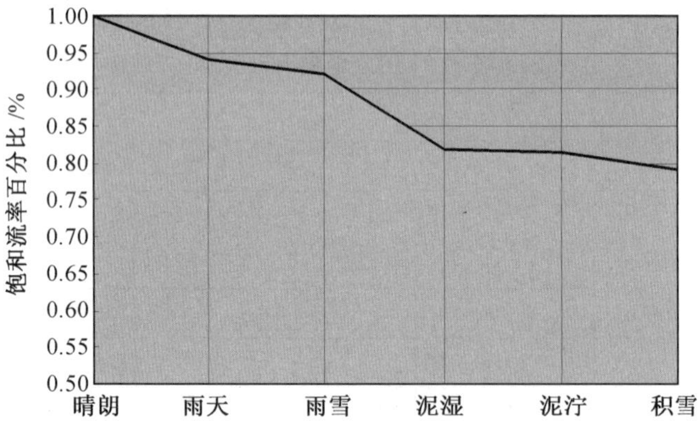

图6.1 不良天气及路面环境下饱和流率的对比

Abolusu-Aminson在佛蒙特州也对各类天气及路面环境下的车道饱和流率进行了对比研究，结果见表6.5。

表 6.5　各类天气及路面环境下车道饱和流率变化情况(佛蒙特州)

道路状况	饱和流率减小率/%	
	水平道路	上坡道路
干燥	0	0
湿润	3	2
湿润且有雪	7	4
泥泞	7	15
严重积雪	16	16

(2)平均车速。

美国犹他州交通实验室还对不良天气及路面环境下城市道路平均车速开展了对比研究,图 6.2 刻画了这种变化关系。

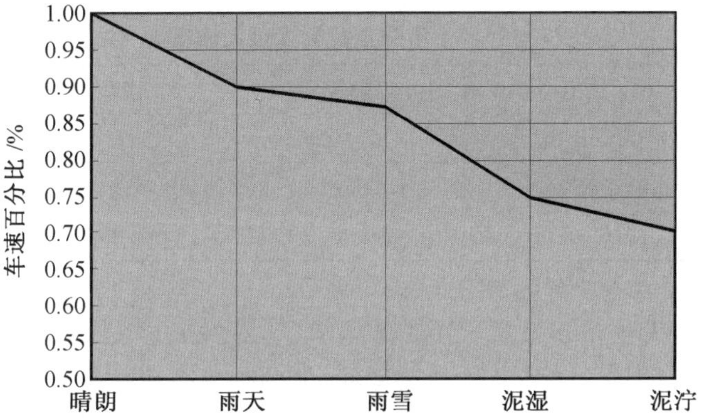

图 6.2　不良天气及路面环境下速度的对比

从图 6.2 可以看出,平均车速相对天气的变化呈不规则的线性规律,泥湿、泥泞车速变化尤为剧烈。

日本名古屋大学 Yamamoto Toshiyuki 等人观测到的暴雨天气下行程车速较美国的观测结果要小 3～4 km/h,这种差异是天气因素和道路交通运行环境综合作用的结果。

对比国内调查数据(表 6.12),在同等不良天气下,国内的车速变化更为剧烈。此外,交叉口车辆运行速度受天气及路面环境影响时,具有一定的线性规律。

(3)起动损失时间。

启动损失时间由车辆队列的前 4～5 辆车决定,从第 6 辆车开始,车队前进速度会变得较稳定。冰雪路面附着系数低,车辆轮胎与地面的摩擦系数小,使得在交叉口进口道排队车辆首车的起动速度下降,从而导致车辆起动损失时间的增加。

研究表明,同样是雪天,不同国家和地区车辆的起动损失时间变化不一样,美国学者 P. J. Maki 调查得到的起动损失时间从 2 s 增加到了 3 s(增幅 50%),而 Martin 在盐湖城调查的损失时间只上升了 23%;英国学者调查发现不良天气对饱和车头时距影响显著,而对起动损失时间无明显变化。

由此可见，不同国家、不同地区不良天气及道路环境下的交通流运行特征具有地域性特点，不能直接引用其他国家或地区相应环境下的交通流运行特征参数值来反映本地区的交通流运行特征，交通流运行特征应根据本地区的天气及道路环境调查取得。

(4)行人过街速度。

在不良天气及路面环境下，除机动车运行特征有显著变化外，行人的步行特征也有所变化。研究行人步行特征，有利于后期黄灯时间、最小绿灯时间的确定。将人群分为男和女，以及青年、中年和老年，统计得到的行人过街速度见表 6.6、6.7。

表 6.6　不同性别行人过街速度

比较项	男	女	平均值
正常状况	1.251 m/s	1.192 m/s	1.217 m/s
冰雪状况	0.983 m/s	0.969 m/s	0.976 m/s
降低幅度	19.80%	21.40%	18.70%

表 6.7　不同年龄行人过街速度

比较项	青年	中年	老年	平均值
正常状况	1.262 m/s	1.241 m/s	1.134 m/s	1.217 m/s
冰雪状况	1.055 m/s	1.005 m/s	0.796 m/s	0.976 m/s
降低幅度	16.40%	19.00%	29.80%	18.70%

注：数据来源于吉林省长春市的调查结果。

行人绿灯期间，无论是正常天气还是冰雪天气，女性通过交叉口时的平均步速较男性要慢；青年步速最高，中年次之，老年步速最低，但两种分类统计结果的过街步速差异并不大。原因在于，信号交叉口红灯期间聚集的行人，过街时大多集群通过，造成各类人群间的速度差异并不明显。总体来说，由于冰雪天路滑易摔倒，行人过街时更加谨慎，过街速度明显降低，平均降幅接近 20%；随着年龄的增加，速度降幅呈增加趋势，特别是老年人，步速降幅接近 30%。因此，冰雪路面对老年人的影响更大，在进行信号配时设计时更应考虑老年人的过街安全，合理设置行人绿灯时间，保证老年人正常过街需求。

为便于采集不良天气及路面环境下的交通流运行参数并分析天气因素对我国道路交通流产生的影响，首先需要对各类天气及路面条件进行分类。然而，我国气象学上对雨和雪的划分都是以天为单位进行的，如小雨：0.1～9.9 mm/d、中雨：10～24.9 mm/d；小雪：0.1～2.4 mm/d、中雪：2.5～4.9 mm/d。此类划分方法因对天气信息采集的周期长，无法在道路交通管理与控制中进行应用。为此，下雨和下雪的分类主要借鉴了美国在采集不良天气环境下道路通行能力时的划分方法，雾的分类仍参考了气象学上的划分方法，积雪的分类根据下雪后雪所经历的不同阶段进行了划分，各类天气及路面环境的划分见表 6.8。

表 6.8　各类天气及路面环境的划分

天气	剧烈程度		分类
下雨	0～0.254 mm/h		小雨
	>0.254～6.35 mm/h		中雨
	>6.35 mm/h		大雨
下雪	≤1.27 mm/h		小雪
	1.28～2.54 mm/h		中雪
	2.55～12.7 mm/h		大雪
	>12.7 mm/h		暴雪
积雪	松软雪	0～10 mm	轻度松软雪
		>10～20 mm	中度松软雪
		>20 mm	重度松软雪
	融化雪（撒盐后）		融化雪
	压实雪		压实雪
	路面结冰		路面结冰
	冰雪混合		冰雪混合
雾（能见度）	≤1.0～10.0 km		轻雾
	≤0.5～1.0 km		雾
	≤0.2～0.5 km		大雾
	0.05～0.2 km		浓雾
	<0.05 km		强浓雾

通过对各类天气及路面环境下的交通调查，并借助 Matlab 分析软件，研究得到了各类天气及路面环境条件下的车流运行特征值，见表 6.9。雾环境下车流运行特征值是在重庆市区观测得到的，其他各类天气及路面环境下的车流运行特征值是在哈尔滨市观测得到的。

表 6.9　各类天气及路面环境下车流运行特征对比

天气	剧烈程度	饱和流率/(pcu·h^{-1})					平均速度/(km·h^{-1})	起动损失时间/s	加速度/(m·s^{-2})	
		左转	直左	直行	直右	右转			起动	制动
晴天	0	1 610	1 655	1 720	1 672	1 623	51.5	2.00	2.43	2.76
雨天	>0～0.254 mm/h	1 601	1 639	1 668	1 650	1 612	50.8	2.02	2.37	2.71
	>0.254～6.35 mm/h	1 490	1 527	1 553	1 536	1 503	48.4	2.05	2.35	2.65
	>6.35 mm/h	1 346	1 382	1 464	1 392	1 347	45.7	2.09	2.30	2.60

续表6.9

天气	剧烈程度		饱和流率/(pcu·h^{-1})					平均速度/(km·h^{-1})	起动损失时间/s	加速度/(m·s^{-2})	
			左转	直左	直行	直右	右转			起动	制动
下雪	≤1.27 mm/h		1 479	1 510	1 589	1 517	1 494	48.1	2.09	2.47	2.80
	1.28～2.54 mm/h		1 318	1 363	1 438	1 372	1 339	45.0	2.28	2.09	2.33
	2.55～12.7 mm/h		1 157	1 174	1 246	1 181	1 160	39.1	2.49	1.91	2.11
	＞12.7 mm/h		986	1 018	1 067	1 024	992	35.3	2.74	1.68	1.89
积雪	松软雪	0～10 mm	1 481	1 511	1 587	1 520	1 489	48.1	2.05	2.32	2.59
		＞10～20 mm	1 352	1 407	1 482	1 419	1 359	46.2	2.30	2.06	2.33
		＞20 mm	1 220	1 257	1 320	1 261	1 233	41.7	2.52	1.72	1.97
	融化雪(撒盐后)		1 422	1 459	1 532	1 462	1 440	46.8	2.40	2.09	2.32
	压实雪		1 230	1 279	1 347	1 290	1 255	42.9	2.65	1.61	1.87
	路面结冰		1 007	1 042	1 108	1 052	1 024	33.3	2.81	1.54	1.82
	冰雪混合		943	951	987	954	949	29.6	3.03	1.41	1.63
雾(能见度)	≥1.0～10.0 km		1 610	1 655	1 720	1 672	1 623	51.5	2.00	2.43	2.76
	≥0.5～1.0 km		1 602	1 647	1 693	1 658	1 613	50.8	2.01	2.39	2.71
	≥0.2～0.5 km		1 491	1 533	1 601	1 544	1 501	48.7	2.02	2.30	2.64
	≥0.05～0.2 km		1 244	1 277	1 353	1 282	1 257	43.3	2.06	2.21	2.50
	＜0.05 km		988	1 022	1 087	1 026	1 001	34.9	2.21	2.02	2.26

从图6.1和表6.5、6.9可知，不良天气及路面环境下，不同国家、同一国家的不同地区，车道饱和流率随天气及路面环境变化的幅度都不一样，这与不同国家的交通环境、不同地区天气状况的严重程度有关。

因各类不良天气及路面环境给交通流运行产生了较大干扰，在不良天气及路面环境下若继续沿用正常天气状况下的交通信号配时方案，会增加车均延误和排队长度，不仅对交叉口的车流疏导起不到积极作用，反而会加剧城市交通拥挤。因此，针对不良天气及路面环境，对交叉口信号配时方案进行调整具有重要意义。

6.3 不良天气及路面环境对交通信号配时的影响

无论是HCM(highway capacity manual)信号配时算法，还是Webster信号配时算法，鉴于不良天气及路面环境下的车流运行特征发生了明显改变，其将影响到饱和流率的校正、总损失时间的变化及相位差的改变，最终将影响到信号配时结果。

美国犹他州交通实验室对不同天气及路面环境下信号控制方案差异性的研究结果表明：在不良天气及路面环境下，信号周期时长和相位差需要改变；为了允许车辆有充足的时间完成左转，红灯时间需要增加；为了补偿减速度的降低，黄灯时间应该延长。由于起动损失时间的增加，建议黄灯时间和全红时间各增加 1 s。

信号控制方案主要由周期时长、绿信比和相位差等组成，而计算这些参数的模型或方法中，都与饱和流率、损失时间及平均车速等特征值有关。

下面基于我国城市道路不良天气及路面环境下车流运行特征的差异性，对交叉口信号控制参数在不良天气及路面环境下的演变规律进行分析。

6.3.1 周期时长

1. TRRL 法(Webster 方法)

Webster 方法在确定最佳周期时长时，它以延误最小为目标建立了如下求解公式：

$$c_0=\frac{1.5L+5}{1-Y} \tag{6.1}$$

$$L=\sum(l+I-A) \tag{6.2}$$

式中 c_0——最佳周期时长，s；

L——每个周期的总损失时间，s；

l——启动损失时间，s；

I——绿灯间隔时间，s；

A——黄灯时间，s；

Y——组成周期的全部相位各个最大 y 值之和。

在式(6.2)中，I 为绿灯间隔时间，即上一相位绿灯结束到下一相位绿灯亮起之间的一段时间，也叫交叉口清空时间。绿灯间隔时间是为避免下一相位头车同上一相位尾车在交叉口内相撞而设置的。按上一相位尾车从停车线到两向车辆冲突点之间的行驶时间计算，绿灯间隔时间为

$$I_i=s_i/v_i+t_i \tag{6.3}$$

式中 s_i——第 i 相位停止线到冲突点距离，m；

v_i——第 i 相位车辆在进口道上的行驶速度，m/s；

t_i——第 i 相位车辆制动时间，s。

对于式(6.1)中的 Y：

$$Y=\sum\max[y_i,y'_i]=\sum\max[q_i/S_i,q'_i/S'_i] \tag{6.4}$$

式中 Y——组成周期的全部信号相位各个最大流量比 y_i、y'_i 之和；

i——一个信号周期内的相位数；

y, y'——第 i 相位流量比；

q_i——设计交通量，puc/h；

S_i——设计饱和流量，pcu/h。

将式(6.2)、(6.3)、(6.4)代入式(6.1)中，可得：

$$c_0=\frac{1.5\times\sum(l_i+s_i/v_i+t_i-A)+5}{1-\sum\max(q_i/S_i,q'_i/S'_i)} \tag{6.5}$$

根据表 6.9 中调查数据，在不良天气及路面环境下，每相位启动损失时间 l_i 会增加，l_i 保持不变，v_i 会降低，由于减速度降低，t_i 会增大，S_i 会降低。若交叉口各个进口道交通流到达率不变、黄灯时间也保持不变，则式(6.5)中，分子部分会变大，分母部分会变小，导致周期时长显著增长。

因我国机动车与非机动车混行严重，若在不良天气及路面环境下的信号配时方案中考虑非机动车因素，则能更好地适合我国国情，提高交叉口运行效率。

中国科学院高海军等人对混合交通环境下信号配时方法进行了研究。为考虑非机动车辆对路口信号配时的影响，需把非机动车流折合成机动车流，然后把折合后的流量和机动车流量相加，再用式(6.5)进行周期时长计算。具体的计算公式如下：

$$c_0 = \frac{1.5 \times \sum (l_i + s_i/v_i + t_i - A) + 5}{1 - \sum \max[(q_i + \alpha q_{\text{non},i})/S_i, (q'_i + \alpha q'_{\text{non},i})/S'_i]} \tag{6.6}$$

式中 $q_{\text{non},i}$——第 i 相位的非机动车流量，辆/h；

α——折算系数，推荐取值为 0.2。

同理，在混合交通环境下，为提高不良天气及路面条件下的交通信号控制效益，仍需要改变最佳周期时长，周期时长的变化趋势与上述分析一致。

分析不良天气及路面环境下 ARRB 法和 HCM 法中周期时长的演变规律，方法同上，在此不再赘述，结论也完全一致。

2. 冲突点法

冲突点法对于直行车流和左转车流这一对主要冲突车流给予充分重视，更加符合我国城市道路实际交通流的运行状况，尤其适用于两相位等具有该类交通冲突的情况。

全部相位所需绿灯时长和黄灯时长的总和就是设计周期时长。

$$c = \sum (g_i + A_i) \tag{6.7}$$

式中 g_i——第 i 相位的绿灯时间，s；

A_i——第 i 相位的黄灯时间，s。

考虑有多条直行车流的情况，绿灯时长 g_i 为

$$g_i = h\sum n + \alpha + \beta - mh \tag{6.8}$$

式中 α——绿灯期间因对向左转车穿越空当所需的附加时间，s；

h——m 条车流通过冲突点的平均车头时距，s；

m——直行车流条数，条；

β——绿灯期间，决定于对向左转头车是否能在本向直行头车之前到达冲突点的附加时间，s；

$\sum n$——设计周期流量，辆/周期。

理论上，黄灯时长由下式求出：

$$A_i = p_i h_{1,i} + y_i \tag{6.9}$$

式中 p_i——一次绿灯期间，交叉口一侧可以停放左转车的数量，辆；

$h_{1,i}$——左转车流车头时距，s；

y_i——黄灯期间的综合附加时间，s。

实际应用中，除考虑相位末左转车的要求外，尚需考虑使驾驶员见到黄灯能安全制动所需的时间，为此，通常取 $A_{\min}=3$ s，于是黄灯时长 A 应取：

$$A=\max[A_i,3] \tag{6.10}$$

在不良天气及路面环境下，周期流量不变时，因饱和流率下降，车头时距会有较大幅度增加，从而使得每相位绿灯时间和黄灯时间的增加，最终导致周期时长的增长。

由此可见，无论国外还是国内交通信号配时方法，在不良天气及路面环境下，为确保信号交叉口交通流的最优控制，信号周期时长需显著增加。

6.3.2　绿信比和绿灯时间

根据确定的最佳周期时长，可以得到每周期的有效绿灯时间为

$$G_e=c_0-L \tag{6.11}$$

把 G_e 在所有信号相位之间按各个相位的最大流量比值进行分配，得到各个相位的有效绿灯时间，具体分配方法如下：

$$g_{ei}=G_e\frac{\max[y_1,y'_1,\cdots]}{Y} \tag{6.12}$$

各相位绿信比按下式计算：

$$\lambda_i=g_{ei}/c_0 \tag{6.13}$$

调查表明，尽管不良天气及道路环境下交通需求量有所下降（下降幅度小于车道饱和流率下降幅度），但交叉口各个方向的交通量比例却基本保持不变，因而各个相位的绿信比在不良天气及道路环境下与正常天气情况下基本保持一致。因不良天气及道路环境下信号交叉口周期时长显著增长，因而各个相位的绿灯时间保持同周期时长相同的增长比例。

此外，为保证行人安全过街，还需按下式计算最短绿灯时间：

$$g_{\min}=7+L_p/v_p-I \tag{6.14}$$

式中　L_p——由人行道至最近的人行道、行人安全岛、交通岛等安全区域的距离，m；

v_p——行人步速，m/s；

I——绿灯间隔时间，s，一般可取 5 s。

从调查数据可知，在冰雪路面环境下，行人过街步速显著下降，尽管绿灯间隔时间也会有所增加，但根据表 6.6～6.7 中数据计算表明，绿灯间隔时间的增长小于因行人过街步速降低带来的过街时间增长，从而使得最短绿灯时间增加。

6.3.3　相位差

相位差的计算主要取决于协调交叉口的距离和车辆在交叉口之间的平均车速。从表 6.9 中可以看出，不良天气及道路环境下，平均车速较正常天气情况下有显著降低，从而使得交通信号协调时的相位差增大。

6.3.4　黄灯时间与红灯时间

美国交通工程师协会（Institute of Transportation Engineers，ITE）编著的《交通工程

手册》中，确定黄灯时间(y)与红灯时间(r)的模型如下，其中，第一、二部分是用来确定黄灯时间的，第三部分是用来确定红灯时间的。

$$y+r=\delta_0+\frac{v}{2a+G}+\frac{W+L_v}{V} \tag{6.15}$$

式中 δ_0——驾驶员的反应时间，推荐为 1 s；

v——进口道车辆的速度，m/s；

a——车辆在进口的减速度，m/s^2，推荐为 3 m/s^2；

G——进口坡度，用百分数表示，下坡用负数表示；

W——交叉口宽度，m，指从停车线到冲突车流轨迹交点的距离；

L_v——车长，m；

V——车辆通过交叉口的速度，m/s。

式(6.15)内有两个变量相互抵触：速度 v、V 的减小导致黄灯时间减少、红灯时间增加，但是减速度 a 的减小却使得 $y+r$ 增大。美国学者 Martin 援引 Garber 和 Hoel 两位学者的研究成果表明：速度减少率(约 30%)导致的红灯、黄灯时间减少量，不足以抵消加速度减小率(7%)所导致的增加量，黄灯时间应该至少增加 10%～15%。交叉口越大，增加量也越大，才能保证有足够的时间使车流完全分离。宽度 100 ft(1 ft＝0.304 8 m)以内的交叉口应至少增加 0.5 s 黄灯时间，宽度在 100 ft 以上的交叉口应至少增加 1 s 黄灯时间。

利用国内调查的数据同样能证实黄灯时间与红灯时间在不良天气及道路环境下需要增加。国内研究同样证实，在正常天气情况下，3 s 的黄灯时间可以使冲突车流完全分离的交叉口，在不良天气及道路环境下，需要 3.5～4 s 的黄灯时间才能完全实现冲突车流的分离。黄灯时间长度主要取决于交叉口空间的大小，对于 30 m 以内的交叉口，黄灯时间间隔 3.5 s 可以使冲突车流完全分离；对于大于 30 m 的交叉口，则需要 3.5～4 s 的黄灯时间才能实现冲突车流的分离。对冰雪路面环境，推荐采用 4 s 的黄灯时间，而红灯时间 1 s 保持不变。

6.3.5 不良天气及道路环境下信号控制方案转换原则

在选择实施不良天气及道路环境下信号控制方案时，犹他州交通实验室的专家根据在盐湖城市的应用效果，推荐依据以下 4 项基本原则来决策是否需要变换信号方案。

(1)不良天气引起路面环境发生变化。

(2)不良天气持续时间须大于 20 min。

(3)不良天气致使当前信号控制方案失效。

(4)交通将面临严重拥挤不得不改变信号控制方案。

6.4　不良天气及路面环境下交通信号控制仿真

6.4.1　基于 VISSIM 的交通仿真

1. 基本原理及功能

VISSIM 是由德国 PTV 公司开发的微观交通流仿真软件系统。该系统是一个离散的、随机的、以十分之一秒为时间步长的微观仿真软件。车辆的纵向运动采用了德国卡尔斯鲁厄理工学院魏德曼（Wiedemann）建立的“心理－生理跟车模型”；横向运动（车道变换）采用了基于规则的算法。不同驾驶员行为的模拟分为保守型和冒险型。

2. VISSIM 仿真要素

VISSIM 在不同层次上都能对道路中运行的车辆进行描述。从微观层面看车辆参数主要包括各种车辆的期望车速、车辆的加/减速特性、车辆的几何尺寸、车辆类别等。

(1)车辆的期望车速。

期望车速在 VISSIM 交通仿真模型中是一个极为重要的参数，对于车辆之间的跟车和变换车道有重要的影响，并间接影响通行能力和行车速度。车辆期望车速设定后，每一类车辆进入仿真系统时如果没有其他车辆干扰或其他交通规则限制，车辆将以该速度行驶。VISSIM 一般在定义车辆组成时，定义每种车辆类型的期望车速，同时可以定义车辆的车速分布曲线。

(2)车辆的加/减速特性。

为了区分个体车辆的行驶性能，VISSIM 要对车辆的加、减速性能进行定义，VISSIM 在描述车辆加、减速特性时，是结合车辆类型进行定义的，共有 4 个参数，分别是期望加、减速度，最大加、减速度。其中车辆的期望加、减速与当前车辆速度以及司机的行为有关，而最大加、减速度特性往往反映车辆自身的动力性能。

(3)车辆的几何尺寸。

车辆的车身长度直接影响车辆的跟车行为和超车行为，对变换车道也有影响。对车辆的几何尺寸的描述包括长度和宽度，以及前后轴距等。

(4)车辆类别。

具有相似驾驶行为的一种或多种车辆类型为一个车辆类别，它在速度评价、路径选择和一些其他的路网单元中应用。另外还可以对车辆进行预设或静态的分级。

在宏观层面上，VISSIM 设置的主要因素如下。

(1)交通组成。

实际道路中的交通流常常由大、中、小等客货车种混行。由于车辆自身的物理特性（如长度等）和动力性能（如加/减速性能等）不同，它们在道路中的行驶特性，如期望车速、车辆间的跟车和超车条件也将不同。在微观仿真系统中，交通组成主要是反映车流中车型的特性。因此，在 VISSIM 交通仿真模型中需要对交通组成进行设置，主要是根据车辆的物理特性和技术性能对交通流中的车辆进行车型划分，还应根据实际路网中各类车型的比例，在路网中进行时间和空间上的设置，以保证路网中不同的节点和断面、不同的时段交通流中车种比例符合实际。

(2)交通流量。

交通流量也是 VISSIM 在交通仿真系统中基本、重要的参数之一。对流量的设置首先要确定交通流产生点，交通流产生点的选取要设在研究区域以外，以免对研究区域产生影响。应该建立比研究范围略大些的仿真路网。对于确定的交通流产生点，要根据实际情况来确定合理的起始时间和间隔。在仿真的全过程中，可以确定多个时间段，对每个时间段的流量进行设置来模拟交通量在时间和空间上的变化。仿真初始阶段，路网中车流是从无到有的，而实际路网中则是连续的交通流。因此，在 VISSIM 仿真时流量输入的时间应该比要仿真的时段长些，在仿真模型中达到稳定持续的交通流以后再进行各个参数的测算，以获得与实际情况相同的结果，具体时间视路网大小和仿真研究时段而定。

(3)路径选择。

在实际的道路上运行的车辆均有自己的出发点和目的地，驾驶员在综合判断了路网情况及道路流向的前提下，不同的车辆会选择不同的路径。为了反映这一交通流运行情况，VISSIM 加入了车辆的路径选择功能，有两种方式可以实现车辆的路径选择。第一种是动态路径选择的方式，由驾驶员根据某种模式对路径进行选择，这种模式适用于网络分析；第二种是静态路径选择的方式，车辆最初在某一地点确定了行驶方向后，在行驶过程中，无论发生什么情况，都不会改变路径，这种模式适用于“点”和“线”交通设施的交通分析。需要注意的是，每个路径选择有一个起始端，但可以有多个终点端，但路径对应有多个终点端时需要考虑流量的分配，对于有多个交叉口的路网，使用静态的路径选择难以描述路网中复杂的车流运动情况，通常都采用动态路径选择来解决。

6.4.2 交通仿真参数校正

VISSIM 主要针对的是西方国家的道路交通环境。西方国家同我国道路交通状况差别较大，其机非混行情况并不严重，因此用 VISSIM 来仿真我国混合交通时，很多参数需要重新标定。

如前所述，VISSIM 的相关参数大致分为驾驶员行为参数、车辆性能参数和宏观参数。其中，宏观参数是对客观交通环境的描述，比如车道宽度、车道数等，不会受到不良天气及路面环境的影响，故不在此讨论；驾驶员行为和车辆性能会受到不良天气及路面环境的影响有一定变化，在仿真不良天气及路面环境下的交通信号配时方案时需进行调整。

1. 驾驶员行为参数标定

在不良天气及路面环境下，驾驶员面对一系列非常见的驾驶环境，会对自己的驾驶行为有所调整，在 VISSIM 仿真软件中，这种调整体现在一系列参数中，VISSIM 驾驶员行为参数一览见表 6.10。

表 6.10　VISSIM 驾驶员行为参数一览

驾驶员行为参数	默认值	取值步长
观察前方距离/m	250	任意
观察前方车辆数/辆	2.0	1
最小车头间距/m	0.5	0.5
最大减速度/($m\cdot s^{-2}$)	−4.0	任意
平均停车距离/m	2.0	0.5
附加的安全距离/m	2.0	0.5
可增加的安全距离/m	3.0	0.5

(1)Wiedemann 74 跟车模型重要参数取值。

该模型下特有的汽车跟驰参数有 3 个,即平均停车间距、附加安全距离及可增加的安全距离。根据同济大学杨洪等人的研究,平均停车间距的调整对交通流的影响不大,故可在不良天气及路面环境下时保持默认值 2.0 m;对于附加安全距离可增加安全距离,符合我国国情的取值范围应为:附加安全距离取值范围为 3.5~3.75 m,可增加的安全距离取值范围为 2.5~2.75 m,其值变化应与平均车头间距 $\bar{h}_s$ 成正比。由于:

$$\bar{h}_s=\bar{h}_t\times v_s \tag{6.16}$$

考虑单位变换得:

$$3.6\bar{h}_s=\bar{h}_t\times v_s \tag{6.17}$$

式中　$\bar{h}_s$——平均车头间距,m;

$\bar{h}_t$——平均车头时距,s;

v_s——车速,m/s。

由表 6.9 可得车头时距在各种不良天气及路面环境下的变化率和车速,再根据式(6.16)可得平均车头间距$\bar{h}_s$的变化率,见表 6.11。

表 6.11　不良天气及路面环境下平均车头时距、车头间距和车速的变化率

天气	剧烈程度	车头时距变化率/%	车速变化率/%	车头间距变化率/%
晴朗	0	0.00	0.00	0.00
雨天	>0~0.254 mm/h	3.12	−1.36	1.72
	>0.254~6.35 mm/h	10.75	−6.02	4.09
	>6.35 mm/h	17.49	−11.26	4.25
下雪	≤1.27 mm/h	8.24	−6.60	1.10
	1.28~2.54 mm/h	19.61	−12.62	4.51
	2.55~12.7 mm/h	38.04	−24.08	4.80
	>12.7 mm/h	61.20	−31.46	10.49

续表6.11

天气	剧烈程度		车头时距变化率/%	车速变化率/%	车头间距变化率/%
积雪	松软雪	0～10 mm	8.38	−6.60	1.23
		>10～20 mm	16.06	−10.29	4.12
		>20 mm	30.30	−19.03	5.51
	融化雪(撒盐后)		12.27	−9.13	2.03
	压实雪		27.69	−16.70	6.37
	路面结冰		55.23	−35.34	0.38
	冰雪混合		74.27	−42.52	0.16
雾(能见度)	≥1.0～10.0 km		0.00	0.00	0.00
	≥0.5～1.0 km		1.59	−1.36	0.21
	≥0.2～0.5 km		7.43	−5.44	1.59
	≥0.05～0.2 km		27.12	−15.92	6.88
	<0.05 km		58.23	−32.23	7.23

由表6.11可知车头间距最大变化率发生在暴雪环境下，变化率达到10.49%，随后，尽管路面环境更加恶劣，但是车头间距减小，原因是在不良天气及路面环境下驾驶员行车更为谨慎，车速大幅度下降，故不需要保持很大的车头间距时也能保证安全行车。

按比例分配可增加的安全距离(取值范围3.5～3.75 m)和附加安全距离(取值范围2.5～2.75 m)，附加安全距离与可增加的安全距离取值见表6.12。

表6.12 附加安全距离与可增加的安全距离取值

天气	剧烈程度	附加安全距离取值/m	可增加的安全距离取值/m
晴朗	0	2.50	3.50
雨天	>0～0.254 mm/h	2.54	3.54
	>0.254～6.35 mm/h	2.60	3.60
	>6.35 mm/h	2.60	3.60
下雪	≤1.27 mm/h	2.53	3.53
	1.28～2.54 mm/h	2.61	3.61
	2.55～12.7 mm/h	2.61	3.61
	>12.7 mm/h	2.75	3.75

续表6.12

天气	剧烈程度		附加安全距离取值/m	可增加的安全距离取值/m
积雪	松软雪	0～10 mm	2.53	3.53
		＞10～20 mm	2.60	3.60
		＞20 mm	2.63	3.63
	融化雪（撒盐后）		2.55	3.55
	压实雪		2.65	3.65
	路面结冰		2.51	3.51
	冰雪混合		2.50	3.50
雾（能见度）	≥1.0～10.0 km		2.50	3.50
	≥0.5～1.0 km		2.51	3.51
	≥0.2～0.5 km		2.54	3.54
	≥0.05～0.2 km		2.66	3.66
	＜0.05 km		2.67	3.67

（2）最小车头间距取值。

比较符合我国道路状况的最小车头间距取值范围是 0.5～4.0 m。根据经验该项参数定义为车辆进行车道变换所需要的与前方车辆的最小距离（发生在主动型车道变换及被动型车道变换中）。该值的确定，可根据表 6.11 所得出的车头间距变化率按比例得出，最小车头间距取值见表 6.13。

表 6.13 最小车头间距取值

天气	剧烈程度	最小车头间距/m
晴朗	0	0.50
雨天	＞0～0.254 mm/h	1.07
	＞0.254～6.35 mm/h	1.86
	＞6.35 mm/h	1.92
下雪	≤1.27 mm/h	0.87
	1.28～2.54 mm/h	2.01
	2.55～12.7 mm/h	2.10
	＞12.7 mm/h	4.00

续表6.13

天气	剧烈程度		最小车头间距/m
积雪	松软雪	0～10 mm	0.91
		>10～20 mm	1.87
		>20 mm	2.34
	融化雪(撒盐后)		1.18
	压实雪		2.62
	路面结冰		0.63
	冰雪混合		0.55
雾(能见度)	≥1.0～10.0 km		0.50
	≥0.5～<1.0 km		0.57
	≥0.2～0.5 km		1.03
	≥0.05～0.2 km		2.80
	<0.05 km		2.91

(3)其他一些参数的取值。

前视距离(look ahead distance)和观察前方车辆数(observed vehicles)与能见度有关,可根据天气状况做出相应微调。前视距离,其实是车道变换时的视线距离,定义为驾驶员为变换到理想车道(由于车辆路径需要,并不是超车需要)而开始试图变换车道位置时,为确保交通安全应观察到前方交通状况的距离,一般取固定值 200 m,但在不良天气状况下可以有所微调,但调整幅度不宜过大。观察前方车辆数定义为驾驶员开始试图变换车道位置时,为确保交通安全应观察到的前方车辆数,缺省值是 2 辆。根据周素霞和陈森发的研究,观察前方车辆数比较符合我国国情的取值为 1～4 辆。

2. 车辆性能参数标定

不良天气及路面环境下,有所变化的车辆性能参数包括行驶加速度和车流速度。VISSIM 使用表征驾驶员驾驶行为差异的函数来确定车辆的加速度和减速度值,而并不是使用一个简单的加速度或减速度值;加速度函数与减速度函数都是当前速度的函数。同样,期望速度也是用一个变化的函数来表示。所以,在根据天气及道路状况调整车辆行驶加速度和速度时,需要对整个函数进行调整,而不是对单一值进行调整。

(1)加速度值。

在 VISSIM 仿真软件中,每种类型的车辆都提供了两个曲线加速度和两个曲线减速度函数。

① 最大加速度(maximum acceleration):技术上可能达到的最大加速度。上坡时为了维持一定的速度而需要一个大于期望加速度的状况时才使用。

② 期望加速度(desired acceleration):在任何其他状况时使用。

③ 最大减速度(maximum deceleration):技术上可能达到的最大减速度。下坡或上

坡的坡度每改变一度，车辆运行的加速度/减速度的绝对值增加 0.1 m/s^2。

④ 期望减速度(desired deceleration)：当低于最大减速度时，期望减速度用作减速度的最大值。

4 种加速度的改变量应该一致，同时其具体改变量应与实测的路段加速度改变量一致。因此，在 VISSIM 仿真软件中，四项加速度函数 Y 轴上数值应该做相应调整，但应尽量避免破坏原有的线性。一个比较可行的方法是将原有的点进行合并，在调整加速度时，可以将靠 X 轴右边大量密集的点合并；在调整减速度时，由于函数线型为直线，故可以整个直线上的点合并为 3～5 个点，便于调整，最大加速度/最大减速度调整结果如图 6.3、图 6.4 所示。

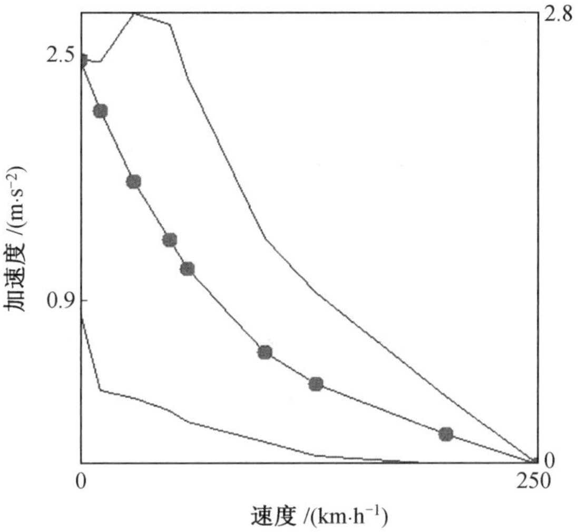

图 6.3　最大加速度调整结果

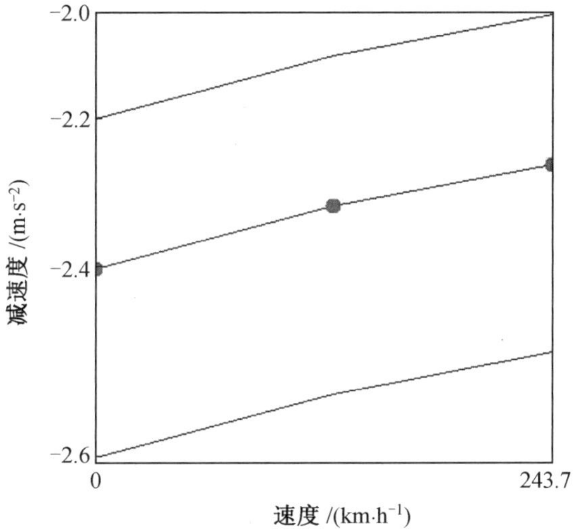

图 6.4　最大减速度调整结果

(2)行驶速度调整。

不良天气及路面环境下行驶速度应根据实测的车速变化率进行调整。在VISSIM仿真软件中,提供可调整的车速参数分布对道路通行能力和行驶车速有很大影响,因此它对任何一种车辆类型而言,都是一个重要的参数。假设车辆运行不受其他车辆的干扰,驾驶员将会以其期望车速行驶。期望车速不同的车辆越多,车辆排队越长。如果有可能超车,只要车辆的期望车速高于当前的行驶车速,驾驶员就会选择机会(对其他车辆不构成危险)进行超车。

在不良天气及路面环境下,首先,需要根据不同等级的道路选择适合不同车型的期望车速区间。其次,由于环境对驾驶员行为影响较大,极有可能导致车速区间值的幅度加大。考虑不良天气及路面环境下,汽车达到高速的可能性存在,所以应该保持最大值不变,减小最小车速,使变化率与实测变化率一致。

6.5 不良天气及路面环境下道路交通安全保障措施

不良天气及路面环境下,保障道路交通系统安全运行的措施主要有3类,即工程措施、管理措施和道路使用者采取的措施。

6.5.1 工程措施

管理者通过获取道路交通状况和天气预报信息等,对不良天气及路面可能造成的危害程度进行评价。这些信息帮助管理者制订关于人员安排、资源配置(如物力和原材料)等计划。

1. 冰雪天气

国内寒冷地区冬季的道路维护主要以清除冰雪为主,通常采用机械和人工相结合的除冰雪方法。冰雪处理策略包括撒研磨剂(如沙)提高路面摩擦力、撒抗凝剂(如盐、氯化镁、醋酸钾等)降低路面上水的凝固点等。

国外减轻冰雪危害的一个策略涉及监视滑坡的传感器和雪崩预测,用来降低滑坡和雪崩危害。当积雪或者土壤含水量饱和、边坡变得不稳定时,附近道路封闭,使得雪崩或者滑坡在控制下释放应力。降雪后,清除泥泞和碎片,修复损坏的道路设施,然后重新开通该段道路。

2. 雾天

(1)雾天行车环境改善。

雾天行车环境改善包括提高路面摩擦系数、开辟紧急避难车道、开启轮廓指示系统、完善沿线照明系统、加强巡逻力度等,高速公路还应调整服务区及停车区位置(最好设置在雾区最高点或中点)等措施。它们可以为已在雾区段行车的车辆在雾突然发生或突然加大时,改善道路行车环境、提供暂避场所,减少雾引发的交通事故。

轮廓指示系统分为两类:一类是护栏轮廓灯,一类是车道轮廓灯。护栏轮廓灯安装在高速公路外侧安全护栏上,间隔50 m。在浓雾情况下开启,用于勾勒路形,给司机提供视线诱导，使司机看清楚道路轮廓。经试验，在能见度接近 100 m 时，司机能看见 200 m 处的灯光，基本可保证车辆在雾天行驶时不会偏离车道，避免因车辆偏离车道造成交通事故。车道轮廓灯安装在车道线上，常用透雾型太阳能发光地灯，间隔 20～50 m，在有雾情况下开启，用于勾勒车道，给司机提供车道视线诱导，使司机看清楚车道轮廓。经试验，在能见度接近 100 m 时，司机能看见车道轮廓，基本可保证车辆在雾天行驶时不偏离车道。

(2)雾的消散或延迟。

在交通安全措施缺乏的情况下，或虽有交通安全措施，但雾区持续时间较长、能见度过低(如<50 m)时，可采取消雾措施。

雾分成两类，雾中温度在 0 ℃以下时为冷雾；雾中温度大于0 ℃时为暖雾。消冷雾主要是向雾中播撒适当物质使之产生大量冰晶，冰晶与水汽和水滴共存时，由于冰面饱和水汽压小于水面饱和水汽压，雾中水汽凝到冰晶上，冰晶的增长抑制水滴增长，促使水滴不断蒸发、数量减少，达到减少和消除雾滴的效果。消雾物质有制冷剂(液氮、丙烷和干冰等)、人工冰核(碘化银等)和压缩空气。消暖雾主要方法有：向雾中播撒吸湿性核在雾中培植大水滴，拓宽雾滴谱，诱发冲并过程，造成雾的沉降，使雾消散；增加雾区局部区域温度，使雾滴蒸发而消散；用喷气发动机产生热气，靠热动力扰动气流，使雾蒸发消散等。

3. 雨天

(1)加强道路排水能力。

路面排水包括路面表面排水和路面内部排水，路面表面排水主要通过在路拱横坡、路肩外侧边缘设置拦水带、泄水口和急流槽等设施进行排水；路面内部排水主要通过选择合适的路基透水性材料和内部排水系统来完成。保持排水系统的通畅和合理的排水设施设计是保证道路排水能力的基础。

(2)改善路面摩擦系数。

根据特殊路段对路面摩擦系数的特殊要求，从材料选择和微表处抗滑方面来研究提高路面摩擦系数。如喷射钢砂改善公路的滑动摩擦阻力、用人工拉毛技术提高水泥路面的抗滑性，用稀浆封层水混凝土路面、路面修复剂等都是提高路面摩擦系数的有效途径。

(3)设置交通安全设施。

增加具有良好反光特性的线形诱导标志可帮助驾驶员正确识别路线的前进方向，确定车道的位置和出入口位置等；振动带的应用也是一种防止车辆驶出路外的有效措施，它在车辆驶过时的振动效果和产生的噪声，在视线不清和容易引起驾驶员疲劳的大雨天气应用效果更加突出；在降雨较多或其他天气条件更为恶劣的地方加设可变情报板和可变限速标志，在能见度较低情况下对驾驶员发布行车信息和限速信息。

4. 风

风障是解决路面行车安全性和舒适性的主要手段，尤其在强侧风情况下，风障对保障轻型车辆的行驶安全至关重要。在一些山区，可通过优化风障设计，借助风吹散积聚在路面的雪，既能实现积雪的清除，又能达到弱化强侧风对安全驾驶的影响。

表 6.14 列出了各种不良天气及路面环境下宜采取的策略、具体措施及预期效果。这些措施通过降低碰撞概率和减小对个人、乘客危险性，提高道路交通安全；增加可见度和

道路通行能力，可以提高道路的机动性；防止受到冬季道路维护作业的影响和降低道路维护费用，可以提高道路的生产性。

表 6.14 各种不良天气及路面环境下宜采取的策略、具体措施及预期效果

天气	策略	具体措施	预期效果
各类天气	危害评估与部署	监视天气情况（气温、能见度、风力、雨雪等） 采集路面温度、湿度 评估边坡稳定性（如雪崩、滑坡）	评价天气对交通系统的危害程度 确定受到威胁的区域和路线 选择适当的处理措施 调配人力资源及物力资源 确定对野外工作人员的危害 确定道路基础设施的危险性（如路面突起、车道积水）
冰雪天气	清除冰雪	传统的冰雪控制（除雪、撒沙、撒盐） 应用抗凝化合物	降低碰撞率（安全性） 增加车辆牵引力（机动性） 提高道路通行能力（生产性） 降低处理成本（生产性）
冰雪天气	控制雪崩/滑坡	关闭道路 释放雪崩和滑坡应力 修复损坏的道路设施	降低对公众的危险（安全性） 降低对野外工作人员的危险（安全性） 降低道路关闭长度（机动性）
雾天	消散雾	冷雾处理 喷洒制冷剂（液氮、干冰、丙烷等） 播撒人工冰核（碘化银等） 暖务处理 增加雾区局部温度、向雾中播撒吸湿性核	提高能见度（安全性） 降低碰撞危险（安全性） 提高道路通行能力（生产性） 减小行程延误（生产性）
雾天	改善行车环境	开辟紧急避难车道 提高道路摩擦系数 加强巡逻力度 完善道路照明，提高可见度 开启轮廓指示系统（护栏轮廓灯、车道轮廓灯）	降低碰撞率（安全性） 增加车辆牵引力（机动性） 避免车辆撞护栏（安全性） 降低车辆驶出车道概率（安全性） 提高道路通行能力（生产性）
雨天	加强道路排水能力	路拱横坡、路肩外侧边缘设置拦水带、泄水口和急流槽等设施 选择合适的路基透水性材料和内部排水系统	增加车辆牵引力（机动性） 避免车辆失控（机动性）

续表6.14

天气	策略	具体措施	预期效果
雨天	改善路面摩擦系数	喷射钢砂 采用人工拉毛技术 稀浆封层水混凝土路面 应用路面修复剂	增加车辆牵引力(机动性) 降低碰撞危险(安全性) 提高道路通行能力(生产性) 减小行程延误(生产性)
雨天 雾天	设置交通安全设施	设置线形诱导标志 设置振动带 设置情报板和可变限速标志	提高视认性(安全性) 降低车辆驶出车道概率(安全性) 提高道路通行能力(生产性)
风	设置交通安全设施	设置风障 设置风吹雪设施	减少交通事故(安全性) 降低碰撞率(安全性) 增加车辆牵引力(机动性) 提高道路通行能力(生产性)

从表 6.14 可以看出，改善不良天气及路面情况下的行车环境，对提高驾驶视认性、降低碰撞率、避免车辆失控、提高道路通行能力等效果显著，而且这些改善措施能提高全体道路使用者的安全状况，因此，它们是确保不良天气及路面环境下道路交通安全运行的根本。

6.5.2　管理措施

1. 紧急事件管理

各个省市应根据所在区域主要的天气特征，建立一套较完善的紧急事件决策支持系统。该系统实时采集路网内的天气及交通状况并制订相应的交通管理与控制预案，对帮助道路维护部门、紧急救援部门、交通管理部门和道路使用者进行科学决策具有十分重要的作用。它将地理、人口、气象、交通等要素集成到系统中并对其分类存储，能提供包括人口分布、地形地貌、道路桥梁位置、交通流状况等在内的数据支持；通过较长时间的资料分析，就各类不良天气及路面对道路交通安全的影响能形成较准确的评估，可有效安排人力、物力投入，减少不良天气及路面对道路交通安全带来的损失。图 6.5 为紧急事件决策支持系统数据库框架图。

紧急事件决策支持系统是实现不良天气及路面环境下开展紧急救援的一项基础工作，在单一路段实现完整的交通信息采集与交通运行状况监视后，应逐步实现路网的信息共享。为达到此目的，全路网应统一规划，为各种不良天气及路面设计不同的交通疏散方案，尽可能地预防和减少交通事故的发生。交通疏散方案的实施过程分 3 个阶段：情报收集→方案生成→指挥调度，具体描述如下。

(1)各路段通过紧急事件决策支持系统实时采集天气信息、交通事故信息和交通流运

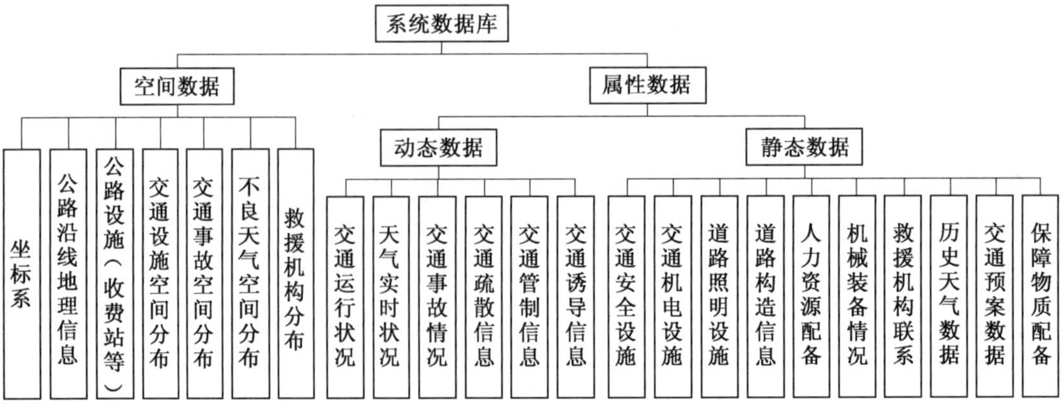

图 6.5　紧急事件决策支持系统数据库框架图

行状况，条件具备时启动交通疏散方案，对本路段进行交通组织和控制，并将路段交通疏散方案上报路网应急指挥中心。

(2)路网应急指挥中心实时接收各路段采集的天气信息和上报的交通疏散方案，从全路网的角度协调各路段的疏散方案。在局部路段由于天气原因关闭道路的情况下，路网应急指挥中心及时向与之相关的其他路段发布封路信息，并提出相应的交通管制和信息诱导方案，由各路段实施相关疏散方案。

(3)疏散方案实施前，各路段向相关部门通报，做好疏散方案实施准备。路网应急指挥中心对各路段的疏散方案实施情况进行监管。

交通疏散方案实施方法见表 6.15。

表 6.15　交通疏散方案实施方法

策略	实施部门/方式	措施与任务	实 施
部署	路政	增加巡视频率 用车载广播提醒注意安全 严禁随便停车	发现异常情况并及时向交警或监控中心汇报
	排障、养护	采取相应措施确保路面情况良好 异常路段设立警示牌或临时限速标志 故障车辆及时排除	提出相应措施 设置临时交通控制、诱导设施 及时出动清障设备
	收费站	必要时封闭入口收费车道	监控分中心根据具体情况下达命令
联系	交警	维持交通秩序，实时安全提醒 限制车速，压道行驶或及时封路 及时处理交通事故、疏导交通	用对讲机或电话请示监控分中心并反馈信息
	医护	及时救护伤员	电话:120
	排障施救	火警:及时灭火 事故:抢险	电话:120、119

续表6.15

策略	实施部门/方式	措施与任务	实 施
发布	可变情报板	提示驾驶员注意异常路况	异常路段前方设立，提供相应信息
	可变限速板	显示限速信息	异常路段前方设立，提供限速信息
	收费站	提醒驾驶员注意异常路段情况，限速驾驶或协助封路	在收费站设立警示牌等

紧急事件管理人员通过决策支持系统获得天气、交通状况等信息并进行预测，辨别出危险事件和受到影响的区域，通过发布疏散顺序、在干道上改变信号控制方案、道路关闭等措施，降低行程延误或者维持较高的通行能力以提高道路的机动性，保障交通参与者的安全。紧急事件管理及预期效果见表 6.16。

表 6.16　紧急事件管理及预期效果

天气	策略	采取的措施	预期效果
各类天气	危害评估与部署	监视天气情况（暴风雪、能见度、雨、风、温湿度） 采集交通状况（交通量、拥挤程度） 估算行程时间	评价自然环境的危害程度 确定受到威胁的区域和路线 选择适当的处理策略 调配人力资源及救援物资 确定道路基础设施的危险性
	交通疏散	确定疏散类型和时间（如自发性疏散、强制性疏散、交通信号定相） 逆向交通流控制（如逆向车道） 改变信号配时方案	降低公众的危险（安全性） 降低野外工作人员的危险（安全性） 提高道路通行能力（机动性） 减小行程延误（机动性）
	交通诱导	发布道路天气信息（如暴风雪、能见度、雨、风、温湿度） 发布受到威胁的路线 发布通行限制	降低公众的危险（安全性） 降低野外工作人员的危险（安全性）

从表 6.16 可以看出，不良天气及路面环境下，有效的交通疏散和诱导措施，能降低紧急情况下对公众的危险并减少行程延误，提高交通事故的救援效率，减轻事故的严重程度。

2. 交通管理

交通管理部门从气象台获取天气状况并实时监测不良天气及路面的变化，根据不良天气及路面的演变状况，诱导和控制交通流的运行。

交通信号配时方案随天气状况而变化，使得与不良天气及路面环境下的交通流特征和行驶速度相适应。美国可以针对“晴天”“雨天”“雪天”“干燥路面”和“潮湿路面”等条件，调整事件检测算法，鉴别出高速公路上的交通流间断。

交通管理人员采用的另外一个控制策略是速度管理。限速通常考虑能见度、路面状况和交通条件，随着安全行驶速度而调整。管理人员通过可变情报板、限速标志或收费站告知驾驶员降低行驶速度，以确保行车安全。

当能见度、过度积雪等导致行驶环境不安全时，管理人员可以关闭整个路段、特殊车道、桥梁或者禁止所有车辆、缺少所需设备（如铰链）的车辆或者指定的车型（如货车）禁行，甚至可以根据交通量的大小、车型比例和交通特征进行分车道行驶，对车道变换进行限制，以减少车辆冲突，提高行车安全性。这时，可变信息板和车道使用标志主要用来提示受到交通限制的驾驶员。

为确保交通顺畅，不良天气及路面环境下常用来调节道路交通流的方法有匝道控制、主线控制、网络路由控制（一种动态交通分配方法，目的是实现路网通行能力和交通需求的空间匹配）和通道控制。管理人员可根据天气情况和采集到的交通流数据，判断交通运行状态并评估道路系统潜在的风险，利用匝道出口上方情报板、收费员或者其他公共媒体向道路使用者提供高速公路信息和附近道路运行情况，将部分车辆诱导到其他公路，以确保行车安全和提高道路系统的机动性。

表 6.17 列出了交通管理措施及预期效果，通过降低行驶速度和碰撞危险以加强道路交通安全性，通过降低延误提高机动性。

表 6.17　交通管理措施及预期效果

天气	策略	采取的措施	预期效果
各类天气	危害评估	监视天气情况（暴风雪、能见度、雨、风） 采集道路温度、路面温度 采集交通量、行驶速度 车辆实时监视（GPS 与 GIS） 获取交通事故	评价自然环境和危害程度 确定受到威胁的区域和线路 确保车辆及旅客安全（安全性） 调整行驶路线（机动性） 降低二次事故的危险（安全性）
	交通事件检测	调整检测算法	缩短事件反应时间（安全性） 降低二次事故的危险（安全性） 减少延误（机动性）
	行驶速度限制	确定安全车速 降低限速	降低速度和速度方差（安全性） 降低碰撞危险（安全性）
	道路使用限制	道路、桥梁、匝道关闭 车道使用控制（单向交通） 分车道行驶 网络路由控制 通道控制	降低碰撞危险（安全性） 降低公众的危险（安全性） 降低野外工作人员的危险（安全性） 减小处理事件引起的延误（生产性） 减少处理成本（生产性）

续表 6.17

天气	策略	采取的措施	预期效果
各类天气	交通诱导(可变信息板、收费站、交通广播、交互电话系统、互联网)	发布道路天气信息 发布交通管制信息 建议路线绕行方案	降低速度和速度方差(安全性) 减小碰撞危险(安全性) 降低公众的危险(安全性) 维持稳定的交通流(机动性)
冰雪天气	调整信号配时方案	调整绿灯时间 改变信号周期 调整相位差	降低速度(安全性) 降低碰撞危险(安全性) 预防交通阻塞(机动性)
	通行限制(受到威胁的路段)	轮胎控制(如用轮胎铰链或雪地轮胎) 车型限定(如货车)	降低碰撞危险(安全性) 降低公众的危险(安全性) 降低野外工作人员的危险(安全性) 减小处理事件引起的延误(机动性) 减少处理成本(生产性)
雾天	车辆行驶控制	设置警示标志 巡逻车引道 编队放行车辆 间隙放行车辆	降低二次事故的危险(安全性) 减少延误(机动性) 提高道路通行能力(生产性) 调整行驶路线(机动性) 减小灾害天气引发事故的概率(安全性) 降低碰撞危险(安全性) 维持稳定的交通流(机动性)

从表 6.17 以看出,加强不良天气及路面环境下道路交通的动态监视和科学管理,平衡不良天气及路面环境下道路设施的承载能力与动态交通需求之间的关系,对预防交通事故的发生、减少碰撞危险和维持稳定的交通流效果明显。

6.5.3 道路使用者采取的措施

交通管理人员通过可变信息板、限速标志、收费站、交通广播、交互电话系统、互联网等对所有道路使用者发布道路天气信息和控制措施,以影响他们的出行决策。不同的道路使用者需要不同的交通信息,如道路关闭,旅行者可能需要调整路线信息,但是熟悉路线的人员却不需要这些信息,小汽车驾驶员比较关心路面状况,而运营车辆驾驶员需要由于结冰而限制通行的道路管制信息。道路天气信息帮助旅行者对出行方式、离开时间、路线选择、车型装备及驾驶方式做出选择。道路使用者采取的措施及预期效果见表 6.18。

表 6.18　道路使用者采取的措施及预期效果

天气	策略	采取的措施	实现的目标及预期效果
各类天气	信息获取	通过道路设施进行预警（如可变信息板、收费站等） 通过公共媒体获取天气及交通管控信息（交通广播、电视、电话、互联网等）	确定出发路线和时间 选择车型和装备
	改变出行计划	延迟出行 改变出行方式（火车、飞机）	避免交通事故（安全性） 保持交通通畅（机动性）
	谨慎驾驶	慢速行驶 保持车道 安全停车避让 控制情绪、提高警惕	减轻和避免交通事故（安全性） 降低碰撞率（安全性） 提高道路通行能力（机动性）
冰雪天气	谨慎驾驶	检查车况、使用纹理轮胎 加大车辆跟驰距离 避免紧急制动	减轻和避免交通事故（安全性） 降低碰撞率（安全性） 提高道路通行能力（机动性）
雾天	谨慎驾驶	正确使用灯光信号 会车、超车谨慎 加大车辆跟驰距离 避免紧急制动	减轻和避免交通事故（安全性） 降低碰撞率（安全性） 提高道路通行能力（机动性）

从表 6.18 可以看出，加强道路使用者的交通信息提供和出行行为的正确引导，有助于减轻和避免交通事故、降低碰撞率、提高道路通行能力，但前提是交通信息的发布途径和形式要丰富，以满足不同群体的需求。

第 7 章　非传统交叉口信号控制

7.1　定义及类型

传统信号控制方法均存在最大容量限制，左转需求大的交叉口在通行能力接近信号控制的最大容量时，优化信号控制参数更没有意义。面对日益严峻的交通拥堵问题，学者们从 20 世纪 20 年代开始便提出了一系列非常规交叉口的设计方案及信号控制方法，用来扩展信号控制容量的上限，取得了良好的应用效果。到目前为止，学者们提出的非常规交叉口类型达到了 10 多种，如 U 形回转（U-Turn, UT）、钩形转弯（Hook-turn）、象限街道（quadrant roadway）、超级街道（superstreet）、领结（bowties）、壶柄式转弯（jughandle）、分裂交叉口（split-phasing intersection）、连续流交叉口（continuous flow intersection, CFI）、平行流交叉口（parallel flow intersection, PFI）、菱形互通式立交（diverging diamond interchange, DDI）、回旋（roundabout）、汉堡路口（hamburger intersection）、反向左转车道（contraflow left-turn lane, CLL）、串联交叉口（tandem intersection, TI）等。这些交叉口由于某些特殊设计违反了已被广泛接受的驾驶规则，因而称之为非常规交叉口。非常规交叉口的特点是通过特殊的几何设计重新规划车辆行驶轨迹，减少左转和直行冲突。

选择其中应用较广泛的非常规交叉口进行介绍，阐述其工作原理和控制要点。

7.2　U 形回转(U-Turn)

7.2.1　U-Turn 分类

U-Turn 概念的提出较早，应用也最为普遍，现已针对不同应用场景提出了相应的变形，设计样式很多。U-Turn 一般分为中位 U 型回转（median U-Turn, MUT）和限制交叉 U 型回转（restricted crossing U-Turn, RCUT）两种，其几何布局如图 7.1 所示。

U-Turn 在交叉口下游中央分隔带开口，供车辆掉头使用。以图 7.1(a)为例，MUT 东、西进口的左转车辆跟随直行车辆穿过交叉口，在下游开口处掉头；而南、北进口的左转车辆则需先右转到东、西走向道路的下游开口处掉头，跟随东、西进口的直行车辆穿过交叉口，从而实现间接左转，交叉口只需设置东、西进口和南、北进口的两个直行相位即可。RCUT 与 MUT 有所区别，如图 7.1(b)所示，南、北进口的左转和直行车辆均需在交叉口右转，行驶到下游开口处掉头，跟随东、西进口的直行和右转车辆，实现间接左转和直行；而东、西进口的左转和直行车辆直接在交叉口处实现转向，即交叉口只需设置东、西进口

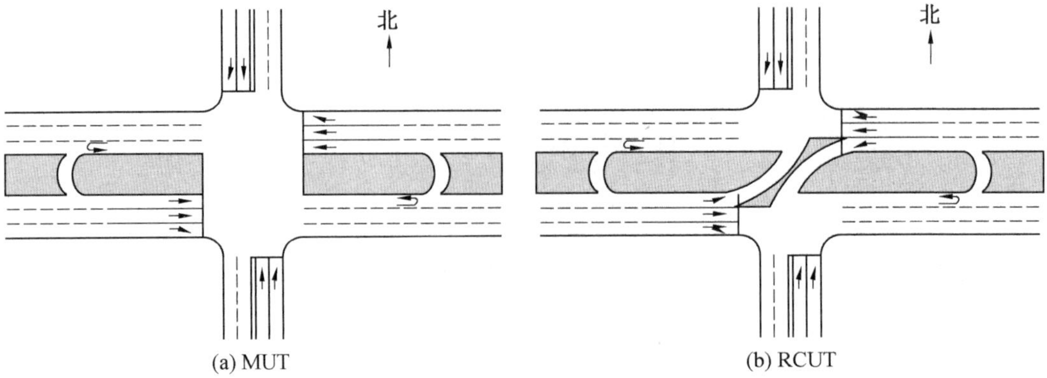

图 7.1　U-Turn 的两种类型的几何布局

的左转和直行两个相位。利用掉头进行转向的车辆行程时间增加，且会两次经过交叉口，所以 MUT 适用于左转车辆比例较低的交叉口，而 RCUT 适用于两条相交道路中某条道路交通量低的情形。

7.2.2　交通控制

以图 7.2 为例，南、北进口左转车辆进入信号交叉口后通过右转调头再直行的方式实现左转，如图 7.2 中的①→①，④→④。东、西进口左转车辆进入信号交叉口后通过直行调头再右转的方式实现左转，如图 7.2 中的②→②，③→③。调头车道设置在路段外侧，一则能保证调头车辆有足够大的转弯半径，运行更顺畅；二则能减少调头车辆的变道次数，避免对其他非调头车辆运行产生干扰。

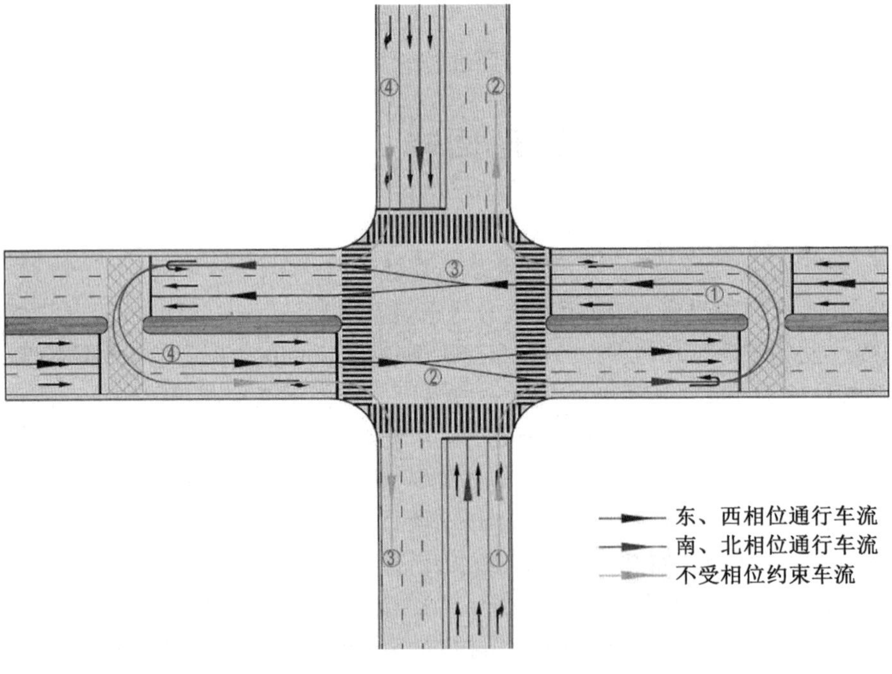

图 7.2　U-Turn 左转车流交通组织

U-Turn 交通控制应配有相应的交通标志，主要设置绕行标志和禁止标志，设置位置及样式如图 7.3 所示，(a)为南、北进口的绕行标志；(b)为东、西进口的绕行标志。绕行标志(a)、(b)应设置在距离交叉口停车线 30～50 m 的位置。

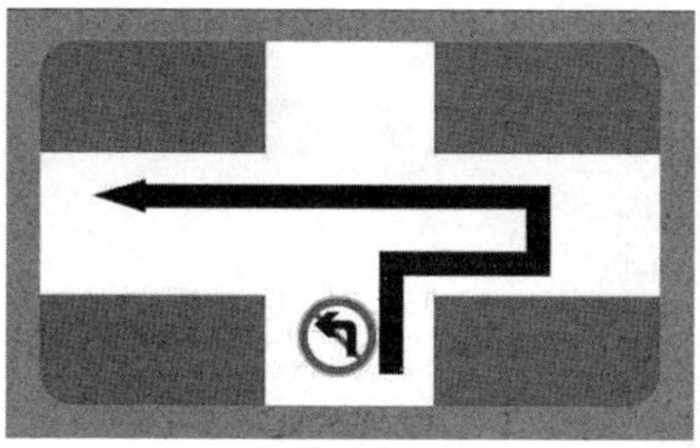
(a)南、北进口的绕行标志

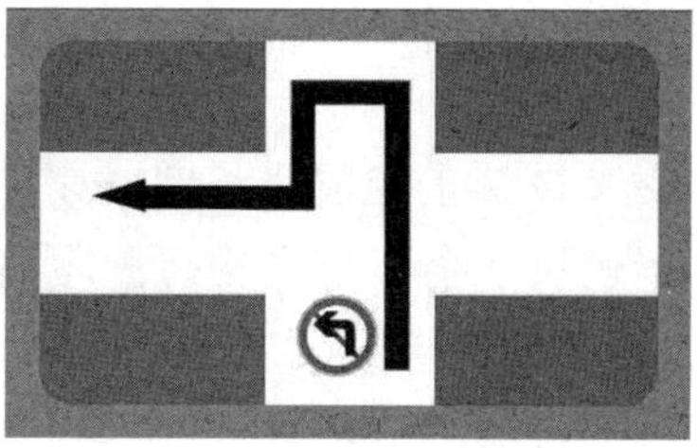
(b)东、西进口的绕行标志

图 7.3　绕行标志样式

U-Turn 的相位方案为：相位一，路段开口允许东、西向车流直行，交叉口允许东、西向车流直行和右转，同时交叉口东、西向行人放行；相位二，路段开口只允许调头车辆行驶，交叉口允许东、西向车流右转，南、北向车流直行和右转，同时交叉口南、北向行人放行，信号灯组信号相序方案如图 7.4 所示。

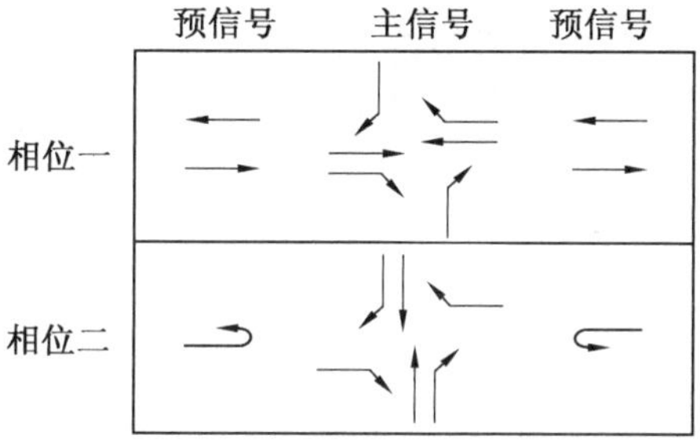

图 7.4　信号灯组信号相序方案

7.2.3　U-Turn 设计要素

1. 远引掉头位置

路段远引掉头位置若距交叉口过近，则有可能导致次路直行车辆在掉头位置回转换道长度不足，而无法在主路右转通过交叉口；如果过远，则增加了次路远引车流的延误，因此确定远引掉头的位置对整个交叉口运行起着关键作用。

设置交叉口次路远引的前提是该交叉口与上、下游交叉口间距较远，远引掉头在路段开口位置不能位于交叉口功能区内。交叉口功能区的长度确定方法如下。

$$L_1 = vt + \frac{v^2}{2a} + qrh \tag{7.1}$$

式中　v——车辆行驶速度，m/s；

t——驾驶员感知反应时间，s，取 2.5 s；

a——车辆平均减速度，m/s^2，取 2 m/s^2；

q——次路远引后主路直行车流高峰小时交通量，pcu/s；

r——红灯时间，s；

h——车辆停车平均车头时距，m。

同时，掉头开口位置到交叉口距离应满足车辆回转行驶到交叉口禁止变道线前能换道到右转车道，即

$$L_2 = L_p + xL_a \tag{7.2}$$

式中 L_p——交叉口禁止变道线长度，m；

L_a——车辆换一个车道平均行驶距离，m；

x——换道车道数。

综上，远引掉头位置至交叉口停车线的距离为

$$L = \max(L_1, L_2) \tag{7.3}$$

2. 远引掉头处排队车道长度

次路远引车辆在中央分隔带掉头过程可以看作是一个排队系统，当远引车辆到达掉头处时，若主路车流车头时距刚好满足次路车辆掉头插入时，远引车辆直接掉头；若主路车流车头时距不满足次路车辆掉头插入间隙时，则在掉头口处排队等待。由于次路远引掉头车流量不大，经过远引路段一定时间的行驶，处于自行调整状态，可以认为车流到达服从泊松分布；而对面主路车流饱和度较大时，车头时距适合用爱尔朗分布拟合。因此，可将远引车流在掉头处的排队系统看作 $M/E_k/1$ 排队系统。由此得到远引掉头处车辆排队长度的计算模型：

$$L_q = \frac{\beta^2}{u(u-\beta)} \cdot \frac{k+1}{2k} \cdot h \tag{7.4}$$

式中 β——掉头车辆的平均到达率，pcu/s；

u——掉头处车辆掉头通行能力，pcu/s；

h——对面直行车流在掉头处的车头时距，s；

k——爱尔朗分布阶数。

综上，远引掉头处设置的排队车道长度应大于等于 L_q。

7.2.4 U-turn 优缺点

1. 优点

U-Turn 消除了交叉口内所有左转车辆产生的冲突点，提高了平面交叉口的通行安全，减少了交通事故的发生率；由于交叉口采用两相位控制，减少了损失时间，可增加主干道的通行能力及直行车辆运行的连续性等。

2. 缺点

U-Turn 会增加左转车辆的绕行距离、停车次数和延误；容易使驾驶员产生迷惑，尤其是外地驾驶员；左转车辆换道时会在一定程度上影响干道直行车辆的行驶速度；对道路及中央分隔带的宽度要求较高，适用路段有限，同时也需要设置引导标识，增加了成本等。

研究表明，合理的 U-Turn 设置方案能够降低 22％的事故率，减少 20％～30％甚至 60％的平均延误，同时增加 20％～30％的通行能力。

7.3　共享相位左转待转区

7.3.1　中央式

1. 交通组织

以图 7.5 所示交叉口为例，东、西直左相位开启后，直行车可直接通过交叉口，而左转车需驶入左转待转区等待。在待转区等候的左转车有两种放行方案：一是当对向无直行车辆通行时，左转车可直接离开交叉口，如图 7.5 所示；二是严禁在本相位内通行，待本相位结束后，下一相位安排放行交叉方向的直行车流，则左转车与交叉方向直行车流一起放行，如图 7.6 所示。

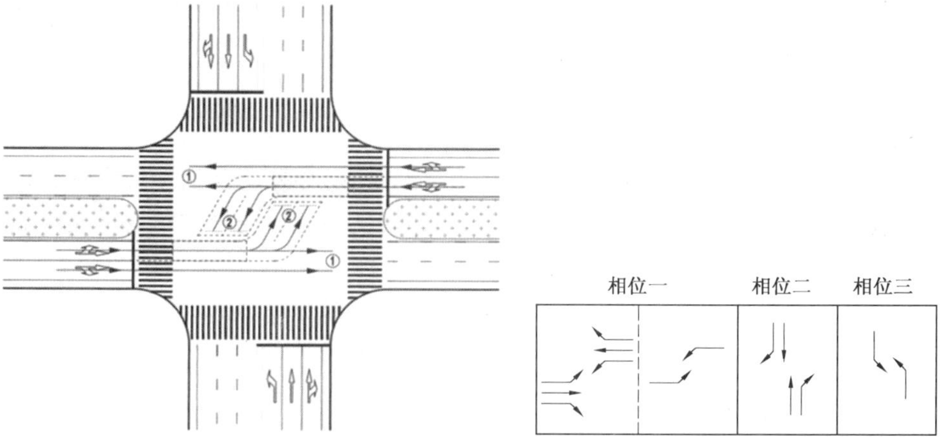

(a) 车流放行示意图　　(b) 相位方案

图 7.5　东、西向左转车在直行车后放行

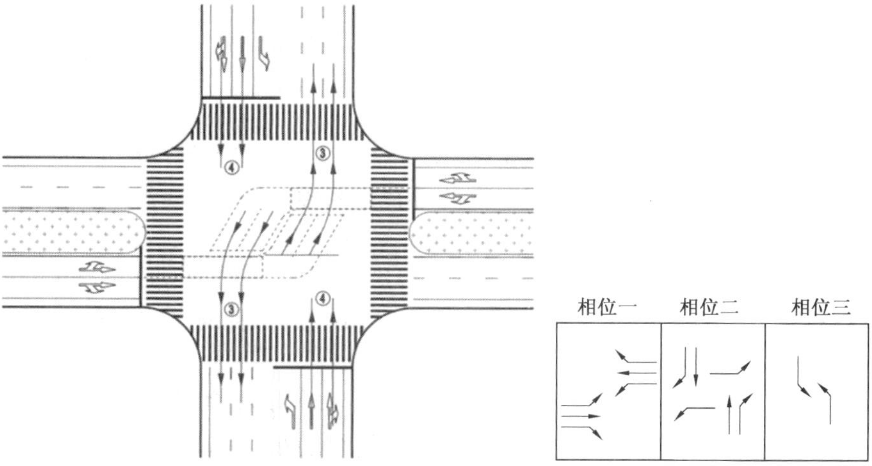

(a) 车流放行示意图　　(b) 相位方案

图 7.6　东、西向左转车与南、北向直行车一起放行

2. 信号控制

(1)左转车在直行车后放行。

东、西相位开启时,直行车与左转车同时放行,左转车进入待转区内等待,直行车直接通过交叉口。但为了保障左转车不滞留在交叉口内影响下一相位车辆的通行,在直行车流所需绿灯时间之外,需额外给左转车辆一个单独的绿灯信号,此时需关闭直行车流的绿灯信号。

(2)左转车与交叉方向直行车一起放行。

因东、西左转车辆提前进入到了待转区,且与南、北向停车线后的直行车间距大,在南、北直行相位开启时,待转区内的左转车辆与南、北向直行车辆可同时启动,不会影响到南、北向直行车辆的通行效率,故无须为左转车辆单独安排额外的绿灯时间。

因第(1)种信号控制方案需要单独的左转绿灯信号,相当于直左车流的控制由一个相位变成了两个相位,会增加信号周期时长和总损失时间,不利于交叉口通行效率的提升,故推荐采用第(2)种信号控制方案。

3. 适用条件

(1)交通条件。

交叉口次要道路的直行车交通量相对较多,而每信号周期到达的左转车辆数较少,不高于待转区能容纳的车辆数,且对向直行车流受左转交通流影响导致车均延误增加。

(2)道路条件。

主要道路要求双向 6 车道及以上,或次要道路为两块板道路且中间有绿化带,便于左转弯待转区的设置,且直行车流在交叉口内的运行轨迹更平直。

7.3.2 钩型转弯(Hook-turn)

1. 交通组织

澳大利亚墨尔本市于 20 世纪 50 年代提出了一种左转车交通组织方法(Hook-turn),以解决属于同一信号相位的左转机动车、直行电车与机动车冲突。英语中 hook 具有“钩子”的意思,而交叉口左转车的运行轨迹与钩子形状相似,所以这种交通组织方法取名为 Hook-turn。

Hook-turn 交叉口的车辆运行规则:左转机动车仅允许驶入进口道最右侧车道,红灯期间在停车线后与其他流向机动车共同排队等待。当绿灯亮起后,各车道的排队车辆依次通过停车线,但是左转机动车进入交叉口内部贴近同向直行斑马线的待行区;当相交道路的信号变为绿灯后,待行区内的机动车再左转进入目标车道,而相交道路的机动车在左转车驶离待行区后进入交叉口。简而言之,Hook-turn 是一种交叉口左转车借右侧进口车道完成转弯的交通组织方法。

显然,Hook-turn 与中国传统的交叉口左转机动车组织存在明显差异,它通过合理利用交叉口有限的空间资源避免了左转机动车与直行机动车、电车的冲突,对于提高直行车流运行效率和交叉口的安全水平具有重要意义。Hook-turn 交叉口交通组织如图 7.7 所示。

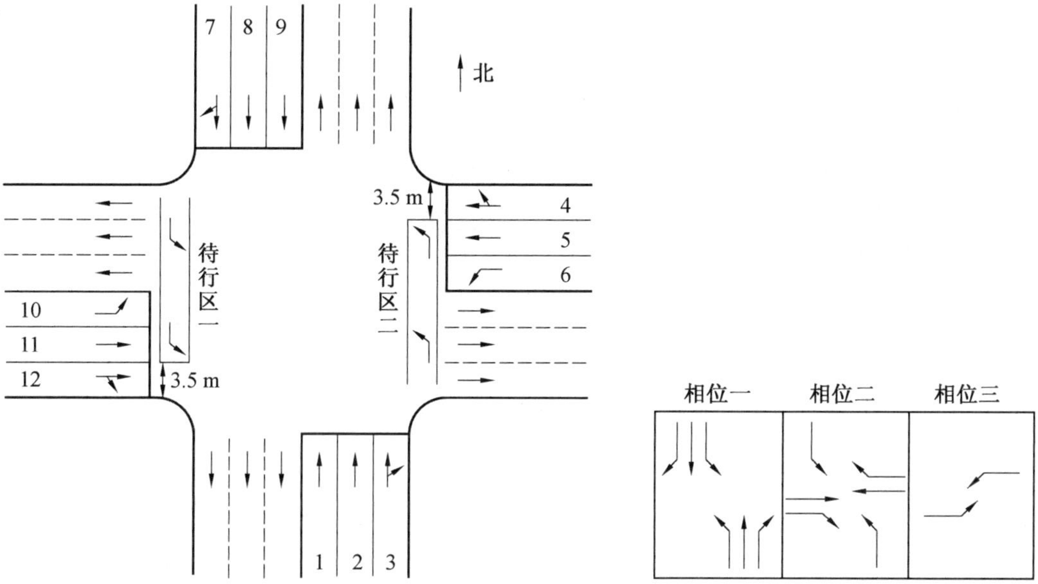

(a) 车流放行示意图　　(b) 相位方案

图 7.7　Hook-turn 交叉口交通组织

2. 适用条件

鉴于待行区空间有限，每信号周期到达的左转车辆不能高于待行区能容纳的车辆数，否则，将导致排队车辆溢出，最右侧车道功能丧失。因转弯半径小，且左转车辆距同向直行车距离近，会导致左转车通行效率不高、直行车辆二次停车。

7.4　菱形互通式立交

1. 交通组织

DDI 也称为分叉式菱形立交，是一种在菱形立交平面交叉部分，次线双向交通流采用在跨线桥两侧交叉进入对向车道的新型菱形立交，如图 7.8(a)所示。DDI 中的平面交叉设计可以方便车辆左转进出主线匝道，减少左转交通流与直行交通流间的冲突，同时立交中的平面交叉节点可以采用两相位的信号控制。

DDI 将交叉口分离为两个子交叉口，通过交换主线两边的行车方向消除左转和直行冲突。相位相序方案见图 7.8(b)，其中，相位一放行南进口直行与左转、北进口左转，相位二放行北进口直行与左转、南进口左转。

2. 适用条件

DDI 对用地面积要求较高，这也是其主要应用于国外高速公路和快速路的原因。DDI 具有有效处理立交内各交通流关系及改善交通流运行环境的优点，尤其是对进出主线匝道左转交通流运行条件的改善，为国内部分菱形立交存在的车辆左转进出主线匝道困难、对次线交通干扰严重等问题提供了新的解决思路。

(a) DDI 交通控制案例　　(b) 相位方案

图 7.8　菱形互通式立交几何设计

7.5　借用出口车道左转

7.5.1　反向左转车道(contraflow left-turn lane,CLL)

1. 交通组织

反向左转车道如图 7.9 所示。

图 7.9　反向左转车道

反向左转交叉口相位图如图 7.10 所示。在南、北向直行相位运行期间,东、西向借道信号灯开启,引导东、西向左转车提前进入临时借用的出口左转车道;当南、北向直行相位结束后,执行东、西向左转相位;但在东、西向左转相位结束前,需提前关闭东、西向借道信号灯,达到完全清空出口车道,保证与下一相位车流不冲突。东、西向同理。

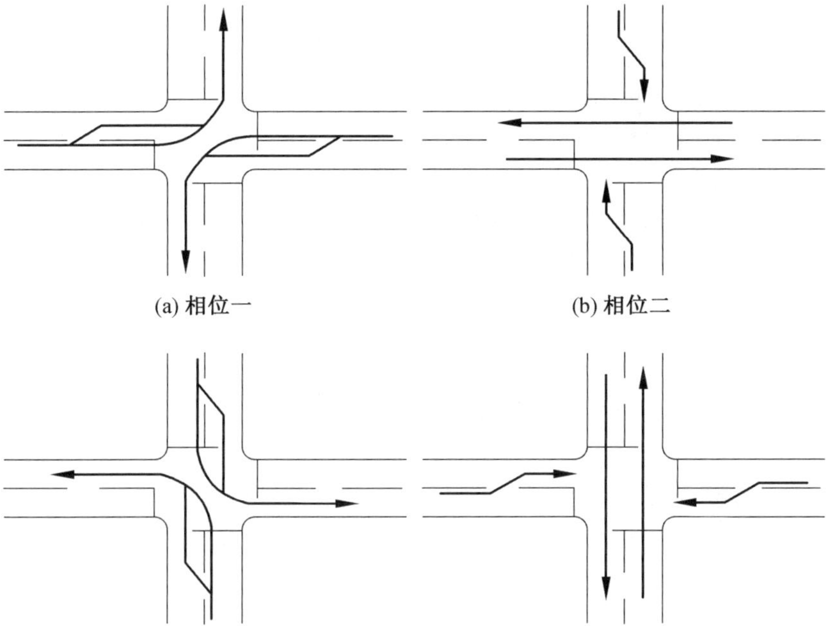

(a) 相位一　(b) 相位二　(c) 相位三　(d) 相位四

图 7.10　反向左转交叉口相位图

2. 设计要素

(1)反向左转车道长度及车道数。

反向左转车道长度 L 既要满足左转车通行需求，又需确保行车安全，因此，不能太长或太短。L 主要与信号周期内左转车辆到达数的排队长度有关，鉴于左转车流到达数存在波动，L 应满足：

$$L \geqslant \frac{q \cdot h \cdot k}{m \cdot w} \tag{7.5}$$

式中　q——左转交通量，pcu/h；

h——左转车辆车头间距，m；

m——左转车道数；

w——1 h 内交叉口的信号周期数；

k——信号周期内左转车流的不均匀系数，一般取 1.5～2.0。

反向左转车道数需满足：

$$m \leqslant \min(m_1 - m_2 - m_3, m_4 - m_5) \tag{7.6}$$

式中　m——反向左转车道数；

m_1——左转对应出口车道数；

m_2——左转车道数；

m_3——对向进口道右转车道数；

m_4——对向出口车道数；

m_5——垂直方向的右转车道数。

(2)借道信号灯开启时间。

借道信号灯可与交叉方向直行相位的信号灯同步开启,也可延迟开启,但必须保证左转相位开启时,出口左转车道内已经填满了左转车。

为充分发挥反向左转车道功能,在南、北左转相位开启前左转车流应进入反向左转车道待行。由于东、西直行车流不会影响反向左转车道,因此,在东、西左转相位末的车辆驶过反向左转车道时,预信号绿灯即可开启。此外,预信号绿灯最晚开启时间,应保持南、北左转相位开启时驶入反向左转车道的第1辆左转车能到达并驶出停车线,即

$$\frac{(L+L_0)}{v_{\min}} \leqslant \Delta t_1 \leqslant g_{e2} - \frac{L_0}{v_{\min}} \tag{7.7}$$

式中 L——反向左转车道的长度,m;

L_0——车辆驶过交叉口内部的距离,m;

$v_{\min}$——车辆驶过交叉口的最小速度,m/s;

g_{e2}——相位二有效绿灯时间,s。

(3)借道信号灯关闭时间。

借道信号灯关闭时刻至左转相位结束时刻,必须保证出口左转车道内的全部车辆能完全驶离交叉口,达到清空出口车道的目的。关闭时间主要取决于反向左转车道长度和车辆速度,即

$$\Delta t_2 = \frac{L}{v_{\min}} \tag{7.8}$$

反向左转交通组织与信号配时方法,不仅能有效降低左转车流的相位通行时间,达到降低信号周期时长和车均延误的目的,而且充分利用了同方向出口车道空间资源,实现了交叉口时空资源的优化组合,对提高交叉口服务水平、缓解交通拥堵具有积极作用。

3. 适用条件

(1)道路条件。

现状交叉口无直左合用车道,即设有专门的左转车道;交叉口对向车道数≥3,左转车道数较少且无法拓宽。借道左转车道开口处必须保证要有足够的空间满足车辆左转的需求,借道左转通行车辆的转弯半径一般要求≥25 m。

(2)交通条件。

现状交叉口左转交通量大,且部分左转车辆不止一次停车、延误大。对于反向左转与左转弯待转的优先设置问题,需要根据交叉口的实际情况确定。设反向左转进口道渐变段的长度为L_1,展宽段的长度为L_2,展宽段与渐变段的夹角为$\theta(\theta<90^\circ)$,左转待转区内的存车最大长度为L_3,左转车道的最大排队长度为d,即当$d<L_1/\cos\theta+L_2$时,不需要实施借道左转;当$L_1/\cos\theta+L_2\leqslant d<L_1/\cos\theta+L_2+L_3$时,优先考虑设置左转弯待转区;当$d\geqslant L_1/\cos\theta+L_2+L_3$时,可考虑实施反向左转的交通组织方式。

7.5.2 连续流交叉口(continuous flow intersection, CFI)

1. 交通组织

CFI是移位左转交叉口的一种主要类型,也常简称为“移位左转交叉口”。移位左转

交叉口示意图如图 7.11 所示，移位左转交叉口案例如图 7.12 所示。以西进口设置移位左转车道为例，出口道的最外侧车道为左转车道。西进口的左转车辆在路段信号灯的控制下，变道进入移位左转车道；在交叉口信号灯的控制下，与同方向直行车辆及对向直行、左转车辆一起通过交叉口。

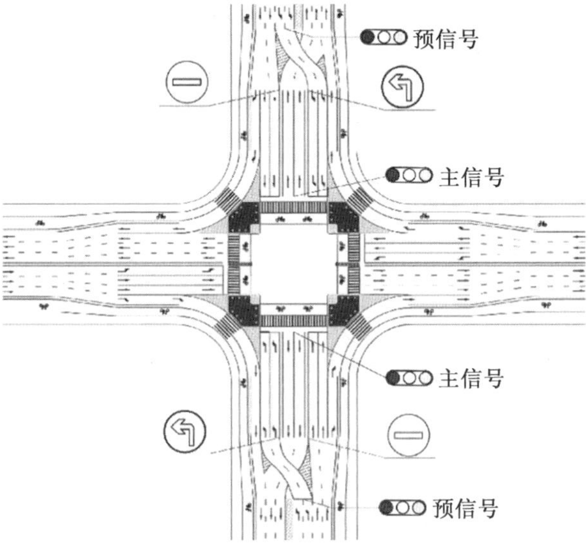

图 7.11　移位左转交叉口示意图

图 7.12　移位左转交叉口案例

移位左转交叉口的信号控制方案只需两相位，但在路段左转车辆变道进入移位左转车道处和交叉口处，都需要设置信号灯。交叉口的信号灯用来在时间上分离东、西和南、北直行车流的冲突；路段处的信号灯在时间上分离左转车流与交叉方向左转和对向直行车流的冲突。若只在东、西向设置移位左转车道，且南、北向左转交通量较大，可以考虑为南、北左转车设置左转保护相位或南、北向单进口放行。

此种交通组织方式将左转与对向直行车流的冲突提前到路段解决，减少了交叉口内冲突点的个数。通过路段与交叉口信号灯的协调，直行与左转车辆连续通过交叉口，减少了相位个数和车均延误，提高了交叉口的安全性。

2. 设计要素

(1)相位相序设定。

以东、西向设置移位左转车道为例，东、西向直行、左转同时放行。若南、北直行为交叉口信号第一相位，南、北左转为第二相位，则南、北左转相位会使东、西向左转车进入移位左转车道后，停车等待的时间增加；若南、北向各单进口放行或4个进口道全部设置移位左转车道，则东、西向的行人无法过街。交叉口交通信号与路段左转变道信号相协调，当南、北向直行车辆通过时，东、西向的出口道闲置，此时可开启路段左转变道交通信号，让左转车提前进入移位左转车道等待。移位左转的相位设计如图7.13所示，移位左转相序与信号配时方案设计如图7.14所示。

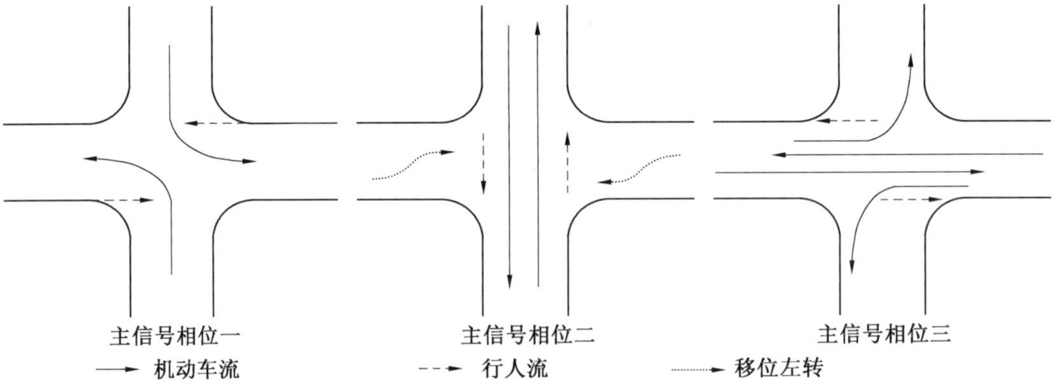

图7.13　移位左转的相位设计

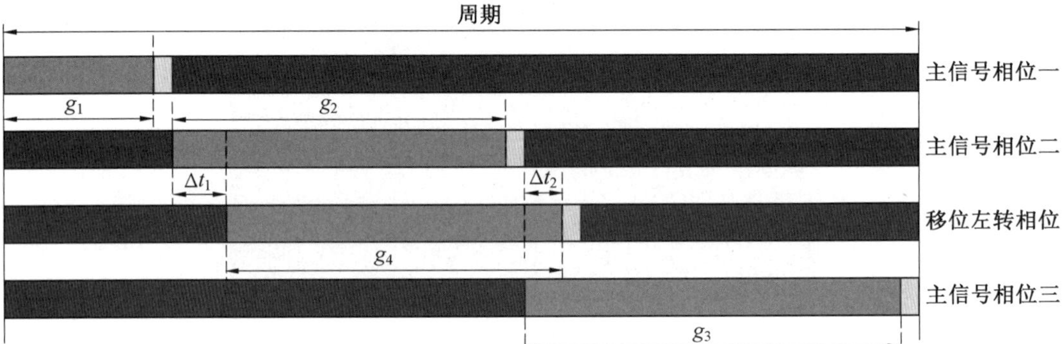

图7.14　移位左转相序与信号配时方案设计

(2)路段移位左转信号与主信号的关系。

为减少已经驶离交叉口的车辆停车次数，左转车辆允许变道前，应确保上一相位驶离交叉口的车辆顺利通过左转车辆变道处，即Δt_1；考虑主信号相位三绿灯开启后对向直行车辆抵达路段变道处尚需一定时间，因此路段左转相位的结束时间可以比主信号相位三的开启时间晚，即Δt_1、Δt_2：

$$\Delta t_1 \geqslant \frac{l_1 + l_r}{v_{sl}} \tag{7.13}$$

$$\Delta t_2 \leqslant \frac{l_1 + l_s}{v_{es}} \tag{7.14}$$

式中　l_r——南、北左转车辆在交叉口内行驶的路径长度，m；

v_{sl}——南、北左转车辆的平均行驶速度，m/s；

l_s——东、西直行车辆在交叉口内行驶的路径长度，m；

v_{es}——东、西直行车辆的平均行驶速度，m/s；

l_1——移位左转车道的长度，m。

7.5.3　平行流交叉口(parallel flow intersection, PFI)

1. 交通组织

PFI 是另一种移位左转设计，于 2007 年提出，与 CFI 类似，区别在于放行一条道路直行车流的同时，放行另一条道路的左转车流，这使得两者的应用场景不同，其几何布局如图 7.15 所示。将一部分对向出口车道插入直行进口车道外侧，称为移位左转车道，左转车辆经左转车道进入移位左转车道，到达下游次级交叉口，寻找可穿越间隙或经信号控制驶入对向出口车道，实现间接左转。

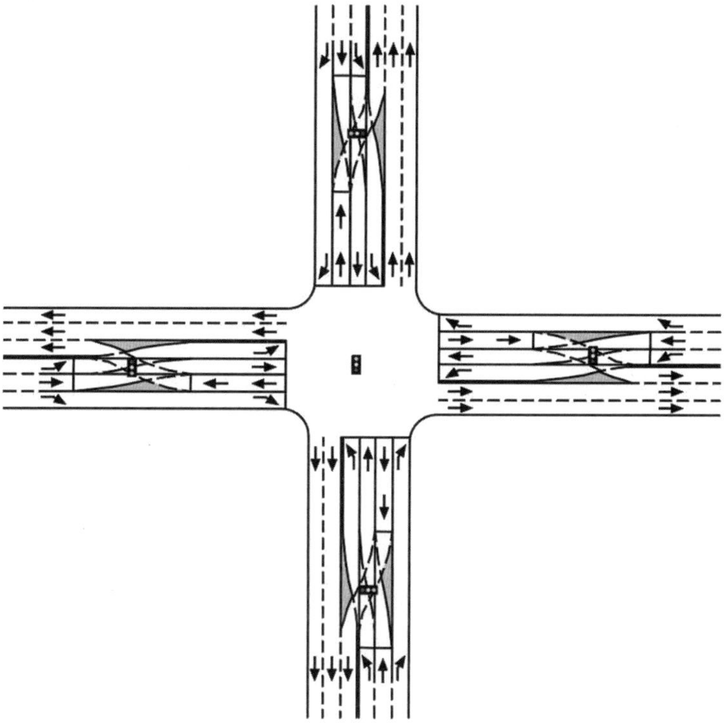

图 7.15　平行流交叉口几何布局

平行流交叉口的信号相位方案如图 7.16 所示，图中主信号左转增设的空白时段为早闭全红相位，即此时主信号不再允许左转放行。根据各转向车辆的行驶路径，左转车辆所遇第 1 个信号灯在主信号处，所遇第 2 个信号灯在预信号处；直行车辆所遇第 1 个信号灯在预信号处，所遇第 2 个信号灯在主信号处。

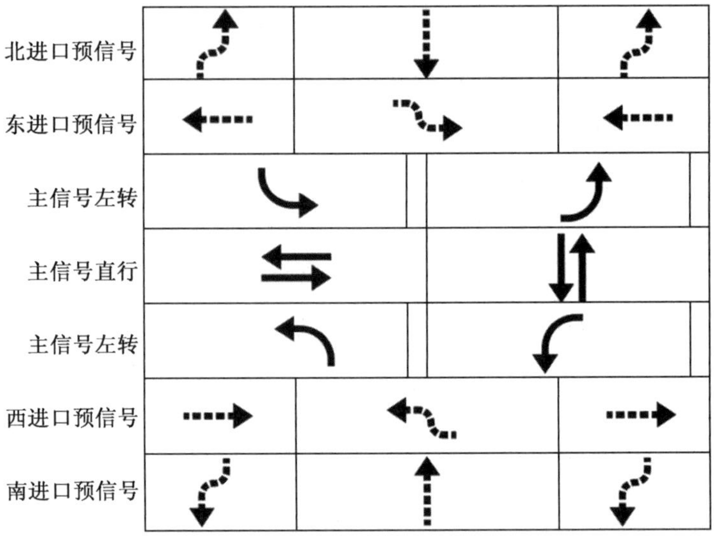

图 7.16　平行流交叉口的信号相位方案

2. 设计要素

(1)主、预信号协调关系。

主、预直行信号配时关系如图 7.17 所示。

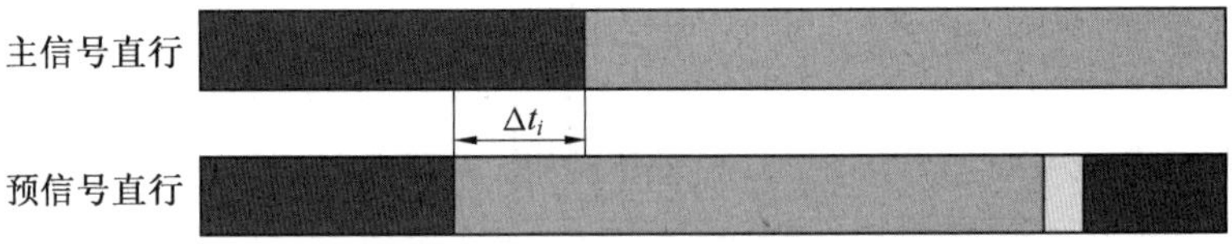

图 7.17　主、预直行信号配时关系

为避免直行车辆二次停车，提升平行流交叉口的通行效益，主、预信号直行相位绿灯启亮时间差应满足式(7.15)。

$$\Delta t_i=\frac{L_{is}^{p}+L_{is}}{v_{is}} \tag{7.15}$$

式中　L_{is}^{p}——进口 i 到来的直行车流在预信号交叉口行驶轨迹长度，m；

L_{is}——进口 i 到来的直行车流行驶到主信号交叉口直行车道的长度，m；

v_{is}——进口 i 流向 s 车流行驶速度，m/s。

(2)移位左转车道长度。

移位左转车道是供主信号交叉口到来的左转车辆停车排队，其长度由一个周期内左转车流的排队长度决定，具体计算公式如下：

$$L_{il}=\frac{\alpha\cdot d\cdot q_{il}}{N\cdot n_{il}} \tag{7.16}$$

式中　α——不均匀系数；

d——左转车流停车排队时的车头间距，m；

q_{i1}——进口 i 左转车流量，pcu/h；

N——一个小时内信号周期个数；

n_{i1}——进口 i 左转车道数。

移位左转车道如图 7.18 所示。

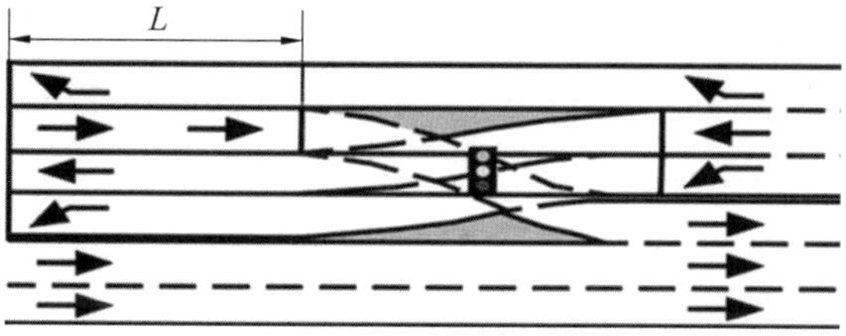

图 7.18　移位左转车道

3. 适用条件

(1)道路条件。

PFI 适用于具有不同道路等级的交叉口，如主干道和次干道的交叉口。

(2)交通条件。

PFI 适用于主要流量和次要流量之间有明显差异的交叉口，可以更好地分配交通流量，提高交叉口的整体效率。

7.6　串联交叉口

1. 交通组织

TI 也被国内学者称为排阵式交叉口、综合待行区等，TI 的运行原理如图 7.19 所示。在进口道上设置预信号，预信号停车线与主信号停车线之间设置为排序区，采用车道标记，使得车辆在进入排序区前重新排队，主信号每一相位放行车流可利用排序区所有车道，从而提升交叉口通行能力。TI 的几何布局简洁，不需要大规模工程改造，但可以根据交通需求选择进口道部分车道或者全部车道进行设置。目前 TI 在中国部分城市进行了建造。

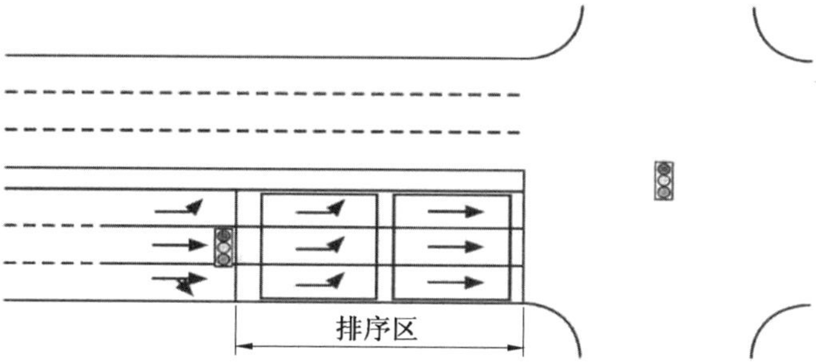

图 7.19　TI 的运行原理

TI 的控制策略分为两种：一种考虑所有直行车辆先进入排序区排队，随后左转车辆紧跟其后排队等候。根据主信号灯指示，先放行直行车流，紧接着放行左转车流，TI的相位相序方案如图 7.20 所示，TI 可调整左转车流和直行车流的放行顺序。

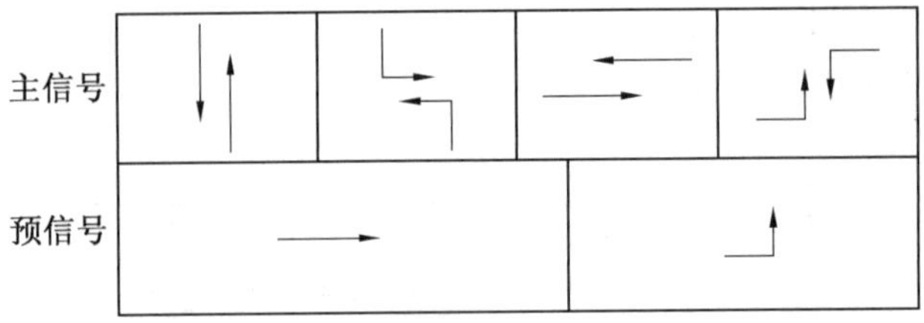

图 7.20 TI的相位相序方案

另一种策略是直行车辆在排序区排队放行完毕后，才允许左转车辆进入排序区，相反也可先放行左转车流再放行直行车流，该策略对排序区长度要求更低。

2.设计要素

(1)排序区长度。

主停车线与预停车线的距离(L)包括阵列区长度(L_1)和导流区长度(L_2)，排序区长度组成如图 7.21 所示。影响两停车线距离的主要因素有车流量、车道数、是否有公交站点及其具体位置等。

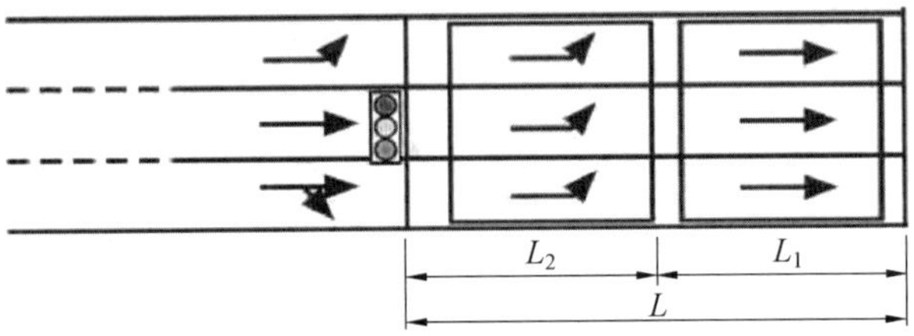

图 7.21 排序区长度组成

①阵列区长度。

交通流和交叉口饱和流量是决定第二条停车线位置的重要因素，为了研究在保持原有交叉口信号配时不变的情况下，确认串联设计对交叉口通行能力的影响，主要考虑进口饱和流量为主要因素。

$$L_1=\frac{S_i \cdot h_d}{N_i} \tag{7.17}$$

式中 S_i——进口道 i 的饱和流量，pcu/h；

N_i——进口道 i 的车道数；

h_d——停车间距，m。

②导流区长度。

导流区长度需满足最不利变道所需的净空要求，即

$$L_2=\sqrt{s^2-H^2} \tag{7.18}$$

式中 s——车辆变道的最长轨迹距离，m；

H——车辆过渡到最远车道的横向偏移量，m。

$$L=L_1+L_2 \tag{7.19}$$

(2)主、预信号关系。

串联交叉口信号配时设计需对主信号灯和预信号灯进行协调控制，主、预信号配时关系如图 7.22 所示。

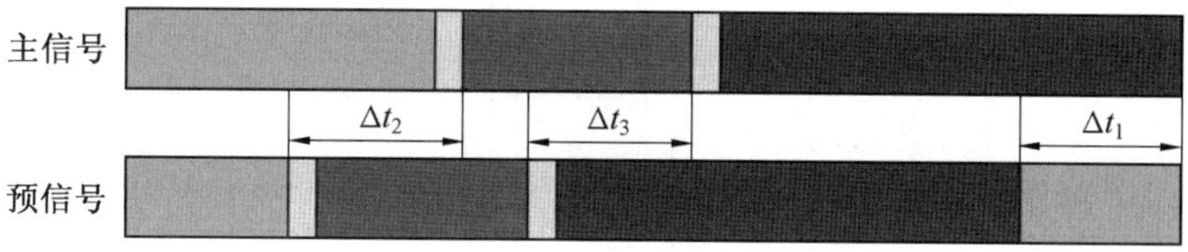

图 7.22　主、预信号配时关系

确保主信号绿灯亮起前，直行车辆已到达主停车线并排队。

$$\Delta t_1 \geqslant \frac{L \cdot h_t}{h_d} \tag{7.20}$$

确保进入排序区的车辆被清除。

$$\Delta t_2 \leqslant \frac{L}{v} \tag{7.21}$$

左转车辆跟随直行车辆到达主停车线并通过主停车线且不停车。

$$\Delta t_3 \geqslant \frac{L - S_i/N_i}{h_d} h_t \tag{7.22}$$

式中　h_t——平均车头时距，s；

v——平均车速，m/s。

3. 冲突优化策略

因串联交叉口左转车道的增加在交叉口内占据了更多的空间，导致左转非机动车与左转机动车混合，形成图 7.23 所示的阴影区，对左转非机动车造成严重的安全隐患，且影响左转机动车的高效运行。因此，串联交叉口行车效率下降。对于骑行人数较多的城市来说，消除串联交叉口左转非机动车与左转机动车之间的冲突是推广应用串联交叉口的关键问题之一。

(1)左转非机动车二次过街。

左转非机动车二次过街如图 7.24(a)所示，左转非机动车采用两步交叉规则。首先，左转非机动车应先跟随直通非机动车过马路；然后，在相邻引道的直通移动的绿灯时间内，在相邻引道上使用直通非机动车横穿街道。因为，非机动车的左转通过两个不同阶段的运动来完成，所以左转非机动车和左转车辆是完全分开的。然而，这种方法存在一个潜在问题是左转非机动车被迫绕行，会增加过交叉口的距离和延误。

(2)行人与非机动车专用相位。

行人与非机动车专用相位如图 7.24(b)所示，除了传统串联交叉口的 4 个相位外，还设置了行人和非机动车的专用相位。在这一相位，每个方向的行人和非机动车都可以通行，而在左转相位禁止非机动车左转。然而，这种方法存在一个潜在问题是减少了车辆的绿灯时间，会对通行能力产生负面影响。

(3)分拣区部分左转。

造成左转非机动车和左转车辆冲突的原因是两者之间存在重叠的通行空间，分拣区

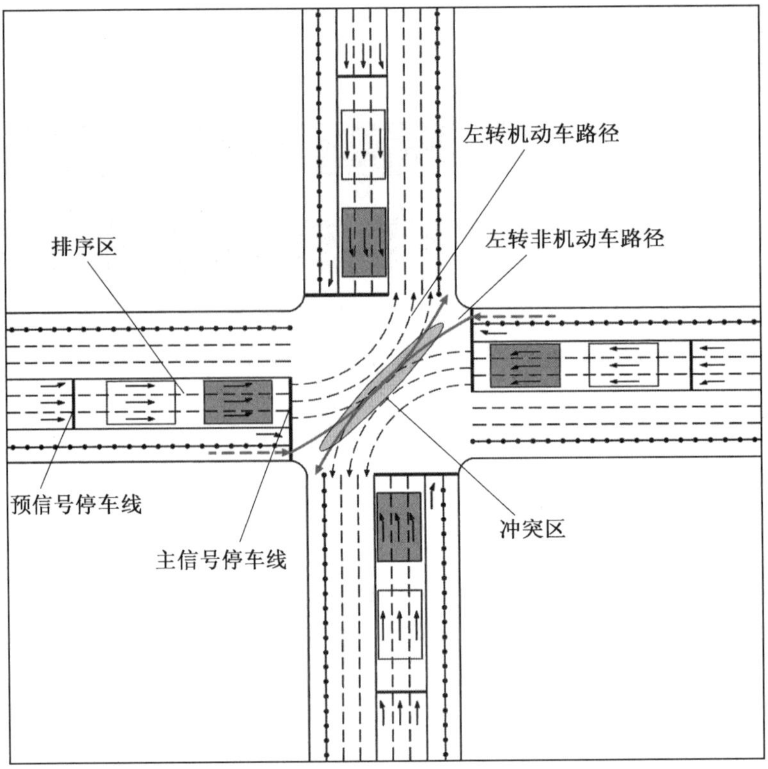

图 7.23　串联交叉口机动车与非机动车冲突示意图

部分左转如图 7.24(c)所示。为左转非机动车提供专用通行空间的方法是减少左转车道的数量。

(4)后移停车线。

后移停车线如图 7.24(d)所示，为左转车辆提供专属通行空间的另一种方法是扩大交叉口整个内部空间，可通过整体向后移动停车线和分拣区来实现；增加车辆的左转半径，为过街的非机动车提供必要的左转空间。然而，这种方法存在一个潜在问题是信号损失时间增加。

4. 优缺点

(1)TI 的最大优点在于可以同时使用所有车道，提升交叉口的通行能力，降低车辆延误，但几乎所有车辆都存在二次停车的现象，会增加交叉口车均停车次数。

(2)若所有进口车道全部设置成 TI，受交叉口几何条件和车辆转弯半径的限制，位于左转车辆右侧的非机动车跟随机动车一起转弯时，在路口中央会存在碰撞危险。

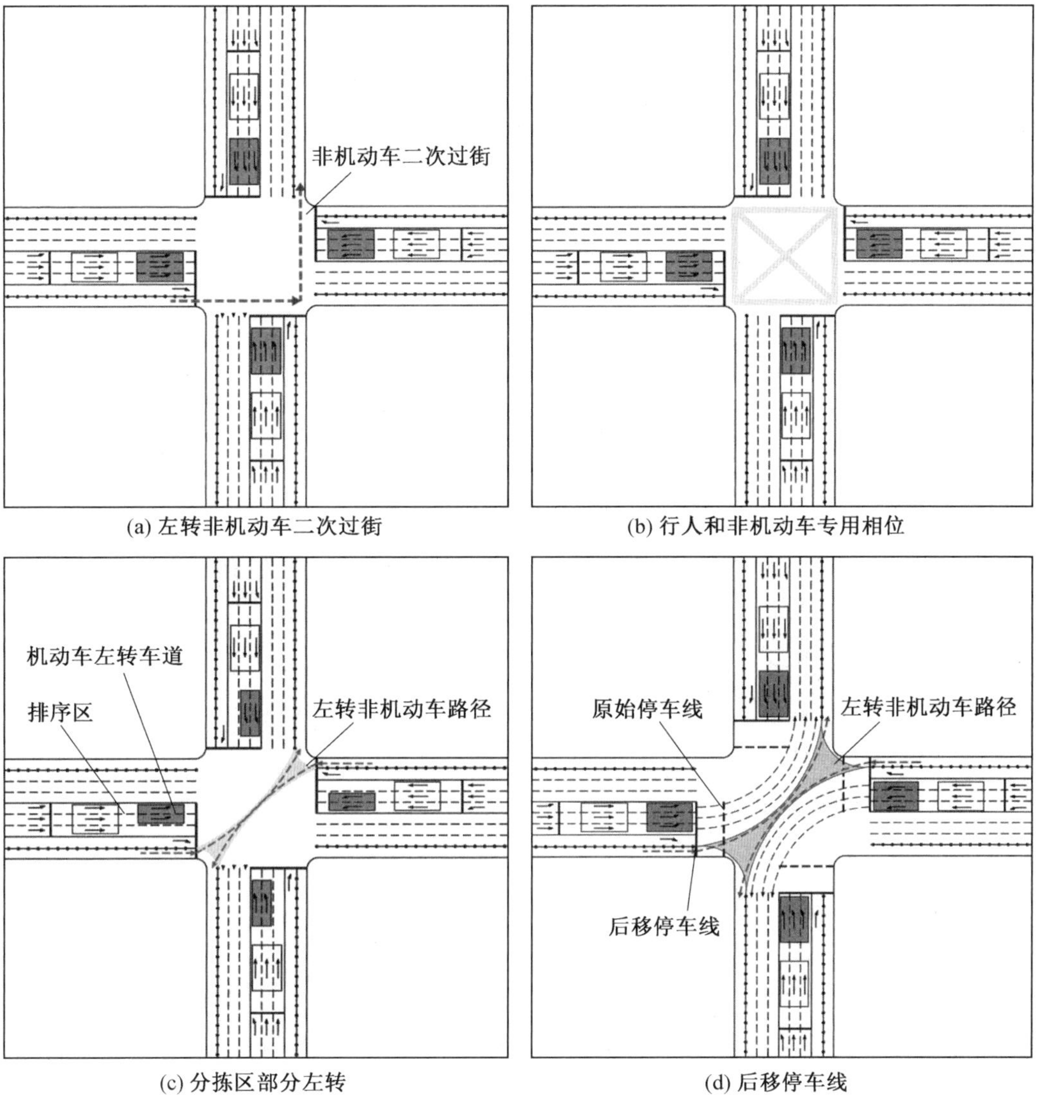

图 7.24　冲突规避策略

7.7　环形交叉口

7.7.1　单进口放行控制

1. 交通组织

车辆在环形交叉口进口道停车等待，当进口道交通信号亮起时，左转车流和直行车流在一个相位内放行，车辆直接驶离交叉口。单进口放行控制平面图及相位图如图7.25、图7.26 所示。

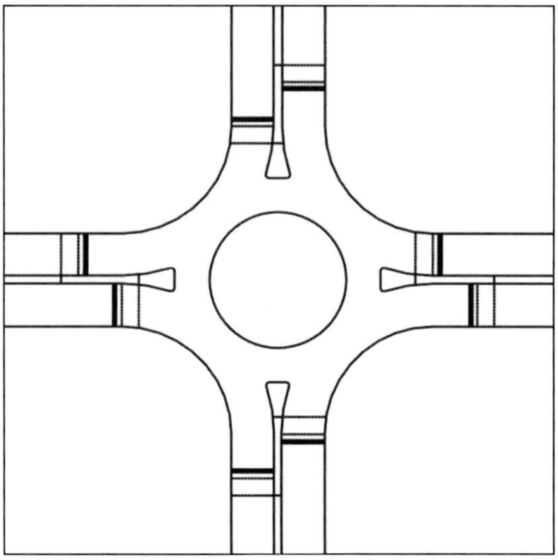

图 7.25　单进口放行控制平面图

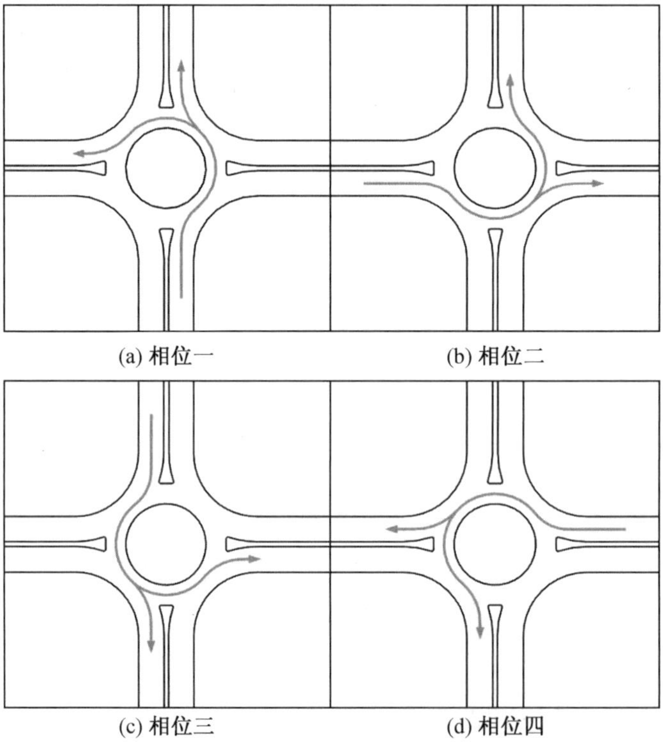

图 7.26　单进口放行控制相位图

2. 适用条件

单口放行控制对环岛半径并无特殊要求，对于多路相交的环岛，相位数量多，导致周期时长较长、各相位绿信比较低，通行效率不高；环形交叉口单口放行与普通平面十字交叉口单口放行适用的交通条件相同,适用于不对称的交通流,而对于对称交通流而言,容易造成绿灯时间资源和环道空间资源浪费,通行效率不高。

3. 缺点

单口放行控制更适用于不对称交通流,对环道空间的利用率也不高,放行效率较低,而且依旧存在左转绕岛行驶距离过长的问题。

7.7.2　左转一次控制

1. 交通组织

左转一次控制交通组织示意图如图7.27所示,左转一次控制法借鉴了平面十字交叉口的信号控制,进入交叉口的左转交通流不再绕岛行驶,而是在左转相位开启后直接左转。左转一次控制信号控制方案如图 7.28所示,对于左转车流的放行有两种方案:一是将直行车流和左转车流在同一相位中放行,形成两相位方案;二是单独设置左转保护相位,形成四相位方案。其中,当环形交叉口左转交通量少、左转车辆能够借助对向直行车流的可穿插间隙通过时,可采用两相位控制;否则,需采用多相位控制,独立控制直行车流和左转车流。

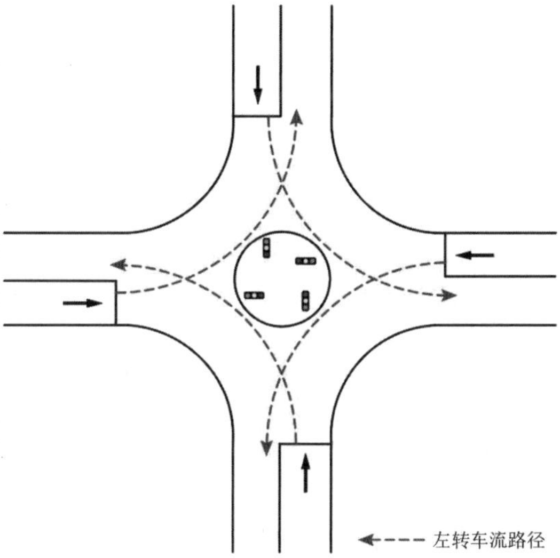

图 7.27　左转一次控制交通组织示意图

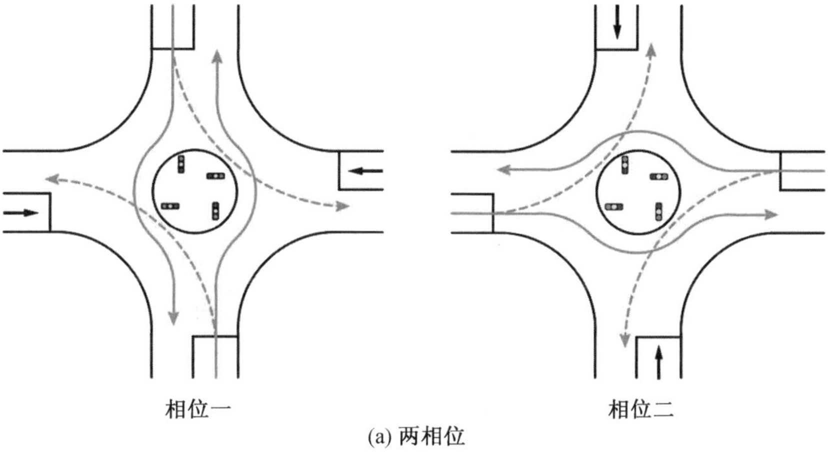

图 7.28　左转一次控制信号控制方案

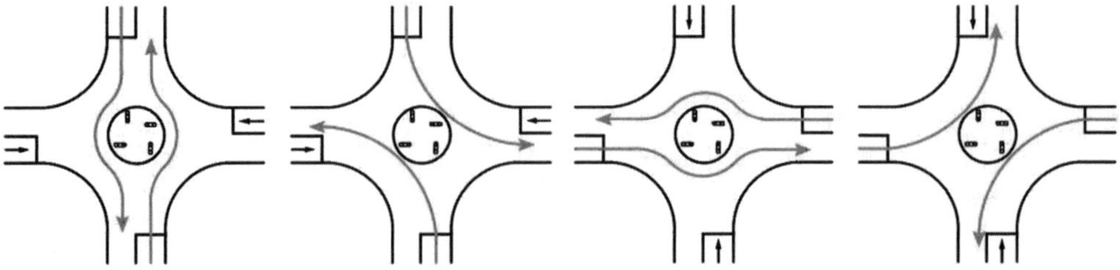

(b) 四相位

续图 7.28

2. 适用条件

左转一次控制的核心在于左转车流不再绕环岛行驶，这种情况下，要求环形交叉口的中心环岛不能太大，其直径要足够小(通常小于 15 m)，满足左转交通流行驶所需的转弯半径要求。

3. 缺点

左转一次控制仅能用于环岛规模小的环形交叉口，尽管无左转绕岛行驶距离过长的问题，但是也未能充分利用环道空间资源。另外，左转停车线后置，不仅降低了通行效率，而且增加了潜在交通冲突。

7.7.3 左转二次控制

1. 交通组织

在左转二次控制法中，左转车流和直行车流可同时进入交叉口，直行车流直接通过交叉口，而左转车流需要借助环形交叉口内部的储存区等待，与交叉方向的直行车流一起放行。其中，左转二次控制示意图如图 7.29 所示，左转二次控制相位设计方案如图 7.30 所示。

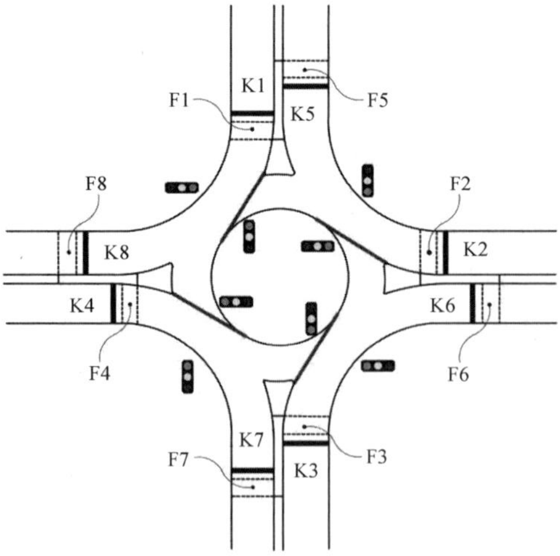

图 7.29 左转二次控制示意图

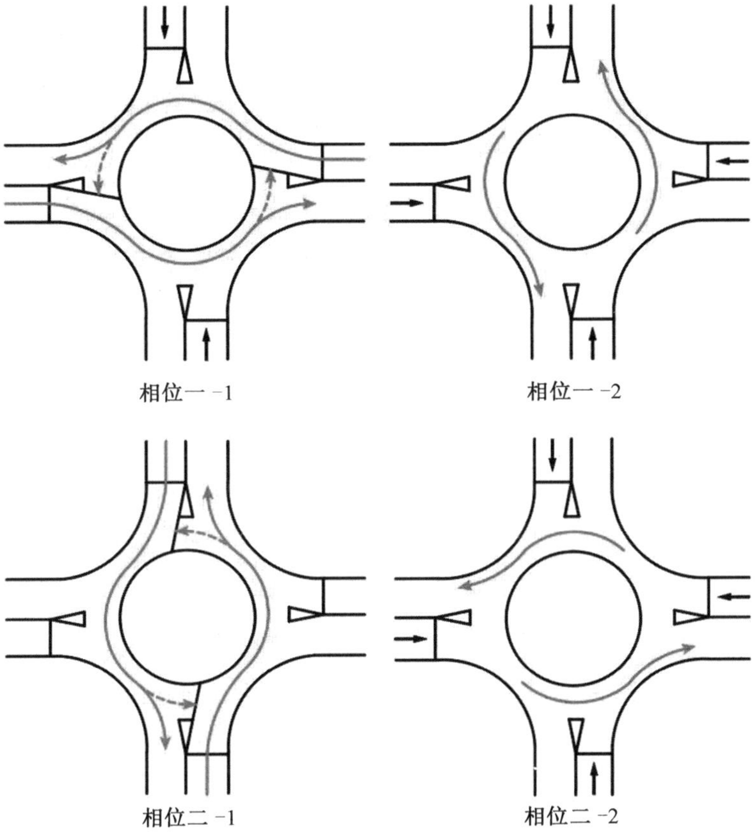

图 7.30　左转二次控制相位设计方案

2. 适用条件

对于几何适用性而言，环道空间存储能力直接制约着环形交叉口的左转通行能力，随着环岛半径的变大，环道长度随之变长，环形交叉口能够提供的左转车辆存储区也会随之变大，左转通行能力随环岛半径增大而提高，一般要求环形交叉口的直径不小于 50 m；对于交通适用性而言，左转二次控制法主要应用在左转交通需求不高于交叉口左转车辆存储上限的情况。因此，左转二次控制法常用于环岛半径比较大的环形交叉口，且要求左转交通需求不高于左转车辆存储区容量的上限。

3. 存储区容量计算

左转二次控制法的关键在于左转交通需求是否小于存储区的容量，一旦存储区的容量小于左转交通需求，就会导致左转排队溢出，造成交叉口锁死，左转车辆存储区示意图如图 7.31 所示。

存储区容量作为左转二次控制法的制约因素，其计算方法如下。

由内向外对环道存储区进行编号，分别为 1、2、3，各环道存储区长度的计算方法见式(7.23)，扇形左转存储区总的存储容量计算方法见式(7.24)。

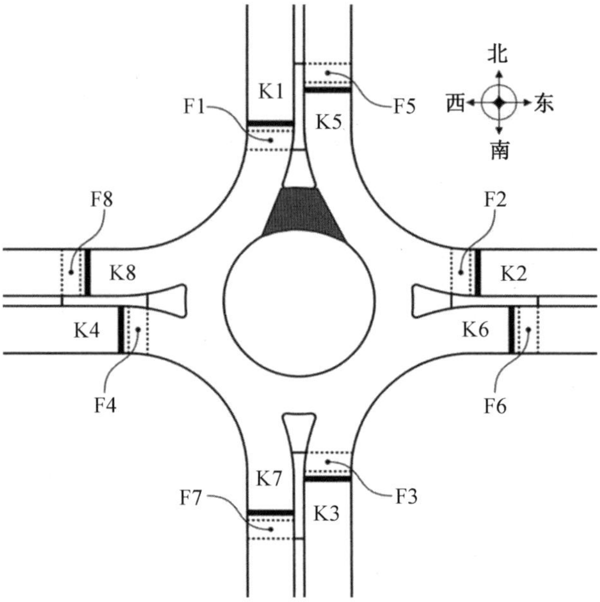

图 7.31　左转车辆存储区示意图

$$l_i = \frac{\pi \alpha_i}{180}\left(R + \sum_{j=1}^{i} w_j - \frac{w_i}{2}\right) \tag{7.23}$$

式中　w_j——第 j 条环道存储区的宽度，m；

α_i——第 i 条环道存储区与环岛圆心的夹角，(°)；

R——环岛半径，m。

$$n = \sum_{i=1}^{N} \frac{l_i}{l_c} \tag{7.24}$$

式中　n——存储区总的存储容量，辆；

l_i——第 i 条环道的长度，m；

l_c——车辆停放的车间距，m；

N——环道存储区的车道数量。

4. 缺点

左转二次控制在左转交通需求超出左转存储区限制时，容易“锁死”，尽管提高了环道空间利用率，但不适用于中小型环形交叉口和左转需求过高的大型交叉口，且存在左转绕岛行驶距离过长的问题。

7.7.4　待行区控制

1. 待行区设置

待行区设置示意图如图 7.32 所示，在环形交叉口进口道和环道上均设置停车线，并称为进口道停车线（第 1 停车线）和环道停车线（第 2 停车线），两条停车线之间的区域设置为直行待行区和左转待行区，通过协调进口道和环道信号灯分离冲突交通流。

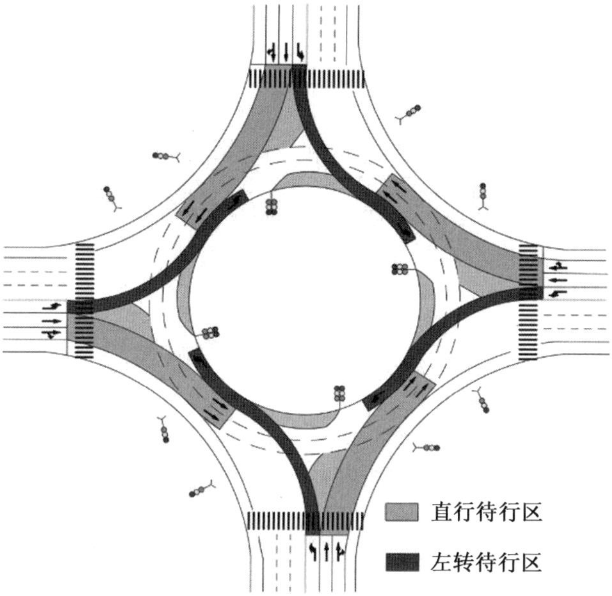

图 7.32　待行区设置示意图

2. 交通组织

待行区控制交通组织如图 7.33 所示，左转交通流左转进入环道后，需要借助内侧环道驶离交叉口；直行车流（包括右转车辆）右转进入环道后沿外侧环道驶离交叉口。因此，环形交叉口的内侧环道设置为左转专用车道，外侧环道为直行车道，二者的车流运行方向相反。南、北直行车辆放行时，左转车辆进入待行区，同向行人放行；南、北左转车辆放行时，东、西直行车辆进入待行区。东、西向同理。

环形交叉口待行区控制方法吸取了左转一次控制和左转二次控制的优点，既减少了左转车流绕行环岛的行驶距离，又提高了环道空间资源利用率。

3. 适用条件

(1)几何条件。

左转待行区和直行待行区借助环道空间设置，且位于不同环道上，故实施该方法要求环道不少于 3 条。此外，环岛直径不小于 15 m，否则可直接实施左转一次控制。

(2)交通条件。

交通流具有对称性，且左转交通量较大，超过采用左转二次控制法时左转存储区的容量上限，不能适用左转二次控制法和单口放行控制法的环形交叉口。

4. 缺点

在待行区控制法中，对左转交通流的组织方式为顺时针绕岛行驶，与环形交叉口现行的逆时针绕岛行驶完全相反，而且进口道信号和环道信号协调控制，控制法较为精细，一旦受到意外因素的破坏，其运行稳定性和安全性容易受到较大影响。

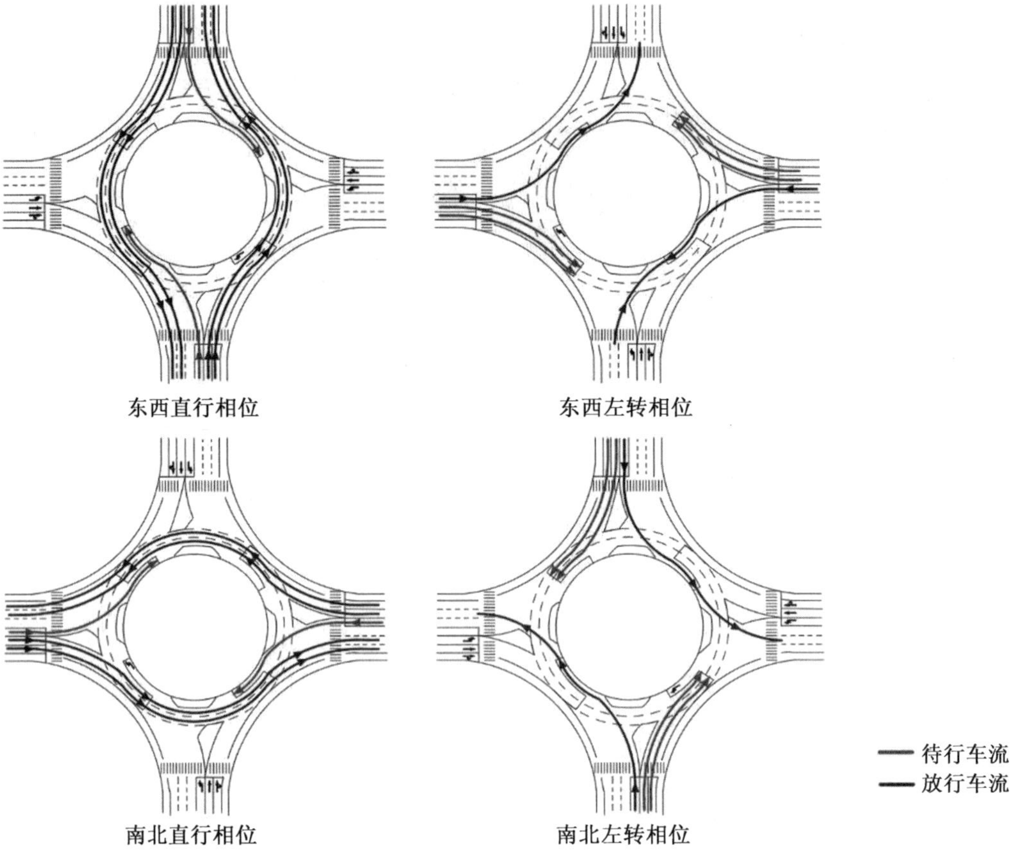

图 7.33　待行区控制交通组织

第8章　公交优先信号控制

8.1　基础设施

公交优先信号控制指优先考虑公交车在信号交叉口通行权的信号配时技术。要实施公交优先信号控制，必须得有相关的配套设施做支撑。

8.1.1　交叉口公交专用道

1. 进口道设置

公交专用进口道是指在交叉口进口道上设置一条或多条专门给公交车辆优先通行的通道。一般情况下，公交专用道不准其他任何车辆享用通行权利，在特定的时间段内，可以允许其他社会车辆进入。公交专用进口道的设置方法有以下4种。

(1)路侧(中)公交专用进口道。

原本在路段上设置了公交专用道，并将专用道一直延伸到交叉口进口道停车线。既可以设置在路中央，又可以设置在路侧，与公交专用相位相结合。这种方法只有在配有公交专用相位时才能发挥公交优先通行的功能，有一定的局限性。公交专用进口道设置示意图如图8.1所示。

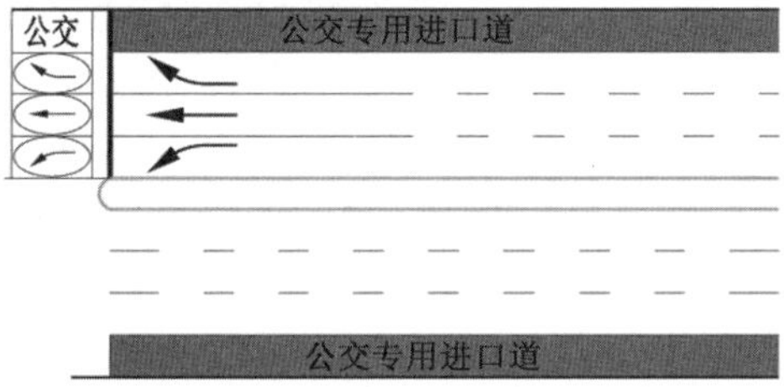

(a) 公交专用进口道设置在路侧

(b) 公交专用进口道设置在路中

图8.1　公交专用进口道设置示意图

(2)进口道设置成锯齿形。

锯齿形公交专用进口道既可以针对全部进口车道进行改造,也可以仅设置在部分进口车道。这种设置方法要求在交叉口进口道的通行区域设置双停车线。社会车辆和公交车辆在进入进口道时,通过这两条停车线分别对社会车辆和公交车辆进行定位和确定行驶区域,具体操作可以见 8.3.1 节公交预信号。锯齿形公交专用进口道如图 8.2 所示。

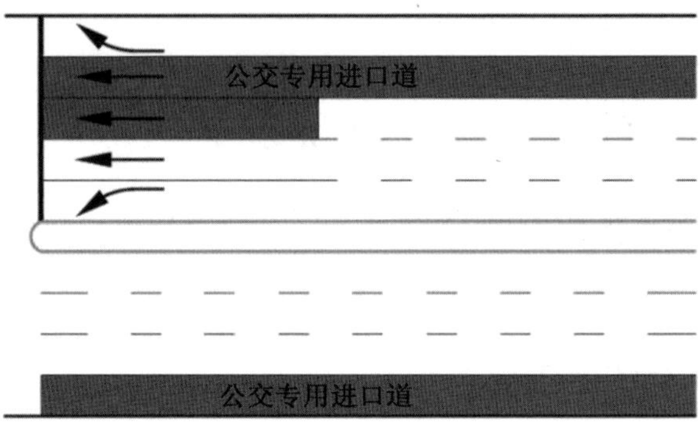

图 8.2　锯齿形公交专用进口道

(3)进口道设置回授线。

回授线的设置是固定一个特定的区域,即停车线之前的某一断面至停车线断面。在这个区域内公交车还是保持着优先通行权,较为灵活的一点就是,当这个特定区域没有公交车辆行驶时,社会车辆就可以享用通行权。与第一种设置方法相比较,能在一定程度上增大交叉口的通行能力,也不会显得死板,同时,特定区域的车辆行驶不会紊乱,这也是设置回授线的目的。设置回授线的公交专用进口道如图 8.3 所示。

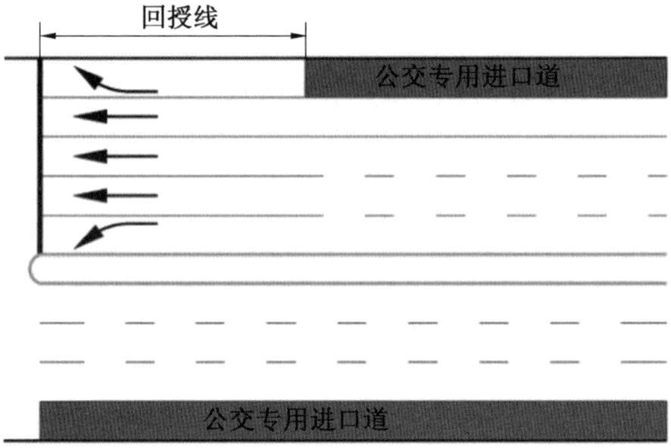

图 8.3　设置回授线的公交专用进口道

(4)设置交织段。

设置交织段的方法建立在第三种方法的基础上,所有车辆在进入回授线特定区域内时可能会发生冲突,为了解决交通冲突,通过设置交织段,让社会车辆和公交车辆"和谐"交织运行。交织段采用禁止停车的黄色方格标线标划。设置交织段的公交专用进口道如图 8.4 所示。

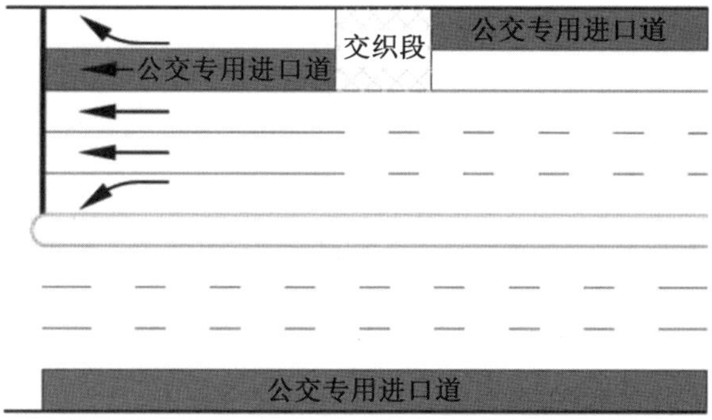

图 8.4　设置交织段的公交专用道

以上 4 种设置方法可以结合优先信号控制措施同时进行，效果会更佳。

2. 出口道设置

一般很少设置公交专用出口道，但下列两种情况下可以考虑设置公交专用出口道。

(1)出口道数量不够。

(2)在出口道设置了公交停靠站点，右转车辆与直行车辆平行式汇流时，右转社会车辆需要变换车道，避免影响公交车辆安全到达公交停靠站。

8.1.2　公交优先信号控制系统组成

公交优先信号控制系统由车载设备、公交优先接入设备、公交优先信号控制设备、通信平台等组成。

1. 车载设备

车载设备用来定位车辆的位置和提供车速、旅客流量等信息，目前主要采用全球定位系统(GPS)和有源射频识别(RFID)两种技术来实现。它们各自的应用场景不同，移动型检测由公交车上的 GPS 车载终端和交叉口 GPS 信号接收器组成，它能实时检测路口一定范围内的公交车运行状况，信号机根据公交车所在位置判断公交优先申请是否被执行；固定型检测器由路口 RFID 识别器和公交车上的车载电子标签两部分组成，它也能获取公交车流量、公交车到达时刻等信息，实时生成公交优先申请，但不能获取公交车载客量、准点到达等信息。

2. 公交优先接入设备

采用 RFID 技术实现公交优先信号控制时，需要在路口安装 RFID 读写器和数据接入设备；采用 GPS 技术时，需要在路口安装 GPS 信号接收器和数据接入设备，接收公交车的优先通行请求。数据接入设备将获取的优先通行请求发送给控制中心，同时将控制中心的处理结果发送给公交优先信号控制设备执行。

3. 公交优先信号控制设备

公交优先信号控制设备是集成了公交优先信号控制模块的交通信号机。它能根据控制中心的指令变换交通信号灯色，为公交车提供优先通行权。

4. 通信平台

一般借助光纤网络/4G/5G 等网络建立起路口与控制中心之间的数据通信平台。基于 RFID 的公交优先信号控制工作原理如图 8.5 所示，基于 GPS 的公交优先信号控制工作原理如图 8.6 所示。

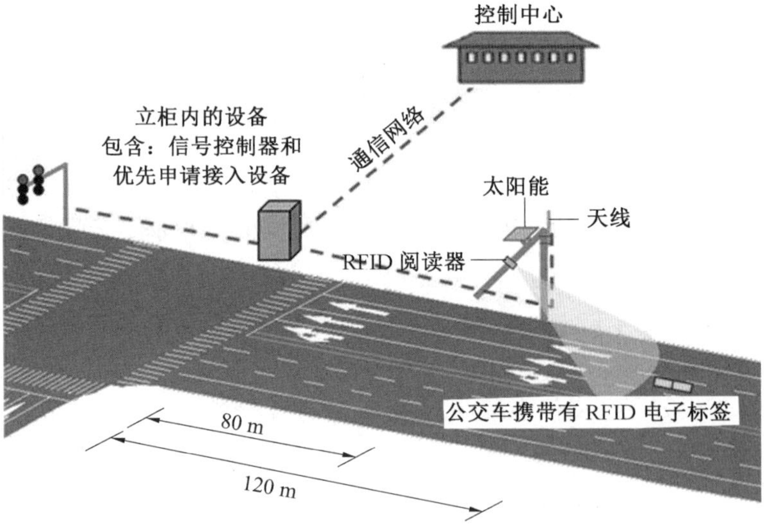

图 8.5　基于 RFID 的公交优先信号控制工作原理

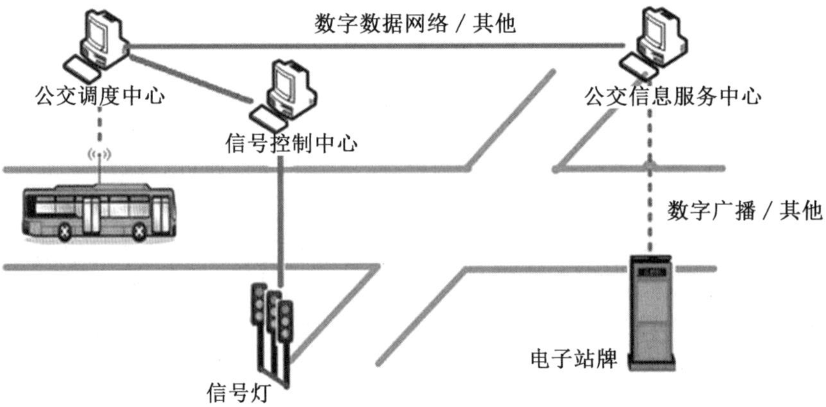

图 8.6　基于 GPS 的公交优先信号控制工作原理

8.2　信号控制策略

公交优先信号控制的方法很多，如在信号控制交叉口设置公交专用进口道，实施公交优先相位，在交叉口附近设置车辆检测器实行交通信号感应控制，或者将道路条件措施和信号优先控制措施相结合等。目前常用的公交优先信号控制策略分为被动优先、主动优先和实时优先 3 种，其中，实时优先为主动优先发展的高级形式。

8.2.1　被动优先

1. 调整信号控制参数来优化配时

当某相位公交车比例较大时，可以适当增加该相位的绿信比，减少公交车的停车延误。

2. 对公交权重较大的线路进行优先

公共交通专项规划时，对一条或几条公交线路方向交通流的权重系数进行适当调整，信号配时时根据流量比大小来分配绿灯时长。这种方法在快速公交系统（bus rapid transit，BRT）中应用效果最佳。

3. 在信号控制系统内设置预制的优先信号

在信号控制系统内设置预制的优先信号的方法基于公交车的发车时刻表和由经验取得的公交车平均运行车速。首先，预测公交车辆在什么时刻到达交叉口；然后，把预测的公交车辆到达时刻表预制在信号控制程序内；最后当公交车在预定的时刻到达交叉口时，信号相位为绿灯，车辆就可无延误通过交叉口。基于时刻表的公交优先信号控制方法在 BRT 快速公交专线中应用较多，但这种方法不能全面考虑各个方向的公交车优先通行需求，预制的优先信号在一定程度上难免不发生冲突。

被动公交优先信号控制都是定时控制方法，适用于公交比重大、饱和度较小的信号交叉口，但不能实时响应交通流运行特性的变化。针对公交线网中某条线路进行优先信号控制，包括基于时刻表的公交优先信号控制，在城市主干道或 BRT 专线中应用还是能取得不错的控制效果的。

8.2.2　主动优先

1. 基本方法

（1）绿灯时间延长。

通过绿灯时间延长来实现公交优先。当交叉口信号为绿灯而又不能让更多的公交车辆在本绿灯相位通过时，为了使公交车辆不停车通过交叉口而延长本相位绿灯通行时间的方法，称为绿灯时间延长。实际应用时，以最大绿灯时间为上限，目的是不对其他相位车辆造成较大的负面影响。绿灯时间延长相位及实现流程如图 8.7 所示。

绿灯时间延长应遵循感应信号控制基本原理。当公交相位获得通行权后，系统会执行预制的绿灯时长，同时信号机实时处理检测器检测到的车辆信息。在预制绿灯时间结束时，没有公交优先申请，则无须实行绿灯时间延长；有公交优先申请时，则延长一个“单位绿灯时间 G_0”，如果继续保持优先申请，则继续延长一个“单位绿灯时间 G_0”，直至优先申请清除。但是，“单位绿灯时间 G_0”也不能无限延长，考虑其他相位车辆的负面影响，设置绿灯时间延长的上限为最大绿灯时间 G_{max}。

（2）红灯早断。

红灯早断指通过缩短目前相位的红灯时间来实现公交优先，也就是红灯早断决策。公交车在红灯时间到达交叉口，并且下一相位为公交通行相位时，为减少公交因等候引起

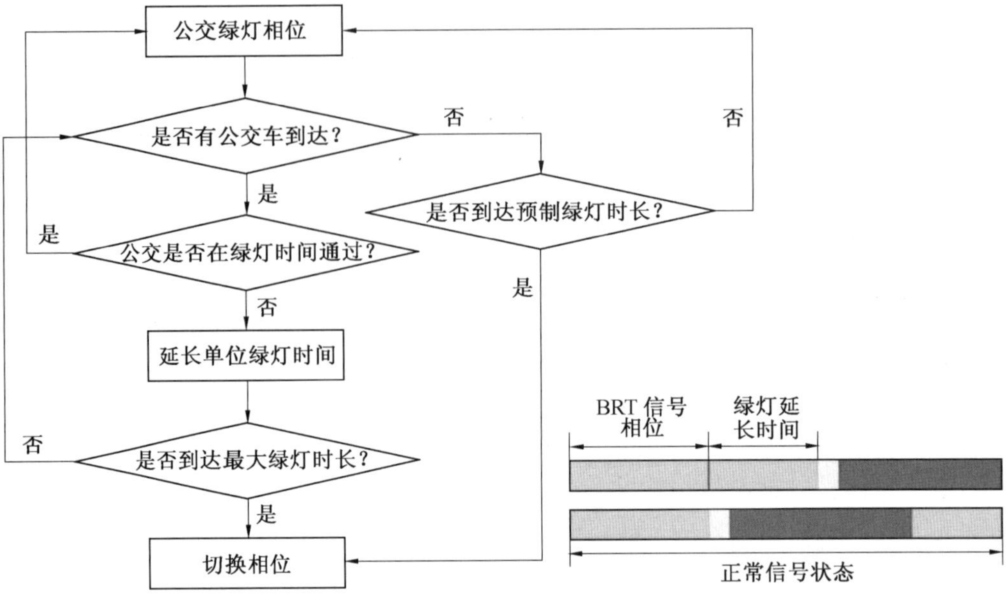

图 8.7　绿灯时间延长相位及实现流程

的延误，这时通过缩短当前相位红灯时间，使下一个相位绿灯提前亮起，从而实现公交优先。

实施红灯早断应该与前一绿灯相位时间协调，即在满足前一相位最小绿灯时间条件下，实施红灯早断，目的是保证前一相位绿灯时间内，排队车辆能够顺利通过交叉口。本相位红灯早断和前一绿灯相位压缩同时进行，应同时满足红灯相位有公交车到达和前一绿灯相位最小绿灯时间。实际上，公交车在红灯时间到达，并提出优先申请后，如果其他相位正实施公交信号优先，则保留该优先申请。红灯早断相位及实现流程如图 8.8 所示。

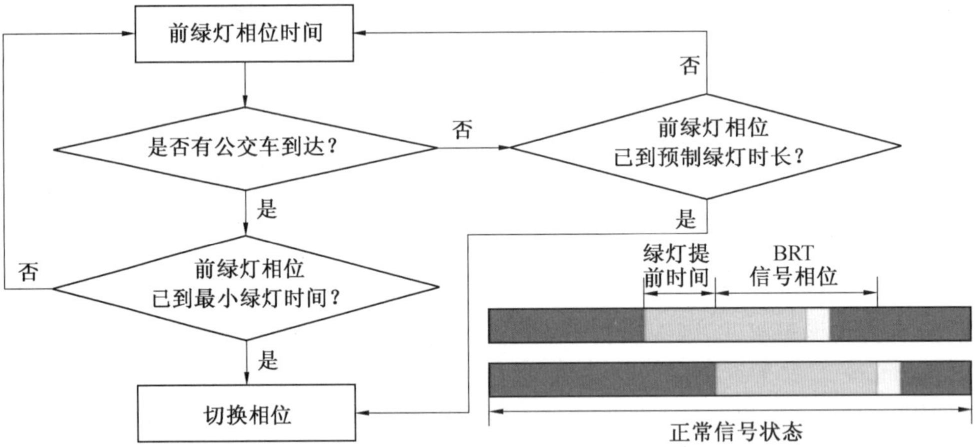

图 8.8　红灯早断相位及实现流程

(3)专用相位优先。

当公交车辆在红灯时间到达交叉口，并且下一相位仍然不允许公交车放行时，为了给公交车提供信号优先，可在目前相位和下一个相位之间插入一个公交专用相位绿灯时间来实现公交优先。专用相位优先方法的实施基于多相位的信号交叉口，插入公交专用相位供公交车通行的同时，应准许其他社会车辆通行。

实施公交专用优先相位需要设置的参数有：一是“单位绿灯时间 G_0”，“单位绿灯时间 G_0”是保证公交车辆经过检测器后安全通过交叉口的时间；二是专用相位绿灯时间上限 G_{max}，根据“邻相损失”原则，可插入的最大绿灯时间不能超过受损相位所允许的范围。

$$G_{max}=G''-G''_{min}-I \tag{8.1}$$

其中　G''——受损相位预制绿灯时间，s；

G''_{min}——受损相位最小绿灯时间，s；

I——绿灯间隔时间，s。

公交专用相位及实现流程如图 8.9 所示。

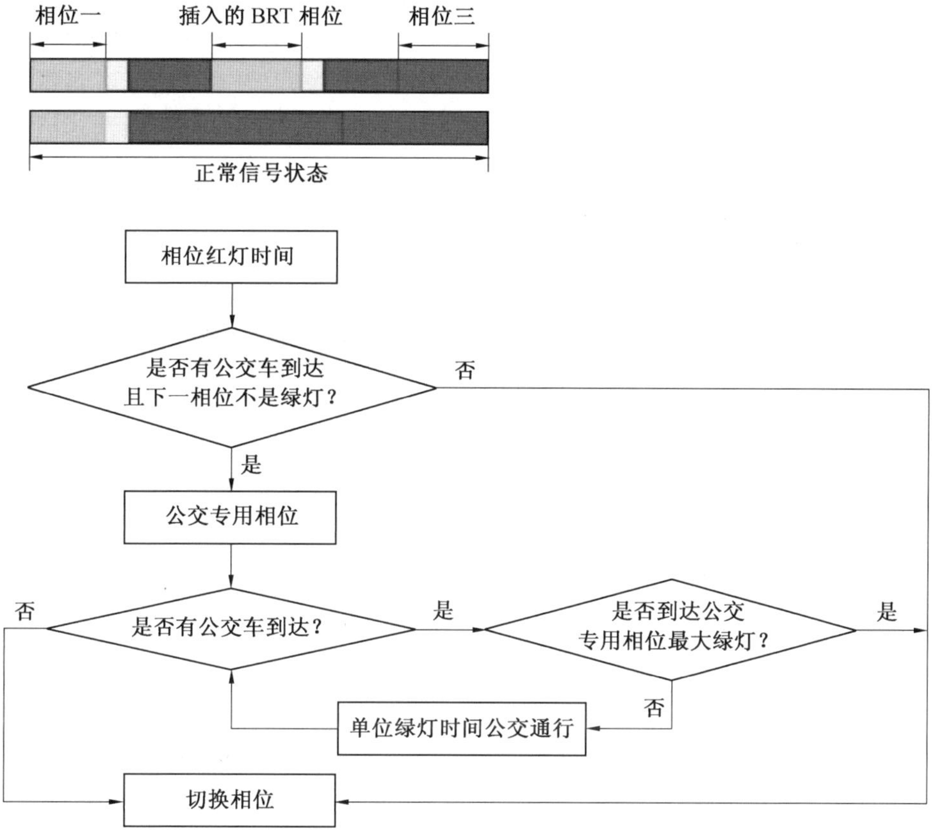

图 8.9　公交专用相位及实现流程

插入相位是一种强制公交优先策略，会导致信号损失时间增多，交叉口通行能力下降，一般用于级别较高的 BRT 系统信号控制中。

(4)跳跃相位。

跳跃相位是在权衡各相位的效益(如车辆延误)后,跳过其中一个或者多个相位,直接执行公交车到达的那个相位绿灯。当公交车在红灯时间到达停车线,且当前绿灯时间结束后仍不是该公交车通行相位时,才考虑执行跳跃相位,跳跃相位如图 8.10 所示。

跳跃相位方法适用于某相位公交车比重较大而有些相位本身车流较少的情况。

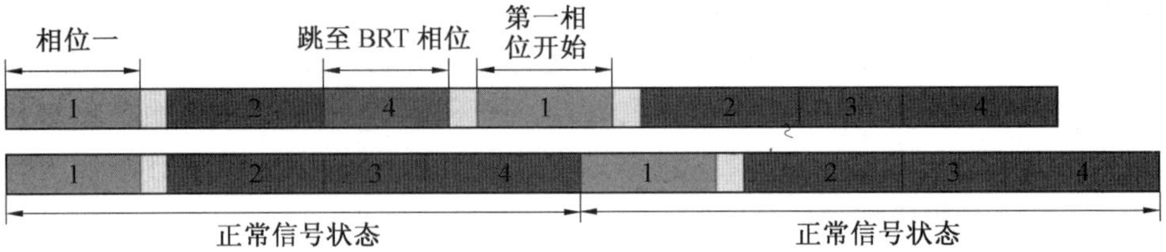

图 8.10　跳跃相位

(5)相序变化。

通过改变信号周期内的相位顺序来实现公交优先信号控制。如原有固定相位方案 G(A、B、C、D)包含 4 个相位 A、B、C、D,相位 A 绿灯结束后,紧接相位 B,依次递推。如果公交车在相位 D 的红灯时间到达停车线,但是下个相位为 C,为减少公交车延误,实施相序变化策略,将原有的相位方案改为 G(A、B、D、C)。跳跃相位也是相序变化的一种,相序变化如图 8.11 所示。

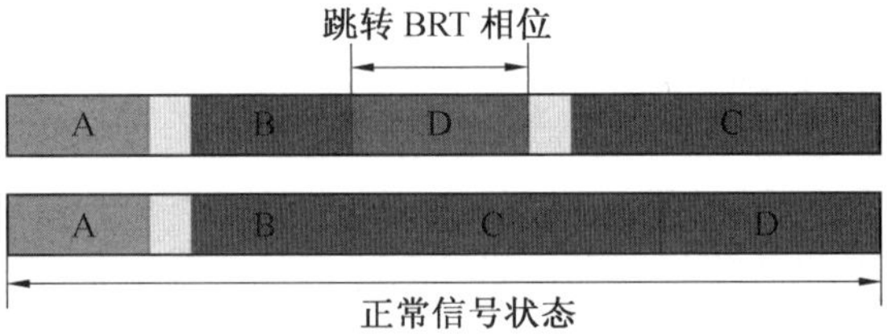

图 8.11　相序变化

2. 改进方法

主动优先信号控制策略可分为绝对优先、完全优先和部分优先 3 种。绝对优先,检测器只要检测到有公交车申请,不考虑公交车及交叉口的运行状态,信号机立即实施公交优先控制策略,让公交车在最小延误内通过交叉口;完全优先,需考虑交叉口交通流的正常通行,采用信号机预先设置的公交优先方法,让公交车以尽量少的延误通过交叉口。

研究发现,在实际交叉口部分相位车流量较大、公交车到达率相对较高的情况下,上述两种策略会使社会车辆延误迅速增长,影响交叉口相位车流的正常通行,极易造成交叉口的拥堵。部分优先策略区别于前两种优先策略,当检测到有公交车到达时,需先保证交叉口各相位交通流正常通行,总延误不增加,再通过相应的优先控制方法,判断是否给予公交车优先通行权。

(1)相位设计方法。

①考虑公交优先的相位组合。

信号交叉口相位设计是根据各个车流方向的车流量大小进行的,并没有将社会车辆和公交车辆分开。比如某相位的公交车比重较大、载客人数较多，但还是和其他相位同等考虑，同等分配绿灯时间。考虑公交优先的相位组合，应将社会车辆和公交车辆分开，给公交车比重较大的相位分配更多的绿灯时间，减少人均延误。

因此，公交优先基本相位组合方案的设计，应以交叉口通过的乘客流量最大、人均延误最小为目标来确定。首先，通过调查，计算各流向的客流量大小，以客流量最大的交通流方向为主要流向；其次，计算各流向的车流量，避免因为交叉口交通流较大而出现车辆排队过长。

②利用间隙时间插入公交专用相位。

在交叉口进口道设置车辆检测器，对各个方向车流进行实时数据采集，如果某一相位的一股车流比例很小，绿灯相位时间不变，那么就会浪费一部分时间资源。然而，在这个间隙时间内，其他方向有公交优先申请时，可以对满足条件的公交车实施公交专用相位。下面以图 8.12 为例，说明公交专用相位的插入方法。

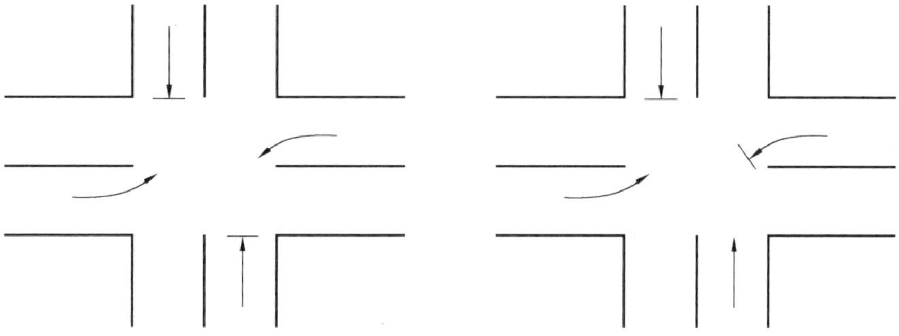

图 8.12　基于叠加相位的公交优先信号相位设计

由图 8.12 可知，东、西方向左转车辆专用相位，由于西进口的左转车辆数大于东进口的左转车辆数，在相位绿灯结束前，东进口的左转车辆已全部通过交叉口，而南进口直行车辆中公交车比重较大，这时可以插入南进口公交专用相位。

(2)信号配时方法。

交叉口公交优先信号配时方法主要考虑人均延误、公交车延误和社会车辆延误及公交车准点率、服务水平等因素，以人均延误最小为目标，用相位乘客流量比和相位饱和度共同确定绿信比。为减少交叉口的人均延误，绿信比由乘客流量比和机动车饱和度两个因素共同决定。

相位饱和度不大于某个给定值(建议取 0.9)和相位绿灯时间不小于最小绿灯时间 g_k^{min} 作为约束条件，来确定相位 k 的最小绿信比。

$$\lambda_k^{min}=\max(g_k^{min}/c_{min},y_k^{max}/S_k)\tag{8.2}$$

式中　c_{min}——最小周期，s，$c_{min}=\sum g_k^{min}+L$；

y_k^{max}——各相位各个方向的车流量的最大值；

S_k——各相位的饱和流率，pcu/s。

判断交叉口在满足各相位最小绿信比的前提下是否有过剩的绿灯时间。

$$\Delta g = c - L - c\sum \lambda_{\mathrm{k}}^{\min} \tag{8.3}$$

式中　Δg——交叉口总的过剩绿灯时间，s。

当 $\Delta g<0$ 时，表示交叉口通行能力不能满足现有交通需求，无过剩绿灯时间；当 $\Delta g=0$时，表示交叉口通行能力恰好满足现有需求，无过剩绿灯时间；当 $\Delta g>0$ 时，表示交叉口通行能力可以满足现有交通需求，并有过剩绿灯时间。当交叉口有过剩绿灯时间时，需要将过剩的时间按照各相位客流量比来进行分配。

$$\Delta g_{\mathrm{k}} = \Delta g \frac{p_{\mathrm{k}}}{p_{\mathrm{t}}} = \Delta g \frac{\sum\limits_{i}\sum\limits_{j}(q_{ij\mathrm{k}}^{\mathrm{b}} p_{\mathrm{b}} + q_{ij\mathrm{k}}^{\mathrm{s}} p_{\mathrm{s}})}{\sum\sum\limits_{i}\sum\limits_{j}(q_{ij\mathrm{k}}^{\mathrm{b}} p_{\mathrm{b}} + q_{ij\mathrm{k}}^{\mathrm{s}} p_{\mathrm{s}})} \tag{8.4}$$

式中　Δg_{k}——分配给相位 k 的过剩绿灯时间，s；

p_{k}——相位 k 客流量，人次；

p_{t}——相位交叉口总客流量，人次；

p_{b}——公交车辆平均载客人数，人次；

p_{s}——社会车辆平均载客人数，人次；

$q_{ij\mathrm{k}}^{\mathrm{b}}$——相位 k 进口 i 到出口 j 方向公交车辆流到达率，pcu/s；

$q_{ij\mathrm{k}}^{\mathrm{s}}$——相位 k 进口 i 到出口 j 方向社会车辆流到达率，pcu/s。

则相位 k 的有效绿灯时间 g_{k}：

$$g_{\mathrm{k}} = c\lambda_{\mathrm{k}}^{\min} + \Delta g_{\mathrm{k}} \tag{8.5}$$

由式(8.2)～(8.4)，推导得出相位 k 绿信比 λ_{k}：

$$\lambda_{\mathrm{k}} = \begin{cases} \lambda_{\mathrm{k}}^{\min}, & \Delta g \leqslant 0 \\ \lambda_{\mathrm{k}}^{\min} + (c - L - c\sum \lambda_{\mathrm{k}}^{\min}) \dfrac{\sum\limits_{i}\sum\limits_{j}(q_{ij\mathrm{k}}^{\mathrm{b}} p_{\mathrm{b}} + q_{ij\mathrm{k}}^{\mathrm{s}} p_{\mathrm{s}})}{c\sum\sum\limits_{i}\sum\limits_{j}(q_{ij\mathrm{k}}^{\mathrm{b}} p_{\mathrm{b}} + q_{ij\mathrm{k}}^{\mathrm{s}} p_{\mathrm{s}})}, & \Delta g > 0 \end{cases} \tag{8.6}$$

式中各符号意义同上。

公交优先信号配时流程如图 8.13 所示。

(3)公交优先策略。

①优先条件。

目前，公交优先信号控制系统中，优先的公交车一般为高载客率和晚点公交车，所谓晚点公交车是指公交车到达某个地点的时刻比既定的时刻表延后。在主动优先信号控制方法中，当公交车到达交叉口需要等待时，一般通过调整相位时间或顺序让公交车快速通过交叉口，从而减少延误，但忽视了非优先相位车辆的负面影响。针对这方面缺陷，采用优先条件来判断申请优先通行的公交车，从而决定是否实施优先策略，目的是保证交叉口信号控制总体效益最大化。这些优先条件如下。

A. 晚到条件。

$$T_{ijm} - T'_{ijm} > t_{\max} \tag{8.7}$$

式中　T_{ijm}——第 i 进口流向 j 出口第 m 辆公交车的预测到达时间，s；

T'_{ijm}——第 i 进口流向 j 出口第 m 辆公交车的准点到达时间，s；

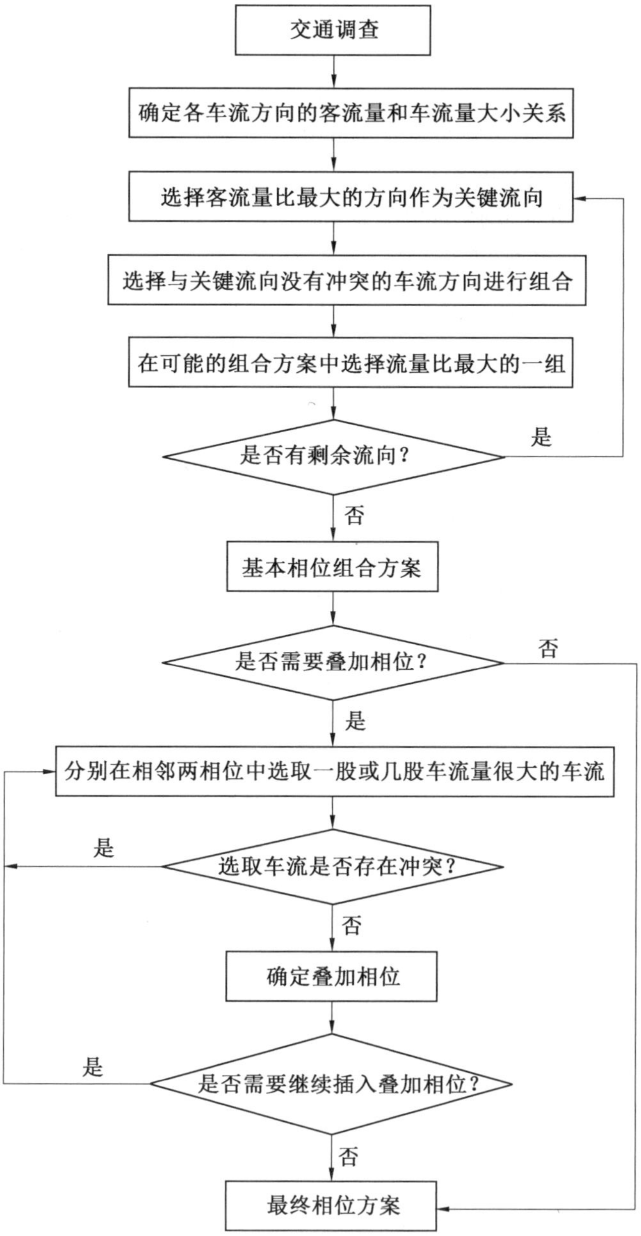

图 8.13　公交优先信号配时流程

t_{max}——交通信号系统可以容忍的最大晚到时间，s。

B. 满载率条件。

$$p_{ijm}/p_{max} > R_{min} \tag{8.8}$$

式中　p_{ijm}——第 i 进口流向 j 出口第 m 辆公交车的实际载客量，人次；

p_{max}——第 i 进口流向 j 出口第 m 辆公交车的最大载客量，人次；

R_{min}——优先公交车载客率下限，当公交车载客率低于下限值时，中断公交优先申请。

C. 效用条件。

$$E_{kb}-E_{kc}>0 \tag{8.9}$$

式中 E_{kb}——交叉口相位 k 实施公交优先策略产生的正效用，指优先公交车辆及同相位社会车辆因实施优先策略减少的等待延误，s；

E_{kc}——交叉口相位 k 实施公交优先策略产生的负效用，指实施优先策略所引起的其他相位车辆增加的延误，s。

可考虑以交叉口人均延误最小为目标来计算正负效用。

D. 相位条件。

公交车辆到达交叉口时，公交相位是否为绿灯，不是绿灯时可以考虑公交优先。

当公交车到达交叉口申请优先通行时，判断公交车晚到条件、载客率条件、效用条件和相位条件是否均满足，以决定是否对此公交车实施优先策略，对于未满足所有优先条件的公交优先通行请求予以忽略。

②控制策略。

A. 每周期最多实施一次公交优先信号控制策略。

B. 每周期最后一个相位不使用绿灯延长策略。

C. 同时满足晚到条件、载客率条件、效用条件和相位条件。

③基本控制参数。

A. 最小绿灯时间。

各相位最小绿灯时间的确定遵循两条基本原则：一是根据行人过街时间来确定，最小绿灯时间要保证等待的行人能够安全过街；二是本相位等待通行车辆需通过，避免二次排队。

可按以下公式确定：

$$G_k^{min}=\max(g_{kr},g_{kc}) \tag{8.10}$$

$$g_{kr}=7+L_k/v_k-I \tag{8.11}$$

$$g_{kc}=2l_0/\bar{d}+2 \tag{8.12}$$

式中 G_k^{min}——相位 k 最小绿灯时间，s；

g_{kr}——相位 k 行人过街所需最短时间，s；

g_{kc}——相位 k 等待车辆消散时间，s；

L_k——人行横道宽度，m；

v_k——行人平均步行速度，m/s；

I——绿灯间隔时间，s；

l_0——检测器到停车线距离，m；

$\bar{d}$——平均车头间距，m。

最小绿灯时间用于控制非优先相位的绿灯压缩最低限值，即执行绿灯压缩策略时，非公交优先相位的绿灯时间不得低于该相位最小绿灯时间。

非公交优先实施绿灯压缩策略时，绿灯时间范围为$[G_k^{min},g_k]$。

B. 最大绿灯时间。

最大绿灯时间一般包括两个部分：一是原相位 k 的绿灯时间；二是相位 k 的最大延长时间，由后续相位压缩时间确定。

$$G_k^{max} = g_k + \Delta g_k \tag{8.13}$$

式中　G_k^{max}——相位 k 最大绿灯时间，s；

Δg_k——相位 k 延长的最大绿灯时间，s；

g_k——相位 k 的绿灯时间，s。

公交优先信号执行绿灯时间延长时，也要考虑对其他相位车辆的影响。因此，延长绿灯时间后的总时间不能超过相位最大绿灯时间。绿灯时间范围为$[g_k, G_k^{max}]$。

C. 单位绿灯时间。

每实施一次绿灯延长策略，则延长一个单位绿灯时间，单位绿灯时间与检测器到交叉口冲突点的距离和车辆的平均速度有关。计算公式如下：

$$G_0 = L_d / v \tag{8.14}$$

式中　G_0——单位绿灯时间，s；

L_d——检测器到交叉口冲突点的距离，m；

v——交叉口车辆平均速度，km/h。

D. 公交车到达时刻。

公交到达时刻是指公交车辆安全通过交叉口冲突点的时刻。

$$t_a = t_0 + \Delta t \tag{8.15}$$

式中　t_a——公交车到达时刻，s；

t_0——公交车通过检测器的时刻，s；

Δt——公交车通过检测器与停车线之间的距离所需时间和公交车通过停车线到冲突点位置所需时间之和，可以由经验和实测得到。

8.2.3　实时优先

现有单点公交优先信号控制采用绿灯提前亮起、绿灯延长和插入公交专用相位等，实现了公交车快速通过交叉口，但对实际交通运行状态考虑不足，如公交车运行是否晚点、公交乘客数量、社会车辆等待延误等问题未充分重视。

在实时公交优先信号控制系统中，将公交车辆和其他车辆分开，并选用一些优先性能评价指标性能指标(performance index，PI)，在评价指标中公交车辆和其他车辆被分别赋予不同的权重，以评价指标 PI 最小为目标，优化得到实时的交通信号控制参数，如周期时长、绿信比及相位差等。实时优先是最新的公交优先信号控制方法，该控制方法能实现交叉口交通效益的最大化，在对公交车辆优先通行的同时，能将对其他车辆运行产生的影响降低到最低程度。目前实时公交优先信号控制方法仍处于理论探讨和实践探索中，技术上还未达到完全成熟。

8.3 公交预信号

公交预信号控制的概念是由英国运输部于 1991 年在一份关于促进公交发展的报告中首先提出的。在道路交叉口进口道的通行区域内设置前后两条停车线，通过设置在后一条停车线上的预信号来控制社会车辆的通行，即预信号为红灯时，社会车辆在预信号控制的候驶区排队等待，而公交车辆可以通过公交专用道直接进入主信号控制的前一条停车线之后的候驶区排队等待。预信号控制是现阶段实现城市道路交叉口进口道公交优先的有效措施之一。

8.3.1 交叉口进口道设置方法

根据锯齿形公交专用进口道的设计原理，预信号控制下的道路交叉口进口道的布局方法有两种。一是按照全部锯齿的公交专用进口道来布设，预信号控制直行进口道布局方法（全部直行进口道都设置双停车线）如图 8.14 所示；二是按照部分锯齿的公交专用进口道来布设，预信号控制直行进口道布局方法（部分直行进口道设置双停车线）如图 8.15 所示。一般来讲，采用全部锯齿形的公交专用进口道会使道路交叉口进口道得不到完全利用，降低了其通行能力，因此在实际应用中多采用部分锯齿形的公交专用进口道。

当公交车由公交专用道进入主信号控制的候驶区，在进入最左侧进口道时，需要先左转，然后直行停靠。由于存在一定的左转弯半径，公交车辆进入左侧车道时，只能按图 8.14中所示的带箭头的轨迹行驶，因此预信号停车线应进行错位设计（如图 8.14 中斜线部分所示），且错位距离大约等于进口道宽度就基本能满足公交车转弯的要求。图8.16所示的是左转进口道设置预信号控制时进口道的布局方法。

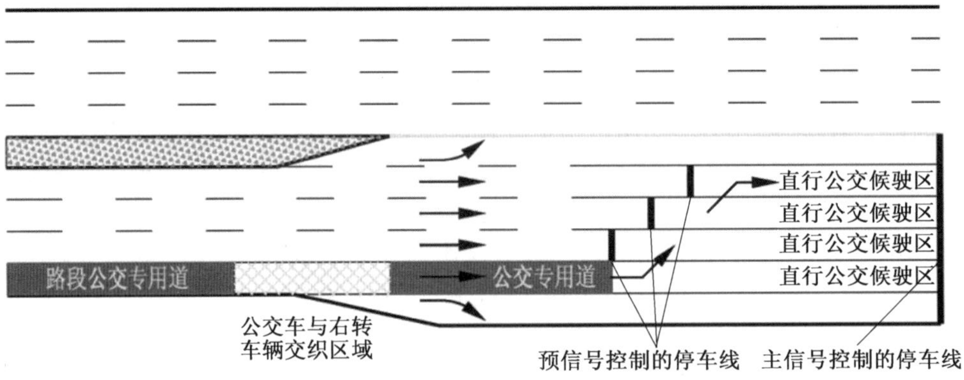

图 8.14 预信号控制直行进口道布局方法（全部直行进口道都设置双停车线）

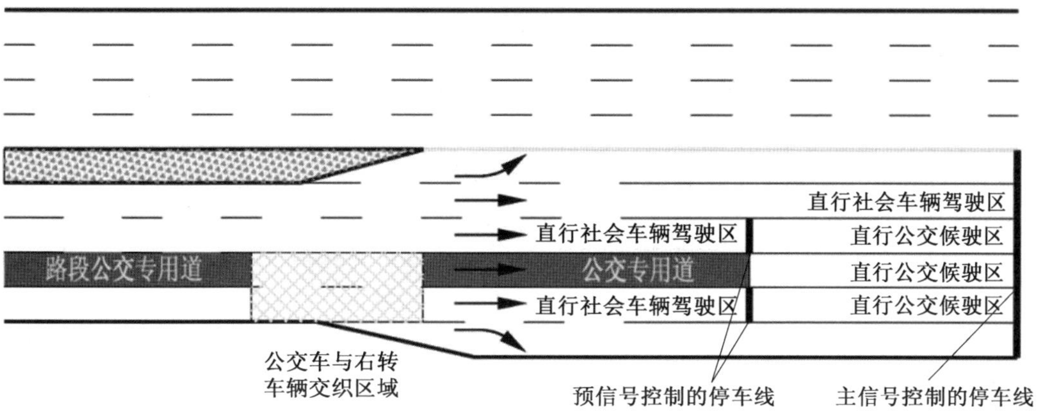

图 8.15　预信号控制直行进口道布局方法(部分直行进口道设置双停车线)

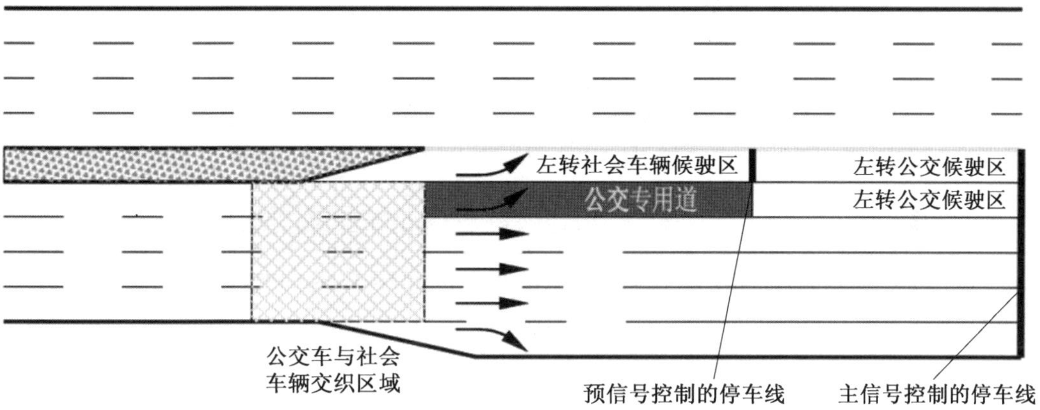

图 8.16　左转进口道设置预信号控制时进口道的布局方法

8.3.2　公交候驶区长度确定

预信号控制下的公交候驶区长度必须满足高峰小时公交车停靠的需要。具体地说，这一距离要取决于公交高峰小时到达率、该进口流向主信号相位的红灯时长、该进口流向设置的预信号控制的进口道数量以及单个公交车辆所需的停靠长度等。一般情况下，预信号公交候驶区长度为

$$L=k_b q l_b r_m / n_b \tag{8.16}$$

式中　L——公交候驶区长度，m；

r_m——主信号相位红灯时长，s；

n_b——设置的预信号控制的进口车道数量，条；

q——高峰时段机动车到达率，辆/s；

k_b——公交车比例；

l_b——单辆公交车所需的停靠长度，m。

8.3.3 信号配时方法

设置预信号控制的目的是使后到达的公交车辆排到先到达的社会车辆的前方，从而确保绿灯启亮时，公交车辆能在第一时间通过交叉口。因此，在进行道路交叉口的预信号控制设置时，除了要确定主信号的周期长度和绿信比之外，还要确定主信号与预信号配时之间的相互协调关系。

在具体设置时，可以考虑采用图 8.17 所示的调整后的预信号与主信号配时之间的关系。图中的 r_p、r_m 分别表示预信号和主信号的红灯时长；g_p、g_m 分别表示预信号和主信号的绿灯时长；c 表示周期时长；t_1、t_2 分别表示预信号和主信号的红灯启亮和绿灯启亮时间差(s)。

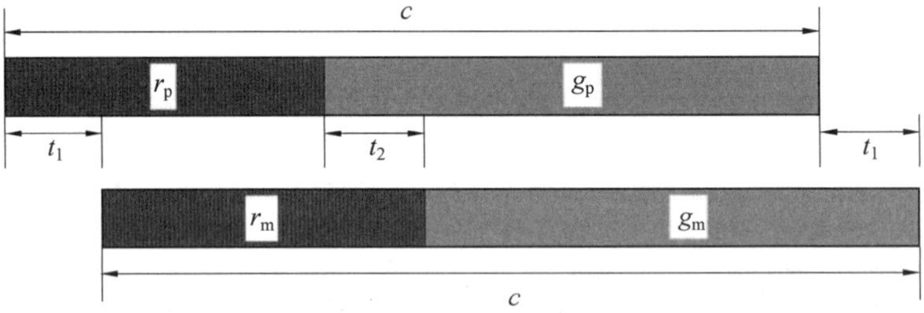

图 8.17 调整后的预信号与主信号配时之间的关系

t_1 的大小由主信号与预信号之间的距离和道路路段上社会车辆的平均车速决定，其计算方法如下：

$$t_1 = L_w / v_s \tag{8.17}$$

式中 v_s——道路路段上社会车辆的平均速度，m/s，其大小主要取决于道路路段状况和交通量，城市道路路段上社会车辆的平均车速一般为 30～60 km/h。

L_w——公交候驶区长度，m，当预信号停车线设置为错位式时，则 L_w 取公交候驶区的最大长度。

t_2 的大小由公交候驶区长度、道路路段上社会车辆的平均车速及社会车辆的启动加速度等决定，其计算方法如下：

$$t_2 = \begin{cases} 0.5v_s/a + L_w/v_s, & L_w > 0.5v_s^2/a \\ \sqrt{2L_w/a}, & L_w \leqslant 0.5v_s^2/a \end{cases} \tag{8.18}$$

式中 a——社会车辆的平均启动加速度，m/s²，一般取 2.0 m/s²。其余符号含义同上。

8.4 信号控制延误

8.4.1 延长绿灯时间策略延误分析

第一相位中的第一个进口道上有公交优先请求，若此时第一相位为绿灯，且通过优先相位延长绿灯时间申请判定，则绿灯时间延长 Δt（以下简称“策略 1”）。

图 8.18 显示了第一相位进口道上车辆的到达与离开过程，其中四边形 $AEFC$ 的面积表示没有实施公交优先感应信号之前第一相位原本应该产生的延误，这部分即为优先相位减少的延误。图 8.19 显示了非优先相位进口道上车辆的到达与离开过程，其中四边形 $DBCE$ 的面积则显示了非优先相位进口道上车辆增加的延误。

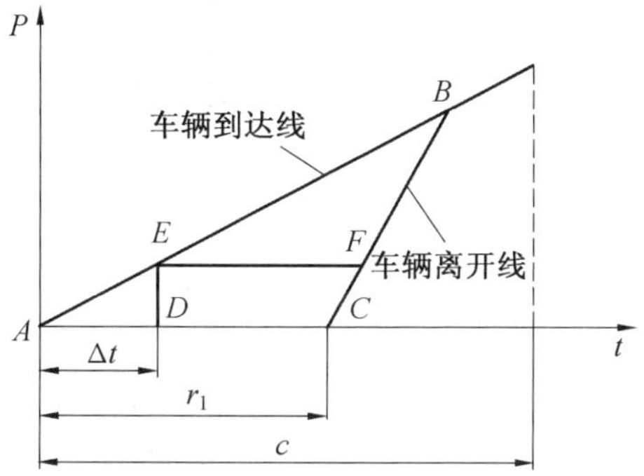

图 8.18　实施策略 1 时优先相位进口道上的延误

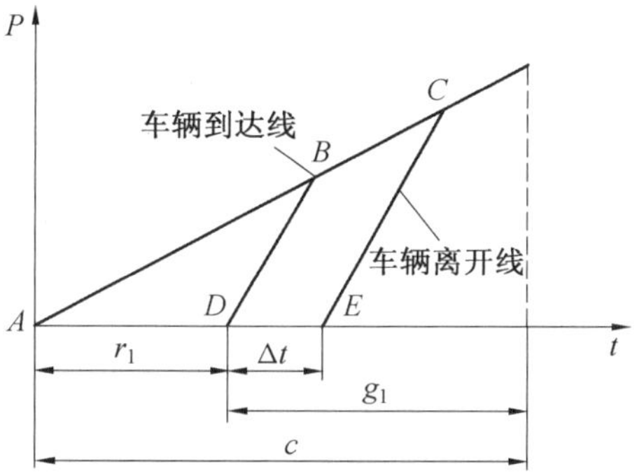

图 8.19　实施策略 1 时非优先相位进口道上的延误

由延误三角形的几何关系，可得到第一相位公交专用道上车辆的延误减少量：

$$\Delta d_{11}=0.5q_{11}\Delta t(2r_1+q_{11}\Delta t/S_{11}-\Delta t) \tag{8.19}$$

第一相位第 j 进口道上车辆的延误减少量：

$$\Delta d_{1j}=0.5q_{1j}\Delta t(2r_1+q_{1j}\Delta t/S_{1j}-\Delta t) \tag{8.20}$$

第二相位第 j 进口道上车辆的延误增加量：

$$\Delta d_{2j}=0.5q_{2j}\Delta t(2r_2+\Delta t)/(1-q_{2j}/S_{2j}) \tag{8.21}$$

8.4.2　缩短红灯时间策略延误分析

第一相位中的第一个进口道上有公交优先请求，若此时第一相位为红灯，且通过优先相位缩短红灯时间申请判定，则立刻结束红灯信号转变为绿灯信号（以下简称“策略 2”）。

图 8.20 显示了第一相位进口道上车辆的到达与离开过程，其中四边形 $BCED$ 的面积表示没有实施公交优先感应信号之前第一相位原本应该产生的延误，这部分即为优先相位减少的延误。图 8.21 显示了非优先相位进口道上车辆的到达与离开过程，其中四边

形 $ABCD$ 的面积则显示了非优先相位进口道上车辆增加的延误。

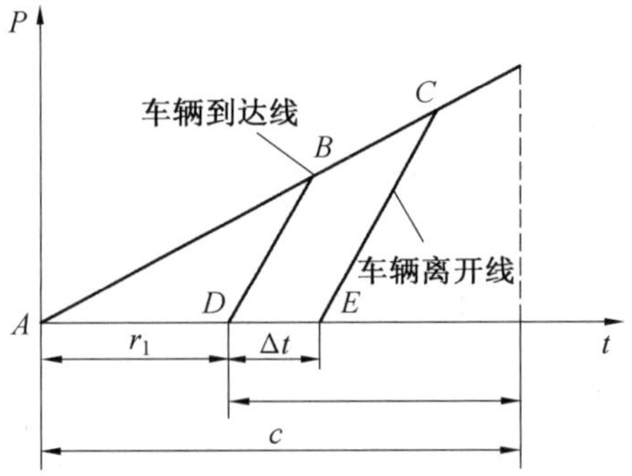

图 8.20　实施策略 2 时优先相位进口道上的延误

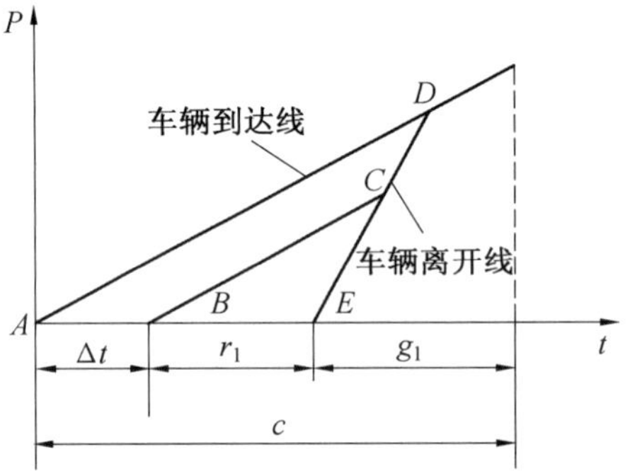

图 8.21　实施策略 2 时非优先相位进口道上的延误

第一相位上公交专用道上的车辆延误减少量：

$$\Delta d_{11}=0.5q_{11}\Delta t(2r_1+\Delta t)/(1-q_{11}/S_{11}) \tag{8.22}$$

第一相位上第 j 进口道上的车辆延误减少量：

$$\Delta d_{1j}=0.5q_{1j}\Delta t(2r_1+\Delta t)/(1-q_{1j}/S_{1j}) \tag{8.23}$$

第二相位上第 j 进口道上的车辆延误增加量：

$$\Delta d_{2j}=0.5q_{2j}\Delta t(2r_2+\Delta t)/(1-q_{2j}/S_{2j}) \tag{8.24}$$

式中　Δd_{1j}——第一相位第 j 进口道上车辆减少的延误，s；

Δd_{2j}——第二相位第 j 进口道上增加的车辆延误，s；

q_{1j}——第一相位第 j 进口道上车辆到达率，pcu/s；

q_{2j}——第二相位第 j 进口道上车辆到达率，pcu/s；

S_{1j}——第一相位第 j 进口道上车辆离开时的饱和流率，pcu/s；

S_{2j}——第二相位第 j 个进口道上车辆离开的饱和流率，pcu/s；

r_1，r_2——第一、二相位有效红灯时间，s。

8.5　BRT

8.5.1　BRT 定义

BRT 是一种介于快速轨道交通与常规公交之间的新型公共客运系统，通常也被称作“地面上的地铁系统”。它是利用现代化公交技术配合智能交通和运营管理，开辟公交专用道路并建造新式公交车站，实现轨道交通运营服务，达到轻轨服务水准的一种独特的城市客运系统，BRT 组成如图 8.22 所示。

图 8.22　BRT 组成

BRT 运营在公交专用道路或者其他车辆干扰较少的道路空间上，采用不同于普通公交的改良型车辆，拥有轨道交通运营特点且又具备常规公交灵活性的一种快捷、安全、舒适、经济的公共交通方式。BRT 是一种集约型公共交通运输方式，对于我国城市地少人多的现状尤为实用。与轨道交通相比，快速公交的造价仅为其 1/10～1/100，工期仅为其 1/5～1/10，能够快速成网，便于构建城市公共交通骨干系统。与常规公交相比具有速度快、运量大(图 8.23)、环保、准时等优点，又能释放出大量的道路空间给社会车辆，实现双赢。BRT 能切实改善市民出行环境、提高公交服务水平、优化公交线网结构。

BRT 的概念最初可追溯到 1937 年，当时芝加哥规划的 3 条市内轨道线被转变为快速公交走廊。1974 年，巴西库里蒂巴建成了世界上第一条完整意义上的 BRT。近年来，随着 BRT 的广泛传播，世界上掀起了建设、研究 BRT 的热潮，许多城市仿效库里蒂巴的

图 8.23　BRT 运量

经验，开发、改良了不同类型的快速公交系统。BRT 在类型、容量和表现形式上的多样性，反映出它在运营方面具有广阔的发展空间，以及大运量公交系统与生俱来的灵活性。BRT 既适用于一个拥有几十万人口的小城市，同时也适用于特大型都市。库里蒂巴作为典范，其公交出行比例高达 75%，日客运量高达 19 万人，充分验证了 BRT 的高效与便捷。

8.5.2　BRT 组成

1. 专用车道

通过设置全时段、全封闭、形式多样的公交专用道，提高快速公交的运营速度、准点率和安全性，BRT 公交专用道如图 8.24 所示。

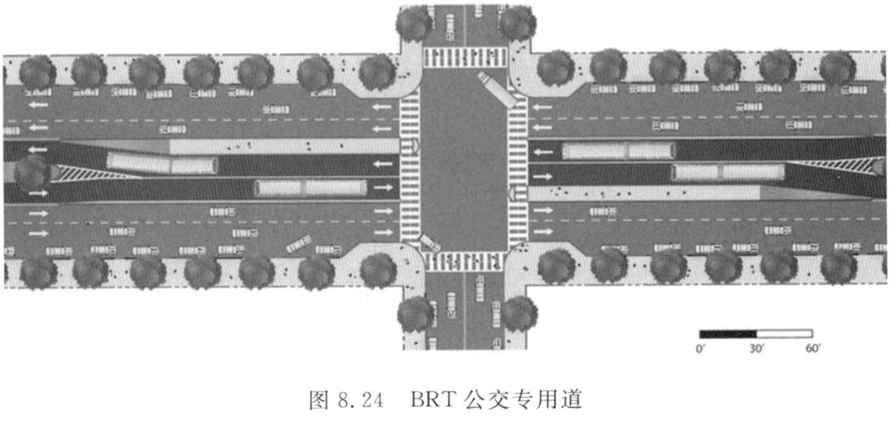

图 8.24　BRT 公交专用道

2. 先进的车辆

配置大容量、高性能、低排放、舒适的公交车辆，确保快速公交的大运量、舒适、快捷和智能化的服务，BRT 车辆如图 8.25 所示。

图 8.25　BRT 车辆

3. 设施齐全的车站

提供水平登乘、车外售检票、实时信息监控系统和有景观特色的建筑，为乘客提供安全、舒适的候车环境与快速方便的上下车服务，BRT 车站如图 8.26 所示。

(a) 分离式站台　　(b) 实时信息监控　　(c) 一体式站台

图 8.26　BRT 车站

4. 灵活的线路组织

采用直达线、大站快运、常规线、区间线和支线等灵活的运营组织，更好地满足乘客的出行需求，BRT 线路组织如图 8.27 所示。

5. 智能化的运营管理系统

运用自动车辆定位、实时营运信息、交通信号优先、先进车辆调度，提升快速公交的营运水平，BRT 运营管理系统如图 8.28 所示。

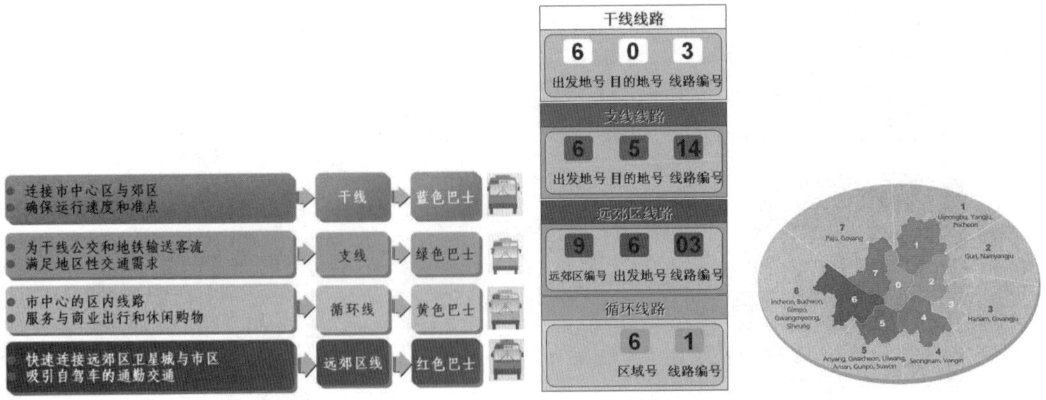

(a) 公交车分类　　(b) 公交线路编号规则　　(c) 城市区域编号

图 8.27　BRT 线路组织

图 8.28　BRT 运营管理系统

8.5.3　BRT 优势

1. 节省时间

乘客节省时间是实施快速公交系统的最主要收益。乘客乘坐 BRT 的出行速度要比乘坐常规公交车快得多。

2. 舒适性

快速公交车使乘客的乘车体验得到了极大改善:乘客不再像以前一样,在日晒雨淋下候车;乘客不再像以前一样,在狭小而拥挤的站台候车;高峰时段,因 BRT 运力大,可有效解决乘客乘坐公交车困难的问题。

3. 便利性

由于采用水平上下车方式,乘客上下车变得更容易;乘客不必再翘首以待下一辆车,下一辆车的到站信息和线路号码都会在电子站牌上显示出来;BRT 根据目的地不同,合理安排线路停靠不同的站点,这意味着乘客可以在同一站点等候那些目的地方向大致相同的线路，可选性更强。

4. 改善混合交通状况

快速公交系统将对公交走廊沿线的混合交通产生重大影响，它将常规交通中的一部分出行转移到快速公交系统中，从而减少道路上的交通量，提高运行速度。具体作用体现在：

(1)缓解城市交通拥挤；

(2)相比轨道交通节省巨额投资；

(3)平衡城市交通方式；

(4)提升城市生活环境质量。

5. 节约运营成本

因实施快速公交系统后，公交车的行驶速度比以前快得多，同时因使用载客量较大的车辆，车辆数量可以大大减少。从运营角度看，所需车辆数目的减少不仅意味着购置车辆费用的减少，同时还意味着燃料、维护、司机、存放和其他方面成本的减少。

6. 改善驾驶员工作环境

驾驶员的驾驶环境变得更舒适，设备更先进。较高的行驶速度、不受其他车辆影响和干扰的专用车道、车外售检票(意味着驾驶员不必再监督上车人是否投币或刷卡)，极大地减轻了司机的工作压力。

7. 改善投资环境

快速公交系统可节省乘客、社会车辆时间，意味着能加快和缩短货物周转时间。快速公交走廊沿线商铺和娱乐业，以及公交运营公司和相关附属服务产业也会从中直接受益。

8. 提升城市形象、引导城市发展

通过修建快速公交系统还可以改善其他机动车的运行状况，尤其是在快速公交系统走廊内；快速公交系统对改善空气质量也有好处，波哥大和首尔建成快速公交系统后，空气污染大幅度下降，在快速公交走廊上尤其明显；能节省燃料和能源消耗，从另一方面改善空气质量；快速公交走廊沿线的土地会得到升值，政府可以借此引导城市空间发展方向。

8.5.4　相关技术

1. 车辆技术

由于乘客流量极大，使用铰接式公交车比较合理。BRT 车辆的关键设计要素有：公交车的长度通常为 18 m 左右；公交车的地板高度与车站站台相同；车门应尽可能多，铰接式公交车通常在靠近站台的一侧有 3 个门；右侧开门，以便公交车也可以在 BRT 走廊外的混合交通道路上行驶；车内配有空调系统。

BRT 定位为“快、准、捷、廉”，由此涉及的一些辅助设施及关键技术如下。

(1)快捷，主要依靠建立专用车道、公交优先信号控制系统等实现，停靠站时间比普通公交短。

(2)准时,通过 GPS 调度系统,使 BRT 车辆准时到站。

(3)方便,在线路设置上,逐步完善、延伸;在班次安排上,比普通公交密度大。同时,通过加密普通公交,方便市民换乘。

(4)廉价,实行低票价,享受公交政策,财政给予一定补贴。

2. 车站设计

车站设计需保证大量的公交车和乘客快速通行。车站设计不仅要确保足够的乘客候车区域,还需保证 BRT 车辆在走廊内的运行速度保持在 30 km/h 以上。BRT 车站设计应具有审美感染力,从而向乘客展示 BRT 是一个高品质的交通出行系统。座位、通风、遮阳/遮雨棚、安全设施、耐用材料、照明及乘客信息系统都是 BRT 车站设计的特色所在。

3. 停车换乘设计

为小汽车和非机动车驾驶员提供停车换乘。例如,在接近公交走廊结束的地方为其提供停车场所,他们可以停车换乘公交车进入城市中心。

停车换乘可使整个城市、汽车驾驶员、土地开发商及 BRT 都得到收益。停车换乘促进了市民出行模式从小汽车到 BRT 车辆的一种直接转换,因而减少了驶入城市中心的小汽车数量,也减少了交通拥堵及其带来的相关问题。停车换乘可以带来额外客流,使 BRT 受益。停车换乘可以使市民减少出行时间,能更舒适、更高效地进入城市中心,还可以节省停车费用,使小汽车驾驶员受益。同时,商业建设(如购物中心)与停车换乘相结合,可使土地开发商获得更大的收益。

4. 车外售检票系统

BRT 车站具备车外售检票及水平登乘功能,这样可实现快速上下车,平均每位乘客上车时间为 0.7 s,而常规公交每位乘客的上车时间需要 2~5 s。

5. 智能交通系统应用

BRT 需要许多智能交通系统(intelligent transportation system,ITS)基础设施做支撑,如交通信号、乘客信息、票价支付、运营控制和通信,以及系统控制中心等。

在 BRT 中应用 ITS 主要有两个目的:对公交运营商的管理和对乘客提供出行服务。

8.5.5 公交专用道布设形式

公交专用道进一步划分为“平面”和“立体”两种。“平面”公交专用道需穿越交叉口,因而降低了整个道路交通系统潜在的通行能力。“立体”公交专用道的建造完全隔离于其他车道,从而避免了交通冲突。高架桥、桥下通道及隧道都是立体隔离的选择方式之一。

实际上在西雅图和波士顿等城市,隧道的采用已使“地面上的地铁”与 BRT 车辆不再是一个词。波士顿的“银色线路”基本上是一个地下系统,它采用公交技术而不是轨道技术。日本大阪、澳大利亚布里斯班和我国厦门采用了高架桥形式的线路。显然,这些设计进一步模糊了 BRT 与轨道交通之间的界限。在厄瓜多尔的基多等城市,“轨道公交”在主要路口采用了地下通道的形式,市民节省了出行时间并避免了交通阻塞。

1. 高架桥专用道

高架桥专用道如澳大利亚布里斯班 BRT,日本大阪 BRT,中国厦门 BRT 中的专用道均为高架桥形式。

(a)　(b)　(c)

图 8.29　厦门 BRT 的高架桥专用道

2. 地面专用道

厄瓜多尔基多 BRT、法国里昂 BRT、印尼雅加达 BRT、日本名古屋 BRT 中的专用道均为地面形式。

3. 地下专用道

美国波士顿、西雅图 BRT 中的专用道均为地下形式。

4. 公交专用道

哥伦比亚波哥达 BRT、巴西圣保罗 BRT、中国广州 BRT 中的专用道均为公交形式。

5. 另类形式

美国尤金市 BRT、澳大利亚布里斯班公交（不是 BRT）中的专用道采用的是另类形式。

由于公交专用道不需要车道变换，因此一些投资方选择不予铺筑车道的中间部分，这样节省下来的施工费用也很可观，而且公交车下面的土壤和草地也有助于吸收发动机噪声。据报道，这种方法可减少噪声 40%以上。

BRT 同其他许多设计决策一样，其车道布置也没有简单“正确”的答案，主要取决于地方实际情况。另外，在一个 BRT 中有可能采用多种配置，如巴西库里蒂巴的 BRT 采用中央车道、两侧车道及专用街道。大多数情况下唯一的要求是车门位于同一侧，以便同一公交车能灵活行驶于多条线路上，然而这条限制有时也可以避免，如波多黎各的公交车两侧都有车门，从而最大限度地提高了专用道设置的灵活性。

第9章　交通信号协调控制

本章限于篇幅，对干线协调信号控制系统和区域协调信号控制系统仅作简要介绍，其详细基础理论可参考吴兵、李晔著的教材《交通管理与控制》和全永燊编著的《城市交通控制》。

9.1　干线协调信号控制系统

干线协调信号控制系统又称线控或联动系统，在一条较长的道路上，有若干个相邻近的路口，如采用点控制组织交通，则各路口的绿信比、周期时长和开启绿灯的时刻互不协调，这样必然增加停车次数。干线协调信号控制系统使各路口采用统一周期时长，各路口的绿灯时刻按行车路线方向错开一定时间，这样只要汽车按规定的速度行驶，理论上可以做到处处遇到绿灯，从而减少停车次数和延误，缩短行程时间，提高道路通行能力。现在国内的许多城市已经采用了这种控制系统。

9.1.1　干线协调信号控制系统的基本参数

在干线协调信号控制系统中，周期时长和绿信比两个参数同点控制稍有不同，此外，该系统中还有一个重要参数——相位差。

1. 周期时长

在干线协调信号控制系统中，为使各路口的交通信号协调，各个交通信号的周期时长必须统一。为此，必须先按单点定时信号的配时方法，根据系统中各路口的布局及交通流向、流量，计算出各个路口交通信号所需的周期时长，然后从中选出最大的周期时长作为这个系统的公共周期时长，把周期时长最大的这个路口称为关键路口。在近代控制系统中，对有些交通量较小的路口，实际需要周期时长接近公共周期时长的一半，可把这些路口的信号周期时长定成公共周期时长的一半，这样的路口称为双周期路口。

2. 绿信比

在干线协调信号控制系统中，各个信号的绿信比是根据各个路口各方向交通量的流量比来确定的。因此，该系统中各个路口的绿信比不一定相同。

3. 相位差

相位差有绝对相位差和相对相位差之分。绝对相位差是指各个信号的绿灯（或红灯）的起点（或终点）与某一个标准信号绿灯（或红灯）的起点（或终点）的时间差；相对相位差是指相邻两个信号的绿灯（或红灯）的起点（或终点）之间的时间差。为使车辆通过干线协调信号控制系统时能连续通过尽可能多的绿灯，必须使相邻信号间的相位差同车辆在其间的行程时间相适应，所以相位差是干线协调信号控制系统实现协调控制的关键参数。相位差用 O 表示。

9.1.2　干线协调信号控制系统的分类

干线协调信号控制系统分为定时式协调控制系统、感应式协调控制系统和计算机协调控制系统 3 类。在每一类协调控制系统中，方案优化的关键在于相位差的确定。定时式协调控制系统中确定相位差主要有图解法和数解法两种，针对某一类特定的交通环境，还衍生出了一些改进算法；感应式协调控制系统中主要依据车辆检测器是否检测到车队来优化设置相位差，当车队不存在时，各个路口实施单点感应控制；计算机协调控制系统主要用来处理多相位等复杂配时方案路口间的协调，其相位差的确定涉及一系列复杂的交通模型、优化算法等，不同系统其控制思想和模式差别较大，所依据的基础理论也多种多样，但大多借鉴了智能控制上的一些优化思想。

9.1.3　典型干线协调信号控制系统介绍

1. MAXBAND 系统

MAXBAND 系统能对给定的周期时长、绿信比、信号间距和连续通行车速等条件，优化相位差以获得最大绿波带。MAXBAND 系统所用的优化算法主要依据立脱尔(J. D. C. Little)建立的混合整数规划模型。

MAXBAND 系统把周期时长处理成在规定范围内的连续变量，设计车速也可在规定范围内连续变化，各路口的最佳相位次序是从预定的相位组中自动选定的。

MAXBAND 系统可根据不同的交通条件，提供以下不同的最佳带宽。

(1)双向车队相等，则对各行驶方向提供相等的最大带宽。

(2)双向带宽之和大于双向车队时长(以车辆行驶时间为单位)之和，则各向带宽按车队时长之比分配。

(3)双向带宽之和小于双向车队时长，则先满足较大车队时长一方的带宽，然后将尽可能宽的带宽安排给较小车队时长的方向。

MAXBAND 系统需要输入的数据包括信号灯的数量、周期时长的范围、各进口道的车道数及其宽度、各方向各时段的平均交通量、饱和流率、可选用的相位次序、各信号的红灯时长、每对信号的间距及各行使方向的车速范围。输出数据包括周期时长、通过带宽度、选定的相位次序、绿信比、相位差、车速和行程时间。

2. PASSER Ⅱ 系统

PASSER Ⅱ 系统也是一个优化干道交通信号控制系统通过带宽的软件，但 PASSER Ⅱ 系统还可分析干道交通信号控制系统中各种多相位次序的信号配时。

PASSER Ⅱ 系统是把勃洛克斯的“相互影响法”和立脱尔的“不等宽优化模型”结合起来，并加以扩展而成，可以处理多相位配时的干道交通信号控制系统协调软件。

PASSER Ⅱ 系统首先确定各路口的“交通需求/通行能力”的最优比，并用这些最优比来确定各个信号的绿信比，然后尝试改变周期时长、相位及时差，以确定绿波带最宽的最佳信号配时方案。

PASSERⅡ系统需要输入的数据包括各路口各流向的交通量、饱和流率、路口间距及其间的平均车速、排队清理时间、可选的相位次序及各路口所需的最小绿灯时间。

9.2 区域协调信号控制系统

城市里纵横交错的道路网有很多路口相距很近，将某一地区很多的路口信号机集中起来统一由中央控制室控制，这种地区性集中交通信号控制就称为区域协调信号控制系统，又称面控或区域控制。

9.2.1 区域协调信号控制系统实施需考虑的因素

1. 控制性能发展性

在这种大的信号控制系统建设中，要有计划地把现有定周期信号机改造成区域协调信号控制系统中的信号机。应尽量使信号机引入新的研究成果，而不改变原来的信号机构成，即尽量利用老的信号机。

2. 控制范围扩大性

随着城市规模的扩大，必须预留扩大面控制范围的可能性，以扩大中央控制室的作用。

3. 高度可靠性

所有装备要有高度的可靠性，即区域协调信号控制系统中的一台信号机发生故障，其他信号机不会出现异常，整个系统仍能照常工作。

4. 使用方便

随着交通状况的改变，对信号机控制的内容及信号机动作的监视和变更应比较容易，如出现暂时性异常时，应能及时处理。

5. 合理处理与非机动车的关系

在我国现实交通条件下，还必须考虑非机动车交通对区域协调信号控制系统实施效果的影响。

9.2.2 典型区域协调信号控制系统介绍

1. TRANSYT 系统

TRANSYT 系统是一种脱机操作的定时交通信号区域协调控制系统，主要由仿真模型和优化模型两部分组成。建立仿真模型的目的是用数学方法模拟车流在交通网络上的运行状况，研究配时参数的改变对交通流的影响，以便客观地评价任意一组配时方案的优劣。将交通流信息和初始配时参数作为原始数据，通过仿真得出系统的 PI 作为配时优化的目标函数，用“爬山法”进行优化，产生比初始配时优越的、更新的配时方案，再把新的信号配时输入到仿真系统中，反复迭代，最后得到性能指标达到最佳的系统配时方案。这一方法最初由 TRRL 的罗伯逊提出。经过十几年的实践，罗伯逊领导的研究小组对 TRANSYT 系统不断改进，到 1980 年，TRANSYT-8 公之于世，目前的最新版本是 TRANSYT-16。除 TRANSYT-8 外，还有其他一些广泛应用的版本如 TRANSYT-7F、TRANSYT-6N 等。

在 TRANSYT 该系统中，信号周期是共用的，而且在一个确定的配时方案执行阶段内，每个路口所有信号阶段起讫时间点(相对于一个周期时长的比例)固定不变。为了适应交通量随机变化的情况，需拟定适应于不同交通状况的配时方案，以供不同时段选用。对于已有控制方案的路口，TRANSYT 系统利用自身的交通模型对已有方案进行优化。

TRANSYT 系统中规定了如下几条基本假定。

(1)在路网上，所有路口均由信号灯控制(或由优先通行权控制)。

(2)在仿真路网内，所有路口均采用一个共用的信号周期，或者某些路口采用共用周期一半作为其信号周期，每个路口信号阶段划分情况及各信号阶段的最短时间均一致。

(3)每一股独立的车流，不管是直行通过路口还是在路口转弯，其流率(某一时段内的平均流量)较稳定，且假定为常数。

TRANSYT 系统的核心由交通模型和配时参数优化程序组成，TRANSYT 系统交通仿真流程如图 9.1 所示。

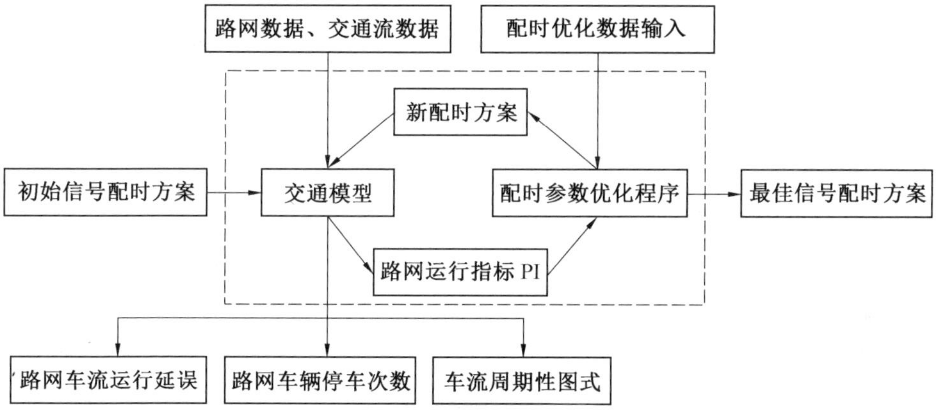

图 9.1　TRANSYT 系统交通仿真流程

最新的 TRANSYT 系统，不仅对每一信号阶段绿灯起步时距和绿灯长度进行优选，而且还能对整个路网上不同部分应该分别使用的最佳信号周期值提出分析结果，既可供设计者参考，也可自动选择最佳周期值作为配时设计的基础，进行绿信比和相位差的合理选择。

建立交通仿真模型，其目的是用数学方法模拟车流在道路系统上的运行状况，研究路网配时参数的改变对车流运动的影响，以便客观地评价任意一组路网配时方案的优劣。为此，交通仿真应当能够对不同配时方案控制下的车流运动参数，如延误、停车率、燃油消耗量等做出可靠的预测。

TRANSYT 系统所使用的交通模型充分反映了车流运动的基本特点，因而对路网上车流运动的预测精度也较高。另外，在确定最优配时方案过程中，它所占用的 CPU 时间相对来说并不长，试算过程有较好的“收敛性”，这是因为在优选过程中交替使用长、短两种步长，作正、负两个方向的试探，即所谓“爬山法”。不仅如此，对车流运动做模拟时，它还充分考虑了车流之间及一股车流内所有车辆之间的相互影响。

2. SCOOT 系统

SCOOT 系统是在 TRANSYT 系统基础上开发出的自适应交通信号区域协调控制系统，该系统于 1975 年研制成功，并在英国 Glasgo 进行了现场试验，取得了较好的控制效果。20 世纪 90 年代，SCOOT 系统进行了多次升级，目前最新版本为 7.0 版。SCOOT 系统经历 50 年的发展，全世界有超过 170 个城市正运行着该系统。SCOOT 系统结构如图 9.2 所示。

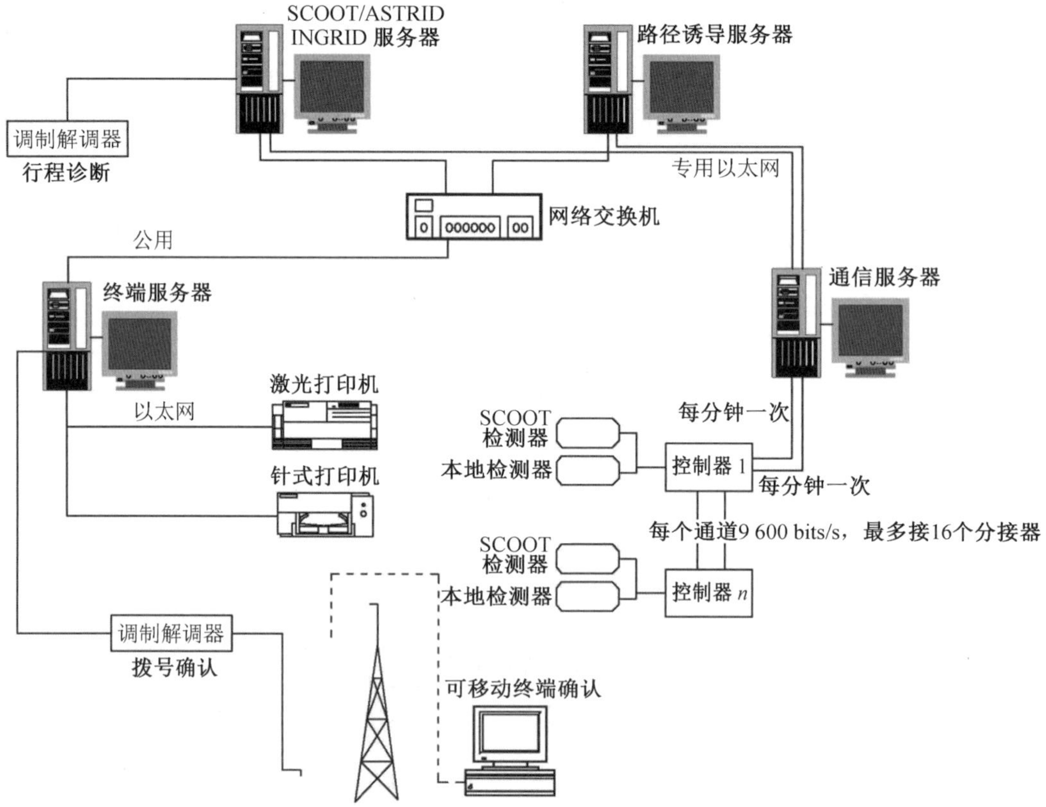

图 9.2　SCOOT 系统结构

SCOOT 系统是一种对交通信号网络实时协调控制的自适应控制系统，采用联机实时控制的动态模式，对周期、绿信比与相位差进行控制，采用小步长渐进寻优方法（表 9.1），包含了一个用于联机计算的实时交通预测模型，可以对路口停车线断面上的车流图式、车辆受阻排队情况及交通拥挤程度做出定量预测，并进一步计算出对应于各种配时参数组合的路网运行指标 PI 值。

SCOOT 系统与 TRANSYT 系统非常相似，不同之处在于前者在线运行，而后者脱机运行，即 SCOOT 系统使用了一种在线的实时交通模型，无须事先准备任何备选配时方案。这种系统的运行完全可以从“零”开始，是真正意义上的“全自适应控制”系统。其主要特点如下。

表 9.1　SCOOT 系统优化调整的小增量模式

参　数	频　率	变化范围
绿信比	每周期一次	±4 s
相位差	每周期一次	±4 s
周　期	每 5 min 一次	±16，8，4 s

(1)SCOOT 系统采取两级结构，上一级为中央计算机，下一级为路口信号机。配时方案在中央计算机上完成，信号控制、数据采集和处理及通信在信号机上完成。

(2)通过车辆检测器获得交通量数据(每秒 4 次采样)，以此为依据建立交通模型。由于车辆检测器安装在本路口上游的出口处，因此，关于本路口的交通模型是一个短期预测模型，具有较高的准确性。该模型除了用于制定配时方案外，还可提供其他信息，如延误、停车次数和阻塞数据，为交通管理和规划服务。

(3)绿信比、相位差和周期的优化均通过模型进行。绿信比的优化目标是使各相交通流的最大饱和度尽可能小，西门子公司将饱和度定义为平均流量与能够通过停车线的最大流量之比。另外，绿信比的优化还考虑各个方向的阻塞情况。相位差的优化是通过周期流量分布图(cyclic flow profiles)进行的，其目标是使延误和停车次数最少，并尽可能减少阻塞。周期的优化每 5 min 进行一次。SCOOT 系统通常将所要控制的整个区域划分为若干相互独立的子区，同一子区内的交叉路口采用相同的信号周期。周期优化的目标是将子区内负荷最高的关键路口的饱和度控制在 90%。为了照顾子区内低负荷的路口，SCOOT 系统引入双周期制，即低负荷的路口将共用周期的一半作为其周期时长。

(4)为了避免信号参数突变对交通流产生的不利影响，SCOOT 系统在优化调整过程中均采用小增量方式。

(5)具有公交车辆和紧急车辆优先功能。通过带有车型识别能力的检测器或自动车辆定位(auto matic vehicle location，AVL)系统检测公交车辆和紧急车辆，给出优先通行权。

(6)新增交通信息数据库 ASTRID 模块和综合事故检测 INGRID 模块，能够对交通数据进行滤波、分析，并将处理好的数据用于参数的优化，还能够实时检测事故，为交通管理部门提供服务。

和 TRANSYT 系统一样，SCOOT 系统由交通预测模型和配时参数优化(调整)两部分构成。所不同的是，SCOOT 系统的交通模型是用于联机处理的，即对来自路网的实时反馈数据进行联机处理，计算出相应于某一组配时参数组合的路网上车辆平均延误和停车次数等反映车流运动特性的指标值。

SCOOT 系统对配时参数的优化采用连续微量调整的方式，即每个信号周期内，只对绿信比和相位差作±1～4 s 的调整，故整个系统在运行上不会出现突然性波动现象，可最大限度地消除由于配时方案变化而引起对车流运动连续性的干扰。在定周期式系统中，每次方案更迭都会造成短时间的系统紊乱，影响路网运行效率，因此要求控制方案更换周期不能短于 5～20 min。

配时参数的优选程序则根据上述指标来决定是否对现行配时参数进行调整和如何调整，并将调整后新的配时参数输入数组单元，取代参数组单元中的原始值。计算机将根据配时参数组中最新的值来控制路网上信号灯的运行。

实时交通信息的采集和反馈是通过设在路网上的车辆检测装置和数据传输系统来实现的。路网上每一股交通流的运动状况，都随时通过检测器和传输系统反馈到中央计算机里，作为在线交通模型的输入数据。此外，对路网上可能出现的交通拥挤和阻塞情况，SCOOT 系统有专门的监视和应付手段，与 TRANSYT 系统定周期信号协调控制系统相比，SCOOT 系统的自我检测功能更强大，它可随时监视系统各组成部分的工作状态，对故障的发生自动报警，并随时向操作人员提供每一个路口正在执行的信号配时方案的详细情况。每一周期的车辆排队情况(包括队尾的实际位置)及车流到达图式等信息，也可在输出终端设备上显示。

3. SCATS 系统

悉尼自适应交通控制系统，简称 SCATS 系统。SCATS 系统也是一种实时自适应交通信号区域协调控制系统，由澳大利亚新南威尔士州道路交通局开发完成。该系统自 20 世纪 70 年代开始研究，于 80 年代初投入使用，最初应用于澳大利亚悉尼市，故取此名。

开发者竭力为 SCATS 系统寻求一种能够最大限度地减少路网上车辆延误和停车次数的配时参数优化方法，用于对 3 项基本参数(信号周期、绿信比及相位差)的优选。在目前的 SCATS 系统中，并没有使用模拟实时交通的数学模型，但它却也有一套以实时交通数据为基础的“算法”，用于实时方案选择，故这种系统也可算作一种实时反馈控制系统。

SCATS 系统的结构层次大体上可分为中央控制中心、区域控制中心和信号控制器。在区域控制中心对路口信号控制器实行控制时，通常将 1～10 个信号控制器组合为一个“子系统”，若干个子系统组合成一个相对独立的系统。系统之间基本上互不相干，而系统内部各子系统之间存在一定的协调关系。随交通状况的实时变化，子系统既可以合并，也可以重新分开。3 项基本配时参数的选择都是以子系统为计算单位的。SCATS 系统结构如图 9.3 所示。

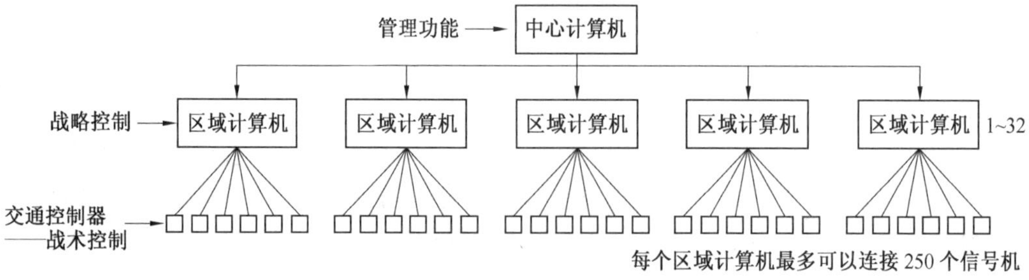

图 9.3　SCATS 系统结构

中央控制中心，除了有对整个控制系统运行状况及系统各项设备工作状态做集中监视的计算机外，还有专门用于系统数据库管理的计算机。执行管理任务的计算机，对控制分中心的各项数据，以及每一台信号控制器的运行参数进行动态存储。

SCATS 系统以 1～10 个路口组成的子系统作为基本控制单位。在所有路口的每一进口通道上，都设置车辆检测装置，传感器分设于每条车道停车线后面。SCATS 系统根据车辆检测装置所提供的实时交通量数据和停车线断面在绿灯期间的实际通过量，算法选择子系统内各路口共用的信号周期、各路口的绿信比及相位差。考虑相邻子系统有合并的可能，则需为它们选择一个合适的相位差。

作为实时方案选择系统，SCATS 系统要求事先利用脱机计算的方式为每个路口拟定 4 个可供选用的绿信比方案、5 个内部相位差（指子系统内部各路口之间的相位差）方案，以及 5 个外部相位差（指相邻子系统之间的相位差）方案，在同一子系统内，各路口在任何时候都执行完全相同的信号周期。信号周期和绿信比的实时选择，是以子系统的整体需要为出发点，即根据子系统内的关键路口的需要确定共用信号周期时长。路口的相位绿灯时间，按照各相位饱和度相等或接近的原则，确定每一相位绿灯占信号周期的百分比。随着信号周期的调整，各相位绿灯时间也随之变化。

在 SCATS 系统中，为了节省控制计算机的 CPU 时间，把信号周期、绿信比及相位差作为各自独立的参数分别进行优选，而且不用延误和停车次数作为直接的优选指标。优选过程所使用的“算法”是以所谓“综合流量”（synthesized flow）及饱和度为主要依据的。

SCATS 系统中算法使用的饱和度是指被车流有效利用的绿灯时间与绿灯显示时间之比。为了确定有效利用的绿灯时间，就要把停车线断面在整个绿灯期间有车辆通过的时间叠加起来。换言之，把停车线断面出现的空当时间，从总的绿灯显示时间中减掉，也就是有效利用的绿灯时间。值得注意的是，车辆在鱼贯地通过停车线断面时，前后车之间不可能没有一点空当。这就是说并非所有的“空当”都应计入“无效利用”时间。那么，在计算有效利用绿灯时间时，就要把正常的、必不可少的“空当”与真正的空当区别开来，只有后者才应视为未被利用的绿灯时间。正常空当（车辆平均车头间距减去车身长度）的大小主要取决于车辆行驶速度，即

$$g'=g-(T-t\cdot h) \tag{9.1}$$

式中　g——可供车辆通行的全部绿灯时间总和，s；

g'——被车辆有效利用的绿灯时间，s；

T——绿灯期间停车线上无车通过（出现空当）的时间，s；

t——车流正常驶过停车线断面时，前后车辆间必不可少的空当时间，s；

h——必不可少的空当个数。

于是，SCATS 系统中算法所使用的饱和度可表示为

$$V/C=g'/g \tag{9.2}$$

可以设想，如果通过停车线断面的车流处于饱和状态时，除了车与车之间的必要空当 t 之外，不存在任何未被利用的空当时间，即 $T=h\cdot t$，$g'=g$，由式(9.1)及式(9.2)得：

$$V/C=g'/g=1 \tag{9.3}$$

反之，如果绿灯期间通过停车线断面的车流未达到饱和状态时，$T>h\cdot t$，$g'<g$，$V/C<1$。

当下游路口出现严重交通阻塞，以致其影响到上游路口时，上游路口绿灯期间通过停

车线断面的车流阻塞，因而车流受到“压缩”，车与车之间的空当被压缩到比正常空当还小的程度。此时，$T<h \cdot t$，$g'>g$，$V/C>1$，表明路口的这一进口方向已达到过饱和状态。

由于使用了上面所说的“空当”作为计算饱和度 V/C 的基本参数，就使得 V/C 值的计算在一定程度上摆脱了车辆尺寸的影响。众所周知，在实时控制系统中，无法再像定周期信号协调控制系统那样按一定的折算系数将混合车流折算为标准的小客车，而各种车型的车辆到达检测传感装置所在点的次序又是随机的，这就要求采用一种与车型无直接关系的参数来反映实时交通负荷情况。

使用式(9.1)和式(9.2)来计算 V/C 值时，参数 g、T 及 t 可以直接由 SCATS 系统提供。绿灯时间 g 是指可供车流使用的绿灯时间。若某一相位执行局部车辆感应控制方案，绿灯提前结束，那么 g 就是缩短后的绿灯实际显示时间，T 则是相应于这一绿灯时间内通过停车线断面的全部空当时间。至于正常空当时间 t，可以根据每一个车辆检测器里所提供的一次绿灯期间实际出现过的最大放行率 s 及相应的车身通过检测器断面的时间 t' 按照如下公式求出：

$$t=3600/s-t' \tag{9.4}$$

由于 SCATS 系统所使用的车辆检测感应线圈长度达 4.5 m，这就使得检测装置对车辆通过量的检测精度受到一定影响，尤其当路口出现交通拥挤堵塞时，这一点就更为突出了。不仅如此，在混合车流通过停车线断面时，如何随时给出其 pcu 值，以及正确反映车流密度与车流之间的函数关系，这是一个比较困难的问题。如前所述，应当避免采用与车辆类型直接相关的参量来表示车流量。因此，在 SCATS 系统中，引入了一个虚拟的参量 q'(综合流量)来反映通过停车线的混合车流大小，是指一次绿灯时间通过停车线的车辆折算当量，它由直接测定的饱和度 V/C 及绿灯期间实际出现过的最大流率 S 来确定：

$$q'=V/C \cdot g \cdot S/3\,600 \tag{9.5}$$

由上式可以看出，当饱和度 $V/C=1$ 时，综合流量恰好等于 $g \cdot S/3\,600$，即车流以最大流率 S 通过停车线，每秒绿灯时间内通过的数量为 S。饱和度 $V/C<1$ 时，综合流量随 V/C 的变化而变化。不过，当 $V/C>1$ 时，即进口通道处于过饱和状态时，按式(9.4)，则有 $q'/g>S/3\,600$。这样一个结果，显然不具有实际上的真实性，然而，它却可以作为过饱和状态时选择配时方案的相关指标。在 SCATS 系统中，方案选择主要是依据实时交通负荷，这里所指的交通负荷并非实时交通的绝对负荷量，而是一个与饱和度相关的相对量。饱和度越高，综合流量值越大，反之亦然。

9.3 协调信号控制延误

与孤立交叉口一样，协调信号控制车辆延误也由正常相位延误、随机延误和过饱和延误 3 个部分组成。

9.3.1 正常相位延误

在孤立交叉口，正常相位延误是指车辆到达率为某一恒定值时(不计车辆到达率的随机波动，也不考虑饱和度大于 1 的情况)，车辆通过交叉口的延误。在信号配时方案不变的情况下，每个周期的正常延误都是相同的。

在协调信号控制下，正常延误也只考虑当车辆到达率小于通行能力时车辆通过交叉口的延误。所不同的是车辆到达率不是一个常数，而是一个确定的函数式。这是由于任意一个交叉口的任一进口车流，都是由上游交叉口的放行时间和放行率决定的。每一个周期(假定上下游交叉口信号周期相同，或成固定倍数关系)从某一进口方向进入交叉口的车流，其流量时间图式是相同的。但该图式不像孤立交叉口那样是一条水平直线，而是一条曲线。为计算方便，可将一个周期等分成若干小的时间区段，在每个时间区段内，车辆到达交叉口的流量一时间关系可视为均匀分布，即维持同一流量值，而各不同的区段内其流量值可各不相同。

交叉口间的协调关系主要体现在车流运动图式上，即路网各部分车流的流量一时间图式。具体地说，停车线断面的车辆到达率一时间关系图式是决定所有车流运动参数(排队长度和延误)的基本因素。在停车线断面上，车辆到达率一时间图式不仅与上游交叉口的信号配时有关，而且在很大程度上受车流“离散”的影响。从上游交叉口停车线驶发的车队，由于其中所包含的车辆行驶速度存在差异，在到达下游交叉口停车线之前便渐渐拉开距离，即发生“离散”现象，车流量随时间变化图式如图 9.4 所示。

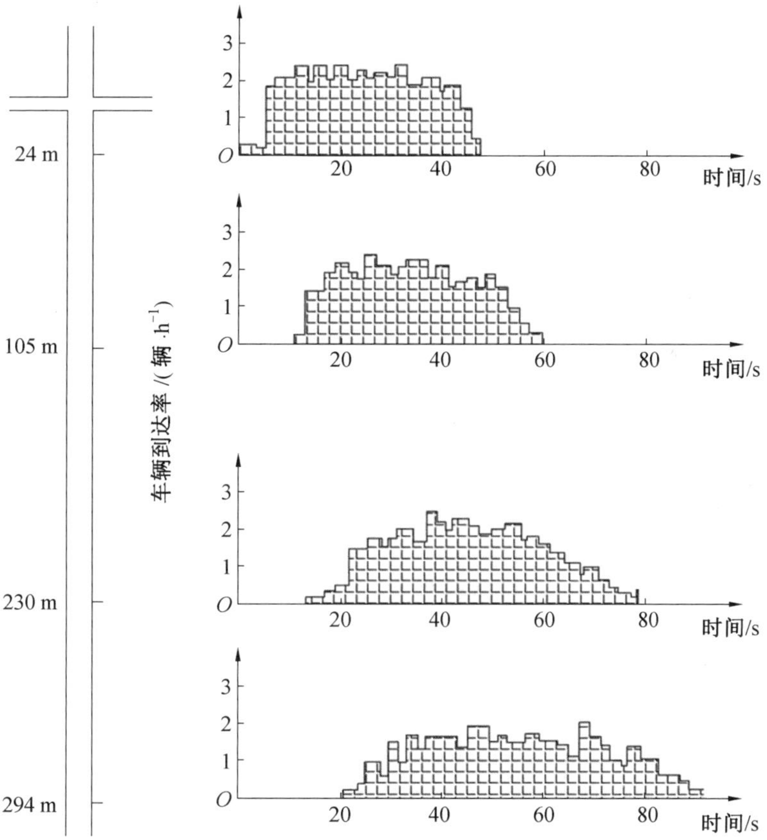

图 9.4　车流量随时间变化图式

从上下游停车线的流量图示可以看出，在车辆驶出上游交叉口后，除了首车到达时间差反映了每段路程所需的平均行驶时间外，整个流量柱状图的形状也在不断变化，其趋势是流量峰值逐渐变得平缓，而流量过程时间则逐渐加长。在运动过程中，车流的这种变化特点称之为车流的“离散性”。研究车流的“离散性”，利用流量一空间分布规律预测流量一时间图式至关重要，目前研究车流“离散性”的代表方法主要有如下两种方法。

1. 正态分布函数——派西(Pacey)方法

这种方法假定每一车辆在离开停车线后驶向一下游停车线的过程中，维持恒定的车速，但整个车流中各车辆的速度是不同的，而且每一种车速出现的频率是按照一种经过变换的正态分布规律分布的。下游断面上在第 j 个时间段的车流到达率可按下式计算：

$$q_2(j)=\sum_{i=1}^{j}q_1(i)g(j-i) \tag{9.6}$$

式中 $q_2(j)$——在时间段 j 到达下游交叉口停车线的车流流率；

$q_1(i)$——在时间段 i 上游停车线断面车流的驶出流率；

$g(j-i)$——从上游停车线断面到下游某断面行驶时间为 $(j-i)$ 的车辆概率分布函数，是一种变换了的正态分布函数，按下式计算：

$$g(T)=\frac{L}{T^2 S_d\sqrt{2\pi}}e^{\left[\frac{-(\alpha/T-\bar{v})^2}{2S^2}\right]} \tag{9.7}$$

式中 T——车辆行驶时间，s；

α——下游某断面与上游停车线之间的距离，m；

$\bar{v}$——车流的平均行驶速度，m/s；

S_d——车流中不同车辆所具有的行驶速度的标准差。

2. 几何分布函数——罗伯逊(Robertson)方法

这是分析车辆离散程度的另一种方法，该方法利用如下公式计算到达下游交叉口的车辆流率一时间函数：

$$q_2(j)=\frac{1}{1+\alpha\tau}q_1(i)+(1-\frac{1}{1+\alpha\tau})q_2(j-1) \tag{9.8}$$

式中 τ——车辆在交叉口间的平均行驶时间，s；

α——根据观察值修正的参数，通常取 0.35。

其他参数意义同上。

通过对上述两种函数进行计算机模拟对比发现，两种方法的计算结果都非常接近实际观测结果，罗伯逊方法预测的车流离散程度比派西方法稍大些，但这对信号配时设计影响不大。也就是说，车辆行驶时间分布函数的形式对信号配时方案的优选没有显著影响。如此一来，就可以采用某种最简单的分布函数来反映车辆在行驶过程中的离散特性，从而使计算公式大为简化。

有了车流到达率的图式后，便可以计算每周期车辆通过交叉口时的受阻延误。如前所述，假定在一定的时间范围内，车辆到达率的图式是恒定不变的，以此为基础计算车辆的延误，即为正常相位延误。计算方法与孤立信号控制交叉口所使用的方法完全一样，也是根据车辆累积到达数和绿灯期间车辆放行率来计算车辆延误的，车辆到达与驶离图式如图 9.5 所示。

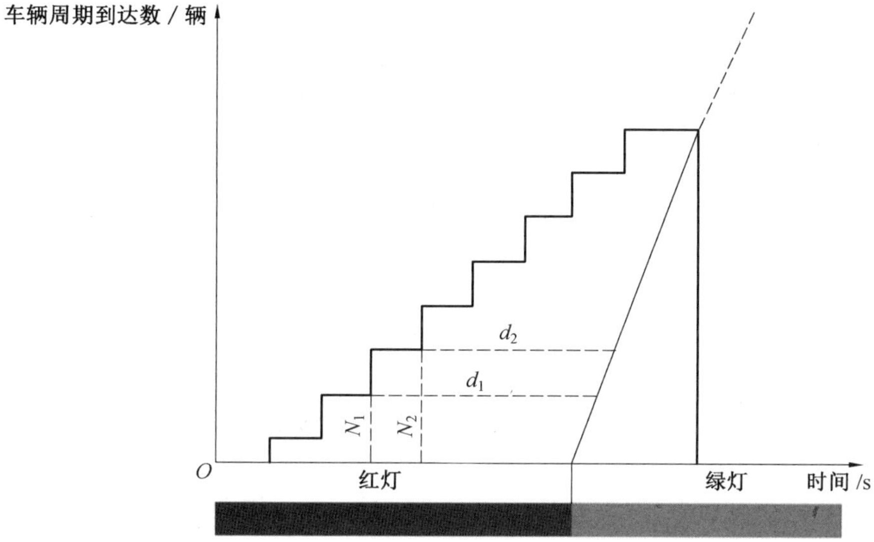

图 9.5　车辆到达与驶离图式

图中“锯齿”线代表车辆累积到达量，斜直线代表最大放行率(饱和流量)，它们之间的水平坐标差(图中水平线)即为某一瞬时到达的车辆受阻延误，而纵坐标差(图中竖直线)则为瞬时排队长度。这两条线与横坐标轴围成的面积即为全部车辆延误之和。这一数值除以到达车辆总数即为每周期内车辆的平均延误，见下式：

$$d=\frac{c\,(1-g/c)^2}{2[1-(q/S)]} \tag{9.9}$$

若将所得结果再除以周期长度便可得到单位时间内每辆车的平均延误，车辆到达累积曲线(上图中的锯齿线)可根据式(9.6)确定，而最大放行率(图中斜直线)则等于饱和流量。

9.3.2　随机延误与过饱和延误

为确定随机延误与过饱和延误，罗伯逊曾专门研究了协调信号控制下车辆的受阻情况。他认为当信号交叉口实行协调控制后，各个周期间车流流量随机波动程度远小于孤立控制交叉口的情况。这是由于在协调控制条件下，车辆到达交叉口和驶出交叉口的流量图示相对来说被人为地严格控制了，除了在中间路段上受到某种随机性干扰外，这两种图示不会像孤立交叉口那样经常出现明显的随机波动。阿克赛力克根据罗伯逊的论述，建议在计算协调信号控制下车辆所受到的随机延误与过饱和延误时仍然可以采用过渡函数模型的方法，但其中过饱和车辆排队长度应取以下数值：

$$d=\begin{cases}\dfrac{ct}{4}\left[(x-1)+\sqrt{(x-1)^2+\dfrac{6(x-x_0)}{ct}}\right] & x>x_0\\[2ex] 0 & x\leqslant x_0\end{cases} \tag{9.10}$$

然后便可按照过渡函数模型求解车辆平均延误。

第 10 章　网联交通控制

因交叉口复杂程度、交通需求及网联自动驾驶汽车(connected and automated vehicle, CAV)渗透率等不同,网联交通环境下无信号控制交叉口与信号控制交叉口的控制方式差异显著。无信号控制交叉口不存在信号控制参数,采用信息应答的方式确立通行权;信号控制交叉口既有信号控制参数优化的需求,还有车辆行驶轨迹规划的任务。

10.1　网联交通控制要点

10.1.1　无信号控制交叉口

网联交通环境下,为避免在交叉口内部发生交通冲突并提升通行效率,无信号控制交叉口一般采取预约通行的方式,为每一辆来自各个方向、各条车道上的 CAV 预留通过交叉口的时间和空间,包括进入时间、进入速度、进入位置、通过车辆类型与尺寸、何时占用交叉口内部哪些空间等。

1. 进入时间(t_a)

计划该车辆抵达交叉口停车线的时间。

2. 进入速度(v_a)

计划该车辆抵达交叉口停车线时的速度。

3. 车辆行驶轨迹(x, v, a, θ)

从进入停车线到驶离交叉口该车辆计划的行驶轨迹链,包括每一个时间单元 Δt 内车辆在交叉口的位置、速度、加/减速度和车辆运动的转向角等。

10.1.2　信号控制交叉口

除了一部分 CAV 专用相位采取类似于无信号控制交叉口中的预约通行外,网联交通环境下,信号控制交叉口交通流的通行方式、信号灯色的含义、信号控制参数的定义等并未发生实质性的改变,交叉口信号控制内涵改变的地方主要体现在三方面:

1. 启动损失时间与饱和流率动态标定

网联交通环境下,相同的交通需求、不同的 CAV 渗透率,进口车道的饱和流率与启动损失时间会存在显著差异,其中,CAV 渗透率是关键影响因素。鉴于此,将 CAV 渗透率划分为 N 级,如划分成 10 级则为[0,10%]、[10%,20%]、…、[90%,100%]。在交通信号控制系统运行过程中,采集每信号周期各相位每条车道绿灯开启时的初始排队长度(用排队车辆数 x 表示)、最后一辆排队车辆驶离停车线所用的时长、排队车辆中 CAV 的渗透率，存储作为背景数据库用来回归相位启动损失时间并测定各车道的动态饱和流率。过短的排队长度会影响饱和流率与启动损失时间计算结果的准确度，因此要求采集数据的初始排队长度不低于 7 辆车，小于该值的数据直接舍弃。同时，为提高回归结果的可靠性并节省计算资源和存储资源，同一类数据（即同一级 CAV 渗透率、同相位、同车道组、同车道）的采集数据数量应不低于 200 条。利用这些采集数据，建立如下回归函数：

$$g_{ijk,m}=l_{ijk,m}+h_{ijk,m}\times x,\quad p_{ijk,\text{cav}}\in[(m-1)/N\times 100\%,m/N\times 100\%] \tag{10.1}$$

式中　$g_{ijk,m}$——第 m 级 CAV 渗透率下第 i 相位第 j 车道组第 k 车道初始排队清空所需的绿灯时间，s；

$l_{ijk,m}$——第 m 级 CAV 渗透率下第 i 相位第 j 车道组第 k 车道车辆的启动损失时间，s；

$h_{ijk,m}$——第 m 级 CAV 渗透率下第 i 相位第 j 车道组第 k 车道车辆的饱和车头时距，s；

x——初始排队车辆数，辆；

$p_{ijk,\text{cav}}$——第 i 相位第 j 车道组第 k 车道的 CAV 渗透率；

m——CAV 渗透率的级数。

由此得到第 m 级 CAV 渗透率下第 i 相位第 j 车道组第 k 车道的启动损失时间和饱和车头时距，对应的饱和流率换算如下：

$$S_{ijk,m}=3\,600/h_{ijk,m} \tag{10.2}$$

该饱和流率已经包含了对车道宽度、坡度、大型车比例等纵多修正系数的校正。

车道组饱和流率的计算如下：

$$S_{ij,m}=\sum_k S_{ijk,m} \tag{10.3}$$

相位启动损失时间由相位中各车道组的启动损失决定，确立方法如下：

$$l_{j,m}=\max\left(\sum_k l_{ijk,m}/n_j\right) \tag{10.4}$$

式中　n_j——第 j 车道组中车道的总条数。

信号周期运行过程中，实时记录各车道初始排队长度尾车从该相位绿灯开启至离开停车线所需的绿灯时间。每信号周期结束时，用该信号周期各相位每车道的排队长度、排队长度的消散时间、排队车辆 CAV 渗透率去更新背景数据库。每次更新数据时，先检查同级 CAV 渗透率下同一车道的历史数据条数是否达到上限，若没有，则直接新增该数据；若达到，则用该数据替换发生时间最早的那条数据，建立起饱和流率与启动损失时间的动态测算机制，确保测算得到的结果具有实时性、能适应交通状况的动态变化，避免老化。

除上述动态测定车道饱和流率外，已有研究表明，混合驾驶车道的饱和流率受 CAV 渗透率影响，即：

$$S_{ijk,3}=S_{ijk,2}+(S_{ijk,1}-S_{ijk,2})\times(p_{ijk,\text{cav}})^2 \tag{10.5}$$

式中　$S_{ijk,1}$——第 i 相位第 j 车道组第 k 车道为 CAV 专用车道时的饱和流率；

$S_{ijk,2}$——第 i 相位第 j 车道组第 k 车道为人工驾驶车道时的饱和流率；

$S_{ijk,3}$——第 i 相位第 j 车道组第 k 车道为混合驾驶车道时的饱和流率。

2. 进口车道功能动态划分

因 CAV 与网联人工驾驶汽车(connected human－driven vehicle, CHV)/人工驾驶汽车(human－driven vehicle, HV)在车辆可控性上的本质差异,进而影响到 CAV 与 CHV/HV 在交叉口进口车道不同的通行效率表现,即饱和流率的差异,基于提升信号控制交叉口通行能力的需要,有必要在满足交通条件和交叉口几何条件的前提下,将 CAV 与 CHV/HV 分离在不同的进口车道上通行,由此引出了进口车道功能划分的问题。可视信号控制需要,交叉口进口车道除了传统的左转车道、直行车道、右转车道等功能划分外,位于同一车道组中的进口车道,还可进一步细分为 CAV 专用车道、人工驾驶车道、混合驾驶车道三种类型。因此,在网联自动驾驶环境下,随着 CAV 渗透率的变化,交叉口进口车道功能动态划分已成为信号优化控制中的一个重要组成部分,且需在信号控制参数优化前完成。

3. CAV 轨迹与信号控制参数联合优化

无信号控制交叉口时空预约通行的方法是一种单向的优化控制,按照先来先服务的策略为每一辆 CAV 预留交叉口内部的通行时间和空间。网联交通环境下,有别于目前的信号控制算法仅优化控制参数,信号控制交叉口还需同 CAV 行驶轨迹优化相结合,开展 CAV 行驶轨迹与信号控制参数的联合优化,以提升信号控制交叉口的通行效率。

CAV 行驶轨迹优化的重点在于为每一辆 CAV 确定合适的加/减速度(a_i)、加/减速时间区间(t_i,t_{i+1})及匀速行驶时间区间[v_i,(t_i,t_{i+1})],在限定空间范围内实现与前导车以饱和车头时距跟驰或引导头车按计划抵达目的地的行驶轨迹规划。

10.2 无信号交叉口控制

网联交通环境下,无信号交叉口大多采用自动交叉口管理器(autonomous intersection manager, AIM)控制各方向车流。

10.2.1 自动交叉口管理

AIM 是 Dresner 等人在 2008 年提出的一种单个交叉口管理策略,即"预约制交叉口",核心思想是利用车联网技术来取代传统的交叉口信号控制方案,提升交叉口的智能化管理水平和通行效率。在这种管理策略中,称为代理驾驶员的计算机程序控制车辆,而称为交叉口管理器的仲裁代理布设在每个交叉口。代理驾驶员提前发出预约请求、尝试为通过交叉口预留一段时间;交叉口管理器根据交叉口控制策略决定是同意或拒绝请求。图 10.1 显示了代理驾驶员与交叉口管理器之间的交互。

当车辆行驶至交叉口附近时,代理驾驶员向交叉口管理器发起预约请求;交叉口管理器将此信息传递给控制策略,该策略决策车辆通过交叉口是否安全,如果策略认为是安全的,交叉口管理器向代理驾驶员发送一条消息,表明预约已被接受;相反,交叉口管理器将发送一条消息,指示预约请求被拒绝。除了确认或拒绝请求外,交叉口管理器还可以提出反要约,如"紧急停车"。

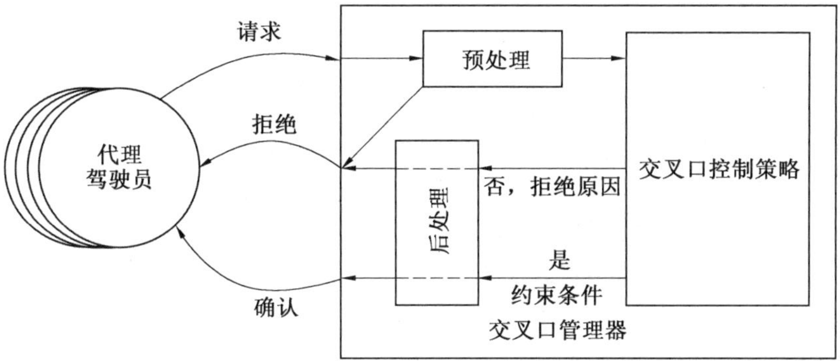

图 10.1　代理驾驶员与交叉口管理器之间的交互

代理驾驶员能发送“预约”“变更预约”“取消预约”和“预约完成”4 类信息。发送“预约”“变更预约”请求信息时，代理驾驶员需附送车辆的属性信息，包括预计到达时间、到达速度、车辆特征等参数，如车身尺寸、加/减速能力等。车辆通过交叉口后，需要发送“预约完成”信息。车辆靠近交叉口时，代理驾驶员预估到达交叉口的时间和速度，并发起“预约”请求；如果获得“同意”，它将尝试按时到达；如果确定无法完成“预约”，则发送“取消预约”；如果提前达到，则将试图“变更预约”；如果“预约”被拒绝，它会减速（降至最低速度）并再次发出“预约”请求。代理驾驶员不得在没有预约的情况下驾驶车辆进入交叉口。即使有预约，代理驾驶员也只能根据预约的相关参数和约束条件通过交叉口。在路段上，代理驾驶员采取按车道跟驰的行驶策略，并在该车和前方车辆间保持 1 s 的跟驰距离。

AIM 回复的信息有 4 种：“同意”“拒绝”“确认”及特殊情况下的“紧急停车”。交叉口管理器回复“同意”时，附带发送预约的约束条件，如预约的唯一标识符、进入时间、进入车道、驶离车道，以及车辆在交叉口加/减速的约束列表。“拒绝”消息用于拒绝“预约”和“变更预约”的请求。交叉口管理器发送“确认”消息，用于响应代理驾驶员发送的“取消预约”和“预约完成”消息。

10.2.2　FCFS 策略

AIM 采取先来先服务（first come，first served，FCFS）的预约请求处理策略。交叉口被划分为 $n\times n$ 的网格，其中 n 是该策略的粒度。每个时间步（time step），根据发出“预约”请求的车辆附送信息，仿真交叉口内哪些网格会被占用。仿真期间，任何时间步若请求车辆与另一车辆占用了同一个网格，则将拒绝该“预约”请求；否则，策略将接受“预约”，并为该车辆预留网格。

图 10.2 为粒度为 8 的 FCFS 策略内部模拟，黑色矩形表示车辆，阴影格是为当前车辆预留的安全距离。在图 10.2(a)中，车辆的请求被接受，并且交叉口在时间 t 内为其预留一组网格。在图 10.2(b)中，第二车辆的请求遭到拒绝，因为在模拟其轨迹期间，时间 t 内它需要用到已经为第一车辆预留的阴影格。

每个时间步，车辆根据以下微分方程运动确定占用的网格范围：

$$\frac{\partial x}{\partial t}=v\cdot\cos(\theta),\quad \frac{\partial y}{\partial t}=v\cdot\sin(\theta),\quad \frac{\partial \theta}{\partial t}=v\cdot\frac{\tan(\psi)}{L} \tag{10.6}$$

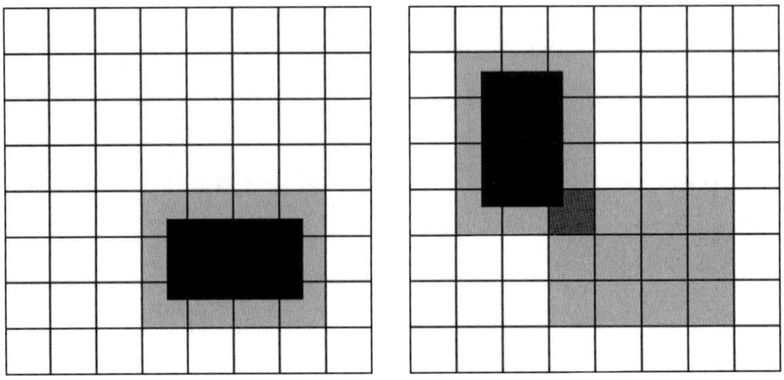

图 10.2 粒度为 8 的 FCFS 策略内部模拟

式中 x、y、θ——车辆的位置和运动方向；

v——车辆速度，m/s；

ψ——车辆的转向角，(°)；

L——车辆轴距，m。

每个时间步长保持 v 和 ψ 常数，求解这些方程。

1. 出口车道匹配

车辆在交叉口允许转弯，从提升交叉口控制效率和安全角度看，代理驾驶员不应决定它们从哪条车道驶出交叉口，而应由拥有更多关于交叉口信息的交叉口管理器做出这一决定。代理驾驶员在其请求消息中指出其打算转向的方向即可，然后交叉口管理器决定将哪条出口车道配置给车辆。最自然的选择：对于左转和右转，选择最近的车道，而对于直行车辆，则选择它们计划到达的出口车道。如果这样配置，预约请求仿真被接受的可能性不会太高。FCFS 策略基于驶入车道创建驶出车道的优先级列表，然后依次对每个驶出车道进行内部模拟，直到找到可接受的驶出车道配置。对于转弯车辆，按由近及远的优先级排序驶出车道集。对于直行车辆，以驶入车道为中心“螺旋”排序，首先，是正对的驶出车道；其次，是左侧第一条车道、右侧第一条车道；最后，是左侧第二条车道、右侧第二条车道，以此类推。南进口左转车流出口车道匹配如图 10.3 所示。以这种方式，FCFS 策略确定预约请求车辆在交叉口内的行驶轨迹。

2. 加/减速控制

给定一组车辆的附属信息，如果允许车辆在交叉口内加/减速，则车辆有无限多的可能轨迹。代理驾驶员可以将其车辆的加速度设置为车辆能力范围内的任何值。一组加速度可能会导致其与另一辆车碰撞，但另一组加速度可能让车辆安全通过。因此，交叉口的加速度必须受到交叉口控制策略的约束。允许代理驾驶员自己决定在交叉口内的加/减速，在估计车辆轨迹时会使控制策略受到制约，从而大大降低效率；相反，如果代理驾驶员的请求被接受，由交叉口控制策略选择安全有效的加/减速方案并将其包含在确认消息中，则更具效率。但有效的加/减速方案求解是一个巨大的挑战，故现有研究车辆在交叉口内的行驶速度都限定不变。

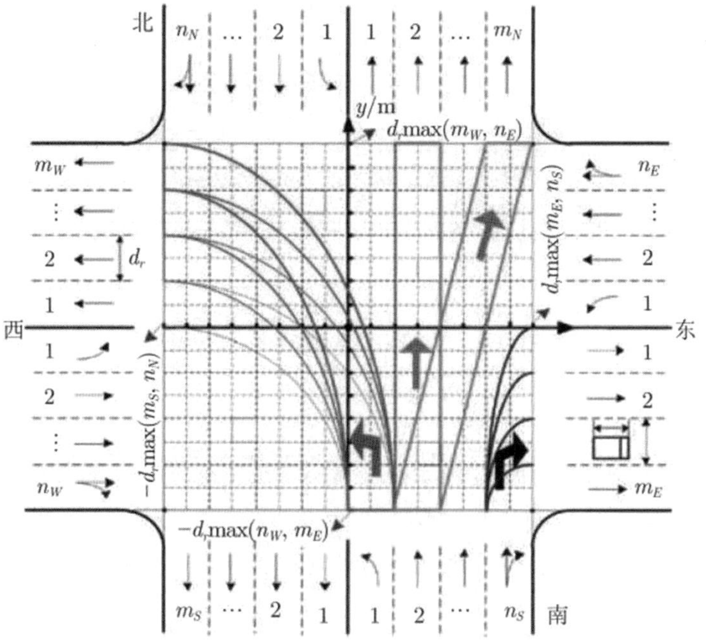

图 10.3　南进口左转车流出口车道匹配

FCFS 策略首先尝试一条轨迹，在该轨迹中，请求车辆在进入交叉口时尽可能快地加速到最大速度。如果无法基于该轨迹授予预约，则会尝试请求车辆以恒速通过交叉口的可行性，即以路段上的速度通过交叉口。如果两者都不起作用，则拒绝请求。此外，如果请求表明车辆将以足够慢的速度(10 m/s)到达，则不授予该类恒速预约的请求。如果允许任意慢行预约，车辆会在交叉口使用过多的时空，导致其他车辆延误过大。通过对恒速预留实施最小速度限制，FCFS 策略确保没有车辆在交叉口停留太长时间。虽然存在更复杂的解决方案，但出于以下原因，这种解决方案可接受。第一，它在计算上是可处理的，每个请求策略最多运行两个内部模拟；第二，它允许在交叉口外停车或缓慢行驶的车辆在获得预约后及时通过交叉口；第三，它允许车辆在无法获得预约时从减速中恢复；即使是在交叉口外完全停车的车辆，在穿过交叉口时也能加速至合理的速度。

3. 预约距离(reservation distance)

有时前方车辆未能预约成功，必须减速，几辆车在交叉口等候情况图 10.4 所示，而后车的代理驾驶员可能加速并在最前面车辆之前成功预约到交叉口空间，从而造成冲突。为避免这种情况，需限定前方车辆未预约成功前，后方车辆不能提前预约，通过预约距离的动态转换来实现。

预约距离为 d 时，前方(白色)车辆无法获得预约，因为后方(阴影)车辆的预约存在冲突。一旦前方车辆的请求被拒绝，预约距离将减少到 d'。一旦后方车辆取消预约，前方车辆可以获得无争议的预约。

在车辆提出预约请求时，会附送预计的达到时间(t_a)和速度(v_a，假设车辆保持恒定速度)，基于此，可估计出车辆与交叉口的距离，这个距离称之为预约距离，可近似表达为

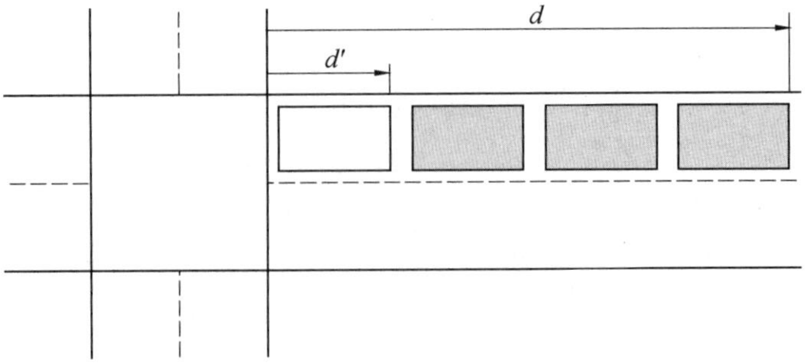

图 10.4　几辆车在交叉口等候情况

$$d(r)=v_a\times(t_a-t) \tag{10.7}$$

式中　t——当前时间，s。

对于进口车道 i，FCFS 策略设有一个变量 d_i，初始值为∞。对于车道 i 中的每一个预约请求 r，FCFS 策略计算预约距离 $d(r)$。如果 $d(r)>d_i$，则预约请求 r 被拒绝；如果 $d(r)\leqslant d_i$，预约请求 r 被正常处理。当预约请求 r 在正常处理后被拒绝，则 $d_i\leftarrow\min(d_i, d(r))$；否则，$d_i\leftarrow\infty$。

4. 超时系数

代理驾驶员的预约请求被拒绝后，其还会继续发起预约请求；新的预约请求与之前的预约请求附送的预计达到时间和速度一般变化不大（除非减速足够或冲突的预约请求被取消），则预约成功的机会很小，反而会加大交叉口管理器的计算负荷。为此，FCFS 策略建立了一个超时系数（t_{out}）。一旦代理驾驶员的预约请求被拒绝后，后续请求不会被考虑，直至超时系数限定的时间之后发起的请求（由预约参数确定）。当拒绝请求时，FCFS 策略在拒绝消息中包括它将考虑来自该代理驾驶员进一步请求的超时系数。在 FCFS 策略中，超时系数定义如下：

$$t_{out}=t+\min\left(\frac{1}{2},\frac{t_a-t}{2}\right) \tag{10.8}$$

式中　t——当前时间，s；

　　t_a——预计的达到时间，s。

这样做的好处有两点：一是降低了交叉口管理器的计算量，二是优先考虑将更快进入交叉口的车辆。

10.3　信号交叉口控制

10.3.1　智能交叉口控制算法

Mahmoud 等人（2020）开发了一种智能交叉口控制算法（intelligent intersection control algorithm，IICA），其运行流程如图 10.5 所示，目标是通过将信号相位、配时参数与车辆轨迹相协调来实现平均行程时间最小化。IICA 能最大化绿灯时间利用率和交叉口通行能力。智能交叉口控制算法实现过程如下：

首先，中央处理器（图 10.5 中标记①）采集交叉口通信范围内每条车道上每辆车的到达信息（图 10.5 中标记②和③）。其次，计算 CAV 和 CHV 向交叉口移动的相关参数。再次，基于计算的车辆轨迹算法实施一种改进的自适应信号控制逻辑。最后，算法输出两组参数：(1)发送给信号控制器的信号相位及配时参数（signal phase and timing，SPaT），图 10.5 中标记④；(2)CAV 的优化轨迹，图 10.5 中标记⑤。该过程持续运行，以更新信号状态并为到达车辆提供服务。

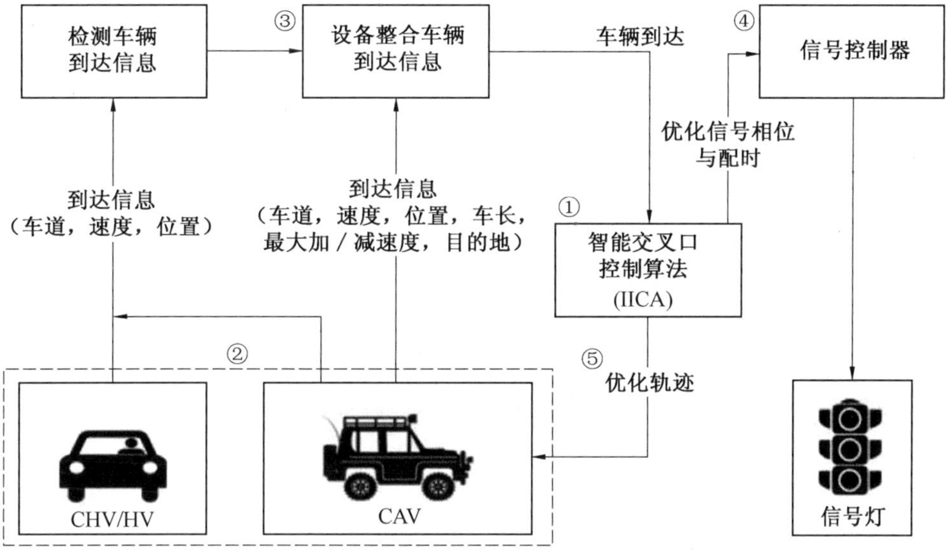

图 10.5　智能交叉口控制算法运行流程

在 IICA 中，车辆类型[CAV 或网联辅助驾驶车辆（CHV）]及其运动是否受到前方车辆的束缚，会影响到其轨迹计算模型。将引导车辆定义为其运动不受其他车辆限制的车辆。任何车辆的运动都会影响到跟随车辆的行为，影响程度与跟随车辆的速度、间距和制动性能等因素相关。考虑到交通流在车道上的累积效应，引导车辆在交叉口总延误中起着关键作用。Mahmoud 等人建立了一个非线性数学模型（即自动驾驶车行驶轨迹优化，AV Trajectory Optimization，AVTO）来量化每条车道上一组车辆间的跟随一引导作用关系。该模型通过递归计算轨迹来捕捉这种作用关系的大小。

$$
\text{AVTO}: x_i(t)=\begin{cases}\text{LAVO}(s(t),v_{\max},v_{\mathrm{m}(i)}^{\text{cross}},a_i^{\text{acc}},a_i^{\text{dec}}) & \forall i=1, c_i=\text{CAV}\\ \text{FAVO}(x_{i-1}(t),s(t),v_{\max},v_{\mathrm{m}(i)}^{\text{cross}},a_i^{\text{acc}},a_i^{\text{dec}}) & \forall i=2,3,\cdots n, c_i=\text{CAV}\\ \text{LCNVE}(s(t),v_i(t_i^0)) & \forall i=1, c_i=\text{CHV/HV}\\ \text{FCNVE}(x_{i-1}(t),s(t),v_i^{\text{des}},a_i^{\text{acc}},a_i^{\text{dec}}) & \forall i=2,3,\cdots,n, c_i=\text{CHV/HV}\end{cases} \tag{10.9}
$$

式中　c_i——车辆 i 的类型（CAV 或 CHV/HV）；

t_i^0——车辆 i 被检测到的时间（即到达时间），s；

t_i^{cross}——车辆 i 通过交叉口停车线的时间，s；

$m(i)$——CAV i 的运动方向，$m(i)\to$｛左、直、右｝；

v_i^{des}——跟随 CHV/HV i 的期望速度，m/s，$i=2,3,\cdots$；

v_{max}——通信范围内的最大限速，m/s；

$v_{m(i)}^{cross}$——$m(i)$在交叉口停车线的限速，m/s；

a_i^{acc}——车辆 i 的最大加速度，m/s^2；

a_i^{dec}——车辆 i 的最大减速度，m/s^2；

$s(t)$——时间 t 时车辆将要通过交叉口停车线所在相位 φ 的信号状态向量，$s(t)=[t_\varphi^s(t),G_\varphi(t),Y_\varphi(t),AR_\varphi(t)]$；

$t_\varphi^s(t)$——车辆将要通过交叉口停车线所在相位 φ 的绿灯开启时间，s；

$G_\varphi(t)$——车辆通过交叉口停车线所在相位 φ 的绿灯时长，s；

$Y_\varphi(t)$——车辆通过交叉口停车线所在相位 φ 的黄灯时长，s；

$AR_\varphi(t)$——车辆通过交叉口停车线所在相位 φ 的全红时长，s。

注意：除了相位 φ 外，其他相位在时间$[t_\varphi^s(t),t_\varphi^s(t)+G_\varphi(t)+Y_\varphi(t)+AR_\varphi(t)]$内均为红灯。

AVTO 包含 4 个子模型，分别为：LAVO(·)模型用于优化引导 CAV 的轨迹，FAVO(·)模型用来优化跟驰 CAV 的轨迹，LCNVE(·)模型用于优化引导 CHV/HV 的轨迹，FCNVE(·)模型用来优化跟驰 CHV/HV 的轨迹。AVTO 模型将车道中第 i 辆车的轨迹$[x_i(t)]$定义为时间 t 时交通信号状态$[s(t)]$、车辆性能(a_i^{acc}、a_i^{dec})、速度限制(v_{max}、$v_{m(i)}^{cross}$)及前导车轨迹$[x_{i-1}(t)]$的函数。在 LCNVE(·)模型中，假定引导车 CHV/HV 在绿灯期间保持其到达速度不变。

1. LAVO(·)模型

LAVO(·)模型旨在将引导 CAV 的延误最小化。以单车道交叉口第 m 相位为例，引导 CAV 的轨迹优化分为 3 个阶段，即加速阶段、匀速阶段和减速阶段，如图 10.6 所示。

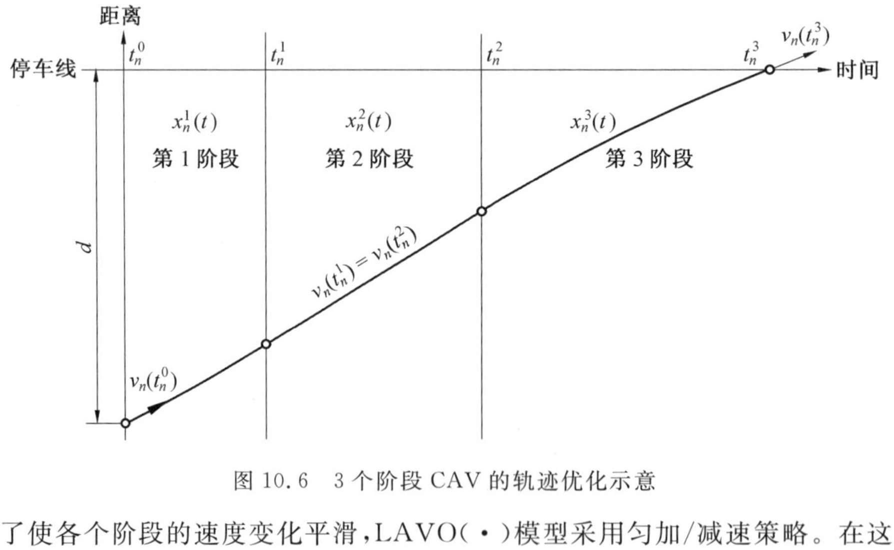

图 10.6　3 个阶段 CAV 的轨迹优化示意

为了使各个阶段的速度变化平滑，LAVO(·)模型采用匀加/减速策略。在这 3 个阶

段中,CAV 位移和速度随时间的变化关系为:

$$x_i(t)=\begin{cases}x_i(t_i^0)-v_i(t_i^0)\times(t-t_i^0)-\dfrac{a_i^1}{2}\times(t-t_i^0)^2, & \forall t\in(t_i^0,t_i^1)\\ x_i(t_i^1)-v_i(t_i^1)\times(t-t_i^1), & \forall t\in(t_i^1,t_i^2)\\ x_i(t_i^2)-v_i(t_i^2)\times(t-t_i^2)-\dfrac{a_i^3}{2}\times(t-t_i^2)^2, & \forall t\in(t_i^2,t_i^3)\end{cases} \tag{10.10}$$

$$v_i(t)=\begin{cases}v_i(t_i^0)+a_i^1\times(t-t_i^0) & \forall t\in[t_i^0,t_i^1]\\ v_i(t_i^1) & \forall t\in(t_i^1,t_i^2)\\ v_i(t_i^2)+a_i^3\times(t-t_i^2) & \forall t\in(t_i^2,t_i^3)\end{cases} \tag{10.11}$$

$$\begin{cases}t_i^1-t_i^0=\dfrac{v_i(t_i^1)-v_i(t_i^0)}{a_i^1}\\ t_i^2-t_i^1=\dfrac{x_i(t_i^0)-[v_i(t_i^1)^2-v_i(t_i^0)^2]/2a_i^1-[v_i(t_i^3)^2-v_i(t_i^1)^2]/2a_i^3}{v_i(t_i^1)}\\ t_i^3-t_i^2=\dfrac{v_i(t_i^3)-v_i(t_i^1)}{a_i^3}\end{cases} \tag{10.12}$$

式中　$x_i(t)$——第 i 辆车在时间 t 离停车线的距离,m;

t_i^j——第 i 辆车的第 j 个阶段结束时刻,s;

$v_i(t)$——车辆 i 在时间 t 的速度,m/s;

a_i^j——车辆 i 在第 j 阶段内的加/减速度,m/s^2。

优化的目标函数如下:

$$\text{LAVO:}\ \min\sum_{j=1}^{3}(t_i^j-t_i^{j-1})-\frac{x_i(t_i^0)}{v_i^{\text{des}}} \tag{10.13}$$

由此涉及 CAV 的 t_i^j 和 a_i^j 优化问题,且还需满足以下约束条件:

$$t_{sk}\leqslant t_i^0+x_i(t_i^0)/v_i^{\text{des}}\leqslant t_{sk+1} \tag{10.14}$$

$$t_{sk}+\sum_{n=1}^{m-1}(g_n+y_n+r_n)\leqslant t_i^3\leqslant t_{sk}+\sum_{n=1}^{m-1}(g_n+y_n+r_n)+g_m+y_m \tag{10.15}$$

$$0\leqslant v_i(t_i^1)\leqslant v_{\max} \tag{10.16}$$

$$0\leqslant v_i(t_i^3)\leqslant v_i^{\text{cross}} \tag{10.17}$$

$$a_i^{\text{dec}}\leqslant a_i^j\leqslant a_i^{\text{acc}} \tag{10.18}$$

式中　$v_{\max}$——最大限速,m/s;

v_i^{cross}——交叉口限速,m/s;

t_{sk}——第 k 信号周期的开启时刻,s;

g_m,y_m,r_m——车辆所在第 m 相位的绿灯时间、黄灯时间和全红时间,s;

v_i^{des}——第 i 辆 CAV 的期望速度,m/s。

LAVO(·)模型求解算法如下:

procedure LAVO $[s(t), v_{\max}, v_{m(i)}^{\text{cross}}, a_i^{\text{acc}}, a_i^{\text{dec}}]$ 要求：信号控制状态$[s(t)]$、车辆到达信息$[x_i(t_i^0)$、$v_i(t_i^0)]$、车辆性能(a_i^{acc}、a_i^{dec})、速度限制($v_{\max}$、$v_{m(i)}^{\text{cross}}$)

$d_0(i) \leftarrow M$　　//先给 CAV i 赋一个随机延误 M，M 相对较大
flag $\leftarrow 0$
$A \leftarrow \{v_i(t_i^1), v_i(t_i^3), a_i^1, a_i^3\}$
for counter＝1 to 4
　从 A 中选择一个新变量 x
　基于约束(10.16)～(10.18)设置 A 中的变量$\{x\}$
　基于约束(10.14)～(10.15)校正边界
　求取变量 x 的范围
　基于 x 计算 LAVO 目标函数
　$d(i) \leftarrow$ 计算得到的延误
　if $d(i) < d_0(i)$ then　//当前解并非最优解
　　$d_0(i) \leftarrow d(i)$
　　flag $\leftarrow 1$
　end if
next counter
if flag＝1 then
　输出：$d_0(i)$
else
　输出：LAVO 无解
end if
end procedure

首先，为 $d_0(i)$分配一个明显的非最佳值 M，在程序结束时达到目标的全局最小值。flag 用于标记是否存在可行解。集合 A 包括所有 LAVO 的决策变量，每次选择其中一个变量并确定该变量的取值范围；然后，for 循环将其余变量固定到边界值上(注意，根据下限或上限的选择，可能存在多种组合)。当除所选变量之外的其余变量都固定不变时，很容易求解单变量约束的最小化问题，以找到取值范围内的最小点。对所有变量的取值范围重复此过程，算法将输出全局最小值(如果存在)。

2. FAVO(・)模型

FAVO(・)模型用来计算跟驰 CAV 的轨迹。如果之前的引导车将在时间 t_i^{cross} 通过停车线，设饱和车头时距为 s_h，为充分挖掘交叉口进口道时空资源的利用效率，可控制跟驰 CAV 在时间 $t_i^{\text{cross}} + s_h$ 通过停车线。为此，可将前车的轨迹滞后 s_h 来规划跟驰 CAV 的假想轨迹。尽管跟驰 CAV 的实际行驶轨迹难以与假想轨迹完全重合，然而，如有可能，可以控制跟驰 CAV 加/减速度使其在通信距离内的某个点连接到假想轨迹上，然后按假想轨迹运行，跟驰 CAV 在停车线前以饱和车头时距转换到假想轨迹如图 10.7 所示。

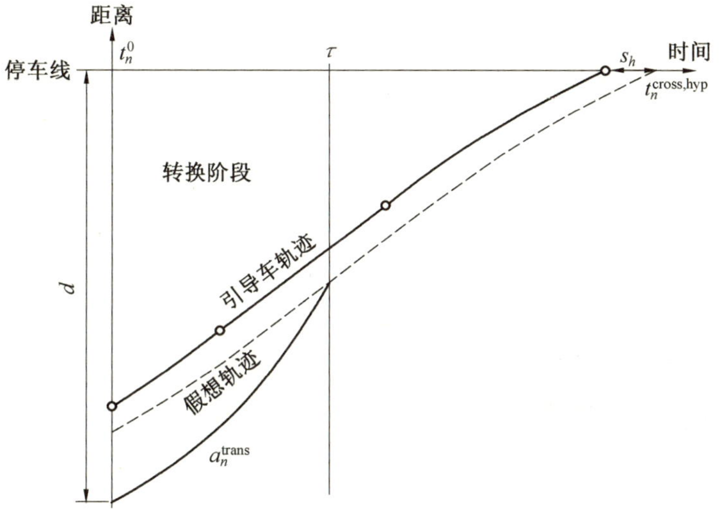

图 10.7 跟驰 CAV 在停车线前以饱和车头时距转换到假想轨迹

有可能跟驰 CAV 与前车距离不够近或较前车速度低很多，即使以最大加速度追赶，也无法实现在停车线前与前车保持饱和车头时距。此时，将该 CAV 视为引导 CAV，通过 LAVO(·)模型来优化其轨迹。

下面的算法描述了跟驰 CAV 以饱和车头时距接近前车的实现步骤。首先，考虑跟驰 CAV 将要通过交叉口停车线时所在相位 φ 的绿灯开启时间[$t_{\varphi}^{s}(t)$]或与前导车以饱和车头时距跟驰通过交叉口停车线的时间($t_{i-1}^{\text{cross}}+s_h$)，计算跟驰 CAV 离开停车线的最早假想时间($t_i^{\text{cross,hyp}}$)；其次，滞后前导车的轨迹来构建跟驰 CAV 的假想轨迹，即同样到达停车线，假想轨迹的时间戳较前车偏移了 $t_i^{\text{cross,hyp}}-t_{i-1}^{\text{cross}}$ s；最后，因构建的假想轨迹并非跟驰 CAV 的实际行驶轨迹，算法通过一个过渡加/减速度(a_i^{trans})在通信范围内的某个点将实际行驶轨迹连接到假想轨迹上。flag 用来标记是否存在这样的过渡加/减速度。如果存在，则最终轨迹由过渡段和假想段组成；否则，绿灯开启时间[$t_{\varphi}^{s}(t)$]或饱和车头时距($t_{i-1}^{\text{cross}}+s_h$)不会影响到跟驰 CAV 的通过时间，此时该跟驰 CAV 可视为引导 CAV。SPaT 简图如图 10.8 所示。

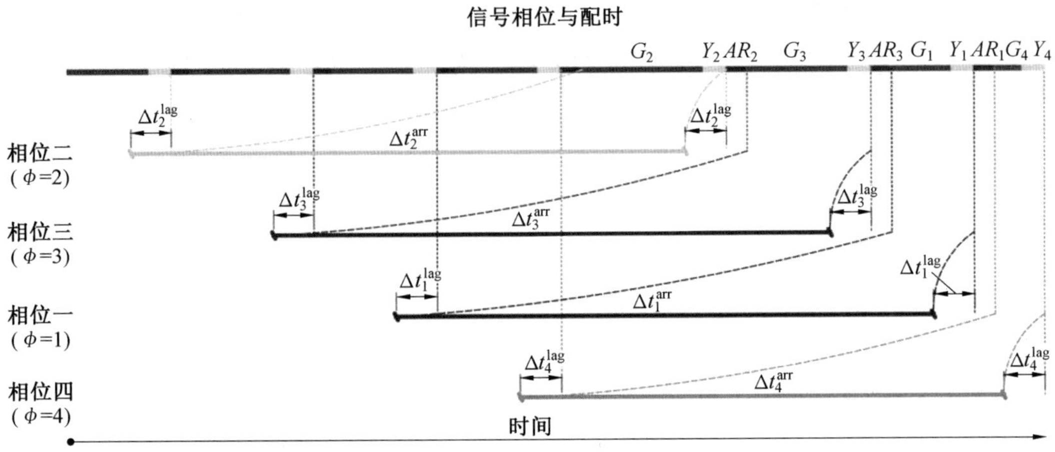

$\Delta t_\varphi^{\text{arr}}$—表示通信范围内可在相位 φ 内通过的车辆到达时间区间；$\Delta t_\varphi^{\text{lag}}$—代表黄灯结束前此时间区间内到达的车辆无法在相位 φ 内通过

图 10.8　SPaT 简图

FAVO(·)模型求解算法如下：

procedure FAVO $[x_{i-1}(t), s(t), v_{\max}, v_{m(i)}^{\text{cross}}, a_i^{\text{acc}}, a_i^{\text{dec}}]$　要求：引导车辆的轨迹 $[x_{i-1}(t)]$，信号控制状态 $[s(t)]$、车辆到达信息 $[x_i(t_i^0)、v_i(t_i^0)]$、车辆性能 $(a_i^{\text{acc}}、a_i^{\text{dec}})$、速度限制 $(v_{\max}、v_{m(i)}^{\text{cross}})$

$t_i^{\text{cross,hyp}} \leftarrow \max\{t_\varphi^s(t), t_{i-1}^{\text{cross}} + s_h\}$

$d_i^{\text{hyp}}(t) \leftarrow d_{i-1}(t)$

$[t_i^{0,\text{hyp}}, t_i^{\text{cross,hyp}}] \leftarrow [t_{i-1}^0 + t_i^{\text{cross,hyp}} - t_{i-1}^{\text{cross}}, t_i^{\text{cross,hyp}}]$

flag $\leftarrow 0$

$A \leftarrow \{v_i(t_i^1), v_i(t_i^3), a_i^1, a_i^3\}$

for $\tau \in [t_i^{0,\text{hyp}}, t_i^{\text{cross,hyp}}]$ do

$a_i^{\text{trans}} \leftarrow \dfrac{v_i^{\text{hyp}}(\tau)^2 - v_i(t_i^0)^2}{2[x_i(t_i^0) - x_i^{\text{hyp}}(\tau)]}$

if $a_i^{\text{dec}} \leqslant a_i^{\text{trans}} \leqslant a_i^{\text{acc}}$ then

$$x_i(t) \leftarrow \begin{cases} x_i(t_i^0) - v_i(t_i^0) \times (t - t_i^0) - \dfrac{1}{2} a_i^{\text{trans}}(t-)2, & \forall t \in [t_i^0, \tau] \\ x_i^{\text{hyp}}(t), & \forall t \in [\tau, t_i^{\text{cross,hyp}}] \end{cases}$$

flag $\leftarrow 1$

end if

end for

if flag$=1$ then

输出：$x_i(t)$

---

　　else

　　　调用 LAVO$[s(t), v_{\max}, v_{m(i)}^{\text{cross}}, a_i^{\text{acc}}, a_i^{\text{dec}}]$

　　end if

end procedure

---

3. CHV/HV 轨迹估计

在有 CHV/HV 参与情况下，优化 CAV 的轨迹(特别是跟驰 CAV 的轨迹)需要相对准确地预测 CHV/HV 的行驶轨迹。目前常用线性跟车模型来预测跟驰 CHV/HV 的轨迹，即

$$a_i(t)=\alpha_1[v_i(t)-v_{i-1}(t)]+\alpha_2[x_i(t)-x_{i-1}(t)-L_{i-1}]-d_s-\tau_h v_i(t) \quad (10.19)$$

在 LCNVE(・)模型中，假定引导车 CHV/HV 在通信范围内保持进入速度不变，按匀速更新移动轨迹即可。对于跟驰的 CHV/HV，CHV 一旦进入通信范围可直接获取到所在车道、位置、速度等信息，HV 可通过路侧交通流检测器采集到其进入检测范围内的车道、位置、速度等信息。AVTO(・)模型通过 Gipps 跟驰模型来估算 CHV/HV 的轨迹：

$$v_i(t+\Delta t)=\min\left\{v_i(t)+2.5a_i^{\text{acc}}\times\Delta t\times\left[1-\frac{v_i(t)}{v_i^{\text{des}}}\right]\times\sqrt{0.025+\frac{v_i(t)}{v_i^{\text{des}}}}, a_i^{\text{dec}}\times\Delta t + \sqrt{a_i^{\text{dec}}\times\left[2(x_i(t)-x_{i-1}(t)-L_{i-1})+\Delta t\times(a_i^{\text{dec}}\times\Delta t+v_i(t))+\frac{v_{i-1}(t)^2}{a_{i-1}^{\text{dec}}}\right]}\right\} \quad (10.20)$$

式中　$i-1$——车辆长度，m。

FCNVE(・)模型求解算法如下：

---

procedure FCNVE $(x_{i-1}(t), s(t), v_i^{\text{des}}, a_i^{\text{acc}}, a_i^{\text{dec}})$　要求：引导车辆的轨迹$[x_{i-1}(t)]$，信号控制状态$[s(t)]$、车辆到达信息$[x_i(t_i^0)、v_i(t_i^0)]$、引导车及跟驰车性能$(a_i^{\text{acc}}、a_i^{\text{dec}})$

　　$t \leftarrow t_i^0$

　　while $t+\Delta t \leqslant t_i^{\text{cross}}$ do

　　　计算 $v_i(t+\Delta t)$

　　　$a_i(\tau) \leftarrow \dfrac{v_i(t+\Delta t)-v_i(t)}{\Delta t}$　$\forall \tau \in [t, t+\Delta t]$

　　　$x_i(\tau) \leftarrow x_i(t)-v_i(t)\times(\tau-t)-\dfrac{a_i(\tau)\times(\tau-t)^2}{2}$　$\forall \tau \in [t, t+\Delta t]$

　　　$t \leftarrow t+\Delta t$

　　end while

　　输出：$x_i(t)$

end procedure

10.3.2 车辆轨迹与信号控制参数联合优化逻辑

IICA 框架下还可开展与计算车辆轨迹相协调的 SPaT 决策，以避免因低绿灯时间利用率而造成交通信号时间损失。每次检测到新车到达时，重新评估信号控制状态，通过决策是否延长或切换正在进行的相位，建立自适应信号控制逻辑，车辆轨迹与信号控制参数联合优化逻辑如图 10.9 所示。交通生成模块模拟车辆在检测距离内的车辆到达情况；在求解 AVTO(・)模型之前，假设到达车辆在消息传输时间内检测到的速度行驶，以此更新车辆的轨迹。给定一组即将运行的信号相位和配时，输入通信/检测范围内车辆的 AVTO 模型解决方案以确定即将到来的相位绿灯时间是否能服务全部车辆，如果相位绿灯时间计划不足，则算法请求信号控制器提供足够的绿灯延长或相位切换。因此，SPaT 决策属于以下类别之一。

(1)即将运行的信号方案为全部车辆提供足够的绿灯时间，以安全通过交叉口。

(2)即将运行的信号方案不能胜任时，当：

①未能服务的车辆在最后一个相位内。根据该车辆的轨迹，延长绿灯时间，以确保其安全通过停车线。

②未能服务的车辆在其他相位内。调整相位方案以确保有足够长的绿灯时间服务该车辆安全通过停车线。

每个相位的绿灯时长都应满足约束条件，任何低于最小或高于最大的绿灯时长都会导致频繁或迟钝的相位切换，致使额外延误的产生，故应避免。

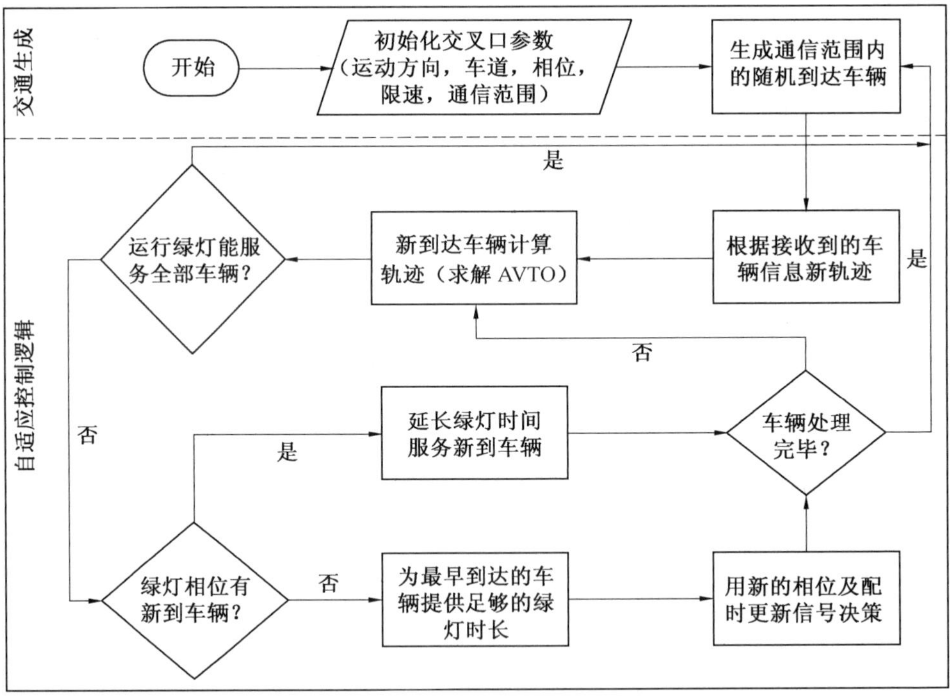

图 10.9 车辆轨迹与信号控制参数联合优化逻辑

10.4　CAV 专用相位控制

10.4.1　蓝色相位

Rey 与 Levin (2019)提出了人机混合驾驶环境下信号交叉口新的控制策略。假设所有车辆在交通网络上的路径选择、转向比例已知，各个交叉口进口车道排队定期可测的前提下，提出了一种分散的、基于压力的算法来优化交通网络的通行量。有别于传统的绿色相位，交叉口增加了一个仅适用于 CAV 的蓝色相位。为此，交叉口布设两种类型的车道：人工驾驶车道(CHV 和 CAV 均可使用)和 CAV 专用车道(仅限 CAV 使用)。在蓝色相位期间，所有 CAV 专用车道上的 CAV 均可进入交叉口，采用冲突点模型来协调 CAV 的通行。在交叉口的各个时段$[t,\ t+\Delta t]$，基于交通网络的当前状态，采用基于混合压力的策略来激活各个相位。

基于车道队列演化方程，提出了随机交通网络的排队模型：

$$x_b(t+\Delta t)=x_b(t)-y_b(t)+\sum_a p_{ab}(t)y_a(t)+d_b(t) \tag{10.21}$$

式中　$x_b(t)$——时间 t 路段 b 上需要进入交叉口的车辆数，即排队车辆数，辆；

$y_b(t)$——时间 t 车道 b 上可处理的车辆数，辆；

$p_{ab}(t)$——时间 t 从车道 a 转向车道 b 的车辆比例，%；

$d_b(t)$——时间 t 车道 b 上的外部驶入车辆数，辆。

1. 绿灯相位模型

绿灯期间，所控车道的 CAV 和 CHV 均可进入交叉口。绿灯相位模型基于以下 3 条假设建立。

(1)交叉口所有的车流划分为两类：优先通行车流 P 和让行车流 Y。

(2)两股冲突的优先通行车流禁止同时放行。

(3)两股冲突的让行车流禁止同时放行。

设 $\beta_{ab}(t)$为时间 t 时交叉口的激活矩阵，$\beta_{ab}(t)=1$ 表示时间 t 允许车流(a,b)从车道 a(进口车道)行驶至车道 b(出口车道)；$\beta_{ab}(t)=0$ 表示禁止车流(a,b)通行，$\beta_{ab}(t)\in\{0,1\}$。$\alpha_{ab}(t)$为时间 t 时车流(a,b)的服务能力矩阵，$\alpha_{ab}(t)=1$ 对应车流(a,b)的最大服务能力，也表明车流(a,b)不受冲突车流的影响；$\alpha_{ab}(t)=0$ 意味着车流(a,b)的服务能力为 0。$\alpha_{ab}(t)$既能刻画车流(a,b)是否存在潜在的交通冲突，同时又能量化车流(a,b)的通行能力，$0\leqslant\alpha_{ab}(t)\leqslant1$。$\alpha_{ab}(t)$与 $\beta_{ab}(t)$之间存在约束关系，即 $\alpha_{ab}(t)\leqslant\beta_{ab}(t)$，该约束确保只有激活的车流$(a,b)$，即 $\beta_{ab}(t)=1$ 时，才能提供通行服务。对于高优先级的车流(a,b)，如紧急车流，让 $\alpha_{ab}(t)=\beta_{ab}(t)$，意味着激活的优先车流$(a,b)$具有完全服务水平。令 s_{ab}代表车流(a,b)的通行能力，取决于车流(a,b)的服务能力和饱和流率。

设 C_{ab}代表车流(a,b)的冲突集合，车流(a,b)与车流(c,d)在交叉口内是否存在冲突点，依据以下判断：

$$c_{ab}^{cd}=\begin{cases}1, & \text{if}\quad C_{ab}\cap C_{cd}\neq\varnothing\\ 0, & \text{otherwise}\end{cases} \tag{10.22}$$

$c_{ab}^{cd}=1$，表明车流(a,b)与车流(c,d)存在冲突点；否则，不存在冲突点。

两股车流是否可以同时放行，依据以下规则判断：

$$g_{ab}^{cd}=\begin{cases}1, & \text{if} \quad (a,b),(c,d)\in P \quad \text{and} \quad c_{ab}^{cd}=1 \\ 1, & \text{if} \quad (a,b),(c,d)\in Y \quad \text{and} \quad c_{ab}^{cd}=1 \\ 0, & \text{otherwise}\end{cases} \tag{10.23}$$

g_{ab}^{cd}是一个二进制变量，$g_{ab}^{cd}=1$ 表示车流(a,b)与车流(c,d)存在冲突，应禁止同时放行；否则，可以同时放行。

以十字交叉口为例，说明绿灯相位模型，绿色相位中优先通行车流与让行车流如图10.10 所示。每条车道有 3 股车流（左、直、右），直行和右转车流优先通行，左转为让行车流。假设南、北进口的所有车流都被激活。从车道 S_- 的角度看，让行车流(S_-,W_+)的冲突集合是对向的优先车流，即 $C_{S_-,W_+}=\{(N_-,S_+),(N_-,W_+)\}$。

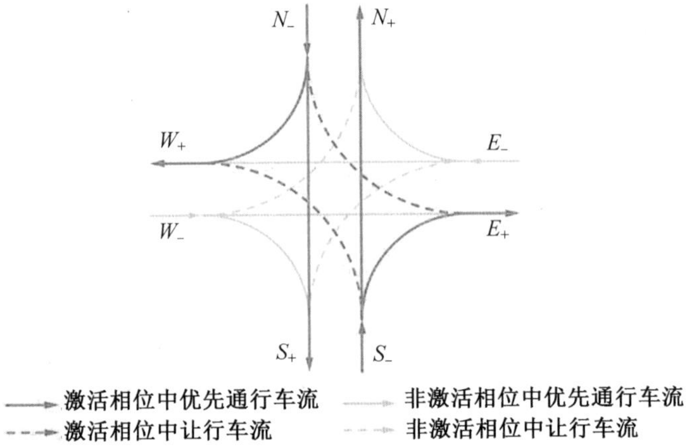

图 10.10　相位中优先通行车流与让行车流

让行车流的期望通行能力取决于激活矩阵的选择。让行车流(a,b)的可用通行能力定义为与其冲突的全部激活车流的最小可穿越空当。该定义确保让行车流(a,b)的可用通行能力不超过 C_{ab} 中全部激活车流的最小可穿越空当，而 C_{ab} 中的非激活车流不限制让行车流(a,b)的可用通行能力。如果两个优先车流(N_-,S_+)和(N_-,W_+)的最小可穿越空当大于让行车流(S_-,W_+)的通行能力，则 $\alpha_{S_-W_+}(t)=1$，此时，让行车流(S_-,W_+)不受限制；否则，需要限制让行车流(S_-,W_+)的服务能力，即

$$\alpha_{S_-W_+}(t)=1-\frac{p_{N_-S_+}x_{N_-}\varphi_{N_-}}{s_{N_-S_+}} \tag{10.24}$$

绿色相位期间，所控车道的 CAV 和 CHV 均可进入交叉口。以最大化路网通行能力来确定交通信号控制方案，优化的目标函数为：

$$Z=\max\sum_a w_a(t)x_a(t)\varphi_a(t) \tag{10.25}$$

$$w_a(t)=x_a(t)-\sum_b p_{ab}(t)x_b(t) \tag{10.26}$$

$$\varphi_a(t)=\min\{\min[\frac{\alpha_{ab}(t)s_{ab}}{p_{ab}x_a(t)}],1\} \tag{10.27}$$

式中　$w_a(t)$——根据当前排队长度，时间 t 时路段 a 在路网上的权重；

$\varphi_a(t)$——时间 t 路段 a 上的阻抗函数，$\varphi_a(t)<1$ 意味着由于 FIFO（先进先出）阻塞效应，只有一小部分交通需求能通过交叉口。

通过对式（10.25）求解，优化得到交通信号的配时方案。

2. 蓝色相位模型

蓝色相位期间，采用无信号交叉口全自动驾驶车协同调度的方法，各条 CAV 专用车道上的 CAV 均可进入交叉口。具体而言，根据当前交叉口的 CAV 通行请求，寻找 CAV 的最佳进入速度、进入时间和车辆行驶轨迹。

对于每个交叉口，CAV 在交叉口内部的交通冲突点是已知的，蓝色相位中车流冲突点如图 10.11 所示。假设所有 CAV 在交叉口内的行驶方向已知，那么任何一辆 CAV(a, b)的通行可被视为由一系列从车道 a 的头部节点（标记为 a_+）开始并在车道 b 的尾部节点（标记为 b_-）结束的冲突点组成的二维轨迹。令 ρ_i^- 为 CAV i 进入交叉口的进入点，ρ_i^+ 为 CAV i 离开交叉口的驶离点，T_i 为 CAV i 的轨迹，$T_i=\{\rho_i^-,\cdots,\rho_i^+\}$。

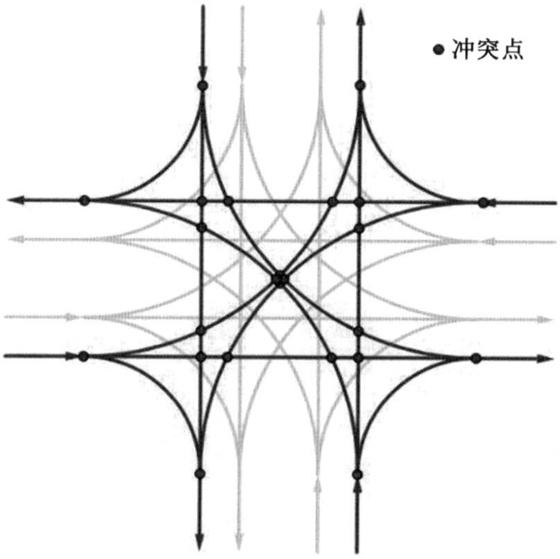

图 10.11　蓝色相位中车流冲突点

设当前的时间区间为$[t, t+\Delta t]$。令 $t_i(c)\geqslant t$ ($c\in T_i$)为 CAV i 到达冲突点 c 的时间（决策变量）；$\tau_i(c)\geqslant 0$ 是冲突点 c 为 CAV i 预留的时间。z_i 是一个二进制变量，表示 CAV i 是否可在当前区间$[t, t+\Delta t]$内通过交叉口，是，$z_i=1$；否，$z_i=0$。

$$z_i=1 \quad \Leftarrow \quad t_i(\rho_i^+)+\tau_i(\rho_i^+)\leqslant t+\Delta t \tag{10.28}$$

蓝色相位优化的目标函数为：

$$Z(x(t))=\max\sum_a w_a(t)\sum_{i\in V_a(t)} z_i \tag{10.29}$$

式中　$V_a(t)$——时间 t 请求从车道 a 进入交叉口的 CAV 集合。

其他参数的计算方法如下：

$$\alpha_{ab}(t)=\frac{\sum_{i\in V_{ab}(t)} z_i}{s_{ab}} \tag{10.30}$$

$$\beta_{ab}(t)=\begin{cases}1, & \text{if} \quad \alpha_{ab}(t)>0 \\ 0, & \text{otherwise}\end{cases} \tag{10.31}$$

$$\varphi_a(t)=\frac{\sum_{i\in V_a(t)} z_i}{x_a(t)} \tag{10.32}$$

混合整数线性规划(MILP)模型可用来求解公式(10.29)。

10.4.2 白色相位

1. 优化原理

Niroumand 等人(2020)基于蓝色相位的思想提出了白色相位及其信号配时优化方法,但交叉口进口道不再设置 CAV 专用车道将两类车(CAV 和 CHV)分离通行。同样,绿灯期间,所控车道上的两类车辆均可进入交叉口;当出现 CAV 领队的 CHV 时,将它们视为一个 CAV 车辆组,插入一个白色相位,通过优化领队 CAV 的运动轨迹和进入交叉口的时间,使 CAV 车辆组安全通过交叉口,CAV、CHV 与交叉口控制器的协同如图 10.12 所示。

图 10.12 CAV、CHV 与交叉口控制器的协同

2. 优化方法

在该研究中,所有车辆均假设为网联车,并且可以实时获得其速度和位置信息,以优化信号配时方案。当插入白色相位时,通过优化 CAV 轨迹来安全控制车辆组中所有车辆在交叉口内的通行。优化模型中的决策变量为车辆加速度和信号配时参数。

(1)跟驰模型。

优化 CAV 轨迹需要对 CHV 未来的行驶状态有一个较精确的预测,采用如下线性跟驰模型来预测 CHV 的轨迹:

$$a_{il}(t)=\alpha_1[v_{il}(t)-v_{i-1,l}(t)]+\alpha_2\{[x_{il}(t)-x_{i-1,l}(t)-L_{i-1,l}]-d_s-\tau_h v_{il}(t)\} \quad \forall i\in I_l, l\in L \tag{10.33}$$

式中　L_{i-1}——车辆长度，m；

$x_{il}(t)$——时间 t 车辆 l 上车辆 i 的位置，m；

$v_{il}(t)$——时间 t 车辆 l 上车辆 i 的速度，m/s；

d_s——跟驰时相邻车辆的安全距离，m；

τ_h——HV/CHV 的反应时间，s；

α_1、α_2——系数。

式(10.33)中的跟驰模型是以路段为背景建立的，在信号控制交叉口，还需结合交通信号灯的工作状态来调整 CHV 跟驰模型中的参数。当 CHV 接近交叉口遇到红灯时，将红色信号视为一个虚拟的前方车辆，其速度为零，位于交叉口停车线处；当信号灯转变成绿色或白色时，虚拟车辆的速度被视为最大速度，同时将虚拟车辆的位置调整至远距离。

(2)CAV 轨迹约束。

所有 CAV 的加速度、速度均需限定在最大、最小值之间，前后车辆的间距应不低于安全距离。为防止 CAV 在红灯期间进入交叉口，CAV 到停车线的距离应大于安全距离与单位时间步长 CAV 行驶距离之和。

(3)CAV 车辆组约束。

白色相位期间，CAV 车辆组的定义如图 10.13 所示。以一辆 CAV 领头，后面跟随若干辆 CHV。用一组参数来描述该 CAV 车辆组，包括车头位置[$h_{ql}^t=x_{al}(t)$，a 是领队 CAV 在车道 l 中的序号]、车尾位置[$e_{ql}^t=x_{bl}(t)+L_{bl}$，$b$ 是尾车 CHV 在车道 l 中的序号，L_{bl} 是车长]和车辆组长度[$\zeta_{ql}^t=x_{bl}(t)+L_{bl}-x_{al}(t)$]。

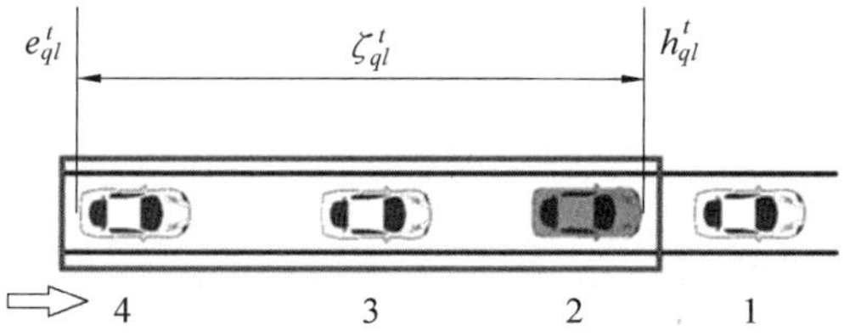

图 10.13　CAV 车辆组的定义

令 F_{jl} 代表车道 j 和车道 l 的冲突点在车道 j 上的位置；F_{lj} 为车道 j 与车道 l 的冲突点在车道 l 上的位置。根据交叉口中每对冲突 CAV 车辆组的位置，定义了 5 种场景及其安全约束，以确保通行安全，两个 CAV 车辆组在交叉口的 5 种冲突场景如图 10.14 所示。

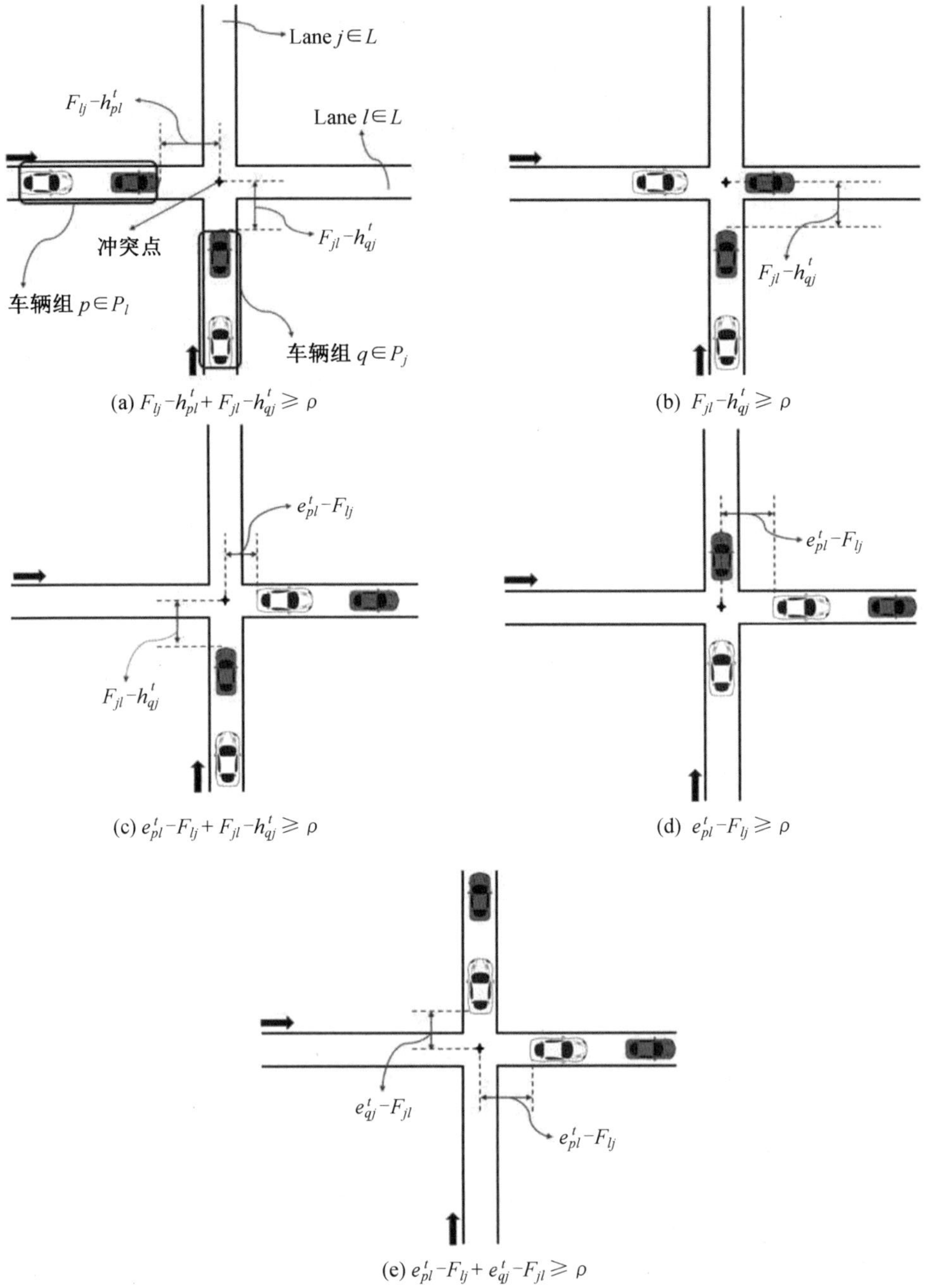

图 10.14　两个 CAV 车辆组在交叉口的 5 种冲突场景

第一种情况，如图 10.14(a)，两个车辆组均未到达冲突点。此时，两个车辆组头车到冲突点 F_{lj} 和 F_{jl} 的总距离应大于安全距离 ρ，以防止碰撞。

第二种情况，如图 10.14(b)，头车通过冲突点而车辆组中其他车辆尚未通过冲突点。车辆组 q 的头车到冲突点 F_{jl} 的距离应大于安全距离 ρ。

第三种情况，如图 10.14(c)，车辆组 p 的最后一辆车通过冲突点。在这种情况下，车辆组 p 的尾车到冲突点 F_{lj} 的距离、车辆组 q 的头车到冲突点 F_{jl} 的距离之和应大于安全距离 ρ。

第四种情况，如图 10.14(d)，车辆组 q 的头车通过冲突点，但其余车辆尚未通过。此时，车辆组 p 的尾车与冲突点 F_{lj} 的距离应大于安全距离 ρ。

第五种情况，如图 10.14(e)，两个车辆组的尾车均通过了冲突点。此时，两个车辆组的尾车到冲突点 F_{lj}、F_{jl} 的距离之和应大于安全距离 ρ。

白色相位方法的优化目标为：在整个研究周期内，最小化车辆所在位置与预定目的地之间的距离，即图 10.15 中最右侧的箭头线，车辆到达预定目的地后不再考虑。

$$Z = \min \sum_{t} \sum_{l} \sum_{n} (r_l - x_{nl}(t)) \tag{10.34}$$

式中　r_l——车道 l 上车辆行驶至目的地的距离，m；

$x_{nl}(t)$——时间 t 车道 l 上车辆 n 的位置，m。

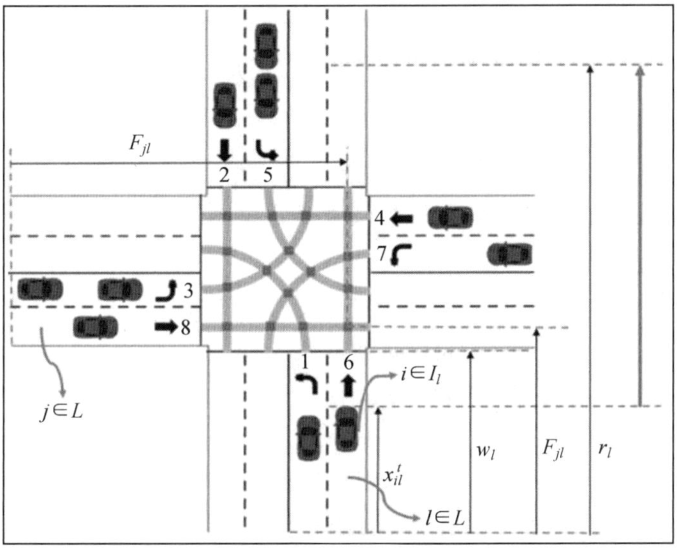

图 10.15　包含冲突区域和运动注释的交叉口布局(x_{il}^t 与 $x_{il}(t)$ 的含义相同，w_l 车道 l 的长度)

10.5　进口车道动态配置

10.5.1　优化模型

假设所有车辆均为网联车，每辆车进入路段时即驶入目标车道。定义 L 为交叉口所有车道组的集合，B_{al}、B_{hl} 和 B_{ml} 各自代表车道组 $l \in L$ 中 CAV 专用车道集合、人工驾驶车道集合与混合驾驶车道集合。I_{bl} 为车道组 $l \in L$ 中，车道 $b \in B_{hl}$ 或 $b \in B_{ml}$ 上的全部车辆集合；A_{bl} 为车道组 $l \in L$ 中，车道 $b \in B_{al}$ 上的全部 CAV 集合，CAV 专用车道设置示意图如图 10.16 所示。

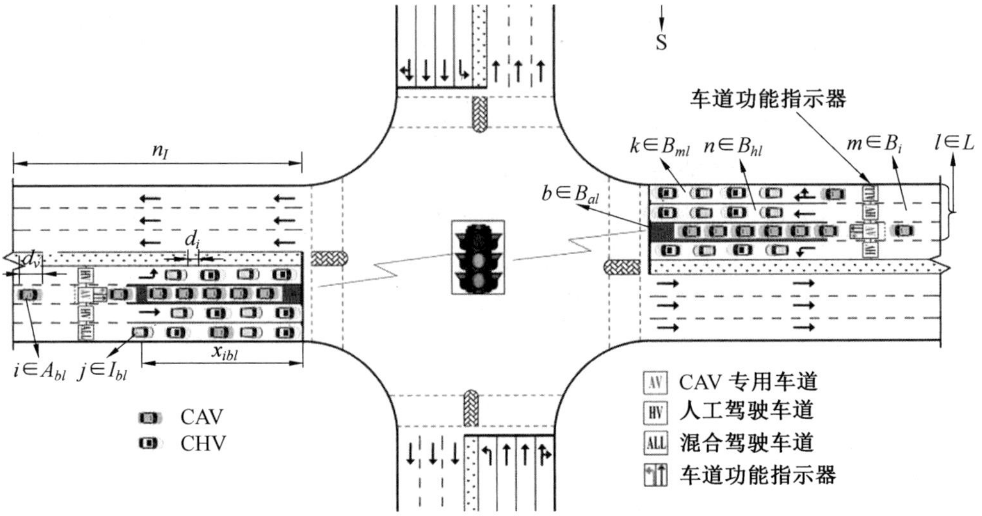

图 10.16 CAV 专用车道设置示意图

当车道组 $l\in L$ 中的车道条数不小于 2 时，以车道组 l 饱和流率最大为目标来优化车道功能的配置，即

$$f=\max\sum_{l\in L}(S_{l,1}b_{l,1}+S_{l,2}b_{l,2}+S_{l,3}b_{l,3}) \tag{10.35}$$

CAV 专用车道、人工驾驶车道、混合驾驶车道由内至外的分配需满足以下条件：

$$\left|\frac{(1-\gamma_l)\sum_b(V_{bl}p_{bl})}{S_{l,1}b_{l,1}}-\frac{\sum_b[V_{bl}(1-p_{bl})]+\gamma_l\sum_b(V_{bl}p_{bl})}{S_{l,2}b_{l,2}+S_{l,3}b_{l,3}}\right|\leqslant\sigma \tag{10.36}$$

$$b_l=b_{l,1}+b_{l,2}+b_{l,3} \tag{10.37}$$

式中 b_l——车道组 l 中的车道条数，条；

$b_{l,1}$——车道组 l 中 CAV 专用车道的条数，条；

$b_{l,2}$——车道组 l 中人工驾驶车道的条数，条；

$b_{l,3}$——车道组 l 中混合驾驶车道的条数，条；

σ——车道组 $l\in L$ 中评判每车道交通流是否均衡的阈值；

γ_l——车道组 l 中 CAV 右转车的比例，%；

V_{bl}——车道组 l 中车道 b 的交通流量，pcu/s。

式(10.36)用来约束车道组 l 中不同类型车道上的流率比需均衡，式(10.37)代表各种功能车道设置后进口总的车道条数不变。

10.5.2 动态分配方法

定义绿灯时间有效利用率(e_l)与转换指数(CI_l)两个指标来建立车道组 l 动态的 CAV 专用车道分配方法。

(1)当车道组 l 中有 CAV 专用车道时。

e_l用车道组 l 中 CAV 专用车道的绿灯时间有效利用率代替，即：

$$e_l=\min_b(V_{bl}h_{bl}/g_{l,k}),\quad \forall b\in B_{al},l\in L \tag{10.38}$$

式中　h_{bl}——车道组 l 中车道 b 的饱和车头时距，s；

$g_{l,k}$——第 k 周期车道组 l 的绿灯时长，s。

转换指数确立方法如下：

$$CI_{l,1}=\begin{cases}CI_{l,1}+1, & \text{if}\quad e_l\in[0,\varepsilon_1]\\ 0, & \text{otherwise}\end{cases}\qquad \forall b\in B_{al},\quad l\in L \tag{10.39}$$

$$CI_{l,2}=\begin{cases}CI_{l,2}+1, & \text{if}\quad e_l\in[\varepsilon_2,1]\\ 0, & \text{otherwise}\end{cases}\qquad \forall b\in B_{al}, l\in L \tag{10.40}$$

式中　ε_1、ε_2——低、高饱和度阈值，s；

$CI_{l,1}$——低饱和度转换指数；

$CI_{l,2}$——高饱和度转换指数。

式(10.39)和(10.40)表明，当车道组 l 的 e_l 处于低或高水平时，转换指数加 1；否则，转换指数重置 0。式(10.39)和(10.40)用来确定何时重新分配车道组 l 中的车道。研究表明，$\varepsilon_1=0.6$、$\varepsilon_2=0.9$ 较为合适。

当重启服务于未来信号周期的车道功能分配时，需要预测未来一段时间各车道组的交通流量与 CAV 渗透率。目前满足精度要求的短时交通流预测模型，其预测数据的时间步长一般不低于 5～10 min，即不少于 3 个信号周期。为避免在一个时间步长内重复预测，重新开启车道功能分配的时间间隔应不小于预测数据的一个时间步长。因此，转换指数的阈值设为 3。即 $CI_{l,1}=3$ 或 $CI_{l,2}=3$ 时，车道组 l 将依据式(10.35)和约束条件(10.36)、(10.37)重启车道功能的分配，然后重置 $CI_{l,1}=0$、$CI_{l,2}=0$。

(2)当车道组 l 中无 CAV 专用车道时。

e_l 用车道组 l 中人工驾驶车道与混合驾驶车道的绿灯时间有效利用率代替，即

$$e_l=\min_b(V_{bl}h_{bl}/g_{l,k}),\quad \forall b\in B_{ml}\quad \text{or}\quad B_{hl}, l\in L \tag{10.41}$$

转换指数确立方法如下：

$$CI_l=\begin{cases}CI_l+1, & \text{if}\quad e_l\geqslant\varepsilon_2\\ 0, & \text{otherwise}\end{cases}\qquad \forall b\in B_{ml}\quad \text{or}\quad B_{hl}, l\in L \tag{10.42}$$

若车道组中的车道条数不低于 2 且 $CI_l=3$，则重启车道功能的划分，并重置 $CI_l=0$。可采用分支定界法求解式(10.35)。

第 11 章　高速干道交通控制

11.1　高速干道存在的问题及解决方法

11.1.1　高速干道的特点

高速干道是专供汽车分方向、分车道行驶并全部控制出入的多车道公路(含高速干道、一级公路)或城市快速路,是社会经济发展的必然产物。

1. 承载交通量大

根据《公路工程技术标准》(JTG B01—2014)的规定,四车道高速公路应能适应将各种汽车折合成小客车的年平均日交通量 25 000～55 000 辆;六车道高速公路应能适应将各种汽车折合成小客车的年平均日交通量 45 000～80 000 辆;八车道高速公路应能适应将各种汽车折合成小客车的年平均日交通量 60 000～100 000 辆。四车道一级公路应能适应将各种汽车折合成小客车的年平均日交通量 15 000～30 000辆;六车道一级公路应能适应将各种汽车折合成小客车的年平均日交通量25 000～55 000辆。

2. 设计速度高

根据《公路工程技术标准》(JTG B01—2014)的规定,高速公路的设计速度为 120 km/h、100 km/h、80 km/h,而一级公路的设计速度为 100 km/h、80 km/h、60 km/h。根据《城市道路工程设计规范》(CJJ 37—2012),城市快速路的设计速度为 100 km/h、80 km/h、60 km/h。

3. 交通工程及沿线设施等级高

交通工程及沿线设施是高速干道的重要组成部分,主要包括管理养护机构、交通安全设施、监控设施、通信设施、收费设施、服务设施、隧道通风消防、供电照明设施和房屋设施等。

11.1.2　高速干道交通面临的问题

相对于普通公路和城市道路而言,高速干道能带来巨大的经济与社会效益,使道路服务水平得到显著提升。但随着国民经济快速发展、汽车数量急剧增加,会促使交通需求的高速增长,造成交通供需关系的不平衡,尤其是交通高峰期的市区高速干道。因此,高速干道在运行过程中始终存在着交通拥挤、交通安全和环境污染等问题。

1. 交通拥挤

随着社会经济的发展、人们生活水平的提高,汽车拥有量及货物运输量随之增加,这就要求提供更多的道路设施以满足这种增长的交通需求。如果对高速干道不加以管理和控制，这种客货流持续地增长而产生的交通需求，会使高速干道的服务水平降低到不可接受的水平，导致经常发生交通拥挤，甚至交通事故，而且发生交通拥挤的程度比一般城市道路更严重，使乘客的乘车时间、安全等受到影响。交通拥挤，不仅仅会导致快速交通的延误，而且大量交通因交通拥挤使得燃料浪费严重，加剧空气污染程度，这使高速道路的优越性显著降低，也与高速干道高昂的建设费用极不相称。

所谓交通拥挤，是指交通需求（一定时间内想要通过道路的车辆数）超过某道路的通行能力时，超过部分的交通滞留在道路上的交通现象。造成交通拥挤的根本原因是交通供需关系不平衡。造成交通拥挤的诸多因素大致可分为两类：常发性的过大交通需求与偶发性的暂时通行能力降低。与之相对应，交通拥挤可分为常发性交通拥挤和偶发性交通拥挤。常发性交通拥挤是指在某些特定位置和某些特定时期经常发生的交通拥挤现象；偶发性交通拥挤是指由于诸如事故或其他特殊事件等，造成道路实际通行能力下降而引起的交通拥挤现象。

导致交通拥挤的主要因素包括 3 个方面：几何因素、运行因素和随机因素。

（1）几何因素。

道路几何缺陷会形成路段通行能力的瓶颈，几何瓶颈路段的通行能力往往低于高速干道邻近路段的通行能力，当瓶颈上流的交通需求超过瓶颈路段的通行能力时，就会产生交通拥挤并在高速干道上游车道形成排队现象。

下列情况容易引起交通拥挤：

①在高速干道车道数减少的地方容易引起交通拥挤。

②变化比较急的平曲线处，因通行能力降低而引起交通拥挤。

③纵坡对车辆，特别是对大型车辆的影响，可能引起其微小的速度变化，导致影响后面跟随的车辆，从而引起交通拥挤。

④车道宽度、侧向间隙、车道数、路面条件、匝道设计等都会影响高速干道的通行能力，从而引起交通拥挤。

（2）运行因素。

①交通需求超过容量。

交通拥挤是供需关系失衡的一种直接结果，交通量太大的高速干道必将发生交通拥挤。

②不受限制的入口匝道。

高速干道的瓶颈和伴随出现的交通拥挤经常是由于入口匝道不受限制的结果。在这种情况下，匝道上的车辆加入高速干道上的交通流时，将产生超过干道通行能力的交通需求，在高速干道主线上形成交通拥挤，并导致瓶颈上游车辆出现排队现象，高速干道交通拥挤形成示意图如图 11.1 所示。

③出口匝道排队。

高速干道主线上的交通拥挤，有时是由出口匝道车辆排队引起的。当出口匝道上的交通需求超过了分流区的处理能力，或超过了匝道下游的一个交叉路口通过交通的能力，或者匝道本身缺乏存贮停车的能力时，最终的结果是车队一直排到高速干道上，引起主线

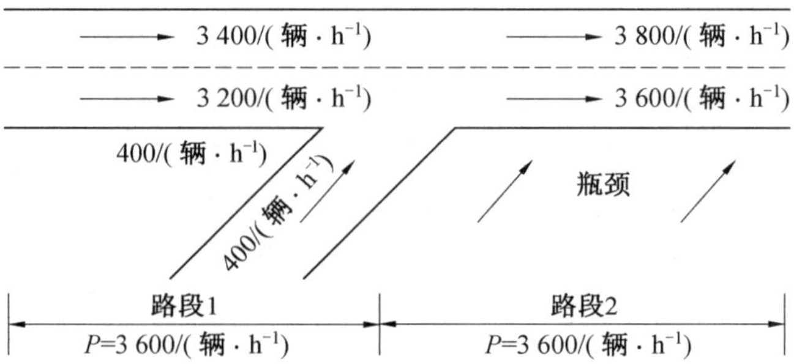

图 11.1 高速干道交通拥挤形成示意图

拥挤。

④ 收费站收费。

高速干道主线上或匝道上的交通拥挤还可能是由收取过路费、车辆在收费站停下来交费引起的。

(3)随机因素。

随机事件造成道路通行能力下降而引起的延误和危险，构成了另一类同样严重的高速干道交通拥挤问题。这类问题称为高速干道偶发性问题，其常见类型包括交通事件、交通事故、不利的天气条件及道路维护等。因随机事件而产生的交通拥挤属于非周期性交通拥挤。随机事件虽然发生次数不多，但它对高速干道运行的影响十分严重，可能阻塞高速干道车道或限制其通行能力。

2. 交通安全

高速干道存在的第二大问题就是交通安全问题。导致交通事故的因素很多，如驾驶员的错误判断、车辆故障、交通流的相互作用、驾驶员不熟悉高速干道驾驶方法、恶劣的天气条件和公路的几何特征等。交通量的增大，特别是交通拥挤现象的出现，也将引起事故的增加；反过来，交通事故的发生又会大大加剧交通拥挤状况。研究表明，交通拥挤是造成交通事故的一个重要因素。

虽然高速干道被证明比一般公路和城市道路要安全得多，但仍容易发生交通事故，且大部分为特大交通事故。据《中国统计年鉴 2023》，2022 年我国共发生交通事故 256 409 起，死亡人数 60 676 人，受伤人数 263 621 人；其中高速干道上交通事故造成 5 264 人死亡。机动车车辆保有量的增长以及道路里程的延伸，为道路运输增添了活力，但同时应该看到，交通事故的频发和大量人员伤亡已成为社会关注的焦点问题。

3. 环境问题

随着汽车数量的大幅度增加，交通运输所引起的主要公害——噪声和空气污染，严重破坏了自然界的生态平衡，影响到人类的生存。据统计，一些大城市汽车排出的污染物占大气污染物总量的 60%以上，其影响比工厂更严重。交通噪声是城市和大交通量高速干道的主要声源，约占 70%，由此可见交通对环境的影响程度。在交通拥挤时，车辆由于要频繁地起动、制动，此时排出的废气量是车辆匀速行驶的 7 倍或更多，交通拥挤会使环境污染更加严重。

4. 能源问题

交通对能源的消耗相当大。据统计，各工业发达国家汽车运输的能源消耗约占各种运输方式能耗的 70%～80%，占总能耗的 20%～40%，占石油消耗量的 40%～70%。我国用于汽车运输的汽油消耗量占总量的 90% ，柴油消耗量占总量的 10%～15%，汽车运输燃料成本占运输成本的 30%～35%。能源消耗高度依赖于公路运输系统的运行状态。在拥挤情况下，由于车辆不得不频繁地加/减速和启动、制动，能源消耗更大。在拥挤状态下的能耗是最优状态下的 2 倍，在交通高峰期，这个比例将增加 3.3 倍，短期内可达到 8.8倍。

从以上讨论可以看出，交通拥挤造成了出行时间无法预测、运行成本增加、事故率上升、能源浪费和环境污染加剧等问题，以及巨大的经济损失和社会资源的浪费。

11.1.3　解决高速干道交通问题的途径

从上面分析可知，交通拥挤造成出行时间无法预测、运行成本增加、事故率上升、能源浪费和环境污染加剧等不良影响，从而造成巨大的经济损失。因而如何避免交通拥挤或减轻交通拥挤造成的影响，保持高速干道高速、安全、舒适和高效的特性，不仅是发达国家也是我国高速干道运营中要解决的主要问题。由于交通拥挤产生的原因不同，所以解决常发性交通拥挤和偶发性交通拥挤的对策也就不同。

1. 常发性交通拥挤的控制和管理对策

常发性交通拥挤的管理对策有扩大交通供给和控制交通需求，将这些对策加以概括，如图 11.2 所示。

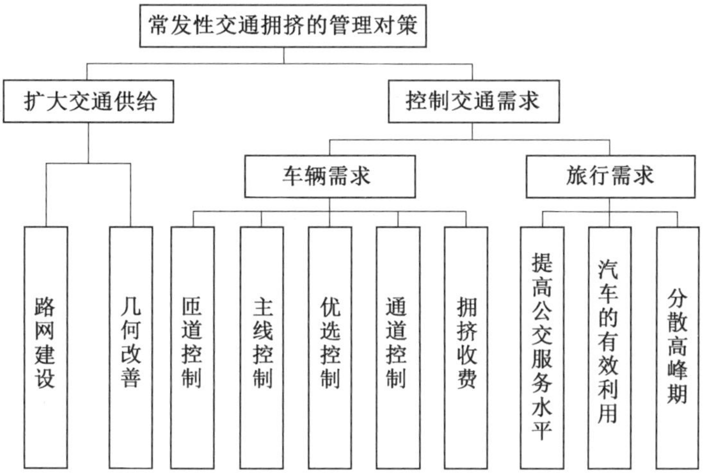

图 11.2　常发性交通拥挤的管理对策

(1)扩大交通供给。

高速干道常发性交通拥挤问题的第二种解决方法是改善瓶颈路段的通行能力，扩大交通供给。其基本解决方法是通过路面和路肩的重新划分车道或通过整个横断面的改建来增加车道，如在原有的线路上开辟支线。与控制车辆需求相比，这种方法的费用高，特别是在开始建设高速干道时仅占用有限宽度用地的人口稠密的城市地区，在有些情况下，尤其是高速干道为高架式、低路堑式或在隧道中，扩建额外的车道难以实施、不现实。但是在郊外地区，特别是在已知道路交通需求大大超过容量的地方，扩建额外的车道可能是最适宜的解决办法。这种方法常常会受到费用过高、土地和环境的制约。重新画线的费用最小，但这样会降低道路设计标准。在大多数情况下，重新画线车道只作为暂时措施，今后再计划几何改善。

(2)控制交通需求。

交通需求的控制可采取以下控制技术：匝道控制、主线控制、优先通行权控制、通道控制和拥挤收费等。

①匝道控制。

匝道控制是应用最广泛的一种交通需求管理办法。其基本目标是减少高速干道的车辆数，从而使高速干道交通流能在最有效的交通密度范围内运行，即以最佳的交通密度取得最大的主线交通流量。

②主线控制。

高速干道主线控制就是为了在道路交通需求接近通行能力时，对高速干道交通进行调节和诱导，以实现比较均匀和稳定的交通流，预防交通事故的发生。

③优先通行权控制。

优先通行权控制指为高速干道上的公共汽车、合乘车和其他优先通行车辆提供优先处理。其基本目的是鼓励使用高占有率的车辆，从而降低高速干道上总的交通需求。

④通道控制。

通道控制的目的是通过各种控制方法和驾驶员信息的协调，使通道系统的通行能力与交通需求之间达到最佳平衡。这种控制方法的基本原理就是监视通道中的所有道路，并将超载道路上的交通转移到通行能力过剩的道路上来。这种系统需具备交通感应能力，以及在通道内达到最优交通流运行控制的策略能力。

⑤拥挤收费。

拥挤收费是指对行驶于拥挤的道路或高峰时段的车辆直接征收费用，它使用价格杠杆直接而有弹性地抑制交通需求，是效果最好的控制交通需求的方法之一。而对于因收费引起的收费站交通拥挤问题，可采用提高收费效率的办法来解决，如采用预付卡付费、不停车收费技术等。

⑥分散高峰期。

上、下班时间的工作出行高峰集中是交通拥挤的明显原因。因此，调整工作时间的目的是通过延长高峰时间以减轻交通拥挤(即增加上、下班的总时间，以降低最繁忙期间的上、下班出行的百分比)。

⑦汽车的有效利用(减车不减人)。

增加使用合乘车和公共汽车，减少市区高速干道上的车辆。合乘车和公共汽车提高了车辆占有率，减少了用于上、下班的车辆数。

⑧提高公交服务水平。

尽量使用公共交通是促使市区高速干道交通流顺畅更为有效的另一种方法，其目的是使公共交通比私家车更具竞争力。诸如停车换乘设施、降低票价及储备车道等补充措施也都为利用公共交通提供更多的鼓励。改善公共交通服务，对减轻高速干道高峰期交通拥挤效果的大小取决于沿线高速干道改善所增加的能力，以及高峰期转移到公共交通系统的人数。

以上两种解决方法的缺点是提供了附加的通行能力、会吸引更多的车辆和提高使用高速干道的交通需求，从而导致交通需求接近新的通行能力甚至超过新的通行能力。因此，在系统化的基础上进行几何改善规划是非常重要的，对这些改善规划的分析和实施都应考虑对高速干道所有路段的影响，以避免将交通拥挤问题转移到新的路段上去。

2. 偶发性问题的交通控制和管理策略

偶发性交通拥挤要比常发性交通拥挤更难控制一些，这是因为它们发生的位置和时间是不可预测的。对于引起延误的交通事件，它所造成的延误大小取决于事件处理过程、发现事件时间、对事件的反应时间，以及排除事件的时间。交通事件处理时间越短，它对高速干道交通流的影响就越小。因此在这种情况下，主要要求消除引起事件的原因，管理好事件邻近路段的交通需求，并使高速干道尽快恢复到正常服务的交通量。因此，对这些问题的控制和管理需要一个综合的系统，包括监视、服务和信息。

11.2　高速干道交通控制系统

11.2.1　高速干道交通控制措施

为了使高速干道的车流能畅通流动，充分发挥投资昂贵的高速干道的功能，通常对高速干道采取如下交通控制措施。

(1)平时为预防车辆阻塞及超过道路通行能力，必要时实行不准(或限制)汽车驶入高速干道的措施。

(2)当发生事故等紧急情况时，为迅速排除因事故而引起的交通拥塞，实行控制驶出和禁止驶入措施。

显然，对高速干道实行交通控制不仅有必要，而且也是必需的。此外，高速干道交通控制措施的运用，会对周围环境造成损害，目前已在考虑采用能保护周围环境的交通控制方式。

目前高速干道上常用的控制方式主要包括主线控制、通道控制、匝道控制和汇合控制等。

11.2.2　主线控制

主线控制的目标是改善高速干道运行的安全和效率，缓解主线上的交通拥挤和交通瓶颈对交通的影响。

1. 基本依据

(1)从过去的统计资料中或采用交通感应方法获得当前高速干道上交通流参量值。

(2)在当前高速干道交通流参量值的基础上,判定该值在由通行能力、交通构成以及气候条件所决定的高速干道路段的交通流基本特性曲线上处于哪一部分,即依据交通流模型判断交通流运行状态。

(3)确定高速干道主线交通流控制的目标状态值及相应控制方法,使交通流趋于目标状态。

2. 控制目标和作用

(1)改善交通流的均匀性和稳定性,从而使瓶颈路段的通行能力达到最大。

(2)一旦因车速或车流密度发生变化而产生冲击波时,防止汽车追尾冲撞。

(3)当出现事故或因维修而使干道通行能力受到限制时,提高高速干道的使用效率。

(4)引导驾驶员采用合理的车速与路径,以缩短行驶时间。

3. 控制方法

主线控制方法包括可变车速控制法、封闭主线车道法、可逆车道控制法、公共汽车(合乘小客车)专用车道和驾驶员情报系统等。

(1)可变车速控制法。

可变车速控制法即在高速干道上设置可变限速标志,指示随交通状况变化的限制车速。向驾驶员预告前方交通拥塞或将要通过瓶颈路段,驾驶员应按指示的限速行驶。可变限速标志指示的车速能使车流平稳,车速均匀,从而提高通过瓶颈路段的通行能力。

(2)封闭主线车道法。

封闭主线车道法即采用车道封闭标志来提高高速干道的使用效率。这些标志通常在各车道上用垂直绿箭头表示。如果某车道由于养护作业而需要提前封闭时,该车道上面的绿箭头标志就改变为红叉标志。这种标志的效果与交通量有关,当交通量小于高速干道的通行能力时,则车辆会服从红叉标志的指示,并在车道封闭前比平常更早地离开已封闭的车道;当交通量大于高速干道的通行能力时,即使较早地离开了已封闭的车道,在瓶颈路段的通过量也不会有所提高。

(3)可逆车道控制法。

高速干道在高峰时间段,交通量将会出现较大的方向不平衡,这种不平衡在将来若干年内仍会存在,较为合理的解决办法是设计可逆车道。为一条新的高速干道设计可逆车道时,为安全起见,最好将可逆车道与一般车道分开,形成三车道。在匝道与可逆车道连接处,可用水平移动的剪刀式栏栅或垂直吊动的栏栅和可变情报标志加以控制。可变情报标志通告驾驶员该走哪一条车道。

(4)利用公共汽车(合乘小客车)专用车道。

这是一种提高道路交通运输效率和向公共交通、合乘车辆提供优先服务的手段。目前,国外为了充分利用合乘车道、缓解其他车道的拥挤程度,借助不停车收费技术,非合乘小客车可以有偿使用合乘车道。这其中通行费率的拟定是一个关键问题,它将直接影响从其他车道转移到合乘车道的车辆数。

(5)利用驾驶员情报系统。

驾驶员情报系统作为主线控制的一种形式,主要用于向高速干道上的交通参与者提供实时交通状态信息而实现动态交通需求管理。这种系统利用可变信息标志牌或通信工具向驾驶员提供有关道路、交通或气象等信息，促使驾驶员采取适当的措施，如绕道行驶等。

4. 控制方式

（1）可变情报标志。

可变情报标志是与高速干道上的交通参与者交流最有力、伸缩性最大的一种方式，能向驾驶员提供多种情报。

（2）高速干道交通信息广播。

高速干道交通信息广播这种控制方式通过车辆电台接收器与驾驶员交流。根据研究，由于提供的信息是声波，并不需要驾驶员的眼睛离开车道，驾驶员可能会比读或处理一个情报信息给予更少的关注。

（3）其他。

主线控制还可通过无线电话服务、商业电台和互联网方式实现。

5. 情报内容

（1）强制信息。

强制信息为要求机动车驾驶员必须依据动态交通诱导标志所显示内容执行的信息。

（2）建议信息。

建议信息为机动车驾驶员提供气候环境、实时路网和下游路段道路交通情况等信息，并提供路径建议和实时路况下处理方式的建议。

（3）告知信息。

告知信息为机动车驾驶员提供气候环境、实时路网和下游路段道路交通运行情况、城市周边高速干道交通运行情况等信息，无处理方式的建议。

（4）宣传信息。

宣传信息是用于宣传法规条文、公益事业、政府通告和交通服务等信息。驾驶员情报系统应根据情报标志的规划和设置情况，将信息发布到单块交通诱导标志或多块交通诱导标志上，以期达到应用的目标。

11.2.3　通道控制

通道控制是以高速干道为主体，把匝道及附近的平行道路、联系道路、城市干道组成一个整体系统进行控制。通道控制的目的是使整个通道系统运行在最佳状态，基本原理是监测通道系统中所有道路，将超载道路上的交通转移到通行能力有剩余的道路上来。其特点是具备交通响应式控制能力，且系统变量多、结构复杂。通道控制综合了匝道控制、主线控制，以及城市道路控制概念，避免了相互干扰，提高了高速干道和城市干道的整体效率。现在对通道控制的研究也比较多，主要集中在高速干道与相交道路及平行可替代道路的协调运作上。

单独研究高速干道匝道控制和普通道路网络的区域信号协调控制，常常会出现以下两种情况：一方面，尽管匝道控制改善了高速干道系统的性能，但入口匝道的超长排队给普通道路网络系统带来了更大的负面影响;另一方面,有时高速干道出现了交通拥挤,但普通道路却存在过剩的通行能力得不到利用。所以,为了取得整个交通网络的最大综合效益,研究这两个系统的综合协调控制势在必行。

高速干道通道控制的对象是由高速干道、侧道和其他平行干道所组成的通道系统上的交通流。高速干道通道的通行能力是由高速干道的通行能力和能为高速干道交通需求提供替换服务的平面道路通行能力及交叉口的通行能力组成的。通道控制是通过在通道系统内有效地分配和管理交通流,以达到在交通需求与通道通行能力之间获得最佳平衡和充分利用通道通行能力的目的,使整个通道系统处于最佳运行状态。

高速干道和普通道路的综合有效控制已成为研究的热点,随着 ITS 基础设施,包括通讯网络和探测技术的广泛应用,一些重要的数据都可以借助这些设施进行有效估算,这些数据为综合高速干道和普通道路的管理提供了必要条件。

11.2.4 匝道控制

匝道控制包括入口匝道控制和出口匝道控制。入口匝道控制的基本目标是控制高速干道的交通需求。它以高速干道主线交通流为控制对象,以匝道入口流量为匝道控制系统的输出控制量,通过计算匝道上游交通需求与下游道路通行能力差额来寻求最佳入口匝道流量控制,从而使高速干道交通流能运行在最佳状态附近。其中出口匝道控制是缓解出口匝道连接平面交叉口的交通阻塞和防止出口排队过长而导致高速干道上交通阻塞为目的的控制方法,包括调节高速道路流出的车辆数和封闭出口匝道两种方法。这种强迫限制车辆离开高速干道的做法通常会使行程时间增长,但糟糕的是,有时由于没有相应的替代路径,导致车辆不能正确到达目的地,遭到驾驶员的强烈反对,所以一般很少采用。

1. 入口匝道控制

入口匝道控制最早于 1963 年在美国芝加哥市实施,在美国及其他发达国家得到了迅速发展。入口匝道控制是改善高速干道交通状况最有效的办法,通过在美国许多大城市的实践表明,入口匝道控制能极大地减少出行时间、事故发生率并降低燃料消耗。

(1)入口匝道控制原理。

入口匝道控制的原理是限制进入高速干道的车辆数,从而使高速干道本身的交通需求不超过它的通行能力。

入口匝道控制通过控制进入高速干道的交通量,整个高速干道上的交通流量分布合理,充分利用其通行能力,同时它还可以消除或减少匝道交通流交汇时的交通冲突和交通事故,影响与之相邻的道路交通状况,是高速干道交通控制的主要手段。

(2)入口匝道控制目标及作用。

①提高高速干道运行的效率和安全性。

②使交通流量均匀平滑。

③减少整个高速干道系统内所有车辆的行程时间。

④消除或减少汇合中的冲突和事故。

⑤减少驾驶的不舒适感和对环境的影响。

(3)入口匝道控制条件。

并不是所有高速干道路段都适合进行匝道控制,它受到交通流量、地理位置、替代道路等条件的制约。由于入口匝道控制所获得的高速干道运行效益是以通道内其他可替换道路上交通问题的加剧为代价取得的,只有通道内所有车辆运行总指标出现正效益,入口匝道控制才值得。因此,实施入口匝道控制的成功与否取决于下列条件是否得到满足。

①在通道内应该有可供使用的额外容量(即可替换的路线、时段或运输方式)。它们不仅能容纳从高速干道上转移来的交通量,而且也能容纳原来就使用它的正常交通量。

②在入口匝道上应有足够的停车空间。在实施匝道控制时,使匝道上的排队车辆不至延伸到堵塞引道或平交道路的程度,保证排队车辆不会严重影响相交道路的交通。

③交通模式必须合适。如果短途旅行和地区性交通的比例很小,把入口匝道控制作为鼓励人们使用通道上可替换道路的一种手段,那么意味着这种交通转移将会很少。

④为节省行程时间,在高速干道下游出口处必须有可利用的容量,否则,仅仅使交通瓶颈向下游移动,这样对匝道控制无益。

(4)入口匝道控制分类。

①基于调节率的分类方法。

常用的匝道控制策略按照匝道调节率是否随时间而变化可以分为定时调节和感应调节。

A. 定时调节。

定时调节是指调节率预先设定,在某一段时间的运行是固定不变的。这种控制方式的特点是它对入口匝道的交通需求的变动不是考虑这一分钟与下一分钟有什么不同,而是根据交通流的历史统计数据,把一天划分为若干时段,假定每个时段内交通流状况近乎不变,以此作为依据来确定每个时段内一组不变的入口调节率,使某项性能指标最优。

显然这种控制方式不能适应交通流的随机变化。但是当交通流在一段时间内波动不大时,这种控制是十分有效的,而且很容易实现多个匝道协调控制。定时调节所需要的成本比较低、设备少,且运行安全可靠。最重要的优点是它能为驾驶员提供一种可靠的、能迅速适应的情况。主要缺点是定时调节不能适应在一段时间内下游道路可能因某种事件引起容量下降,上游需求超过预定值等变化。

B. 感应调节。

感应调节克服定时调节无法应付交通量无规律变化和偶发性拥挤的弊端,其特点是调节率的变化不再依赖历史交通状况,而是依赖现场检测的实际交通状况,以实时检测的交通数据为依据来确定匝道调节率,因而能适应交通流的随机变化。

感应调节就是根据速度、密度、流量这三者之间的关系,实时地测定高速干道的运行状态,通过调节入口匝道流量,使反映高速干道运行状态的基本交通变量的值保持在交通流曲线上的不拥挤交通流区域的点上,防止或消除高速干道上的拥挤。

感应调节的基本步骤如下。

第一步,实时测量高速干道上的交通运行参量。

第二步,用测量的结果分析确定高速干道路段此时工作的状态。

第三步,根据容量计算允许进入高速干道又不致引起拥挤的最大匝道交通流量。

因感应调节要求交通数据具有实时性，因此需要布设较多的检测器，其系统造价较高。感应调节现在应用的范围比较广，因为感应控制能够对高速干道上交通状态的变化做出及时反应，生成相应的控制方案，所以可以取得较好的效果。

②基于控制区域大小的分类方法。

按照控制区域的大小，匝道控制又分为局部匝道控制和系统范围或整体协调控制两大类。

A. 局部匝道控制。

局部匝道控制是基于单独匝道表现出的交通状态，而不是基于沿着高速干道的区段、沿着高速干道通道或者整个区域内的高速干道网的交通状态选择调节率的过程。当局部匝道调节被应用，一个或者几个匝道将被调节，但是，很难得到整体协调匝道调节的功效，很难达到理论最优。局部匝道控制主要关注的是在局部范围内改善交通运行的条件和减少交通拥挤，不需要大范围建模复杂的匝道间的影响关系，所以，往往因为控制方法简洁并且能够直接对相邻路段及时的控制，通常能够取得较好的控制效果。

B. 系统范围或整体协调控制。

局部匝道调节只关注在明确位置的交通拥挤或者相关交通安全的问题，而系统范围或者整体协调控制在决定单个匝道的调节率时要考虑超过这个匝道邻近区域的交通状态条件。这种系统范围或整体协调的控制被用在高速干道的区段、整个通道或者一些高速干道通道甚至高速干道的路网。因此，它主要关注的是对整个区域的高速干道交通运行条件的改善。这使得系统范围的控制相比局部控制在处理发生延误、碰撞、道路封锁时的通行能力减少时，更加富有弹性。整体协调控制包括局部匝道，以保证即使在通信中断的情况下，匝道调节仍能稳定运行。

(5)入口匝道控制方法。

高速干道入口匝道的控制方法主要有匝道关闭、匝道定时限流控制、匝道感应调节控制和匝道系统控制等方法。当交通流在一段时间内波动不大时，定时限流控制十分有效，但它无法适应因交通量无规律变化和偶发事件引起的拥挤。匝道感应调节控制以实时检测到的交通数据为依据来确定匝道调节率，以适应交通流的随机变化。匝道系统控制适用于整条道路或整个网络交通流量很大的情况。

①匝道封闭。

适用条件：

A. 在高速干道交通高峰期间和发生偶然事件时。

B. 互通式立交非常接近，交织问题十分严重的地方。

C. 有较多车辆要在匝道上排队，但没有足够长度容纳排队车辆的匝道。

D. 入口匝道上游高速干道的交通需求接近或已达到其通行能力，此时关闭匝道，将匝道的交通需求调整到可替换的道路上去。这样入口匝道下游高速干道的交通需求就不致超过其通行能力，从而防止高速干道上出现拥挤。

E. 附近有良好的道路可供绕道行驶。

具体做法：人工设置栅栏或自动弹起式栅栏(如洛杉矶已使用)，采用“不准驶入匝道”标志(如底特律已使用)。

该方法缺乏灵活性,缺点多于优点,一般不采用。

②匝道定时限流控制。

匝道定时限流控制是指根据实际需求和历史需求的容量关系来选择调节率的一种机械调节方法。这种控制方法是根据历史情况的调查,掌握交通流的统计情况,把一天分为若干个时段,假定每个时段内交通流状况近似不变,以此作为依据来确定每个时段内单个匝道不变的入口调节率,这种方法不能适应交通流的随机变化,交通需求量超过高速干道瓶颈示例如图 11.3 所示。

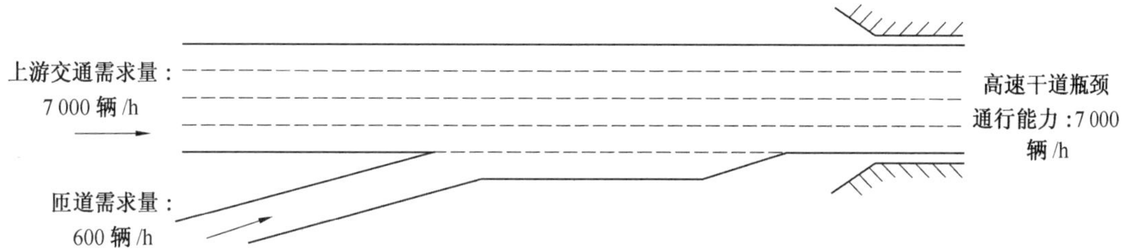

图 11.3　交通需求量超过高速干道瓶颈示例

对匝道进行定时限流控制是为改善高速干道的交通状况或保证车流汇合时的安全。匝道定时限流控制方法根据高速干道主线的交通流、汇合流和匝道上交通流的观测值,确定定时信号的周期,以维持高速干道上所期望的通行能力平衡。使用车辆检测器控制匝道上信号灯的开与关,以减少来自匝道汇入的交通量,入口匝道定时控制系统组成如图 11.4 所示。

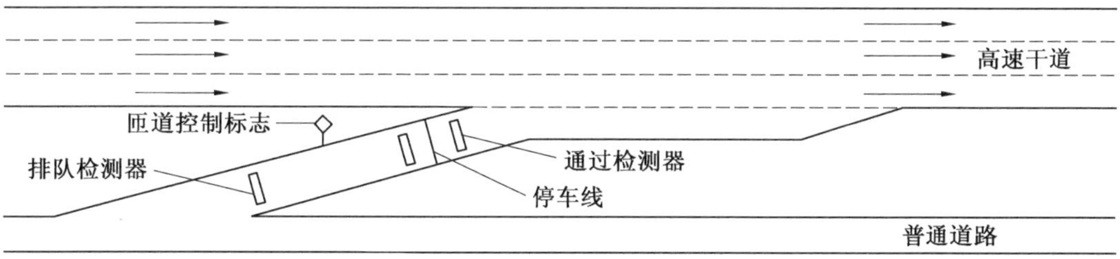

图 11.4　入口匝道定时控制系统组成

在定时控制中,匝道信号以固定的周期运行,这些周期是根据为特定的控制时段规定的调节率计算得到的。周期中红黄绿信号的配时取决于所使用的调节形式,如单车调节、车队调节。

③匝道感应调节控制。

匝道感应调节控制是在高速干道上和匝道上都装有检测器,以取得交通信息。根据不同的控制方案,通过本地控制器和中心计算机,实施限流控制,限流率可依据交通信息做相应调整,高速干道进口匝道上检测器的位置如图 11.5 所示。

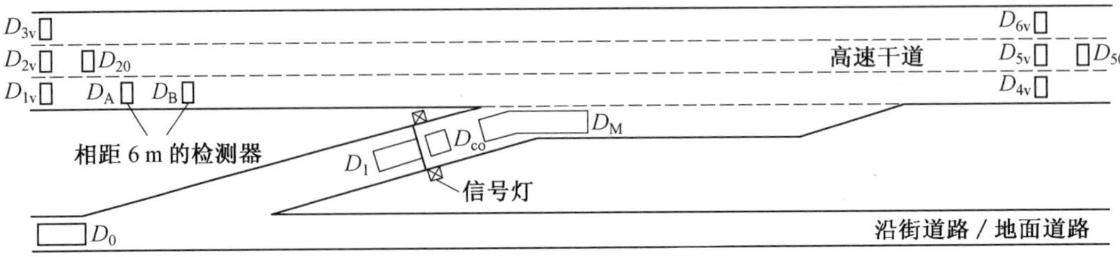

D_{1V}、D_{2V}、D_{3V}、D_{4V}、D_{5V}、D_{6V}—交通量检测器；D_{20}、D_{50}—占有率检测器；D_A、D_B—用于测量速度和车辆间隔的存在检测器；D_M—交汇区存在检测器；D_0—等待队列检测器；D_1—“登记”检测器。

图 11.5　高速干道进口匝道上检测器的位置

匝道感应调节控制具体又分为以下几种。

A. 交通需求一容量差额控制。

在实时比较匝道上游交通量和下游交通量的基础上选择匝道调节率，其目标是更好地利用有效道路容量，这种方法在北美比较常用。高速干道路段上的交通需求一容量差额控制如图 11.6 所示。

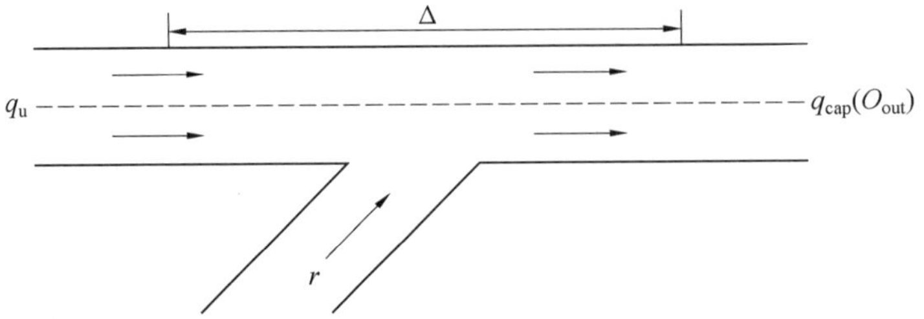

图 11.6　高速干道路段上的交通需求一容量差额控制

由图 11.6 可得：

$$q_r(k)=\begin{cases}q_{cap}-q_u(k-1) & O_{out}(k)\leqslant O_{cr}\\ q_{r,min} & O_{out}(k)>O_{cr}\end{cases} \tag{11.1}$$

式中　q_{cap}——匝道下游高速干道路段的饱和流率，辆/h；

q_u——匝道上游的路段流量，辆；

O_{out}——匝道下游的车辆占有率；

O_{cr}——临界占有率，即一个控制阈值，在达到临界占有率情况下，交通流达到最大；

$q_{r,min}$——预设的匝道最小流入量，辆/h。

以上是一个开环控制方法，其抗干扰能力较差。

B. 占有率控制。

占有率控制的原理是对匝道的上游或下游的占有率进行实时测量来估算剩余的容量 Δq_c，再来确定入口匝道的调解率。为此需要建立交通量和占有率的关系(图 11.7)，一般是通过在占有率测量点采集的历史数据来建立近似曲线。下游剩余容量与实际占有率关系(图 11.8)可用经验公式来描述。

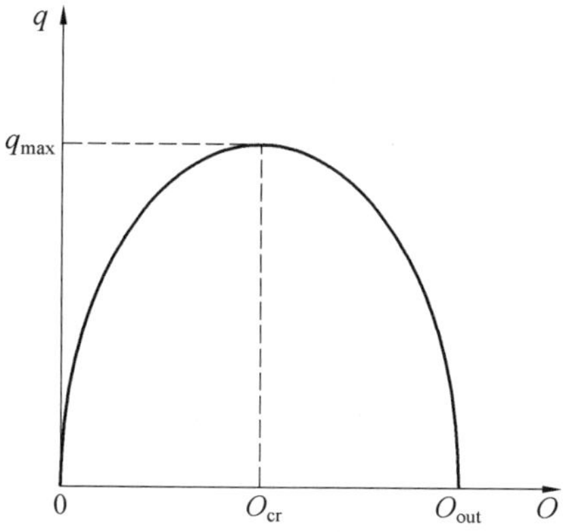

图 11.7　交通量和占有率关系

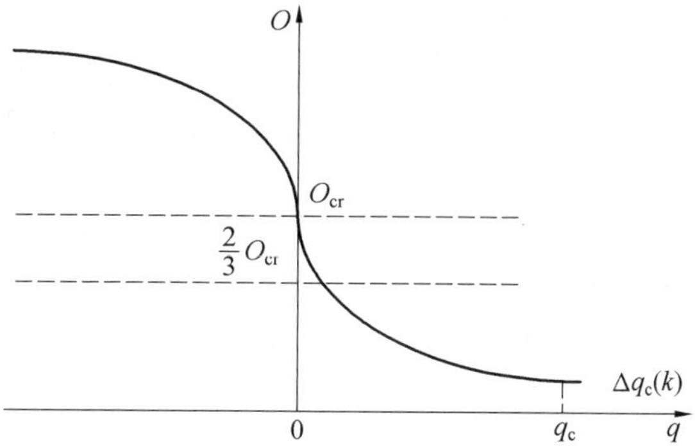

图 11.8　下游剩余容量与实际占有率关系

如果匝道下游检测器处的占有率比最大交通流的占有率小，Δq_c 为正，否则 Δq_c 为负。Δq_c 为负说明该段高速干道的交通量超过了通行能力，应该采用最小的调节率。美国公路安全研究所给出的估算下游剩余容量的经验公式如下：

$$\Delta q_c(k)=\begin{cases} q_c\left[1-O(k-1)/O_{cr}\right]^2 & O(k-1)<O_{cr} \\ -q_c\left[1-O(k-1)/O_{cr}\right]^2 & O(k-1)>O_{cr} \end{cases} \tag{11.2}$$

调节率的确定方法为：

$$r(k)=\begin{cases} r_{max} & O(k-1)\leqslant 2O_{cr}/3 \\ \Delta q_c(k) & 2O_{cr}/3<O(k-1)\leqslant O_{cr} \\ r_{min} & O(k-1)>O_{cr} \end{cases} \tag{11.3}$$

C. 反馈控制。

反馈控制主要采取 ALINEA 控制率。ALINEA 是 20 世纪 70 年代提出的一种闭环控制方法，算法描述如下：

$$r(k)=r(k-1)+K\left[O_d-O_{out}(k)\right] \tag{11.4}$$

式中　K——调节参数；

　　O_d——匝道下游期望的占有率值，一般采取 O_{cr}。

从式(11.4)可以看出：如果占有率 $O_{out}(k)$ 比期望值占有率 O_d 小，则 $r(k)$ 要在 $r(k-1)$ 的基础上增加；如果占有率 $O_{out}(k)$ 比期望值占有率 O_d 大，则 $r(k)$ 要在 $r(k-1)$ 基础上减少。这是一种完全合理的控制行为。

D. 改进的 ALINEA 法。

为加强 ALINEA 的实时适应性，学者们又提出了 Adaptive-ALINEA 方法。此方法加入了一个对临界占有率的估计器，以获得实时变化的期望占有率，用公式表示为

$$r(k)=r(k-1)+K\left[O_{cr}(k)-O_{cr}(k-1)\right]$$

$$O_{cr}(k)=\begin{cases} O_{cr}(k-1)+\Delta & D>D^+ \\ O_{cr}(k-1)-\Delta & D<D^- \\ O_{cr}(k-1) & \text{else} \end{cases} \tag{11.5}$$

式中　D——每个采样时间内实测的交通量和占有率的导数，如果 D 在$[D^+,D^-]$范围内，就采用原有的占有率，否则在原有基础上相应增大或减少 Δ。

④匝道系统控制。

将一系列匝道集中起来作为一个整体统一考虑交通控制的系统，其限流率根据整个系统的交通量与通行能力之差确定。与独立的限流控制相比，匝道系统控制的优点是能够兼顾整个系统。该方法能适应交通量变化需求，使整个系统的车流保持最佳。若高速干道某路段发生交通事故，这种控制就显得特别有效。此时，发生事故的下游匝道，其限流率会自动增加，而上游匝道的限流率会自动减少。这种控制系统操作复杂，需用中心计算机进行控制。

这种控制方法又分为匝道定时整体控制和匝道动态整体控制。

A.匝道定时整体控制。

入口匝道定时整体控制将一天分为若干个时段，将高速干道分为若干个路段，在每个时段每个路段的交通流近似稳定均匀时，建立一个描述交通流状态只随道路空间变化的稳态模型，根据历史资料确定的交通需求、道路容量和交通模型，按照某项性能指标，并考虑一定的约束条件，求解一组最优的入口匝道调节率。

基本的控制模型是以入口匝道调节率 r 为控制变量，以系统出行总路程、总出行时间和系统总进入匝道流量的最大化或最小化作为设计目标，以通行能力和匝道调节能力为主要约束，采用线性规划或二次规划方法予以解决。

匝道整体控制示意图如图 11.9 所示，并见式(11.6)、(11.7)。

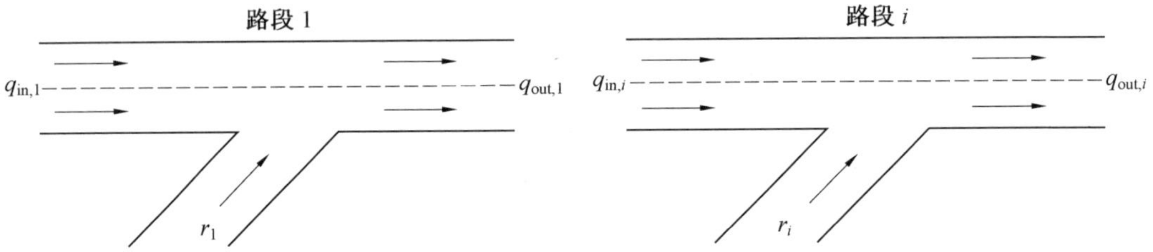

图 11.9　匝道整体控制示意图

$$q_j = \sum_{i=1}^{j} a_{ij} r_i \tag{11.6}$$

$$\max \sum_i r_i \quad \text{or} \quad \max\left(\sum_j \Delta_j q_j\right) \quad \text{or} \quad \min\left(\sum_j d_j - r_j\right)^2 \tag{11.7}$$

式中　q_j——路段 j 的主线流量，辆/h；

r_i——入口匝道 i 的流量，辆/h；

$a_{ij} \in [0,1]$——表示在匝道 i 处流入主线且到路段 j 仍未离开的交通流量的比例。

$q_j \leqslant q_{\text{cap}}, j \forall J$，$q_{\text{cap}}$ 为路段 j 的通行能力，即

$$r_{j,\min} \leqslant r_j \leqslant \min(r_{j,\max}, d_j) \tag{11.8}$$

式中　$r_{j,\min}$——最小进入匝道交通量，辆/h；

r_j——路段 j 的匝道调节率，辆/h；

$r_{j,\max}$——最大进入匝道交通量，辆/h；

d_j——匝道交通需求。

匝道定时整体控制不能及时地适应交通需求的变化，但就一条确定的高速干道而言，

每天的交通状态有一定规律可循，所以它可用于为某些高级控制方法提供参考或者初值系统。

B. 匝道动态整体控制。

高速干道定时段入口匝道控制不能消除由于意外事件而引起的偶发性交通拥挤，要解决这一问题需要实行动态控制，即实时检测现场交通状态信息，并调节入口匝道控制量。

a. METALINE 方法。

单入口匝道控制方法中每个匝道都是根据各自附近的车辆检测信息实施单独控制的，而整体控制则考虑了高速干道主线上所有检测到的占有率信息。由于采用了更多的主线信息进行协调控制，METALINE 方法比局部匝道控制方法有了一定的提高，METALINE 可以认为是 ALINEA 方法的扩展和推广，它提高了 ALINEA 方法的协调性，用公式表示为

$$r(k)=r(k-1)-k_1[O(k)-O(k-1)]+k_2[O^*-O(k)] \tag{11.9}$$

其中，$r=[r_1,r_2,...,r_m]$是 m 个可控匝道的控制量，$O=[O_1,O_2,...,O_m]^T$ 是 m 个匝道附近的占有率信息，同时 $O^*=[O_1^*,O_2^*,...,O_m^*]^T$ 是给定的临界值，k_1 和 k_2 是常数矩阵。

b. 非线性全局优化控制方法。

高速干道动态控制需要的是一种对所有入口匝道进行高水平协调控制，能根据检测到的和估计的信息实时计算出最优的控制量的方法，这种优化控制方法应该考虑众多内容，例如高速干道和入口匝道上的现行交通状态，入口匝道的容量限制，匝道控制的约束条件，非线性交通流的动态特征，基础设施的限制通行能力，高速干道网络中目前是否存在事故状况等。基于这些综合信息，控制方法要能在未来一段时间内为高速干道整个网络设定控制值。

这种非线性的动态交通控制可以用如下的形式表示出来：

$$\boldsymbol{X}(k+1)=f[\boldsymbol{X}(k),r(k),\boldsymbol{d}(k)] \tag{11.10}$$

其中状态向量 $\boldsymbol{X}$ 包含交通密度、平均速度(0.5 km 长的高速干道路段)和匝道排队长度，控制变量 r 则包含所有的可控匝道的控制量，扰动向量 $\boldsymbol{d}$ 包含所有的入口匝道需求和在网络分叉点或出口匝道处的转向率。匝道控制的约束 $r_{j,\min}\leqslant r_j\leqslant \min(r_{j,\max},\boldsymbol{d}_j)$，其中 $r_{j,\min}$是最小进入匝道交通量，r_j 是路段 j 的匝道调节率，$r_{j,\max}$是最大进入匝道交通量，而排队长度的约束则为 $l_i(k)\leqslant l_{i,\max}$，这里 l_i 是排队长度(以车辆计)。

(6)入口匝道控制特点。

高速干道所有入口都是可控的，通过入口匝道调节可以实现对高速干道上的车辆数进行直接控制。当高速干道上的交通流较小时，入口匝道可通过汇入保证交通流均匀，消除交通流中的不稳定性；当高速干道上的交通流较大时，入口匝道控制使车辆汇合安全，减少拥挤和事故，确保高速干道主线运行维持理想的速度和密度；当高速干道上某段交通接近饱和或由事故引起交通阻塞时，通过某些入口匝道的控制可以阻止阻塞的进一步扩大。匝道控制的主要目标是通过控制驶入高速干道主线车辆来平顺交通流，增加交通流的稳定性，减少拥挤和事故。这种控制方法要把潜在能引起高速干道阻塞的交通流转向

高速干道的替代路线,或选择非高峰期进入高速干道。一些希望使用高速干道的车辆在允许其进入高速干道之前,必须在入口匝道处等候;一些不愿意等候的车辆可以理性选择其他时间进入,或从附近别的匝道进入;一些不愿意等候的车辆可以选择替代路线。

随着信息技术和知识经济的飞速发展,交通量的大幅增加,传统的交通控制方法不能有效地解决交通拥挤问题,交通与经济发展的矛盾日趋尖锐,对高速干道交通控制的研究必须采用新的研究方法和手段。目前,高速干道匝道控制的研究趋势如下。

① 智能化。

智能方法如模糊逻辑、人工神经网络、遗传算法等在一定程度上为用传统控制无法解决的复杂控制问题的研究提供了新的思路。从控制系统来看,首先,交通系统是一个复杂的非线性大系统,各匝道控制子系统相互影响、相互作用;其次,交通系统是一个由占主导性的人参与的主动系统。人的主观必然会对交通系统产生影响,而影响是非常复杂和随机性的,也难以用数学模型精确描述。同时,交通系统的突发交通事故还会给其建模带来困难,所以说交通系统是一个连续时间系统和离散事件系统结合的复杂系统。根据交通的特点,以及智能控制技术的长处,得出智能控制技术正适合于在交通系统中应用。

② 整体化。

高速干道交通系统是一个复杂的非线性、时变系统,单匝道控制虽达到局部最优,但难以保证整体最优。协调控制考虑控制方式之间的相互协调、相互关联,多匝道通过协调控制逼近最优控制目标。大系统分散理论在协调公路匝道子系统方面有一定的优势。

2. 出口匝道控制

(1)控制目的。

出口匝道控制能解决相邻道路或交叉口的交通拥挤问题。

(2)控制方法。

出口匝道主要控制包括调节驶离高速干道的车辆数和封闭出口匝道两种。

调节驶离高速干道的车辆数能够缓解接近干道交叉口的交通拥挤程度,但是这种方法可能导致一些交通事故。因为如果采用这种方法,就需要在交叉口处设置信号灯,高速干道上车辆的速度都很高,遇到红灯,会急剧减速停车,这样容易造成追尾冲撞或发生滑行,且当排队等待的车辆向后延伸到高速干道上时,则更加危险。

封闭出口匝道对于出口匝道较短时尤为有效,并且可大大减少车辆在该处的交织及随之而来的交通问题。但也有其缺点:大大增加驾驶员的行车时间及距离;若使用人工控制的栅栏或某种型式的自动门,则在高峰期间封闭匝道,其费用甚大;由于限制了出口,将会激起公众强烈的反对;追尾事故的可能性大为增加。

11.2.5 汇合控制

汇合控制是从微观上对入口匝道进行控制的,汇合控制以交通安全为控制原则,它根据主线外侧车道车流间隙的长度来决定是否放行匝道车流,从而保证主线交通流的稳定。汇合控制的基本目标是通过使入口匝道车辆最佳地利用高速干道间隙来改善高速干道交通流的分布及运行,汇合控制用来确定何时放行最佳。

11.3　高速干道交通事件管理

11.3.1　交通事件定义

交通事件指任何一起偶发性的、能引起车道通行能力下降或需求异常增加的事件。虽然在公路中交通事件的发生经常会引起车辆延误，但对于高速干道而言，最严重的问题莫过于由此造成的二次追尾风险。另外，还有现场处理和服务人员面临的危险，主要包括如下几个方面。

(1)增加交警、火警和紧急医疗服务提供的事件响应时间。

(2)增加货物和服务的费用。

(3)增加燃料消耗。

(4)降低的空气质量和其他不利环境冲击的减少。

(5)增加交通工具维护费用。

(6)公众机构参与事件管理活动中负面的公众形象。

交通事件的发生，严重影响运输网络的效率，并把所有道路使用者置于危险的境地。通过对交通事件的管理，这种影响是可以被减轻的。

11.3.2　高速干道交通事件管理

1. 响应交通事件的机构

响应交通事件的机构包括交通警察、火警、路面清障、紧急医疗救援、危险品管理机构、运输组织、管理机构、媒体等。

2. 交通事件管理的基本步骤

(1)侦测。

侦测是一个事件引起救援机构注意的过程。事件获取渠道如下。

①道路使用者的电话呼叫。

②通过操作员观测的闭路电视监视系统。

③结合侦测软件的自动车辆识别系统。

④电子检测装置(如录像机图像、检测线圈或雷达检测器)和交通异常检测算法。

⑤警察巡逻。

⑥交通报道服务。

⑦商用车队(路过或跟踪)。

⑧固定的巡逻服务。

(2)确认事件。

确认一个事件已经发生，需确定它的精确位置并获得尽可能多的相关细节以安排适当的初始响应。事件确认通常由第一个抵达事件现场的响应者完成。

事件的确认方法主要包括操作员观看闭路电视系统、指派现场工作机构(例如警察或服务巡逻)到事件现场、多种移动电话呼叫的数据组合。

(3)道路使用者的信息提供。

信息提供可利用的媒体包括商业电台广播、公路向导电台、可变情报板、电话信息系统、车载或个人信息辅助系统或路径引导系统、商业和公众的电视交通情况报道、互联网在线服务、由数据服务提供者提供的多种传播机制。

道路使用者需要尽可能多地接收信息,超出时间效应的事件报道可能会引起另一起事件的发生。

(4)响应事件。

响应包括指派适当的个人和装备,启动适当的沟通渠道和道路使用者信息接收媒体。一旦事件现场被合理确定之后,响应需要每个响应机构或服务提供者进入预备状态。个人和响应机构可以通过训练和计划获得这方面的经验。

(5)现场管理。

现场管理是一个有效的合作及现场资源有效的调度过程。它需确保响应者、事件受害人和其他与现场管理有重要关联的道路使用者安全。现场管理的内容包括:准确评估事件;合理建立秩序;与相关机构和组织沟通与协调;与其他响应者保持有效的联络;确保信息通畅。

(6)交通管理。

交通管理是对事件影响的区域进行交通控制。其主要内容包括:现场交通控制点的设立;管理车道空间(开放或关闭车道,基于安全考虑隔断事件现场的一部分空间,停放紧急车辆和装备,减少对交通流的影响);指派合适的人员去协助交通管理;在影响区域积极地管理交通控制装备(如匝道控制,车道控制标志,交通信号,交通标志);设计、研究引导相关的路径。

作为事件有效的管理功能,交通事件控制在事件管理活动中需经过设计,这包括确定有效交通控制仪器和材料、获得固定交通控制的资源和设计可替代路径。

(7)事件清理。

事件清理是对影响正常交通流的事件进行清理,将被迫关闭的车道恢复事件前车道通行能力的过程。有时,这可能也包括交通系统内部的暂时性或永久性的维修。

11.3.3 交通事件检测

1. 检测方法分类

高速干道交通事件检测系统根据实时采集的数据或图像信息,由算法自动判断是否发生交通事件。通过对事件的自动检测,减少事件处理的反应时间,迅速疏导交通流,降低损失,预防继发性事故。

欧美等发达国家对于高速干道交通事件的管理特别是自动事件检测(automatic incident detection,AID)技术的研究给予了足够的重视。自20世纪60年代以来,陆续出现了各种各样的检测方法和技术,概括为人工检测技术和自动检测技术,见表11.1。

表 11.1　交通事件检测技术

技术类型	检测方法		优　点	缺　点
人工检测技术	市民报告	移动电话	报警速度快、提供信息较多	误报率高、定位困难、需要确认、需要电话处理人员
		路边紧急电话	公众易接受、提供信息较多	报警速度慢、管理维护困难
	专职人员报告	交警巡逻 交通管理人员巡逻	提供检测、确认和响应功能	报警速度慢
		固定观察员	适用于有特殊活动时	人员投入大、易受天气影响
闭路电视			提供检测和确认功能	需要操作人员
航空监视			覆盖范围广、具有确认功能	费用高、易受天气影响
自动检测技术	间接自动检测	红外线、声学、超声波、感应线圈、微波雷达检测等	全自动、全程工作、检测率高、技术成熟、运营成本低	初期投入高、报警速度慢、数据传输与处理量大、数据的地区通用性不高、低交通量时效果不佳
	直接自动检测	视频图像识别	报警速度快、不受交通量影响	费用高、易受天气影响

(1)检测技术。

①人工检测技术。

人工检测技术是最早、最容易实施,也是最常用的检测方法。从整体上看,人工检测技术的主要优点是方便、直接、经济、效率比较高,特别是随着移动电话的普及,它已成为重要的事件检测方法。

②移动电话检测技术。

移动电话检测技术的缺点是要求当时当地有目击者,而信息的准确传达依赖于报警人员的语言表达,事件地点比较难以准确确定,同时需要专门的人员对报告进行筛选确认,人员工作量和强度都比较大。Walters 等通过对分布在美国的 51 个交通管理中心进行问卷调查,得出如下结论。

A. 在所有的交通事件检测方式中,移动电话报警和警察巡逻队的无线电话系统是最有效的两种方式。

B. 与交通事件自动检测方法相比,移动电话的检测速度较快,并且可以检测到发生在路肩上的事件和事件的严重程度。

C. 为了减少交通事件发生位置不易确定的问题,需要在道路两旁设置一些参考标志。

D. 移动电话检测方法具有更优的性价比和更短的建设周期。

③基于无线定位技术的人工检测方法。

交通控制中心通过报警车辆的定位信息和运行特征信息判断交通事件的发生和严重程度。

无线定位技术是指通过对接收到的无线电波的一些参数进行测量，根据特定的算法判断出被测车辆的位置，而定位精度取决于测量方法。现有的定位技术主要有基于终端的定位技术和基于网络的定位技术。

(2)AID 技术。

AID 技术可分为间接检测方法和直接检测方法：绝大多数的 AID 技术都属于前一种，它们通过识别由车辆检测器(感应线圈、红外线检测器、视频检测器等)得到的交通流参数(车流速度、流量、占有率、车头时距等)的非正常变化来间接地判断交通事件的存在；直接检测方法是指使用图像处理技术来发现停驶车辆的一类方法，这类方法实际上是看到发生了交通事件而不是通过交通事件对交通流的影响来检测到它的存在。直接检测方法在检测速度方面远远胜于间接检测方法，在交通量较低的情况下也能有良好的检测效果，但需要更密集地设置检测站(摄像机)，需要较高的资金投入才能保证合理的检测可靠性，而且气象条件对其影响也较大。

AID 技术在交通领域受到了越来越多的重视，但总体上看，虽然 AID 技术得到了广泛且深层次的研究，但研究成果实用程度较低、普及运用的难度较大。实际上，人工检测技术在事件的实际运用中仍占据着主体地位。表 11.2 是美国联邦公路局(FHWA)在 2000 年 4 月《概略研究》中的调查结果，可见，在美国都市地区的公路上，主要还是依靠非 AID 技术来发现交通事件。

表 11.2　美国部分城市交通事件检测情况

城市	巡逻	警察	手机	紧急电话	闭路电视	AID 技术	其他
旧金山	10	5	70	—	—	—	15
西雅图	18	—	78	—	2	—	2
洛杉矶	3	3	54	36	—	—	4
圣地亚哥	—	—	—	8	78	—	14
圣安东尼奥	—	—	40	—	20	40	—
芝加哥	28	17	50	—	—	—	5
底特律	2	2	90	—	—	—	4
休斯敦	3	3	90	—	—	—	4
亚特兰大	15	—	80	—	3	—	2

交通事件检测方法的分类如图 11.10 所示。

2. 交通事件检测算法

目前应用的各种事件检测算法，除直接检测方法(视频检测法)外，大致可分为基于模式识别的算法(或称为比较算法)、基于统计理论的算法、基于交通流模型的算法、基于人工智能的算法、基于小波理论的算法和其他类事件检测算法。

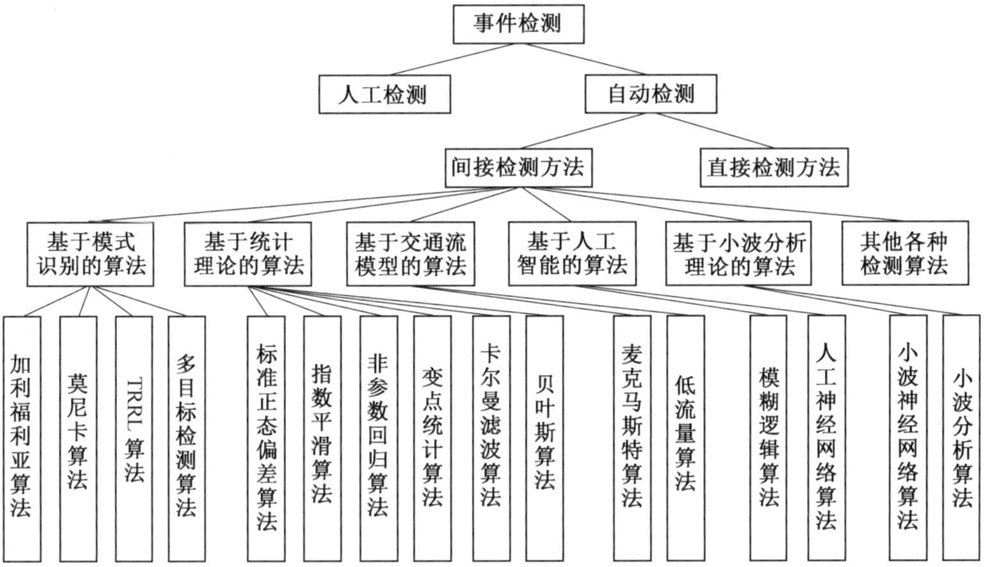

图 11.10　交通事件检测方法分类

(1)基于模式识别的算法(比较算法)。

这类算法根据事件产生前后交通变量的差值是否超过某一给定的阈值来判断交通事件,进而激发事件报警,主要包括加利福尼亚(California)算法、莫尼卡(Monica)算法、多目标检测算法和 TRRL 算法。

①加利福尼亚算法。

加利福尼亚算法于 1965—1970 年由美国加利福尼亚运输部开发。通常所说的加利福尼亚算法一般都是指加利福尼亚 #2。这是一种历史悠久的 AID 技术,至今人们还经常以它为基准与新开发出的算法作比较,对新算法的性能作评价。

该算法是双截面算法,它基于事件发生时上游截面占有率将增加、下游截面占有率将下降这一事实演变而来。该算法以 1 min 的平均占有率为判断依据。设路段 i 处的检测器在时刻 t(单位为 min)时采集到的平均占有率为 $\mathrm{OCC}(i,t)$,则有下面 3 个判断条件。

$$\mathrm{OCCDF}=\mathrm{OCC}(i,t)-\mathrm{OCC}(i+1,t)\geqslant K_1 \tag{11.11}$$

$$\mathrm{OCCRDF}=\frac{\mathrm{OCC}(i,t)-\mathrm{OCC}(i+1,t)}{\mathrm{OCC}(i,t)}\geqslant K_2 \tag{11.12}$$

$$\mathrm{OCCTD}=\frac{\mathrm{OCC}(i+1,t-2)-\mathrm{OCC}(i+1,t)}{\mathrm{OCC}(i+1,t-2)}\geqslant K_3 \tag{11.13}$$

式中　K_1,K_2,K_3——判断阈值,该阈值应该根据路段的特点及时间段适当选取,阈值的选择与检测效果息息相关。

式(11.11)为衡量上、下游占有率的差值,式(11.12)为衡量上、下游占有率的相对差值,式(11.13)为衡量相邻下游处前后 2 min 内占有率的相对差值。加利福尼亚算法的事件判别逻辑流程如图 11.11 所示。

如果同时满足式(11.11)、式(11.12)和式(11.13)3 个条件,则可以判断发生了交通事件。

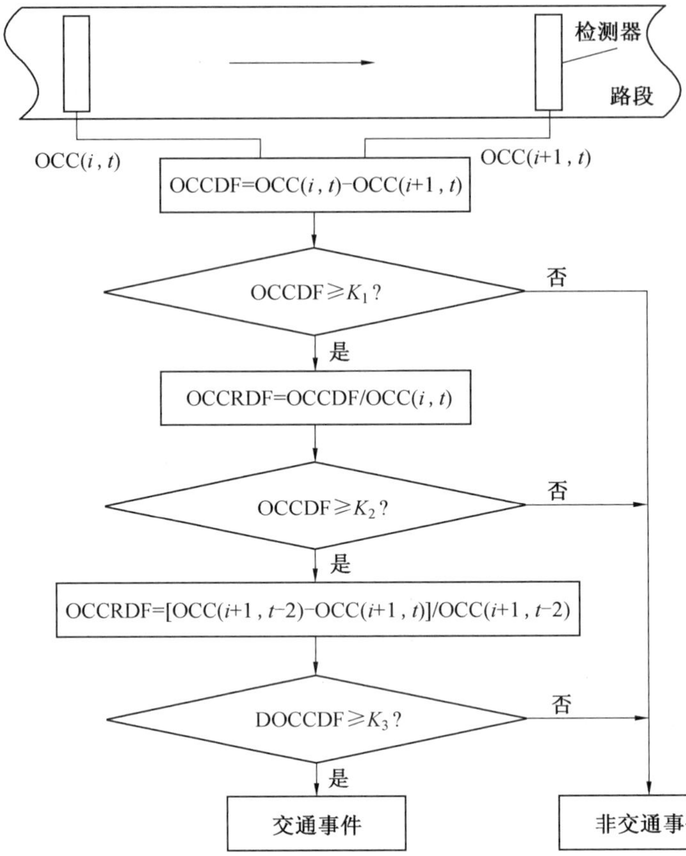

图 11.11　加利福尼亚算法的事件判别逻辑流程

加利福尼亚＃2 判断逻辑结构简单明了，正是由于这一点，所以它的性能不如后来的一些以它为蓝本进行改进的算法。这些改进算法统称为加州算法族，其中较突出的是加利福尼亚＃7 和加利福尼亚＃8。这两个算法中采用了多次检查的策略，可以把一些由交通流在自发运动中产生的和事件模式相似的伪事件情况滤去。

加州算法的优点是误报率比较低，但它们只使用了与占有率相关的变量作为输入，并未考虑流量、速度相关的数据，因此存在以下缺陷：对于每个地点的阈值标定很困难；预定的事件判断步骤无法有效地捕捉到所有可能的交通模式；需要标定的阈值依赖于地点及历史数据的质量。

②莫尼卡算法。

莫尼卡算法于 1991 年由欧盟 DRIVE 计划开发而来，它基于连续车辆之间车头时距的测量值和方差，以及连续车辆间的速度差来进行事件判定。在正常交通流情况下，这些参数在一定范围内变化，当受到干扰时这些参数将发生改变，如果超过了预先设定的阈值，算法将启动报警系统。莫尼卡算法与车道数和其他路段的交通行为无关，但是要求环型线圈的设置间距较短，一般为 500～600 m。

③多目标检测算法。

多目标检测算法由 Philip H. Masters 开发，使用平滑的占有率作为检测变量来减少误报率，它可以视作是加州算法与多次检查策略的组合。与改进加州算法的不同在于，这种算法使用的检测变量是经过平化处理的占有率数据。该算法设计的目标是要使算法能够适应各种交通流条件，这正是其多目标名称的由来。虽然如此，这种算法在低交通量情况下的表现远不如高交通流量情况下的表现。

④TRRL 算法。

TRRL 算法由 TRRL 于 1979 年开发，通过跟踪和量测相邻检测器之间的特殊模式交通的旅行时间来估计车辆速度，并和预设阈值比较触发事件报警系统。该算法仅适用于稍低于中等交通量(1 500 辆/h)时的情况，且误报率较高。

(2)基于统计理论的算法。

基于统计理论的算法将预测获得的控制指标同实时采集数据生成的指标做比较，当预测指标与实时指标相比差距很大时，判定交通事件发生。这类算法在使用前无须采集大量的历史数据，主要包括贝叶斯算法(Bayesian)、标准正态偏差算法(SND)、非参数回归算法(non-parametric regression)、变点统计算法(change-point statistical analyze)、指数平滑算法、卡尔曼滤波算法(LPF)等。

①贝叶斯算法。

贝叶斯算法使用的是著名的贝叶斯概率分类理论，分类结果的期望输出可以表示为条件概率 $P[I/M]$。给定一个有事件和无事件交通条件的先验概率，就能够使用贝叶斯定理计算出期望的后验概率，见式(11.14)。

$$P[I/M]=\frac{P[I]\times P[M/I]}{P[I]\times P[M/I]+P[IF]\times P[M/IF]} \tag{11.14}$$

其中，I 为“有事件”事件，IF 为“无事件”事件，M 为观测的交通流参数，$P[I]$为“有事件”事件的先验概率，$P[IF]$为“无事件”事件的先验概率。该算法的检测率很高，误报率也比较低，但其平均检测时间较长，不利于事件的实时检测。

虽然贝叶斯算法和加利福尼亚算法一样，使用相邻两个检测器之间的相对占有率之差作为基础，但不同之处在于它是计算由事件引起的相对占有率之差的条件概率。完成该算法需要 3 个历史数据库，即事件发生条件下的流量和占有率，无事件发生条件下的流量和占有率，以及发生事件的类型、位置和影响。它需要在建立给定交通流参数值情况下，交通流处于异常状态和正常状态的条件概率的数学描述，这在实际应用中往往难以达到。

②标准正态偏差算法。

标准正态偏差算法由德克萨斯州交通协会(TTI)于 1970—1975 年开发，它不以交通参数是否超过指定阈值作为判断依据。该算法的阈值很难判定，且检测器的空间布置距离也是问题。

该算法利用时间 t 前 n 个采样周期的交通参数值(流量或占有率)的算术平均值来预测时间 t 的交通参数值，再用标准正态偏差来度量交通参数相对于其以前平均值的改变程度，当它超过相应阈值时，则认为发生交通事件。

设时间 t 交通参数的实际值为 $x(t)$，时间 t 之前 n 个采样周期的交通参数实际值为 $x(t-n), x(t-n+1), \cdots, x(t-1)$，则检测公式如下：

$$\mathrm{SND}(t)=\frac{x(t)-\hat{x}(t)}{S}\geqslant K \tag{11.14}$$

其中：$\hat{x}(t)=\frac{1}{n}\sum_{i=1}^{n}x(t-i) \qquad S=\left[\frac{1}{n}\sum_{i=1}^{n}\left(x(t-i)-\hat{x}(t)\right)^2\right]^{1/2}$

式中 $x(t)$——交通参数的当前预测值；

S——前 n 个采样周期交通参数的标准差；

K——决策阈值；

SND——正态偏差。

③非参数回归算法。

非参数回归算法是近年来兴起的一种适合不确定、非线性的动态系统的非参数建模方法。它不需要先验知识，只需要足够的历史数据，寻找历史数据中与当前点相似的“近邻”预测下一时刻值。因此，当有交通事件发生时，预测结果要比参数建模精确。

非参数回归算法作为一种无参数、可移植、高预测精度的算法，经过对搜索算法和参数调整规则的改进，使其可以真正达到实时检测交通流状况，非常适合于实时交通事件检测。

④变点统计算法。

变点统计算法是近年来迅速发展起来的研究现实世界中突变现象的非线性统计学方法。该算法基于当交通流状态发生突变时，将以某一时间(或空间)位置为界面，在此界面两侧，交通流参数发生质的变化。对各种交通流参数，如流量、速度、车道占有率等使用本方法时，对其分布并无特别的要求。该算法应用中显示了较好的敏感性、准确性和良好的全局收敛性。但是在用该算法进行检验时，要用到大样本。

⑤指数平滑算法。

指数平滑算法平滑长时间的原始数据以消除短期的交通扰动，例如随机波动、交通脉冲和压缩波。经过处理的数据和预设阈值进行比较，如果有显著差异证明有交通事件发生。该算法的优点是比较简单并且不需要校准，而且有比较好的性能。缺点是检测时间太长，且仅在交通流较平滑时表现尚佳，在事故条件下效果不佳。该算法目前主要有以下3种。

A. 时间序列算法。

通过对美国各个交通监控中心数据库的分析，研究人员发现公路上的交通流可以用求和自回归滑动平均时间序列模型(ARIMA)描述。该模型能够通过平均前3个时间段的观测值和预测值之间的误差，来预测当前时间段和前一时间段交通变量的差值。该模型通常用作短期交通预测和置信区间预测。预测数据与观测数据存在大的偏差时，启动事件报警系统。

B. 高占有率算法(HIOCC)。

高占有率算法由英国人开发，检查平稳和缓慢行驶车辆的存在性，通过环形线圈检测这些车辆的占有率数据。使用一台计算机每秒扫描检测器占有率数据10次，检查连续几个瞬时值是否超过阈值，如果超过阈值，启动事件报警系统。

C. 单、双指数平滑算法。

通过过去和现在的占有率观测值的权值，预测将来的交通条件。大多数此类算法在数学上表示为单指数和双指数函数，用一个平滑常数表示过去观测的权重。在有些模型中，可以通过跟踪信号，即所有以前预测值和观测值之差的总和来识别事件发生。当无事件发生条件时，跟踪信号值稳定在 0 附近；当有事件发生时，预测参数值和实际参数值显著不同，跟踪信号值显著地偏离 0。

⑥卡尔曼滤波算法。

卡尔曼滤波算法又称为低频传递滤波算法。该算法产生平滑的移动平均值，去除噪声和高频数据成分，允许低频数据通过。卡尔曼滤波算法处理相邻检测器的占有率时使用了两个平均值，第一个是 3 min 占有率移动平均值（或中值），用来详细区分瓶颈拥堵和事件发生；第二个是在第一个 3 min 前的相邻 5 min 占有率平均值（或中值），直接比较连续时间段的占有率差值，可以区别常发性拥挤和交通事件。

(3)基于交通流模型的算法。

这类算法将实测的交通流参数与预测的交通流参数进行比较，使用复杂的交通流理论描述和预测有事件发生和无事件发生的交通行为，主要有麦克马斯克（McMaster）算法、低流量算法。

①McMaster 算法。

McMaster 算法由加拿大 McMaster 大学土木工程系基于突变理论而开发，该算法基于以下前提：当交通从拥挤状态向非拥挤状态变化时，流量和密度变化平稳，而速度表现为突然的变化。该算法对交通事件的检测过程主要包括两个阶段：检测事件的存在；检测事件的类型。这种算法将获得的交通流量和占有率数据表示在二维空间上，并将其划分为个区域，每个区域代表一种交通状态，McMaster 算法如图 11.12 所示。

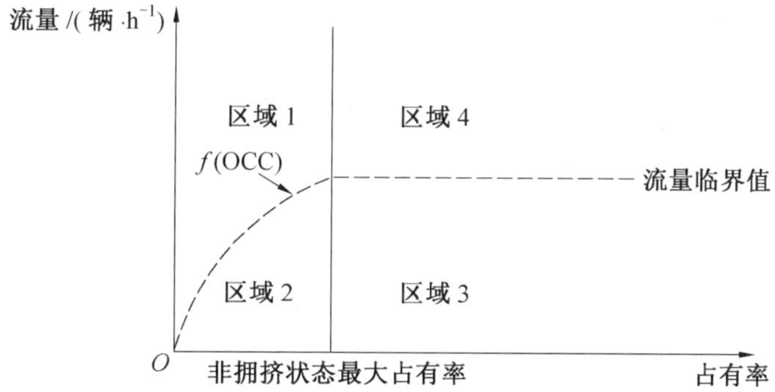

区域 1—不拥挤；区域 2—拥挤；区域 3—拥挤；区域 4—长时间拥挤。

图 11.12　McMaster 算法的交通状态划分

图 11.12 中区域 1 表示正常（不拥挤）交通状态；区域 2 表示事件地点上游的交通状态；区域 3 表示缓慢交通流的阻塞状态，一般意味着该检测站下游有事件发生；区域 4 表示常发性拥挤地点上游处的交通状态。通过检查实测数据点在 4 个区域中的分布情况，可以对某个检测站点下游交通拥挤状态的开始、持续和结束时刻进行判别。

如果发现区域 2 或区域 3 拥挤，McMaster 算法就检测下游检测站的交通状态。根据周期性拥挤和事件引起的拥挤会产生不同的下游交通模式，判断事件的发生。如果下游检测站的交通状态处于区域 1 或 2，就触发事件警报。如果下游检测站的交通状态处于区域 4 就认为是周期性拥挤。如果下游检测站的交通状态处于区域 3，则以同样的方式检查下游的检测站交通状态。

McMaster 算法规定在 3 个连续的采样周期内，车速均降至阈值以下，或占有率超过阈值，或流量与占有率都在非拥挤区域之外，可判定有拥挤存在。在连续两个采样周期内，车速、流量和占有率任意两个超过各自的阈值，也可以判断是发生了交通事件，McMaster 算法的事件检测逻辑具体的流程如图 11.13 所示。

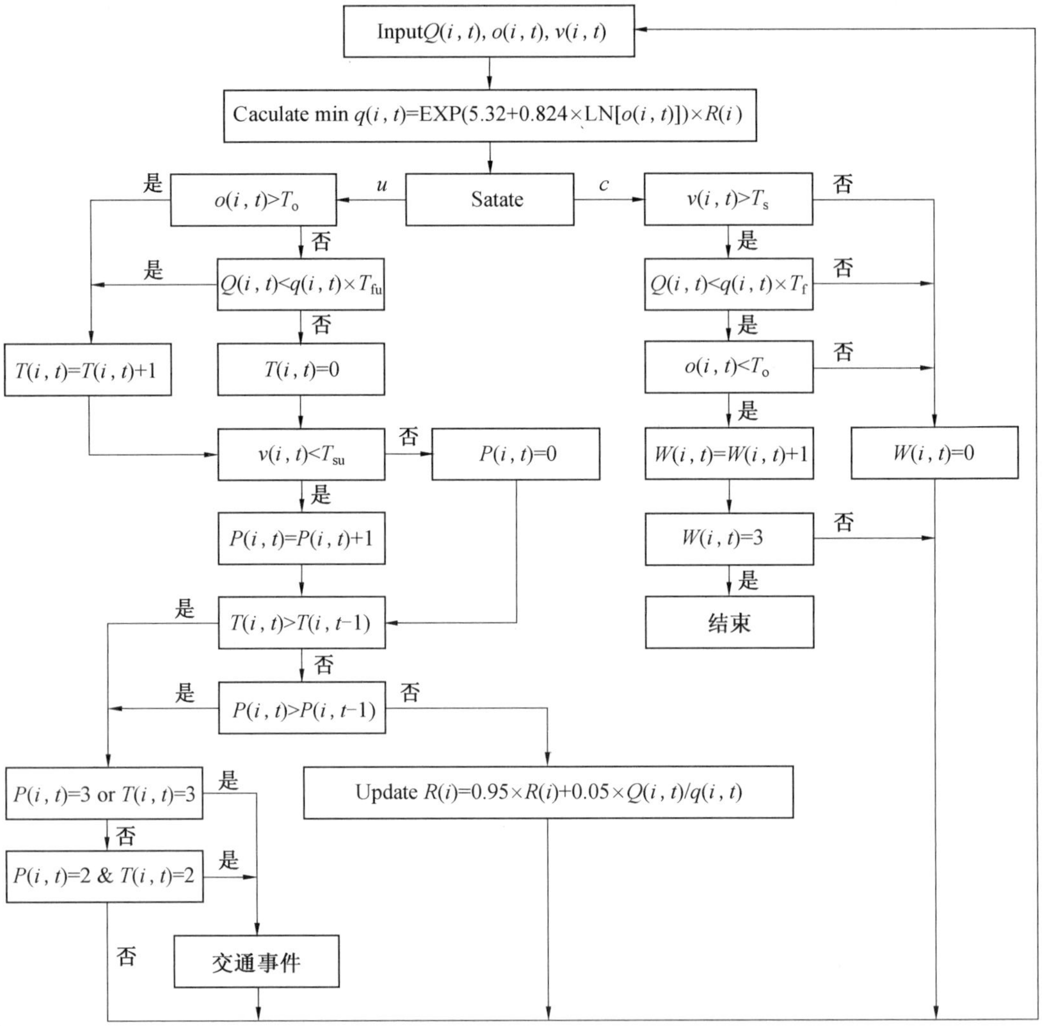

图 11.13　McMaster 算法的事件检测逻辑流程

图中符号说明：i 为站点编号，t 为时间，$Q(i,t)$ 为 i 站点 t 时刻的流量，$o(i,t)$ 为 i 站点 t 时刻的占有率，$v(i,t)$ 为 i 站点 t 时刻的速度，u 为无事件，c 为事件，$q(i,t)$ 为最小非事件状态流量，T_o 为占有率阈值，T_s 为拥挤速度阈值，T_{fu} 为非事件状态流量阈值，T_f 为事件状态流量阈值，T_{su} 为非事件状态速度阈值，$T(i,t)$ 为非事件状态下流量、占有率持续性检测次数[$T(i,t)=3$]，$P(i,t)$ 为非事件状态下流量速度持续性检测[$P(i,t)=3$]，$W(i,t)$ 为事件持续性识别次数[$W(i,t)=3$]，$R(i)$ 为用来更新最小非事件状态流量公式的因子，$W(i,t)$ 为事件检测计数值。

McMaster 算法与加利福尼亚 8＃算法的区别：在 McMaster 算法中，下游检测器的故障不会影响事件检测，这与加利福尼亚 8＃算法不同；在验证可能的事件时，它使用流量作为输入，而加利福尼亚 8＃使用占有率作为输入；McMaster 算法的平均检测时间为 30 s，比加州 8＃要快；McMaster 算法在验证事件时，考虑了偶发性拥挤，能降低误警率。

McMaster 算法主要的缺点：在定义阻塞与非阻塞边界时考虑了交通流及道路几何线性的变化，因而该算法需要对不同的地点和不同的数据集重新定义，这导致其可移植性较差，而且该算法预定的阻塞与非阻塞边界不能在实际运行过程中随时间变化。

②低流量算法。

大多数算法在低流量交通状态下存在问题，这是因为它们只检测宏观交通变量，如流量、排队和拥挤等。当车流量小时，这些宏观变量在事件发生时变化不显著。得克萨斯交通协会开发了一套低流量交通事件检测算法，它利用路段车辆的输入输出分析来确定是否有事件发生。根据进入车辆的速度和进入时间(假设车辆以不变速度通过测试区)来预测它的离开时间。在车辆进入路段和预测的离开时刻对车辆进行计数，如果离开车辆数小于进入的车辆数，说明该路段发生了交通事件；如果离开的车辆数等于进入车辆数，说明没有交通事件；如果离开的车辆数大于进入的车辆数，则情况不明。

(4)基于人工智能的算法。

这类算法中最具代表性的是模糊逻辑算法和神经网络算法。

①模糊逻辑算法。

Chang 和 Wang 于 1994 年提出了交通事件检测的模糊算法，其主要思想是构建模糊规则形式的知识库，通过推理系统区分相应的交通状态。

模糊逻辑算法的主要优点是采用了模糊逻辑，消除了传统算法因阈值而引起的临界决策区。在该算法中，确定各个模糊集的隶属函数是一项至关重要的工作，隶属函数合适与否，直接影响到检测率和误报率。所以，隶属函数的确定是该算法的难点。该算法另一个突出优点便是检测时间短，如果隶属函数恰当，检测率和误报率都比较理想。

②神经网络算法。

交通流运行状态的变化是十分复杂的，其影响因素很多，随机性很大。应用神经网络，极大地简化了建模问题，避免了理论上对原有模型的修补，可直接用交通流数据训练后的神经网络来描述交通流规律。

20 世纪 90 年代早期，加利福尼亚大学尔湾分校的研究者就探索了利用神经网络进行事件检测的可能性。事件检测网络通常都是多层向前传播的，即 MLF 网络。MLF 一般由 3 个层组成，输入层接受从线圈传感器取来的数据，中间层处理数据，输出层给出结果。网络的训练一般在算法工作前进行。通过试误法，网络会根据输入和输出获得适当的权值。尽管早期的研究成果令人乐观，但实地情况下的测试没有进行过。

在交通事件检测方面所用到的神经网络类型主要有概率神经网络(PNN)模型、多层感知器(MLP)网络模型和模糊神经网络(FNN)模型。

神经网络算法尽管具有一系列优点,但其缺陷不容忽视:训练数据对真实的历史数据依赖性强;算法的可移植性较差;神经网络模型的推广有限,但是该算法的发展潜力很大。

(5)基于小波分析理论的算法。

小波分析在处理突变信号方面有着突出的表现,具有很好的时频特性和局部特性。公路交通流具有很大的惯性,除非发生交通事件,否则交通流不会发生突变。基于小波分析理论的算法就是将交通流的突变信息,经小波变换提取出来,根据判断逻辑得出是否有交通事件发生的结论。

11.3.4 交通事件检测评价指标

1. 评价指标及其相互关系

通常,一个交通事件检测系统的性能主要由 3 个参数来度量,它们是检测率(detect rate, DR)、误报率(false alarm rate, FAR)和平均检测时间(mean time to detection, MTTD)。

DR 是一定时长内算法检测到的事件数与总发生事件数的比值。FAR 是指一定时长内系统做出的虚假警报数占系统总决策数的百分比。这两个指标决定算法的有效程度。MTTD 是指事件从发生到被检测算法探测到所用的平均时间,这个指标反映了算法的效率。一个算法在特定的交通状况下的性能值并不是确定的,它们通常和算法采用的阈值有关。这 3 个指标并不是相互独立的,在许多情况下,都需要在算法工作之前为它确定一个或一组阈值,而阈值决定了算法对交通模式变化的敏感程度。

高敏感度的算法可以检测到更多对交通流影响较小的事件,提高算法的检测率,但付出的代价是造成更多的误报,即误报率上升。在许多情况下,如果不是有事件发生的话,异常的流量模式会在一两分钟内消失。因此,一些算法所采用的持续检验策略可以把这些事件模式滤去。这样可以在保持检测率不变的情况下降低误报率,然而,持续检验也增加了检测时长,这可能会使交通拥挤更加严重。

对算法性能的评估,不能单纯强调单个指标的最优,而要综合考虑 3 个指标之间的平衡,指标 PI 可以用来作为衡量标准:

$$\mathrm{PI}=[(100-\mathrm{DR})/100]^m\times\mathrm{FAR}^n\times\mathrm{MTTD}^p \tag{11.15}$$

式中,m、n、p 均大于零,强调 DR、FAR 和 MTTD 的重要性。DR 和 FAR 由算法的阈值决定,而采用什么样的检查过滤策略取决于 MTTD。从运营角度讲,应将控制误报率放在首位,过高的误报率会使人对算法失去信心。

高效的交通事件检测需具有 3 个基本特性:平均检测时间短、检测率高、误报率低。

事件被系统检测出来的时刻是极其重要的,它是事件确认、事件处理、设置交通预警信息等后续活动的起点。研究表明,50%以上的二次事故是在一次事件发生后 10 min 内发生的。在准确检测事件的前提下,只有满足快速检测的要求,才能及时处理事件和设置预警信息,减少交通拥堵,预防二次事故。

检测时间、检测率和误报警率三者是相互关联的,一个指标性能的提高通常会导致其他指标性能的降低，在这些指标间应当进行适当的取舍。在一定时间内，事件发生后持续时间越长，交通流参数变化越大，事件检测率也就越高。一般认为，事件检测率和事件平均检测时间正相关，也就是说，要提高事件检测率，可以采取延长检测时间的方法，而如果减少事件检测时间，则会降低事件检测率，这是一对辨证存在的矛盾，检测率、误报警率和检测时间的关系曲线如图 11.14 所示。对平均检测时间和检测率而言，单独重视一个方面而使另一个方面变得更糟的系统将难以满足实际应用的要求，大多数事件检测算法都以提高事件检测率并减少平均检测时间为目标。

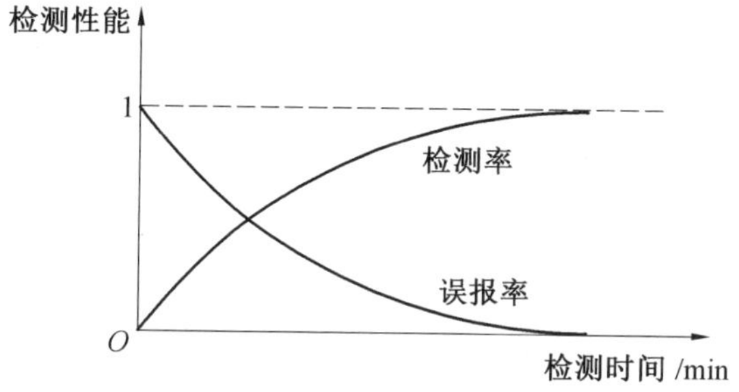

图 11.14　检测率、误报警率和检测时间的关系曲线

然而，检测时间越少，误报率也就越高。用户总是希望系统能够把各种类型的所有事件都检测出来，但系统在努力达到这个目标的同时，会出现更多的误报现象，即把正常情况判断为交通事件。如果误报现象过多，则必须增加大量的人为判断，以确定是否误报，使系统的自动化、智能化程度降低。为了降低误报率，目前广泛采用的方法是持续性检测，即在上报交通事件信息之前，须对此事件信息保留一段时间，在此时间内持续检测事件，可有效降低误报率，误报率随检测时间的延长而减小。

令人满意的 AID 算法的误报率不能超过某一设定的容许值，且具有可接受的平均检测时间和检测率。目前尚未发现一种算法在 3 个性能指标上同时优于其他所有算法的。理论上，评价交通事件自动检测算法的性能时可以认为这 3 个指标同等重要，但实际应用时，还应依照交通路段的特点对 3 个指标设定不同的优先级，然后再对算法做出评价。

根据美国加利福尼亚大学贝克利分校交通运输研究协会 2002 年 1 月公布的资料，一些常见事件检测算法的评价指标，见表 11.3。

表 11.3　常见事件检测算法的评价指标

算法		检测率(DR)/%	误报率(FAR)/%	平均检测时间(MTTD)
加利福尼亚算法	基本算法	82	1.730 0	0.85 min
	＃7	67	0.134 0	2.91 min
	＃8	68	0.177 0	3.04 min
	综合算法	86	0.050 0	2.50 min
标准正态偏差算法		92	1.300 0	1.10 min
McMaster 算法		68	0.001 8	2.20 min

续表 11.3

算法		检测率(DR)/%	误报率(FAR)/%	平均检测时间(MTTD)
贝叶斯算法		100	0.000 0	3.90 min
指数平滑算法		92	1.870 0	0.70 min
低流量算法		49～78	当流量<400 辆/h 时,每 7 h 误报 1 次;当流量在 900～1 000 辆/h 时,每 2 h 误报 1 次	—
莫尼卡算法		差	好	好
模糊集算法		好	好	比常规算法快 3 min
神经网络算法	MLP	89	0.010 0	0.96 min
	PNN	89	0.012 0	0.90 min

2. 误报和漏检成因分析

一个理想的 AID 算法其误报率应为 0,检测率应为 100%,但所有算法都达不到这种理想状况,只能努力提高检测率和降低误报率。为了做到这一点,有必要认清哪些事件容易被 AID 算法漏掉,公路上发生的哪些情况会造成误报。国外已有学者做过这方面的研究,Payne 和 Tignor(1978)按事件的性质和事件发生后的交通流状况将事件发生后的交通流模式分为 5 类,其中,以下 4 类容易造成误报。

(1)事件发生后,交通流处于通畅状态,且事件造成的影响并不严重。当事件发生在路肩上或者车道堵塞后的道路通行能力依然高于上游交通量时,这种流量模式就很容易发生。除非在靠近事件点附近有排队发生,流量模式不会发生大的变化,这样的情况很容易被检测算法所漏掉。是否漏掉一般取决于事件发生点与其临近的检测器的距离。

(2)事件发生后,交通流处于通畅状态,并且事件造成的影响在交通数据上的体现并不明显,属于这种事件的典型情形包括:夜间发生的事件或者轻交通流情况下的车辆路边抛锚。这种事件一般并不会造成排队,因而在交通流模式上并无明显的反映。普通的事件检测算法一般不会发现这种事件。

(3)事件发生在重交通流情况下,事件发生点的通行能力小于下游交通量。这种情况一般发生在拥挤已形成的路段。这种事件一般会造成下游需求的减少并因此使下游流量逐渐减少。不过,下游区域的清空一般发生得相当缓慢并且几乎不会对上游产生影响,除非事件很严重。一些事件检测算法可以检测到,但必须在事件发生了一段时间之后。

(4)事件发生在重交通流情况下,事件点处的通行能力不小于下游流量。这种情况和第 3 种情况类似,但由于事件后的通行能力仍大于下游交通量,所以对流量模式的影响就相当小了,通常这类事件的效果是局部性的,并不会被检测算法所检测到,除非下游拥挤由于某种原因而消失。

道路上经常会发生一些情况造成与事件相似的交通流模式,这些情况构成了 AID 系统误报的主要来源。Chasiakos 指出了这些情况，可分为以下 4 类。

(1)瓶颈路段：这些瓶颈一般都位于高速干道交织区车道发生增减处、交通量很大的入口匝道处或交叉口处。表现在检测器数据上就是上、下游相邻检测器间保持长时间的很大的占有率差异。

(2)交通脉冲：这些脉冲是由移向下游的车队造成的或者是由于入口匝道在一定时长内持续释放大流量交通造成的，上游检测器占有率会上升，同时下游检测站的占有率也会随之有类似的上升。

(3)压缩波：这些波是在拥挤的重交通流状态下，由交通流运行过程中的微小扰动引发的，体现为车队周期性的加减速动作。压缩波是虚假警报的主要来源，表现为占有率突然有大的上升，并且这种上升向交通流前进方向的检测器延伸。

(4)随机波动：由于交通流的随机性本质，这种波动会经常被观察到。这种波动一般表现为持续时间较短和峰值不是很大的占有率波动。

11.4　高速干道监控系统

高速干道监控系统是 ITS 的重要组成部分，该系统利用监控设备对道路的运行状况进行信息采集，并在控制中心系统对采集信息进行分析处理，从而形成道路交通控制决策和指挥调度指令，最终通过发布指令信息引导车辆快速、安全、舒适、高效通行。高速干道监控系统一般分为监视系统、情报系统、传输系统、中心控制和显示系统等部分。

11.4.1　监视系统

监视作为获悉道路交通事件的一种手段，能帮助管理人员迅速采取行动，包括：在发生事件后，提供紧急服务(如消防、救护等)；在车辆发生故障时，提供修理服务；在事件可能影响范围内，为汽车驾驶人提供情报服务。运用监视系统的目的在于尽快发现交通事件，以便采取有效措施，迅速消除安全隐患或疏解交通拥堵。经常采用电子设备自动监视来探测交通事件，需要在高速干道上安装检测器，并将检测器与中心监控室相连，控制中心可实时、自动获取高速干道上各类事件。另外，航空巡视系统、电话系统、援助合作系统、公路巡逻车等也是常用监视方法。

1. 监视种类、范围及系统构成

(1)监视种类。

监视种类分为数据监视和图像监视。数据监视通过软件监视外场检测设备采集的交通数据、气象数据、交通运行数据、异常事件数据、车辆运行状态数据等实现；图像监视则通过控制中心的大屏幕投影、监视器墙、显示器监视道路沿线摄像机的视频图像实现。

(2)监视范围。

监视范围一般包括高速干道所辖管理区段及与其他道路的结合部，重点监视交通量较大或事故多发的路段、互通立交、特大桥、特长隧道及枢纽互通区域等，同时也包括对特定高风险运输车辆的监视。

(3)监视系统构成。

高速干道监视系统一般包括道路监控系统、隧道监控系统、桥梁监控系统等。对于含有隧道的路段,还需有隧道火灾报警、隧道环境监测、隧道照明、隧道有线广播视频监视系统。各系统由控制中心集中监控管理,系统组成如图 11.15 所示。

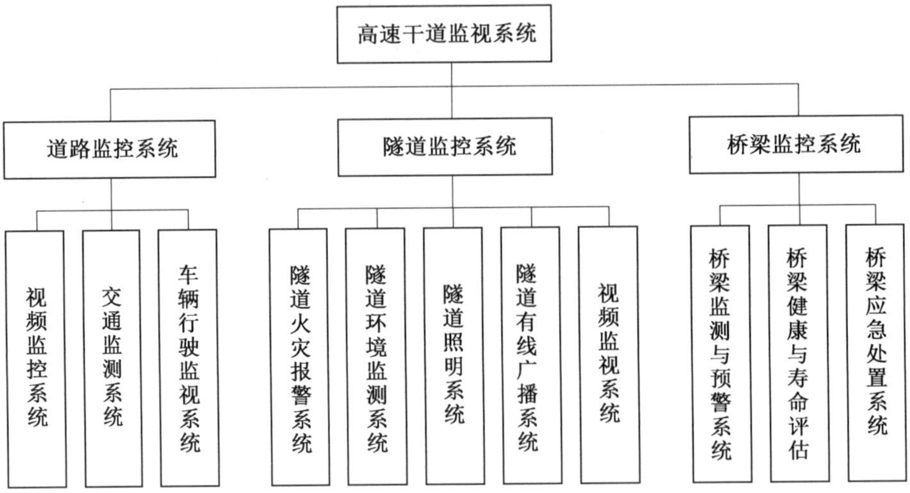

图 11.15　高速干道监视系统构成

2. 道路监控系统

(1)视频监控系统。

视频监控系统一般由前端监控资源、传输网络和后台视频监控管理平台 3 部分组成。前端监控资源包括高速干道和普通干线公路重要路段、大型桥梁、长大隧道、大型互通式立交桥及移动车载或手持(单兵)监控摄像机。传输网络主要由骨干传输网络和接入网络组成。后台系统将固定监控点视频图像、移动视频图像整合接入视频监控管理平台,实现大屏显示、图像存储、事件分析、图像共享等功能。视频监控系统组成如图 11.16 所示。

前端视频监控点一般布设位置如下。

①重要节点。

a. 高速干道的枢纽互通立交,按监视范围和角度设置 1~2 处视频监控点。

b. 特大桥梁,宜小于 2 km 间距设置一个视频监控点。

c. 长大隧道,宜设置视频监控点,设置间距一般为 120~150 m。

d. 高速干道与其他道路形成的平面交叉或立体交叉,宜作为视频监控点。

②重要路段。

a. 易拥堵、易发生突发事件路段,宜小于 5 km 间距设置一个视频监控点。

b. 恶劣气象条件频发路段,宜小于 5 km 间距设置一个视频监控点。

c. 具有明显地形地貌、气象分界特征的路段宜设置视频监控点。

d. 公路长下坡、高边坡、避险车道、地质灾害易发等危险路段,宜作为视频监控点。

e. 节点间距超过 20 km 路段,宜间隔 10~20 km 设置一处监测点。

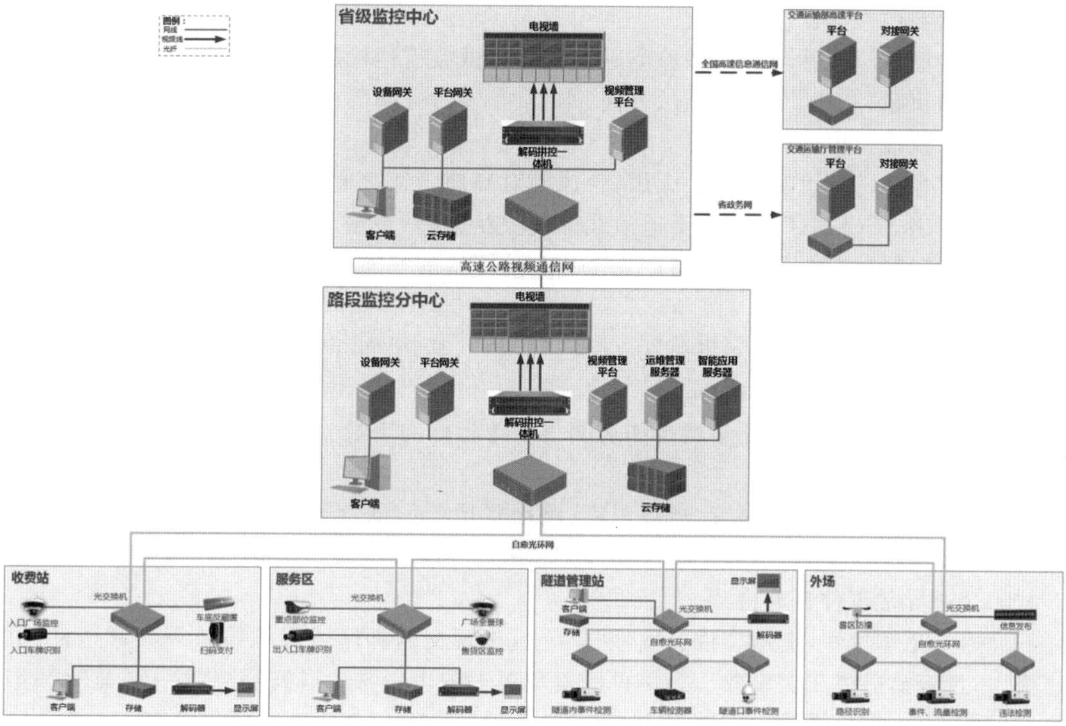

图 11.16　视频监控系统

(2)交通监测系统。

用于实时采集高速干道上的交通参数、环境与气象信息、交通异常事件,并进行分析和处理。

①交通参数采集设备布设策略。

交通参数是评价一条高速干道服务水平最基本的数据,也是评价交通流的稳定畅通的依据,交通数据的积累是运营管理者制定重大交通决策的基本依据。由于布设外场设备工程量大、成本高,在实际工程建设中难以密集布设,一般采取区间划分的策略进行设备布设。

a. 特殊路段区间划分。

对分流、合流、弯道、上下坡路段进行特殊区间划分,先根据对这些路段的现场调查、观察结果,计算在自由流、稳定流、拥挤流下的平均交通流长度,再根据这些状态出现的频率比例分别赋予权值,最后求出加权平均交通流长度进行子路段区间划分。

b. 正常路段区间划分。

对正常路段进行一般性区间划分,根据对这些路段的现场调查、观察结果,计算在自由流、稳定流、拥挤流下的平均交通流长度,取其最小长度作为正常路段子区间的长度。

c. 子路段区间设备布设。

在划分的子路段区间上,考虑区间内发生拥挤的最不利情况,以获得区间内平均车速为目标,确定需要的样本量,即检测断面数,从而确定区间内所需要的检测器数量,将这些检测器进行等距分布设置。

②交通参数检测。

常见检测方法包括环形线圈检测、视频检测、微波雷达检测、激光雷达检测等，检测信息包括交通流量、车速、车牌、位置、方向、车型、车道占有率等。

③气象及能见度检测。

不良气象条件如大雾、冰冻、大雨、台风等对高速干道交通运行安全构成重大威胁，作为道路管理者，需及时了解高速干道沿线的气象状况，并根据气象状况采取相应的交通控制措施，保障道路使用者的生命财产安全和高速干道的畅通。常见检测类型如下。

a. 气象检测。

检测特殊气候信息，如测量温度、湿度、气压、风速、风向、降水量、降水强度和降水等。

b. 能见度检测。

能见度检测是对大气光学状态如透明程度等指标的定量分析与检测。

c. 路面状态检测。

检测结冰路段的路面温度、冰点温度、路面状况（干、潮、湿、冰、雪、霜）、摩擦系数、含冰比例等信息。

④交通异常事件自动检测。

高速干道车速快，交通事件突发性强，一旦出现交通拥堵或交通事故等异常事件，危害极大，且容易造成二次事故。为尽可能避免更大的生命财产损失，需及时准确地检测出交通异常事件，提高系统响应速度，为突发事件处理和紧急救援赢得宝贵时间。

该类检测主要对以下交通事件进行检测：停车、交通拥堵、车辆排队超限、行人进入高速干道、车辆逆行、低速车辆检测、车距小于允许值检测、交通事故、车辆丢抛物检测等。这类检测在检测交通事件的同时，还可提供检测范围内的交通参数，如车流量、平均车速、车间距、车道占有率等。

（3）车辆行驶监视系统。

车辆行驶监视系统是我国针对特定高风险运输车辆（“两客一危”）实施的强制性安全管理措施，主要用于监控和管理从事长途客运和危险货物运输的车辆。其中，“两客”指从事旅游包车业务的大型客车和三类及以上班线客车，“一危”指运输危险化学品、烟花爆竹、民用爆炸物品等危险货物的专用车辆。

为防止重大交通事故的发生，国家相关部门要求此类车辆必须安装符合国家标准的卫星定位装置，尤其是兼容北斗卫星导航系统的车载终端，实时追踪车辆的位置、行驶速度、行驶路线、驾驶状态等信息，并将这些数据实时传输至全国重点营运车辆联网联控系统。监管部门可实现对“两客一危”车辆的动态监控，及时发现超速、疲劳驾驶、偏离既定路线等安全隐患，提高道路运输安全管理水平，减少交通事故的发生。同时，也为运输企业提供了一种有效的内部管理和安全运营工具。

3. 隧道监控系统

隧道监控系统主要由隧道交通和隧道内环境的监视、检测和控制系统组成。

（1）监视与检测设备。

监视与检测设备用来监视隧道内交通运行情况、检测隧道内交通和环境参数的设备，包括摄像机、交通事件检测器、车辆检测器、能见度检测器、一氧化碳检测器、风向风速检测器、亮度检测器、超高车辆检测器和火灾探测器等。

(2)报警设备。

报警设备发生紧急事件时,用于向隧道内道路使用者报警的设备,包括手动报警按钮、紧急电话、火灾自动报警设备等。

(3)控制和诱导设备。

控制和诱导设备用来对隧道内交通及环境进行控制和诱导的设备,包括交通信号灯、车道控制标志、可变情报板、可变限速标志、隧道广播,以及通风设备、照明设备的控制装置等。

4. 桥梁监控系统

据不完全统计,仅 2000—2019 年我国共发生桥梁坍塌事故 85 余起,给国家财产和人民生命安全带来了巨大损失,造成了严重不良社会影响。桥梁监控系统旨在确保桥梁结构安全、优化运维管理、预防突发事故,以及为桥梁维护和性能评估提供科学依据。桥梁监控系统的主要组成和作用如下:

(1)数据采集。

①传感器网络。

安装各类传感器,如应变传感器监测结构应力变化,振动传感器监测结构动态响应,静力水准仪测量桥梁挠度,裂缝计监测裂缝扩展,索力传感器监测斜拉索或悬索张力,温湿度传感器记录环境条件,风速风向仪监测风荷载效应等。

②视频监控。

部署摄像机,实时监控桥面交通状况、行人行为、结构外观变化及周围环境情况。

③数据采集终端。

整合所有传感器数据,进行初步处理和存储,确保数据完整性与准确性。

(2)数据传输。

通过无线通讯技术将数据实时传输至监测中心,也可采用光纤、微波、卫星等有线传输方式。

(3)桥梁监测中心。

①数据解析与融合。

对接收到的原始数据进行清洗、整理和标准化处理,形成可供分析的数据集。

②实时监测与预警。

运用数据分析算法实时评估桥梁状态,当监测指标超出预设阈值时,触发预警机制,通过短信、邮件或系统告警等方式通知相关人员。

③健康评估与寿命预测。

通过大数据分析和机器学习算法对桥梁结构健康状况进行定期评估,并预测剩余使用寿命,为养护决策提供支持。

④监控平台。

构建可视化监控平台,直观展示桥梁各项监测数据和分析结果,包括实时监测数据、历史趋势图、结构状态评价、预警信息等。

⑤应急响应。

设立应急预案，当系统发出预警时，迅速启动应急响应程序，协调交通管制、维修队伍和相关资源到位。

11.4.2 情报系统

情报系统即信息系统。情报系统可提供文字、图像、声音等多种交通信息，一般通过视觉、语音等方式一次或多次传递给驾驶人。传递情报的基本原则是越重要的情报，应给予越多的传递机会；避免使用过多的情报减弱接收效果，提前给出情报，使驾驶人有所准备；传递出去的情报应保证能通知到驾驶人，并使其产生兴趣、注意或警醒等感觉、知觉。常用的情报传递方式有可变情报板、车载信息终端等。

1. 可变情报板

可变情报板作为高速干道监控系统的重要信息发布载体，可显示图形、图像和文字信息，向驾乘人员及时发布路况、交通诱导、天气、道路维护等交通信息，同时还可进行交通知识和法规的宣传。

(1)组成。

可变情报板功能的实现总体分为 3 层，最上层为主控计算机，播放列表数据以及媒体素材数据由它生成。中间层为通信服务层，它以物理链路为基础，由主控计算机和情报板控制器的软硬件实现，负责播放列表数据、媒体素材数据以及控制命令数据在主控计算机与情报板控制器之间的传递。最下层为情报板控制器，它是 LED 可变情报板的直接控制单元，接收由主控计算机发送的相关数据和命令，对本地素材进行加工整理，生成视频数据发往 LED 驱动扫描卡，驱动扫描卡将视频数据进行处理后扫描到 LED 屏体，最终完成显示过程。

(2)作用。

①路况信息发布。

通过可变情报板发布路况信息、事故信息，使驾驶人能够根据路况信息提早预判，优化策略，充分应对，从而达到提高道路通行效率、降低事故风险的目的。据统计，在德国巴伐利亚州 A9 高速干道上适用可变信息发布系统后，提高了交通流量 35.9%，事故发生率下降了 34.4%，降低了人员伤亡率，二次追尾交通事故发生率下降了 31%。

②车辆超速预警提示。

国内某高速干道 2003 年交通事故统计表明，超速驾驶、超载等违章造成的交通事故数占总交通事故数的 61%。通过在交通量较大的高速干道设置超速预警设备，对超速行驶的车辆进行图像抓拍并提取车牌号，发布到前方可变情报板，能够对超速车辆驾驶人起到警醒、威慑作用，从而降低交通事故发生率。

③主线交通诱导。

在互通立交出口前的主线路段设置大型可变信息标志或悬臂式信息发布屏，用来发布前方路段或相关路网交通信息，可兼作主线控制设备。若前方路段或路网相邻路段发生交通异常事件，可及时通告道路使用者，使其及时选择合适的行车路线；当存在替代路线时，可及时发布路径诱导信息。另外，还可发布公共信息、临时或紧急信息等。

④入口交通控制。

根据道路上交通流量、服务水平和交通异常情况，通过控制进入高速干道的车辆数量和进入时间及频率，保障高速干道的正常运行。控制方式如下。

在收费广场前方路段或被交道路与互通立交的交叉口处设置悬臂式信息发布屏，用于向进入高速干道的车辆发布交通信息，告知高速干道的交通运行状况，如畅通、拥堵、封闭等，诱导车辆进入或者不进入高速干道。

利用收费车道进行入口车辆放行控制。这种方式可以通过控制放行的频率或放行的时间来控制进入高速干道的车辆，从而保证主路的正常运行。

通常情况下，可采用收费车道入口控制和被交道路信息发布相结合的方式进行入口交通控制。

2. 车载信息终端

车载信息终端是车路协同系统中车辆端的关键设备，它集成了一系列通信与感知技术，旨在使车辆能够与道路基础设施、其他车辆以及交通管理系统进行实时的数据交换与互动。

(1)组成。

车载信息终端主要利用环境感知技术和信息交互技术，获取交通环境信息、自车信息、周边车辆信息等，为机动车驾驶人提供安全信息支持。

车载信息终端可分为车载信息获取子系统、车载信息交互子系统。车载信息获取子系统分为车辆运动状态获取、车辆定位信息获取以及行车环境感知。车载信息交互子系统分为车车信息交互和车路信息交互，通信平台为信息交互服务。

(2)作用。

①V2X 通信。

利用专用短程通信(DSRC)或 C-V2X(基于蜂窝的 V2X)技术，实现车与车、车与路侧单元(RSU)、车与云端的双向通信。

②车路信息交互。

车辆通过车载信息终端可以接收来自路侧设备的交通状态信息、道路状态信息以及交通管制信息；路侧设备可接收车辆的运动状态信息、定位信息等，并将数据传递给指挥中心。

③交通诱导与救援。

车载信息终端能显示突发情况的预警和警告，同时能够与管理中心进行交互，实现事件、事故上报。此外，突发交通事故指挥中心需要疏导交通时，车载信息终端可提示疏导信息，进行车辆引导。

④环境感知与数据处理。

车载信息终端搭载有各种传感器，如 GPS 定位模块、惯性测量单元(IMU)、雷达、摄像头等，用于实时收集车辆自身状态、周围环境信息，并通过终端内部处理器进行数据分析与处理。

⑤智能决策与执行。

基于接收到的信息，车载信息终端能够辅助或自主做出驾驶决策，如调整行驶路线、车速控制、紧急制动预警等，以避免碰撞、优化行驶路线或遵守交通规则。

⑥集成导航与信息服务。

车载信息终端为驾驶人提供实时交通信息、路况预警、最优路径规划等服务，提升出行效率和体验。

⑦安全与隐私保护。

车载信息终端内置安全模块，确保通信数据的安全性与隐私保护，防止信息篡改和未经授权的访问。

随着技术不断演进，车载信息终端在车路协同系统中将发挥越来越大的作用，成为未来 ITS 不可或缺的组成部分。

11.4.3 传输系统

将高速干道交通监控系统的外场监测设备与后台信息处理、指挥调度系统连接起来，为交通状态信息采集和控制指令发送提供通道。根据传输业务种类、传输距离的不同，传输系统往往采用不同的策略和技术方案。

1. 传输业务类型

(1)数据业务。

数据业务主要包括外场设备的信息采集和控制中心的指令下发。

外场设备的信息采集主要包括车辆检测器数据、气象检测器数据、能见度检测器数据、情报板数据、可变限速标志数据、紧急电话报警记录、交通拥堵等事件告警信息、事故记录、查询相邻道路信息等。外场设备的信息采集可以通过两种传输方式实现，即有线传输和无线传输。当高速干道沿线已经铺设通信传输线缆和布设通信设施时，或者外场设备与控制中心距离较近时，宜采用有线传输。当外场设备距离控制中心较远，布设位置无通信线缆，或者外场设备临时搭建时，一般采用无线传输。

控制中心的指令下发主要包括上下级控制中心的协调控制指令、情报板显示内容发布指令、可变限速标志限速发布指令、外场设备参数下发指令、外场视频图像选择与控制指令、摄像机云台控制指令等。控制中心的指令下发的传输方式也可采用有线传输和无线传输，具体选择何种方式取决于所控外场设备与控制中心之间线缆布设情况和距离远近等条件。

(2)视频业务。

视频业务主要包括高速干道沿线外场摄像机视频图像实时采集、控制中心视频图像共享访问等。

外场摄像机视频图像实时采集主要包括车辆通行状况视频图像、道路设施运行情况视频图像等，图像传输有两种选择，即模拟视频信号传输和数字视频信号传输。现在大多数系统已经转向数字视频传输，广泛应用于视频监控、数字电视、网络流媒体、视频会议等领域。

控制中心视频图像共享访问主要包括实时车辆通行状况视频图像、道路设施运行情况视频图像，以及存储的历史视频图像等。视频共享传输一般采用数字视频传输技术，充分利用互联网、局域网、无线通信等网络资源，以及数字电视、计算机、智能手机等终端资源，实现灵活方便的视频共享播放。

(3)语音业务。

语音业务包括程控电话交换网通话、交通广播等。

程控电话交换网是为高速干道管理提供统一编号的专用地区电话交换网，可实现专网内上下级互联、专网与公网中继连接、指令电话、紧急电话、电话查询、公网对专网呼叫和专网对公网呼叫等功能。传输方式一般为电缆传输和光缆传输。

交通广播主要为高速干道提供路况信息、突发事件疏导、提醒提示服务、文化宣传语音服务等。交通广播传输分为有线和无线两种，一般在无线信号较弱或者无信号路段才采用有线传输方式，如位于隧道内的广播系统。

2. 有线与无线传输

(1)有线传输特点。

有线传输通常提供更稳定的数据传输速率和信号质量，不易受外界环境影响，如天气变化、电磁干扰等。相比无线传输，有线传输更难被窃听或干扰，提供了更好的数据安全性和隐私保护。有线网络，特别是光纤，能够提供极高的带宽，适合大数据量的高速传输，如数据中心间的数据交换。需要高度可靠数据传输时，有线传输是首选。

但有线传输布线复杂，安装和维护成本较高，不便于更改布局或扩展。另外，有线传输移动性差，物理连接限制了设备的移动性，不适合需要频繁变动位置的应用场景。

(2)无线传输特点。

无线传输允许设备在没有物理连接的情况下自由移动，提高了部署的灵活性和用户的便利性。设备易于安装和扩展，不需要复杂的布线，减少了初期建设和后期调整的成本。无线传输覆盖范围广，通过基站、卫星等技术，无线网络可以覆盖更广阔的地理区域，特别适合偏远地区的接入。无线传输在紧急情况或临时活动中能快速建立网络连接，如应急救援等。

但无线传输稳定性相对较弱，无线信号会受到障碍物、其他无线设备干扰，以及天气条件的影响，导致传输不稳定。另外，无线信号易被截取，需要额外的安全措施来保障数据安全。

3. 常见有线传输方式

(1)双绞线(twisted pair)。

双绞线是最常见的有线网络介质之一，分为屏蔽双绞线(STP)和非屏蔽双绞线(UTP)。适用于局域网(LAN)通信，成本较低，安装简便，但传输距离和带宽相对有限，易受电磁干扰。

(2)同轴电缆(coaxial cable)。

同轴电缆由内导体、绝缘层、网状导体和保护层组成，分为基带同轴电缆和宽带同轴电缆。同轴电缆传输距离较长，抗干扰能力优于双绞线，但不如光纤，且不便于灵活布线。

(3)光纤(optical fiber)。

光纤利用光脉冲传输数据，分为单模光纤和多模光纤。光纤传输速率极高，可达GB/s甚至更高速度，传输距离远(可达数十至数百千米)，抗电磁干扰能力强，信号衰减小，是长距离高速数据传输的最佳选择，但成本相对较高，安装和维护需要专业技能。

4. 常见无线传输方式

(1)长期演进/第四代移动通信技术。

长期演进技术(LTE)和第四代移动通信技术(4G)作为两种重要的高速数据传输技术，LTE 网络的理论峰值传输速度可达到 100 Mbits/s，而 4G 同样能提供下行峰值速率 100 Mbits/s、上行 50 Mbits/s 的数据传输速度。LTE 作为 3G 向 4G 过渡的重要技术，其架构更加扁平化，减少了网络节点数量，降低了数据传输延迟。4G 支持移动设备的高速互联网接入、视频流和 VoIP 服务，具有较好的覆盖范围和移动性。

(2)第五代移动通信技术。

第五代移动通信技术(5G)，显著提升了数据传输速率(理论峰值可达 20 Gbits/s)，降低了延迟，增强了连接密度，支持大规模物联网设备连接，为超高清视频、远程医疗、自动驾驶等应用奠定了基础。

(3)卫星通信。

卫星通信(satellite communication)是利用地球同步或非同步轨道上的卫星作为中继站，实现全球范围内的通信覆盖，适合偏远地区、海上或空中通信，但存在延迟较高(数百毫秒)、初期投资成本大等问题。

(4)低功耗广域网。

低功耗广域网(low-power wide-area networks，LPWAN)专为物联网(IoT)设计，特点包括低功耗、广覆盖、低成本，适合传输少量数据，如远程抄表、环境监测。覆盖范围广，可达几千米至几十千米，但数据传输速率较低。

(5)点对点微波链路。

点对点微波链路(point-to-point microwave links)是直接在两个固定点之间建立的无线链路，通常用于企业、数据中心之间的数据传输，数据传输速率高(可达几个 Gbits/s)，但需要视线(LOS)且安装成本相对较高。

11.4.4 中心控制与显示系统

1. 中心控制系统

中心控制系统是高速干道交通控制系统的心脏(即控制中心)，主要以电子计算机及网络为核心，并由多种外部设备组成。中心控制系统的主要功能是分析处理检测器的情报、控制信号和可变情报板、为显示和记录设备提供情报数据。

(1)组成。

中心控制系统由硬件和软件两部分组成，硬件包括监控服务器、交通控制计算机、通信计算机、外场设备等，软件包括计算机操作系统、数据库管理软件、通信应用软件、数据采集软件、交通控制应用软件等。

(2)作用。

①信息汇集。

控制中心信息采集设备与外场监控设备通过通信系统互相连接，及时掌握道路状况、交通流状况、气象状况、设备运行状况以及事故报警等信息，接收下级监控中心及相关系统上传的下列数据和信息。

通过车辆检测器采集的数据获得高速干道交通数据，包括交通量、车流密度、平均车速、车道占有率等参数。

通过气象检测设备及气象部门获得沿线气象参数，包括湿度、温度、风力、风向、降雨(雪)量、路面结冰状况、雾、能见度等。

通过隧道内的CO/VI检测器获得隧道内的环境信息，包括一氧化碳浓度、能见度等。

通过光强检测器获得隧道内的光强度。

通过使用者触动手动报警按钮或火灾探测器自动检测获得火灾信息。

可接收大小型可变信息标志、信息发布屏、可变限速标志的内容，发布命令的时间。

可接收人工输入事件记录：天气预报记录，天气实况记录，降雨情况记录，来电记录，道路管制记录，肇事车辆记录，大小型可变信息标志、信息发布屏、可变限速标志记录，记事记录，等等。

可接收各外场设备(车辆检测器、气象检测器、能见度检测器、大/小型可变信息标志、信息发布屏、可变限速标志、紧急电话、有线广播等)工作状况信息，包括设备状态(正常和故障)、通信状态(正常和异常)。

②数据统计/查询/报表输出。

根据下级控制中心和外场监控设备上传的检测数据，可对高速干道出入口和路段的交通数据进行统计、查询。

根据下级控制中心和外场监控设备上传的气象数据，可对道路全线气象状态进行统计、查询。

根据下级和相邻控制中心发送的调度事件信息，对所辖高速干道的交通事件进行统计、查询。

报表系统按预先规定的格式和内容，输出各种信息和数据的日常或定制报表。

③图表信息显示。

数据表格显示，对高速干道进行统计、分析和研究，更好地监视和控制全线的交通情况。

图形显示，实时显示道路状况，为控制中心监控人员提供直接了解交通状态的方式。

图表显示，实时或历史显示数据的变化趋向，为控制中心管理人员展示交通变化态势。

文本显示，为运营管理及信息发布提供文本显示的方式。

④信息处理和控制。

自动对收集到的信息进行处理、分析和判断，并做出告警提示等反应，为监控管理人员提供可靠的决策依据。

异常情况时，中心控制系统能提供预设控制方案，在发生路段拥堵、故障时可制定相应的协调控制方案(包括大小型可变信息标志、信息发布屏、可变限速标志、遥控摄像机的控制命令、提示收费系统出/入口的交通量等)，然后由控制中心操作人员下发指令到下级监控中心或外场控制设备。

控制中心操作人员可通过实时视频方式对现场情况进行监视，对设备直接控制或下级控制中心进行控制，从而实现监视、控制一体化。

控制中心对整个路段具有协调和审核能力，当中心控制系统提供的控制方案与外场设备显示内容不统一或显示信息错误时，可重新将控制指令下发到外场设备或下级控制中心。

控制中心原则上不干预下级控制中心的具体运行，只有当发生大范围的交通阻塞、发生较严重的交通事故时，需要整个路段或者与相邻路段进行协调控制时，控制中心有限权对外场设备进行监控管理。

控制中心能够实现设备的联动控制，对报警路段进行视频监视的 CCTV 联动等。

⑤视频监视功能。

高速干道外场交通监视图像，编码上传至控制中心，控制中心可通过工作站软解压监视或硬解码输入到大屏幕投影系统或监视器上进行显示。

通过事件联动功能对特殊情况进行监视。当路段发生交通事件时，控制中心将上传的事故现场就近图像切换到大屏幕投影系统或监视器进行显示。

⑥报警处理。

一旦有报警信息，则在操作人员工作站上立即显示设备的状态报警、交通运行状况报警、紧急报警等，并且有相应的声光信号提示值班员。所有报警随时进行存贮、记录、打印，打印内容包括故障时间、地点、故障性质等。

⑦数据备份和系统恢复功能。

中心控制系统具有数据自动备份功能，能实时自动地将重要数据进行备份，一旦系统受到破坏，可以尽快恢复系统运行。

中心控制系统具有数据手动备份功能，当系统出现问题时，操作人员可以手动进行原始数据的备份工作，并且备份数据的内容可以选择。

数据备份的介质可以选择多种，包括硬盘备份、光盘备份、磁带机等。

⑧地图板显示。

外场设备以一定的图标显示在指定位置，通过图标的颜色变化表示设备工作状态（正常、设备报警、故障），通过点击相应图标即可查看设备检测的内容和状态（车辆检测器、气象及能见度检测器）、设备显示的内容和状态（大小型可变信息标志、信息发布屏、可变限速标志等）等。

中心控制系统具有分层显示功能，可针对各种设备进行分类监控、查询，例如仅需显示路网中大型可变信息标志情况，即可将其他显示隐藏，仅在交通底图上显示大型可变信息标志的位置。

中心控制系统可查询道路沿线机构情况，在出现车辆故障、交通事故、人员伤亡时可查询附近的管理处、路政大队、养护工区、服务区、收费站及附近的医院、交警、消防等部门，包括每个单位名称、位置、负责人、联系电话等，以便实施紧急救援措施。

⑨计算机电子地图显示。

将高速干道、沿线设施、地形图和交通专用图转化为中心控制系统可接收的数字化交通地图，并加入实时运行状态信息，通过图形界面和显示媒体对道路的各种数据、设备显示内容进行静态与动态显示，对监控系统的所有设备工作状态、控制中心系统的工作状态进行实时监测和显示，实现对高速干道的全面监视。

⑩车辆监视。

中心控制系统依托地理信息技术、全球定位技术、无线通信技术，为行驶在高速干道上的“两客一危”、养护、排障、救援等车辆提供定位导航与监控调度。

2. 显示系统

显示系统显示道路交通状况，主要包括监视器和大屏幕显示系统。

(1)监视器。

监视器是闭路电视监视系统的终端显示设备。高速干道运行状态都显示在监视器屏幕上，是人机交互的关键设备，因此监视器是整个监视系统的重要组成部分。

(2)大屏幕显示系统。

大屏幕显示系统主要用于显示计算机图形和视频信号，可放大、缩小任意切换，显示方式灵活。大屏显示有 3 种技术方案，分别为 DLP 拼接屏、LCD 拼接屏和小间距 LED 显示屏。

参考文献

[1] 吴兵，李晔.交通管理与控制[M].6版.北京：人民交通出版社，2020.

[2] 徐建闽.交通管理与控制[M].北京：人民交通出版社，2007.

[3] 陆化普.城市交通现代化管理[M].北京：人民交通出版社，1999.

[4] 史忠科，黄辉先，曲仕茹，等.交通控制系统导论[M].北京：科学出版社，2003.

[5] 张殿平.中国道路交通管理与智能化发展[J].ITS通讯，2001，(2)：12-14.

[6] 交通微视界.交通信号灯发展历程回顾[EB/OL].[2022-01-07] https://baijiahao.baidu.com/s? id=1721278894230164593&wfr=spider&for=pc

[7] HALL R W. Handbook of transportation science[M]. Massachusetts: Kluwer Academic Publishers, 1999.

[8] 全永燊，郭继孚，郑猛，等.我国城市道路车流离散规律初探[J].ITS通讯，2000，(2)：1-11.

[9] 全永燊.城市交通控制[M].北京：人民交通出版社，1989.

[10] GAZIS D C. Traffic theory[M]. Massachusetts: Kluwer Academic Publishers, 2002.

[11] NATHAN H G, CARROLL M, RATHI A K. Monograph on traffic flow theory [M]. United States : The Federal Highway Administration(FHWA), 1996.

[12] 何赏璐，郑长江，过秀成，等.路段感应式信号控制行人过街系统设计[J].交通信息与安全，2012，(3)：110-113.

[13] Transportation Research Board. Capacity analysis of traffic-actuated intersections: final report[R]. Washington DC: The National Academies Press, 1996.

[14] 徐洪峰.城市道路单点自适应控制策略与算法研究[D].上海：同济大学，2007.

[15] HANBALI R M. The economic impact of winter road maintenance on road users [J]. Transportation Research Record, 1994, (1442): 151-161.

[16] SCHARSCHING H. Nowcasting Road Conditions: A System for Improving Traffic Safety in Wintertime[C]//Proceedings of the Road Safety in Europe and Strategic Highway Research Program (SHRP). Linköping: Swedish Road and Traffic Research Institute (VTI), 1996: 141-153.

[17] PERRY A H, SYMONS L J. Highway metrology[M]. United Kingdom: University of Wales, 1991.

[18] HAROLD B. Risk of a road accident in rainy weather[J]. Accident analysis and prevention, 1988, 20(3): 161-176.

[19] VENKATARAMAN S, FRED M, WOODROW B. Effect of roadway geometrics

and environmental factors on rural freeway accident frequencies[J]. Accident Analysis and Prevention, 1995,27(3):371-389.

[20] PERRIN H J, MARTIN P T, HANSEN B G. Modifying signal timing during inclement weather[C]. Presented at the Annual Meeting of the Transportation Research Board. Washington DC: Transportation Research Board, 2001:66-71.

[21] KHATTAK A J, KNAPP K K, GIESE K L, et al. Safety implications of snowstorms on interstate highways[C]//Presented at the Annual Meeting of the Transportation Research Board. Washington DC: Transportation Research Board, 2000:1-10.

[22] 美国交通工研究委员会. 道路通行能力手册[M]. 北京:人民交通出版社,2008.

[23] JAMES L P. Traffic engineering handbook[M]. Washington, DC: ITE, 1999.

[24] 袁晶矜,袁振洲. 信号交叉口服务水平评价体系指标的分析及应用[J]. 公路交通技术, 2006(4):145-149,153.

[25] HSU C I, WEN Y H. Application of grey theory and multiobjective programming towards airline network design[J]. European Journal of Operational Research, 2000, 127(1): 44-68.

[26] 陆化普. 城市交通现代化管理[M]. 北京:人民交通出版社, 1999.

[27] DARROCH J N, NEWELL G F, MORRIS W J. Queues for a vehicle-actuated traffic light[J]. Journal of the Operations Research Society of America, 1964,12(6):882-895.

[28] NEWELL G F. Properties of vehicle actuated signals: I. one-way streets[J]. Transportation Science, 1969,3(1):30-52.

[29] NEWELL G F, OSUNA E E. Properties of vehicle-actuated signals: ii. two-way streets[J]. Transportation Science, 1969,3(2):99-125.

[30] MICHAEL C D. Traffic delay at a signalized intersection with binomial arrivals [J]. Transportation Science, 1967,1(1):24-31.

[31] KOUVELAS A, ABOUDOLAS K, PAPAGEORGIOU M, et al. A hybrid strategy for real-time traffic signal control of urban road networks[J]. IEEE Transactions on Intelligent Transportation Systems, 2011, 12(3), 884-894.

[32] BRAUN R, KEMPER C. An evolutionary algorithm for network-wide real-time optimization of traffic signal control[C]//Proceedings of the 2011 IEEE Forum on Integrated and Sustainable Transportation Systems. New York: IEEE, 2011: 207-214.

[33] FAJARDO D, AU T C, WALLER S, et al. Automated intersection control: performance of future innovation versus current traffic signal control [J]. Transportation Research Record, 2011(2259):223-232.

[34] Xie X F, BARLOW G J, SMITH S F, et al. Platoon-based self-scheduling for real-time traffic signal control [C]//Proceedings of the 2011 14th IEEE

International Intelligent Transportation Systems Conference. New York: IEEE, 2011:879-884.

[35] MCBRIDE J C. Economic impact of highway snow and ice control[J]. Transportation Research Record, 1978(674):58-63.

[36] 欧晓凌,裘刚,张毅,等. 城市交通流信息相似性分析与研究[J]. 中南公路工程, 2003,28(2):4-7.

[37] DUNNE M C. Traffic delay at a signalized intersection with binomial arrivals[J]. Transportation Science, 1967,1(1):24-31.

[38] WU J P, HOUNSELL N. Bus priority using pre-signals[J]. Transportation Research Part A, 1998, 32(8):563-583.

[39] 季彦婕,邓卫. 交叉口预信号公交优先方案及效益评价[J]. 华中科技大学学报(城市科学版), 2003,20(1):83-84,96.

[40] 吴建平, HOUNSELL N. 关于预信号交叉口公交优先问题的研究(英文)[J]. 交通运输工程与信息学报, 2003.1(2):12-16.

[41] 关伟,申金升,葛芳. 公交优先的信号控制策略研究[J]. 系统工程学报, 2001,16(3):176-180.

[42] 阴炳成,杨晓光. 交叉口单点公共汽车交通优先控制方法研究[J]. 公路交通科技, 2005,22(12):123-126.

[43] 高昆,张海. 城市交通中的公交优先策略[J]. 交通运输系统工程与信息, 2006,6(2):23-26.

[44] SHALABY A S. Simulating performance impacts of bus lanes and supporting measures [J]. Journal of Transportation Engineering, 1999,125(5):390-397.

[45] MIRCHANDANI P, KNYAZYAN A, HEAD L, et al. An approach towards the integration of bus priority, traffic adaptive signal control, and Bus Information/Scheduling Systems[J]. Lecture Notes In Economics And Mathematical Systems, 2001(505):319-334.

[46] BALKE K N, DUDEK C L, URBANIK II T. Development and evaluation of intelligent bus priority concept[J]. Transportation Research Record, 2000(1727), 12-19.

[47] 季彦婕,邓卫. 交叉口公交优先技术研究现状及发展综述[J]. 交通运输系统工程与信息, 2004,4(1):30-34.

[48] 李劲夫. 基于多目标优化的公交优先自适应控制[D]. 长沙:长沙理工大学, 2012.

[49] 方雪丽,韩印,顾杨. 基于公交优先的信号控制优化理论研究[J]. 交通与运输(学术版), 2010(2):72-74.

[50] 张雷元,树爱兵. 道路交叉口信号相位设计实用方法[C]//中国智能交通协会. 第七届中国智能交通年会论文集. 北京:电子工业出版社, 2012:160-169.

[51] 蒋贤才,黄科. 雾天道路交通安全保障措施及其成效分析[J]. 哈尔滨工业大学学报,

2012,44(6)：86-91.
[52] JIANG X C, PEI Y L. Analysis of the characters and strategies of road transportation safety in the cold region of china[J]. Journal of Transportation Systems Engineering and Information Technology, 2007,7(4):82-89.
[53] 任黎立.高速道路入口匝道控制方法综述[J].交通标准化.2006(5):146-149.
[54] 王清华.高速公路交通控制策略研究[D].长沙:长沙理工大学，2009.
[55] 姜涛.高速公路入口匝道控制研究[D].江门:五邑大学，2010.
[56] 梁新荣.高速公路智能控制方法研究[D].广州：华南理工大学，2005.
[57] 万涛,陈学武,王川久. 高速公路事件自动检测算法研究综述[C]//第一届中国智能交通年会组委会. 第一届中国智能交通年会论文集. 上海:同济大学出版社，2005：88-92.
[58] 李传志,胡如夫.公路交通事件检测技术的研究与展望[J].交通科技与经济，2008,10(5):68-70.
[59] 张敬磊,王晓原.交通事件检测算法研究进展[J].武汉理工大学学报(交通科学与工程版)，2005,29(2):215-218.
[60] 史新宏,蔡伯根.高速公路自动事件检测算法[J].交通运输系统工程与信息，2001,1(4):306-310.
[61] 汤淑明,王坤峰,李元涛.基于视频的交通事件自动检测技术综述[J].公路交通科技，2006,23(8):116-121.
[62] 庞根明.城市道路交通事件自动检测方法研究[D].长春:吉林大学，2007.
[63] 安实,宋浪,王健,等.非常规交叉口设计研究现状与展望[J].交通运输工程学报，2020,20(4):1-20.
[64] JIANG X C,SHANG Q P. A dynamic CAV-dedicated lane allocation method with the joint optimization of signal timing parameters and smooth trajectory in a mixed traffic environment[J]. IEEE Transactions on Intelligent Transportation Systems, 2023, 24(6)：6436-6449.
[65] 蒋贤才,程国柱.网联交通环境下交叉口进口车道动态配置方法.交通运输系统工程与信息,2023, 23(5)：55-66.
[66] 蒋贤才,徐慧智.混合驾驶环境下交叉口空间资源动态控制方法.交通运输系统工程与信息,2023, 23(6)：63-73.
[67] REY D, LEVIN M W. Blue phase：optimal network traffic control for legacy and autonomous vehicles[J]. Transportation Research Part B：Methodological, 2019, 130:105-129.
[68] NIROUMAND R, TAJALLI M, HAJIBABAI L, et al. Joint optimization of vehicle-group trajectory and signal timing：introducing the white phase for mixed-autonomy traffic stream[J]. Transportation Research Part C Emerging Technologies, 2020, 116:102659.

[69] MAHMOUD P, LILY E, SANJAY R, et al. Optimizing signalized intersections performance under conventional and automated vehicles traffic [J]. IEEE Transactions on Intelligent Transportation Systems. 2020, 21(7):2864-2873.

[70] DRESNER K M, STONE P. A multiagent approach to autonomous intersection management[J]. Journal of Artificial Intelligence Research, 2008, 31(3):591-656.